대가야고고학연구

대가야고고학연구

이희준 지음

사회평론

대가야고고학연구

2017년 2월 20일 초판 1쇄 인쇄
2017년 2월 27일 초판 1쇄 발행

지은이 이희준
펴낸이 윤철호, 김천희
펴낸곳 (주)사회평론아카데미

편집 고인욱, 고하영
표지 디자인 김진운
본문 디자인 민들레
마케팅 정세림, 남궁경민

등록번호 2013-000247(2013년 8월 23일)
전화 02-2191-1133
팩스 02-326-1626
주소 03978 서울특별시 마포구 월드컵북로12길 17(1층)

ISBN 979-11-85617-97-8 93900

책을 내며

평소 신라고고학을 전문으로 한다면서 대가야고고학은 또 웬일인가 싶은 독
자들께 해명을 할 겸 이 책을 내게 된 사유랄까 배경을 말씀드려야 할 것 같다.

책을 내려는 구상은 실은 2014년에 '가야문화권 실체 규명을 위한 학술
연구'라는 다소 모호한 제목의 프로젝트에 참여해 '고고학으로 본 가야'라
는 글을 쓸 때 막연하나마 처음 가졌다. 이 글은 제목 그대로 전체로 본 가야
고고학에 주안을 두었지만 실질적으로는 저자가 기왕에 대가야고고학에 관
련해 쓴 글들에서 집필 당시 자료의 제약 등으로 미처 다루지 못한 사항 등을
업데이트하거나 주요 관련 주제를 종합하는 내용이 주를 이루었다. 그래서
장차 그간 발표한 글들을 모아 대가야고고학에 관한 책을 낸다면 이를 서론
격으로 활용할 수 있으리라 생각하였다.

그 뒤 2016년에 와서 학교로부터 운 좋게도 안식년을 받았다. 그렇지 않
아도 이 해를 포함해 꼭 3년 뒤에 정년을 맞기에 정리할 사항이 있다면 슬슬
그렇게 해 두어야겠다는 생각이 들던 터였다. 그런 정리의 대상으로 그간 발
표한 대가야고고학 관련 논문의 편수와 분량을 헤아려 보았더니 책 한 권으
로 묶을 만해서 안식년 연구 테마로 '대가야고고학연구'를 제출하였다. 그런
데 이상스럽게도 저자가 대가야고고학에 관해 쓴 글들은 대부분이 고고학보

에 실리지 않고 특히 디지털화된 자료를 이용해 공부를 하는 후배들이 찾아 읽기에 불편한 데 주로 실린 것들이었다. 이 점만으로도 이들을 책으로 묶어 낼 만한 사유는 되리라 싶었다.

대가야고고학 관련 글들이 왜 학보에 발표되지 않았을까 따져 보니 거의 모두 공동 혹은 개인 용역 연구의 결과물인 때문이었다. 그러면서도 한편으로는 아마 자신도 모르게 전문을 신라고고학으로 한다면서 가야고고학까지 본격적으로 손을 댈 일은 아니다 하는 생각을 지니고 있었기 때문이 아닌가 싶다. 그렇지만 이제와 좀 곰곰이 생각해 보니 대가야고고학은 저자의 신라 고고학 연구에 중요한 바탕이 되었고 신라고고학에 비해 상대적으로 한정된 자료를 대상으로 어떤 의미에서는 저자가 생각한 틀을 시험해 보는 장과 같은 것이기도 하였다.

이를테면 본서의 제3장이 된 '토기로 본 대가야의 권역과 그 변천'은 1995년 발표한 것이지만 그 연구의 일환으로 1994년 미리 발표한 제2장의 '고령양식 토기 출토 고분의 편년'과 더불어 저자의 대가야고고학 연구에서 출발점이자 지금까지도 기본 틀이 된 논문인데, 토기 양식 분포권의 정치적 해석, 지역 단위의 설정, 기존 연대관보다 반세기 정도 상향된 상대연대 및 절대연대 틀 제시, 고고학과 고대사의 접목 시도 등 여러 측면의 주요 아이디어 혹은 시각은 그즈음 본격 개시한 신라고고학 연구에서도 그대로 견지한 바였다. 그래서 대가야고고학은 마치 옛적에 신라와 가야의 관계가 그랬던 것처럼 저자의 공부에서도 신라고고학과 떼려야 뗄 수 없는 관계를 지니고 있었구나 하고 느낀다.

오래된 글은 20여 년 전, 새로운 글은 작년에 나온 것이라 20년이라는 짧지 않은 세월에 걸친 글들을 모아 놓은 셈이다. 해서 한 책을 구성한 글들치고 아무래도 무언가 모르게 표현이나 논지 전개 방식 등에서 앞뒤로 상당한 차이가 있음이 사실이다. 또 앞의 논문들에서는 때로 과도하게 논쟁적인 부분이나 조악한 표현도 적지 않게 보인다. 그렇더라도 원 논문의 맺음말이라는 장 제목을 小結로 바꾸고 문법이나 표현상의 오류를 고치거나 지나치게 긴 문단을 나누는 등 이외에는 일절 손을 대지 않은 채 제1장 서설을 빼고는 논문을 발표한 순서 거의 그대로 싣기로 하였다.

특히 논쟁적인 부분에서는 공격적 표현까지도 더러 눈에 띄어 그것들만이라도 손을 좀 볼까도 생각했지만 그것도 저자의 한때 글쓰기 스타일을 보여 주는 것이니 나름 의미가 있다 싶어서 그대로 두었다. 제2장부터는 각 장을 차례로 읽다 보면 큰 틀에서는 차이가 없으나 미묘한 부분에서는 세월이 흐름에 따라 아이디어가 약간씩이나마 다듬어지는 과정뿐만 아니라 글쓰기의 변화까지도 알아볼 수 있을 것이니 유심한 독자에게는 그것도 흥미롭지 않겠나 하는 핑계를 대어 본다. 다만, 각 논문, 특히 위에 말한 출발 논문에서는 그것이 발표된 이후 나온 보고서 자료와 일부 사실을 관련 부분에서 補註로써 최대한 보완하고자 하였다.

이하 각 장의 내용에 대해 간략히 소개를 해 두기로 한다.

제1장은 위에서 말한 프로젝트의 고고학 부문 총론 격으로 쓴 글의 전반부와 마지막 장이다. 먼저 기왕에 몇 논문에서 언급한 바 있는 가야고고학의 연구 방법론을 종합하였다. 다음 절에서는 토기 양식으로 가야의 성립 시기 문제에 접근해 보았으며 세 번째 절에서는 가야 지방의 지리를 종합적으로 다루었는데 이들은 기왕의 논의에서 부분적 언급에 그쳤던 점을 보완하거나 종합한 것이라 할 수 있다. 마지막 절에서는 각지 고총군의 축조 개시 시기와 토기 양식 분포권을 결부지어 각 정치체의 정치적 성격이나 정치체 간 상호 관계를 논하였는데 이는 기왕의 논의보다 약간 진일보한 해석 틀을 제시한 것이라 하겠다.

제2장은 저자의 대가야고고학 출발 논문(제3장)을 작성하는 과정에서 분량이 비대해진 때문에 편년 부분만을 따로 떼어 학보에 미리 발표한 것이다. 상대편년 방법으로 순서배열법을 아주 정격적으로 적용해 본 점이 특징이며 당시까지 발굴되어 고령양식 토기가 출토된 주요 가야 고총들을 전부 같은 평면에 놓고 편년을 한 것도 새로운 시도였다. 거기서 특히 기왕에 모든 가야 고총의 축조 개시 시점이 5세기 후반임을 전제로 지산동 44·45호분

을 동 32호~35호분 바로 다음 단계로 비정한 기존의 상대편년 틀 및 절대연
대관이 잘못임을 지적하면서 가장 이른 지산동 35호분을 기존의 절대연대보
다 50년 정도 상향시킨 5세기 초로 잡고 5세기 2/4분기의 지산동 32호 34호
분과 5세기 말 또는 6세기 초의 44·45호분 사이인 5세기 3/4분기에 옥전 M3
호분 등 다수 고분이 위치함을 밝혔다.

　제3장은 가야 세력 전부가 연맹 단계에 머물렀다는 기존 이해 틀에서 벗
어나 대가야가 고대국가 단계에 이르렀다는 새로운 관점에서 접근한 고고
학·고대사 협동 연구의 일환으로 작성된 글이다. 위에서 말한 여러 가지 새
로운 고고학의 관점 및 체계적 방법론에 입각해 대가야의 권역과 그 성격 변
천을 고령양식 토기의 분포권 확대가 나타내는 여러 가지 정형성을 근거로
추적한 점이 핵심이다. 그리하여 황강 유역과 남강 상류역에 위치한 합천, 거
창, 함양, 산청 북부 그리고 1995년 현재 고령양식 토기가 출토됨이 확인된
남원 운봉 지역까지가 대가야의 권역이었으며 그 권역 안의 여러 지역은 고
령 지역과 단순한 연맹 관계에 있었던 것이 아니라 고령 지역의 간접지배(일
부는 직접지배)를 받은 지방들이었음을 밝혔다. 그리고 대가야의 쇠퇴 혹은
멸망 과정과 관련해 해당 문헌 기사에 대해 고총군 축조의 의미에 대한 해석
을 바탕으로 다소 새로운 이해를 함으로써 의령 지역이 탁순 및 탁기탄의 고
지라는 새로운 견해를 냄과 더불어 가야의 멸망이 일거에 일어난 사건이 아
니라 점진적 과정이었을 가능성을 강하게 제기하였다.

　제4장은 가야고고학을 새롭게 조명한다는 공동 연구의 일환으로 합천댐
수몰지구 자료로만 초점을 좁혀 그 지역 사회에 고령 세력이 진출함에 따라
일어난 사회 변동을 체계적으로 추적한 글이다. 이는 앞의 대가야 권역 확대
및 성격 변화 추적 논문이 방대한 지역을 대상으로 하고 또 여러 가지 새로운
시도를 한 탓인지 그 핵심이 단지 고령양식 토기 확산만을 근거로 한 국가론
인 듯 치부되는 점을 감안해 그 핵심 틀을 다시금 강조하면서 쟁점 사항들을
명확히 드러낼 목적으로 작성한 글이었다. 또 실은 많은 고고학 자료가 집적
된 지역을 단위로 하는 연구의 새로운 가능성을 타진해 보았다는 데도 의의

를 둘 수 있다.

제5장은 '동·서 가야문화벨트의 역사적 의미와 그 활용방안 모색'이라는 용역 대가야학술회의에서 '대가야의 토기 문화와 그 활용 방안'이라는 제목으로 발표한 글을 '대가야 토기 양식 확산 재론'으로 고쳐 실은 것이다. 글 내용은 제목 그대로 제3장 글 발표 이후 고령양식 토기 출토 고총이 발굴된 산청 지역과 전북 동부 지방, 그리고 섬진강 하구의 순천 지역의 자료를 더해 그를 간단히 보완한 글이다. 그와 더불어 대가야 토기 양식 확산의 의미 해석에서 방법론적으로 반드시 유의해야 할 사항들을 덧붙였다. 본서에는 원 논문 가운데 제3장의 논문과 완전하게 중복되는 고령양식 토기 설명 부분을 제외하고 실었다. 그래도 제3장 논문과 중복되는 문장이 많은 점에 대해서는 부디 독자의 양해를 구하는 바이다.

제6장은 제1장 서설 글의 후반부에 해당하는 글로서 장 제목은 내용을 기준으로 새로이 붙인 것이다. 특히 저자가 기왕에 쓴 대가야고고학의 주요 부분을 보완한 글로서, 먼저 고고학의 대가야국가론을 종합하고 신라의 경우와 비교하였다. 다음으로, 가야 관련 주요 문헌 기사 가운데 『일본서기』 신공기 49년조의 기사를 고고학적으로 간단히 음미하고 백제와 대가야 사이의 다툼 지역이었던 기문과 관련된 동 계체조 기사와 「양직공도」 백제 방소국 기사를 양립시키는 관점에서 기문을 남원 운봉고원 일대로 본 견해를 중심으로 전고(제3장)를 보완하였다. 마지막으로 고고학으로 본 가야의 멸망 과정을 간단히 살핀 후 가야 멸망 이후 각지의 향방이라는 지금까지 다루지 않은 문제를 고고학에서 접근하는 방법의 기본 틀을 언급하였다.

제7장은 원래 고령 지산동고분군을 세계유산 잠정목록에 등재하는 프로젝트를 맡아 그것이 지닌 이른바 탁월한 보편적 가치(OUV)를 도출하는 과정에서 착안한 점들을 학보에 글로 발표한 것이다. 평소에 영남 지방 각지의 고총군을 방문할 때마다 그것이 내려다보는 듯한 일정한 방향성이 있음을 느끼고 그 방향에 고분군을 조성한 사람들의 옛 취락이 있었던 것은 아닌가 여겼던 터에 그것이 좀 더 명확히 드러나는 지산동고분군의 입지와 분포상을

근거로 좀 과감하게 당시 대가야인들이 자신들의 취락을 내려다보는 지산동고분군 구릉을 망자들의 신성공간이자 내세공간으로 인식했다고 추론한 글이다.

제8장은 지산동고분군 도록을 작성하는 프로젝트를 맡아 도록의 보론으로 쓴 글이다. 대가야 핵심 지배층의 묘역인 지산동고분군이 당시 대가야의 정치 및 사회를 온전히 반영하고 있으리라는 전제에서 출발한 글인데, 먼저 앞에서 말한 광역 대가야국가론의 견지에서 지산동고분군이 어떻게 조명될 수 있는지에 초점을 맞추어 지산동고분군 조영의 대가야 국가적 배경을 논하였다. 다음으로 시야를 좁혀 지산동고분군의 위상을 대가야 왕도인 고령 지역의 고총군 분포 속에서 자리매김함으로써 대가야 왕도의 구조 문제에 접근해 보았다. 마지막으로는 지산동고분군 자체의 시공적 분포상을 추정하고 해석함으로써 대가야 지배층의 구조에 대해 추론하였다. 이 글은 실은 지산동고분군 같은 한 단위의 대규모 유적을 어떻게 분석하고 해석할지에 관한 방법론을 제시하려는 것이 내심 품은 곁가지 목적이었다. 덧붙여 대가야 왕궁지의 추정 위치를 기왕과 달리 못산골로 비정하였다.

끝으로 이 책을 내는 데 직접 도움을 준 분들께 감사를 표해야 되겠다. 먼저 이번에도 흔쾌히 출판을 해 주시기로 한 사회평론 윤철호 사장과 책 내는 일을 지휘한 김천희 대표, 그리고 실무를 맡은 고인욱 위원께 깊은 감사를 드린다. 그리고 도면을 새로 정리하는 작업을 맡고 교정까지 도와 준 대학원생 최정범 군에게도 고마움을 표한다. 또 저자에게 안식년을 허가해 우연치 않게도 남원 운봉고원에 접속한 지역의 대가야 고분군인 산내면 입석리고분군이 내려다보이는 인드라망대학에 일 년간 머물 시간을 갖도록 해 준 경북대학교에도 감사를 표해야 하겠다.

2016년 12월
지리산 북쪽 자락의 화림원에서

차례

제4장 합천댐 수몰지구 고분 자료에 의한 대가야국가론

제5장 대가야 토기 양식 확산 재론

제6장 고고학으로 본 대가야국가론과 가야 관련 주요 문헌 기사, 가야의 멸망과정 및 그 이후

제1장

서설: 고고학으로 본 가야

I. 가야고고학의 주요 성과

가야사를 연구하는 데 근거로 삼을 수 있는 문헌 기록은 영성하기 짝이 없다. 『삼국사기』 같은 사서의 이곳저곳에 그야말로 편린들처럼 흩어진 채로 나타난다. 또 그런 기록마저, 이를테면 가야 세력의 여러 이름을 거론한 『삼국유사』 5가야조에 관해 밝혀진 바와 같이, 전적으로 그대로 믿기 어려운 수가 많다. 그래서 이른바 사료 비판을 철저하게 한 후 이용해야 한다. 이렇게 된 가장 큰 요인은 물론 가야의 여러 나라가 신라나 백제처럼 하나로 통합되지 못하고 일찍이 6세기 중엽에 멸망하면서 통일된 역사를 남기지 못한 데 있다고 하겠다. 이런 이유 때문에 가야사를 복원하는 데서는 고고학이 맡은 역할이 아주 클 수밖에 없다. 과연 1977년 고령 지산동 44·45호분 발굴을 필두로 지난 30여 년간 이루어진 많은 고고학 발굴 덕에 역사 기록으로는 전혀 알 수 없었던 적지 않은 사실들이 밝혀졌으며 이제 그를 토대로 한 연구에 힘입어 새로운 역사상이 그려지고 있다.

고고학의 발굴과 연구에 따라 새로이 밝혀진 가장 중요한 역사적 사실들을 요약하면 다음 네 가지 정도이다. 첫째, 5세기 이후 영남 지방 내 가야의 권역이 가야산 이남의 낙동강 이서 지방이었다는 사실이다. 이는 가야의 권역 혹은 분포를 전하는 『삼국유사』의 기록 가운데 5가야조보다는 「가락국기」를 뒷받침하는 셈이다. 5가야조에 대해서는 문헌사 연구의 사료 비판으로 나말여초의 附會에 따른 기록이라 그대로 신빙할 수 없다는 점이 지적되었지만 고고학 발굴 결과 또한 그 점을 거의 그대로 뒷받침하고 있다. 물론 그 사료 비판 자체는 고고학의 발굴 결과와 연구 성과를 상당 부분 참조한 데서 출발한 것이었다.

그리하여 이제 5가야조에 옛 가야로 기록된 성주(성산가야 혹은 벽진가야)와 창녕(비화가야) 지역이 적어도 5세기 이후로는 가야가 아닌 신라에 속했음이 고고학적으로 확인되었다. 이 지역들에 축조되어 있는 당시의 무덤들에서 낙동강 이동 지방의 대구나 경산 등 여러 지역과 공통되는 양식의 신라 토기들이 출토되고 또 무덤 주인공이 착용한 장신구의 양식이 신라의 중앙인 경주 지역의 무덤에서 출토되는 것들과 동일하다는 사실이 밝혀짐으로써 신라의 한 지방으로 존재하였음이 드러난 것이다.

둘째, 가야의 권역이 영남뿐만 아니라 호남 동부 일부 지역까지를 포괄하였다는 사실이다. 신라와 가야가 병존할 당시 그 무대가 영남 지방이었으리라는 데 대해 기왕에 별다른 이견이 없었다. 즉 진·변한의 지리적 범위가 영남 지방으로 추정되는 만큼 그 후신이라 할 신라·가야 역시 영남 지방 안에 있었다고 보았다. 잘 알려져 있듯이 영남 지방은 소백산맥으로 그 이서의 호서 및 호남 지방과 구분이 된다. 그러므로 이런 인식은 자연스러운 것이라고 할 수도 있다.

그러나 이제 서쪽의 백제와 뚜렷이 구분되는 가야의 독특한 무덤 형태로서 높이 솟은 봉분을 가지고 안에 수혈식석곽묘가 든 고총이 소백산맥 이서의 금강 상류역인 전북 장수군이라든지 남강 상류역인 전북 남원 동부 운봉 고원 지역에 무리를 이루고 조영된 사실이 밝혀졌다. 또 섬진강 하구에 가까운 전남 동부의 순천 지역에서도 그런 사실이 확인되었다. 더욱이 그 고총들 가운데 일부를 발굴하였더니 그 안에서 가야양식의 토기 등이 출토됨으로써 이 지역들이 5세기의 어느 시점 이후 적어도 6세기 초까지(운봉 지역은 아마도 6세기 중엽까지) 가야 권역에 속했음은 명백해졌다.

셋째, 토기 양식의 분포권과 고총군의 분포를 함께 고려할 때 이런 가야의 권역 안에 5~6세기 동안 크게 보아 세 개의 유력 세력이 있었다는 사실이다. 곧 함안을 중심으로 하는 세력, 고성·산청남부를 중심으로 하는 세력, 그리고 고령을 중심으로 하는 세력이다. 이외에도 고총군의 분포를 볼 때 이런 세력들 사이에 국명을 알 수 없는 군소 가야 세력이 여럿 있었음도 추정할 수 있다.

넷째, 고령을 중심으로 하는 세력, 즉 대가야의 권역이 고령만으로 한정된 것이 아니라 그 서쪽 현 경남 북부의 합천, 거창, 함양 및 산청 북부와 두 번째 항에서 거론한 호남 동부 지역까지 포괄하였으며, 그런 권역 속의 여러 지역이 그저 연맹체를 이룬 수준이 아니라 그 가운데 대부분의 지역이 고령을 중앙으로 하는 고대국가로서의 대가야를 구성한 수준에 다다랐을 가능성이 아주 크다는 사실이다. 이는 시간의 흐름에 따라 고령에서 점차 먼 지역들로 대가야 토기 양식(그리고 대부분의 지역에서 대가야식 묘제)이 확산되고 일부 장신구도 그러한 등의 정형성이 나타나는 점을 근거로 한 해석이다. 문헌 기록 일부와 고고학 자료에 보이는 문자 등도 이를 뒷받침해서 이제 크게 지지를 받는 학설이 되었다.

이처럼 그간의 고고학 연구로 가야사 연구의 새로운 지평들이 열리기도 하였지만 그러면서도 기본적 문제들은 여전히 제대로 밝혀지지 않은 상태이다. 예를 들면 가야의 기점, 가야 諸國 전체의 존재 양태 등이 있다. 이는 최근까지 고고학자 대부분이 각기 자신이 활동하는 지역의 자료에만 몰입하여 그 지역 단위 가야 세력을 중심으로 연구를 진행하면서 그런 지역별 연구의 관점에서만 전체 가야를 본 탓도 적지 않다. 이제 고고학 자료로 가야사를 제대로 연구하기 위해서는 그런 지역별 연구들을 종합 또는 통합하는 연구를 지향해야 할 때라고 느낀다. 여기서는 전체로서의 가야를 바라보는 시각에 서서 앞에서 든 고고학의 네 가지 주요 성과에 관련된 문제들과 더불어 고고학으로 검토할 수 있는 몇 가지 주제를 중심으로 논의를 하고자 한다.

끝으로, 본고의 가야 고분 절대연대관에 대해 언급해 두기로 한다. 가야 각지 고분의 절대연대에 대해서는 서로 상당한 차이를 지닌 여러 안이 나와 있다. 다만, 고분 간의 상대연대, 즉 이른바 병행관계에 대해서는 어느 정도 의견의 일치를 보고 있다. 그런데 가야 고분의 절대연대에 대한 여러 안이 신라 고분의 절대연대관과 불가분의 관계 속에서 교차편년을 통해 이루어지고 있음은 잘 알려진 바와 같다. 그 가운데서도 경주 황남대총 남분의 피장자를 나물왕(402년 沒)과 눌지왕(458년 沒) 가운데 누구로 보느냐에 따라 크게 두 가지 연대관으로 나뉜다고 할 수 있다.

여기서는 황남대총 남분을 나물왕릉으로 보는 연대관을 취한다. 이 연대관에서는 가야 지역 중대형 고총 가운데 이른 것은 4세기 말 혹은 5세기 초부터 축조되기 시작한 것으로 본다. 반면에 눌지왕설을 따르면 대개 5세기 중·후반 이후 축조된 것으로 본다. 어떻든 이를 기준으로 삼으면 가야 지역 주요 고분 전체에 대한 구체적 편년을 하지 않고도 별다른 논란 없이 논지를 전개할 수 있을 것이다. 그래도 몇몇 중요 고분의 절대연대를 들어 두면 고령 지산동 35호분은 5세기 1/4분기, 32호분은 5세기 2/4분기, 옥전 M3호분은 5세기 3/4분기, 지산동 44호분은 5세기 4/4분기 등이다.[1]

....

1   李熙濬, 1994, 「고령양식 토기 출토 고분의 편년」, 『嶺南考古學』 15, 嶺南考古學會([補註] 본서 제2장). 다만, 황남대총 남분을 눌지왕릉으로 보면서도 지산동 35호분을 5세기 1/4분기, 32호분을 3/4분기로 보는 안(박천수, 2010, 『가야토기: 가야의 역사와 문화』, 진인진)도 있다. 그러나 이 안은 교차편년에 중대한 문제점이 있어서 성립하기 어렵다. 이를테면 지산동 32호분에서 출토된 신라토기는 황남대총 남분 출토 토기보다 분명하게 한 분기 정도 늦은 것인데도 그를 같은 단계로 보고 있다. 황남대총 남분 눌지왕릉설에 따른다면 32호분은 통상의 비정대로 그 다음 단계인 5세기 4/4분기로 할 수밖에 없다.

II. 가야고고학의 연구 방법론

신라고고학의 연구 방법[2]은 고고학 자료로 가야 혹은 가야사를 연구하는 가야고고학[3]에 거의 그대로 적용할 수 있다고 여겨지지만, 신라와 가야의 역사적 맥락이 완전히 같지는 않으므로 다소간 달리 해야 하는 점도 있다. 가야고고학에서 방법론적으로 반드시 고려해야 할 중요 사항들을 열거해 보면 고고학과 문헌사의 접목 및 상호 존중, 가야를 전체로서 신라와 유기적으로 보는 시각, 지역[4] 간 관계사의 관점, 고고지리학적 관점, 토기 양식 분포권의 정치적 의미 해석에서의 합리성 및 일관성 확보 등을 들 수 있다. 그리고 사회진화론적 관점 또한 긴요하다. 이런 사항들에 대해서는 그간 본격적으로 논의된 적이 거의 없으므로 심층적 검토가 필요하나 여기서는 이 글의 성격을 감안해서 각 항목에 대해 간략하게만 언급하기로 한다.

가야고고학 연구에서 가장 중시해야 할 과제는 문헌사 연구와 접목을 하거나 문헌 기록과의 정합성을 확보하는 일이다. 가야사의 관련 문헌 기록이 영성하다고 해서 그 연구 성과를 도외시하고 고고학만으로 접근한다는 식의 연구 방법은 공통된 역사 복원이라는 측면에서 성립할 수 없다. 자칫하면 전혀 엉뚱한 해석을 도출하기 십상이기 때문이다. 이를테면 가야의 권역과 불가분의 상호 관계를 가진 신라의 영역을 추론하면서 문헌사 연구는 아예 도외시하고 고고학만으로 그것이 6세기 초까지 경주로 한정되었다고 본다[5]면 이는 그 자체의 논리가 아무리 정치할지라도 출발부터 길을 잘못 들어선 것이라서 徒勞가 될 수밖에 없다.

....

2   이희준, 2007, 『신라고고학연구』, 사회평론, pp. 25~50.

3   가야고고학이라 하면 가야의 유적, 유물 자체에 대한 연구가 근간을 이루고 또한 중요한 분야라고 하겠으나 '가야'고고학인 이상 그 궁극의 목표는 가야사 복원에 있으므로 이렇게 정의해 둔다.

4   본고에서는 지방>지역>지구>지점으로 지리·문화·정치적 의미를 지닌 단위들로 구분해 쓰기로 한다. 그에 대한 좀 더 자세한 논의는 이희준, 2007, 앞의 책, p. 13을 참조.

5   김두철, 2014, 「신라·가야의 경계로서 경주와 부산」, 『신라와 가야의 경계』, 영남고고학회 창립 30주년 기념 제23회 정기학술발표회, pp. 85~100.

이처럼 문헌사 연구 성과를 도외시하는, 아니 적대시한다고 할 수 있는 접근 방식은 실은 스스로 말하지 않는 고고학 자료의 본질적 성격에 기대어 그것을 자신의 구미대로 해석하겠다는 의도 이외에는 아무것도 아니라 할 수 있다. 그 고고학적 논리의 타당성은 차치하고라도 그런 접근의 결과가 신라 마립간 시기의 역사상에서 얼마나 멀리까지 동떨어질 수 있는지 잘 보여 주는 허구의 역사 복원이 되었기 때문이다. 문헌사에서 이미 잘 확립된 마립간 시기의 역사상은 문헌 기록을 바탕으로 해서 再構된 데다 6세기 초 이후 금석문으로 입증된 것이다. 마립간 시기는 그 명칭 자체가 상징하듯이 4세기 후반에서 6세기 초에 걸친 시기의 신라가 경주를 중앙으로 하고 낙동강 이동 각지를 그 지방으로 해서 공납지배를 근간으로 하는 간접지배를 실시한 시기였다.

문헌사와의 올바른 접목을 위해서는 그 성과 가운데 통설이거나 믿을 만한 설을 제대로 파악해야 한다. 그런데 고고학에서는 문헌사의 가장 기본적인 연구 성과에 대해서조차 무관심한 지경이 아닌가 싶다. 달리 말하면 문헌사 연구 성과에 대해 지나치게 과문하다고 여겨진다. 위에 거론한 사례도 그러하려니와 대표적 사례로『삼국유사』5가야조에 대한 이해를 들 수 있다. 문헌사 연구에서 그에 대한 일정한 사료 비판이 이루어져 가야사 연구자 가운데 그를 그대로 신빙하는 연구자는 없다시피 하다. 그런데도 고고학계에서는 이를 알지 못하고 5가야조를 전적으로 사실로 받아들이는 연구자가 허다하다. 이를테면 낙동강 동안 지역이 원래 가야였는데 고구려 남정 이후 친신라계 가야가 되었다는 이해[6]는 묵시적으로 5가야조를 확대 해석해 낙동강 동안 지역을 미리 가야로 설정해 놓고 접근한 데 근본 오류가 있다. 문헌사와 고고학의 잘못된 접목의 대표적 예라고도 할 수 있다.

고고학과 문헌사가 정합을 이루어 내려면 문헌사 쪽에서도 마찬가지로

....

6 申敬澈, 2010,「三國時代 嶺南의 情勢變動과 小加耶古墳群」,『경남의 가야고분과 동아시아』, 경남발전 연구원 역사문화센터, pp. 69~83.

고고학적 정형성을 존중하는 관점에 서야 한다. 이를테면 530년대까지 존속하다가 신라에 병합된 유력 가야국인 탁순의 위치를 대구에 비정하기도 하는데[7] 그것은 대구 지역을 포함한 낙동강 이동 지방이 늦어도 5세기 이후로 신라의 영역이었음을 나타내는 갖가지 고고학적 정형성[8]과 정면으로 배치된다. 더욱이 이런 가야국 비정은『삼국사기』초기 기록이기는 하지만 신라본기 첨해니사금 15년(261)조의 달벌성주 임명 기사와도 상충된다. 또 520년대까지 존속하다가 신라에 병합된 탁기탄을 창녕 영산에 비정[9]하기도 하지만 이 역시 위와 같은 고고학적 정형성에 반한다.

사실 문헌사에서는 이런 접근을 할 때 音似에 의한 위치 비정을 많이 시도하는데 그에 뚜렷한 객관적 방법론은 없다. 따라서 명백한 경우를 제외하고는 순전히 가능성에 그칠 뿐이라서 명백하지 않으면 차라리 유보하는 편이 낫다고 본다. 음사에 의한 지명 비정을 근본 토대로 삼은 단일가야연맹론자는 "그런 비정이 얼마나 엉뚱한 결론을 이끌어 낼 수 있는가를 스스로 경계한다."[10]고 하였지만 다른 이가 보기에 기본적으로는 단순한 음사에만 의존한 지명 비정을 했다고밖에 여겨지지 않는 것이다.

둘째로, 가야를 전체로서 보는 시각 혹은 신라·가야의 관점에서 보는 시각이 긴요하다. 고고학에서는 지역별 연구가 자연스럽게 근간을 이루기 때문에 자칫하면 지역주의에 빠지기 쉽고, 그런 까닭에 전체를 보는 시각이 결여될 위험성이 상존한다. 즉 지역별로 각각 고고학 자료에 대한 분석과 해석을 한 후 전체를 재단하려는 접근법을 흔히 취한다. 1999년 개최된 제23회 한국고고학 전국대회의 공동주제 발표와 토론을 2000년 한국고고학회에서 책으로 엮어 펴낸『考古學을 통해 본 加耶』에서는 개별 분산적이었다고 여겨지는

....

7   노중국, 2005, 「가야의 대외교섭—3~5세기를 중심으로—」,『가야의 해상세력』, 제11회 가야사 학술회의, pp. 44~45. ; 백승옥, 1995, 「'卓淳'의 位置와 性格—《日本書紀》관계기사 검토를 중심으로—」,『釜大史學』19, pp. 83~117.
8   이에 관해서는 이희준, 2007, 앞의 책, pp. 66~91을 참조.
9   金泰植, 1993,『加耶聯盟史』, 一潮閣, p. 188.
10   金泰植, 1993, 위의 책, p. 116.

가야의 제 세력처럼 그에 대한 고고학 연구 또한 개개 지역별로 진행하고 그후에 종합토론에서 종합이라는 것을 시도하였지만 결국 개별 정치체의 특정한 측면을 강조하는 결과를 낳고 말았던 듯하다. 물론 지역사의 관점에서 접근하는 방법도 일정하게 필요하지만 지역사의 관점은 항상 가야 전체사의 관점을 의식해야 할 터이다.

많은 고고학자가 무심코 따르는 전·후기 가야연맹이라는 가야사의 단계 구분 관점은 얼핏 보면 가야사를 전체로서 보는 시각처럼 생각되지만 실은 전기는 김해 지역, 후기는 고령 지역의 관점에서만 바라본 것일 뿐이다. 각기 김해와 고령을 중심으로 한 연맹이라는 막연한 개념 틀로써 가야 전체를 묶은 것처럼 포장하였을 따름인 것이다. 이는 다른 한편으로 통시적 관점에서 4세기까지를 전기 가야, 5세기 중반 이후를 후기 가야로 설정함으로써 가야사를 단절적으로 보게 되어서 유효한 접근 방법이 될 수 없다.

낙동강 이동 지방 전체는 늦어도 5세기 이후로 공통된 토기 양식 및 위세품의 분포권이라서 신라의 영역으로 해석된다. 그런데도 그에 속한 창녕과 같은 특정 지역만 따로 떼어 내어 예외로 가야인 듯이 보려는 접근법은 문헌 기록을 오해하고 있을 뿐 아니라 이런 전체적 시각이 결여되었기에 올바르다고 할 수 없다. 창녕 지역은 『삼국유사』 5가야조에 비화가야가 있었던 것으로 나오는 데다 『일본서기』 신공기 49년조에 나오는 가야국인 비자발도 여기로 비정되기 때문에 실은 적지 않은 고고학자 및 문헌사학자가 4세기 후반 이후로 늦은 시기까지 줄곧 가야였다는 설을 따른다.

그러나 이는 비자발이 신공기 49년조의 다른 가야국과 달리 그 이후로 기록에 등장하지 않는 점을 간과하고 고고학적 증거도 고려하지 않은 데서 비롯된 오류이다. 낙동강 이동 지방의 고고학적 증거를 전체적 시각에서 보면 창녕 지역은 본고의 연대관에 따를 때 4세기 말에 신라화하였음을 나타낸다.

셋째로, 가야사를 통시간적으로 접근할 때 지역 간 관계사의 관점에 서야 한다. 고고학적 발굴로 부활시킨 가야의 전체사는 과정과 관계성의 역사로 보는 편이 적절함을 주장하기도 하였는데[11] 이는 정말 필요한 시각이다. 가야사의 기점을 설정하는 데 前期論과 前史論이 있음[12]은 잘 알려진 사실이다. 전기론은 자칫 각 지역의 역사만을 강조하기 십상이다. 그와 달리 전사론은 당연히 지역 간 관계망과 그 변화라는 관점에 선다.

전기론에서는 진·변한 단계의 「국」들을 이미 가야인 듯이 보는 반면 전사론에서는 그것은 어디까지나 진·변한의 「국」으로 볼 뿐이며 결코 신라·가야의 일원으로 보지 않는다. 앞서 말한 전·후기가야연맹론도 기실은 전기론에 입각한 것인데 고고학에서 그것이 포괄하는 기간을 시대 구분할 때 원삼국시대 혹은 삼한시대와 삼국시대로 나누는 틀과 정면으로 부딪히기에 문제가 된다. 가야는 어디까지나 삼국시대에 속하는 정치적 집단이기 때문이다.

진·변한에서 신라·가야에 걸친 역사를 지역 간 관계사의 관점에서 보면 『삼국지』 위서 동이전에 '○○국'으로 나오는 각 지역 단위의 정치체들이 대등하게 연계되어 있었던 진·변한이 크게 보아 4세기 동안에 변동을 겪으면서 낙동강 이동 지방에서 사로국을 중앙으로 하는 광역 정치체를 이룬 것이 곧 신라이고, 그에 포함되지 않은 지역의 정치체들이 어떤 형태로든 새로운 상호작용을 하기 시작한 것이 가야이다. 이 지역 간 관계사의 관점에 서면 가야사에서 문제가 되는 연맹과 국가가 쉽게 구분이 된다. 이때 전자는 복수의 지역이 대등한 입장에서 결합한 정치 형태임과 동시에 그와 달리 상하로 통합된 국가에 이르지 못한 사회 발전 단계를 나타내게 된다. 이처럼 지역 간 관계사의 관점에 서면 자연히 각 지역 단위 정치체의 설정이 무엇보다도 문제가 된다.

각 지역 단위 정치체의 설정에서는 김해, 합천, 의령, 창원 등 현재의 행정 단위에 따른 구분을 그대로 투사하는 방법이 있다. 실은 적지 않은 연구에서 무심결에 그렇게 하기도 한다. 물론 현재의 각 시군 행정 단위의 범위는

....

11 李盛周, 2000, 「考古學을 통해 본 阿羅伽耶」, 『考古學을 통해 본 加耶』, 한국고고학회, p. 77.
12 朱甫暾, 1995, 「序說—加耶史의 새로운 定立을 위하여—」, 『加耶史研究—대가야의 政治와 文化—』, 慶尙北道, pp. 13~21.

대부분 그 뿌리가 진·변한 시기로 거슬러 올라갈 정도로 분명하게 오랜 역사성을 지니고 있다. 하지만, 시대의 흐름과 더불어 적지 않은 변화도 있었을 터이다. 그래서 그것만으로는 오류를 낳기 십상이다. 특히 수계를 비롯한 지리와 지형을 고려하면서 고총군 분포 등 고고학적 정황 또한 염두에 두어야 한다.

이를테면 고령 지역의 범위를 설정하는 데서는 현재 합천군에 속해 있는 안림천 상류역의 야로 지구를 당연히 포괄해야 하며, 대가천 상류역도 지금은 성주군에 속하나 기본적으로 고령 지역으로 설정해야 하는 것이다. 또 현재 합천군이라고 해도 그 서부, 남부, 동부는 지리로 볼 때 전혀 다른 권역으로 나뉜다. 그래서 삼가고분군으로 대표되는 지역, 옥전고분군으로 대표되는 지역, 합천댐 수몰지구로 대표되는 지역은 서로 다른 세력의 중심지들로 상정된다.

넷째, 이런 지역 단위 구분 혹은 설정과 밀접한 관계를 가진 문제이지만, 가야의 존재 양태를 파악하기 위해 지역 간 상호작용을 고찰하는 데서는 분석 대상 유적들이 가진 지리를 잘 고려해야 한다. 그런 접근법을 고고지리학적 접근 혹은 좀 더 포괄적으로 역사지리학적 접근이라 이름 붙일 수 있겠는데, 가야에 대해 일찍이 고령 토기 양식의 확산을 토대로 대가야의 국가적 성격을 논하면서 적용한 전고[13]에서 아주 유용한 점이 있음을 실감한 바 있다. 여기서 가야의 지리 절을 따로 마련한 까닭이기도 하다. 고고학의 추론은 표본을 토대로 한 모집단 추론이므로 자칫 어떤 지역에 속한다고 거명한 유적이 그 지역을 대표하지 않고 다른 지역에 속한다면 해석을 크게 그르칠 수 있다. 이에서는 수계와 산줄기를 기준으로 한 교통성 등을 잘 평가해야 한다.

고고학 유적의 예로 의령 천곡리고분군[14]을 들 수 있다. 이곳은 지금 행정구역상 의령에 속해 있지만 지리로 보면 의령 지역을 서북에서 남으로 감

....

13 李熙濬, 1995, 「토기로 본 大伽耶의 圈域과 그 변천」, 『加耶史研究―대가야의 政治와 文化―』, 慶尙北道, pp. 365~444([補註] 본서 제3장). 이하 전고는 이 논문을 가리킨다.

14 嶺南埋藏文化財研究院·宜寧郡, 1997, 『宜寧泉谷里古墳群』 I·II.

싸고 내려오는 산지[15]의 바로 서쪽에 있으면서 의령읍을 향해 넘어가는 협소한 통로에 위치한다. 별다른 배후지가 없는 지점인데도 고분군에서는 소형 고분군에 어울리지 않게 대도 등 무기류가 많은 점이 특징인 데다 토기는 소가야양식 토기가 주로 부장되어 있다. 그래서 가야 당시에는 아마도 의령 지역이 아닌 단성 지역을 중심으로 한 세력의 하위 고분군으로서 그 위치의 전략적 중요성 때문에 무기류가 그처럼 부장되지 않았을까 추정할 수 있다.[16]

다섯째, 어떤 토기 양식의 분포권이 정치적 권역을 나타낸다고 해석하기 위해서는 해당 토기의 각지 출토 정황과 지리적 맥락을 반드시 고려해야 한다. 고고학에서 가야 또는 가야사를 연구하는 데 쓸 수 있는 핵심 자료는 역시 토기 혹은 토기 양식과 고총이다. 이 가운데 토기 양식은 그 분포가 앞에서 말한 각 지역 단위를 넘어설 경우 지역 간 상호관계를 잘 반영해 준다. 다만, 그 분포가 어떤 성격이었는지를 진단하려면 그것이 어떤 특징을 지니는지를 살펴야 한다. 특히 정치적 의미를 부여하는 데서는 낙동강 이동 토기 양식 분포권이 보이는 여러 가지 정형성을 준거로 삼을 수 있다.

토기 양식 분포권이 정치적 의미를 지닌 것으로 해석하려면 일단 한 양식 일색의 지속적 분포라는 요건을 충족시켜야 한다. 또 그런 분포 지역들이 面的으로 접속된 양상을 띠어야 한다. 이를테면 5세기 초에 소가야양식 토기가 그 중심지에서 먼 운봉고원 지역에서 점적으로 출토되는 사례를 정치적으로만 해석할 수는 없다. 그에다 해당 지역에 고총군이 존재하는지의 여부도 중요하다. 토기가 중대형 고총군에서 나오는지 아니면 하위 고분군에서만 나오는지는 중요한 차이가 있다. 전자의 경우에는 특히 정치적 의미가 부여될 공산이 크지만 그렇지 않고 후자쪽만인 경우에는 그 의미가 반감될 수 있다.

토기 양식 분포권이 의미하는 바는 다양할 수 있어서 모든 분포 양상을 정치적으로만 해석할 수는 없다. 분포권의 의미는 칼로 자르듯 분명하게 나

....

15 나중의 〈그림 2〉에 인용한 산줄기지도에서는 진양기맥이라 해서 상당히 중요한 산줄기로 표시되어 있다.

16 하승철, 2007, 「大加耶土器의 擴散過程을 통해 본 對外交通路」, 『東西文物』 創刊號, (재)東西文物研究院, p. 245에서는 중촌리고분군이나 진주권에 가깝다고 하였다.

뉘지는 않겠지만 문화권, 경제권, 정치권으로 구분할 수 있다. 이 가운데 문화권이라는 것은 그저 토기의 양상을 표현하는 서술적 의미로만 쓰일 수 있지 깊은 의미를 가진 용어로는 쓰이기 어렵다. 이를테면 고식도질토기 단계에 부산 지역과 김해 지역이 외절구연고배를 비롯한 토기에서 같은 양식을 공유한 점을 지칭할 때 이를 쓸 수 있겠다. 그 공유 현상을 주된 근거로 해서 금관가야 연합이라는 정치적 의미를 부여할 아무런 근거가 없기 때문이다.

경제권은 함안 오곡리유적처럼 소가야양식의 중심부로 알려진 단성, 고성, 진주 지역에서 멀리 떨어진 다른 양식(아라가야) 분포권의 주변부에서 소가야양식 토기가 보일 때 그에다 부여할 수 있는 의미이다. 이는 엄밀히 말하면 토기 자체의 유통권으로서 토기의 대량 부장을 필요로 하는 의례에 따라 나타나는 현상으로 이해할 수 있다. 설사 그런 지점에서 소가야양식 토기가 일색을 이루고 일정 기간 지속되더라도 그것은 토기 재료의 산출 여건이나 생산 기술의 발달 여부 등 때문에 직접 생산하기보다는 구입해 쓰는 편이 비교 우위인 지역에서 나타나는 현상일 수 있다.

이처럼 가야의 토기 양식은 기본적으로 유통권 혹은 경제권을 나타내면서 때로 정치권을 나타내기도 한다. 그런데도 가야토기 양식 분포권의 의미를 해석하는 데서 왕왕 무원칙한 예들을 본다. 어떤 토기 양식권의 주변부 유적에서 그 토기가 보이기만 해도 바로 동일한 정치적 권역으로 확대 해석하는 경우를 들 수 있다. 이는 삼국시대 토기 양식 분포권이 곧 정치적 권역을 나타낸다고 해석하는 궁극적 근거가 사실 낙동강 이동 양식 토기가 일색으로 지속 출토되는 권역이 곧 신라의 영역이라는 해석 틀에 있음을 망각한 데 기인한다고 진단된다.

여섯째, 각지 고총의 의미는 토기 양식 분포와 함께 고찰해야 제대로 파악할 수 있다. 그로 볼 때 고총은 크게 보아 자체 발생한 지역이 있는가 하면 다른 곳으로부터의 영향 아래 생겨난 지역이 있기 때문에 고총군의 존재 의미 자체를 일률적으로 똑같이 이해할 수는 없다. 물론 고총의 등장은 그 자체로 피장자 혹은 그 축조 집단의 권력이 이전보다 훨씬 커졌음을 상징한다. 하지만, 어떤 지역에 고총군이 있으면 그 지역이 반드시 독립적인 세력이었다는 인식 또한 잘못된 것이다. 신라의 지방에서 보듯이 고총군 자체가 바로 중앙의 간접지배를 받았음을 반증하는 현상일 수도 있기 때문이다.[17]

5세기 이후로 고총군이 축조되지 않은 지역은 당연히 그 지역 세력이 유력하지 못했음을 의미한다. 다만, 그렇다고 해서 정치적 세력이 없었다고는 할 수 없다. 그에는 중대형 고총군이 축조되지 않았으나 6세기 전엽까지 금관국이 존재하였음이 분명한 김해 지역을 예로 들 수 있을 것이다. 그런데 3세기 말 즈음 김해의 구야국에 부산 동래 지역으로 비정한 독로국을 더해 금관가야 연합 세력의 성립을 설정한 견해는 여러 가지를 고려한 틀이라고 여겨지지만 그 가운데 나중에 김해 지역에 고총군이 조영되지 않는 점도 중요한 요소로 의식한 듯하다. 즉 김해 대성동고분군의 양상을 보건대 고구려 남정으로 5세기 이후 김해 세력이 궤멸되었다고 여겨지지만, 문헌 기록에서는 532년까지 금관가야가 존속한 것으로 나오는 점이 설명되지 않기 때문이었다.

그리하여 금관가야의 중심이 5세기 이후로 연산동고분군에 고총이 조영되는 부산 쪽으로 옮겨갔다고 설정[18]한 것으로 보인다. 하지만, 김해 지역 고총군 부재 현상은 있는 그대로 이해하면 될 것으로 당시 실질적으로 약체였다고 보면 된다. 만약 이런 금관가야 중심 이동설을 따르면 우선 경주에서 더 멀고 지리적으로 낙동강이라는 장애가 있는 낙동강 西岸의 김해 세력은 고구려 남정을 계기로 쇠망한 반면 東岸의 부산 세력은 건재했다고 보아야 하는데 이는 상식적으로도 납득하기 어렵다.[19] 또 신라토기 일색인 부산 지역의 5~6세기 고분 정황에 반하기에 근본적으로 문제이다. 나아가 문헌 기록과도 정합을 이루지 못하는 점이 더욱 그러하다.

....

17   신라의 지방 고총군이 특히 간접지배를 받았음을 반증하는 현상이라는 데 대한 설명은 이희준, 2007, 앞의 책, pp. 238~249에 자세하다.

18   申敬澈, 1995, 「金海大成洞·東萊福泉洞古墳群 點描—金官加耶 이해의 一端—」, 『釜大史學』 19, pp. 46~48.

19   이 점을 비롯한 금관가야 중심 이동설의 약점과 그에 대한 비판은 朱甫暾, 2006, 「高句麗 南進의 性格과 그 影響—廣開土王 南征의 實相과 그 意義—」, 『大丘史學』 82, pp. 10~13을 참조.

먼저, 6세기 초 김해 지역과 관련된 『일본서기』 계체 23년조의 이른바 4촌 초략 기사 등과 상충된다. 또 그렇게 5~6세기 금관가야의 중심이 부산 지역이 되면 직설적으로 말해 김유신의 증조부인 김구해(구형왕)가 금관가야 멸망 시에 있었던 지역이 곧 부산 동래이고 신라국가가 식읍으로 하사한 금관군도 이곳이어야 하는데 과연 그럴 수 있느냐이다. 만약 그곳이 부산 지역이라면 이곳에는 금관가야가 멸망한 6세기 중엽 이후 횡혈식 석실분이 없는데 반해 김해 지역에는 구산동고분군 등이 존재하는 점도 설명이 안 된다.

각지의 고총 축조 개시 연대와 개별 고총의 크기 혹은 군의 규모(숫자) 등은 발굴에 편차가 적지 않고 분석 자료가 미비한 지역이 대부분이므로 적극적 추론을 하는 데 문제는 있으나 일정한 의미를 가진다고 아니 할 수 없다. 『일본서기』에는 고령과 함안 지역 최고지배자의 호칭을 다른 가야국의 한기 등과는 달리 유독 왕으로 기록하였는데 과연 그에 걸맞게 이 두 지역에는 각각 가야에서 첫째 및 둘째로 꼽히는 규모의 고총군이 조영되어 있는 것이다. 이렇게 보면 다라국이라는 유력 가야국의 중심 고분군으로 비정되는 옥전고분군의 고총 숫자나 개별 고총의 규모 등이 너무 약소해서 과연 그에 걸맞은지 의문이 들기도 한다. 이런 까닭에 전고에서 다라국이 혹시 현 합천댐 이하 합천읍을 포함하는 황강 하류 지역을 포괄하는 세력이 아니었는지 추정한 바 있으나,[20] 그래도 여전히 의문스러운 부분은 남는다.

일곱째, 기본적으로 사회진화론의 관점에 서야 한다. 이는 바로 『삼국지』 위서 동이전에서 볼 수 있듯이 가야 각지의 사회가 변한 단계부터 상호간에 우열의 차이는 있으나 대체로 엇비슷한 수준의 발전을 하는 가운데 점차 그 격차가 심화된 것으로 상정함을 뜻한다. 그런데 특히 가야에 대해서는 그와 반대로 정복 혹은 이주설이 난무한다 할 정도이다. 금관가야의 성립 동인을 북방 부여족의 남하에서 찾는 설이 대표적 사례이지만 특히 고구려 남정 이후 몰락한 김해 지역 지배층이 함안, 합천 등지로 이동해서 새로운 가야국들

....

20   李熙濬, 1995, 앞의 논문, pp. 409~412.

을 세운 듯이 보는 견해[21] 또한 그러하다.

하지만, 상식 수준에서만 생각하더라도 김해 지역 세력이 그토록 강력했다면 왜 남정 이전에 다른 지역으로 세력을 뻗치지 못하고 그때에 고구려 군에 패해 급하게 도망가서야 비로소 각지에 그렇게 안라국과 다라국 같은 후속 세력들을 부식할 수 있었을지는 지극히 의문스럽다. 이미 지적한 것처럼 그런 이주 가설은 충족시키기가 결코 쉽지 않다.[22] 또 그런 이주 가설에다 전·후기가야연맹설이 겹치면 그 자체로 모순이 생겨난다. 이를테면 다라국 등의 실질적 성립을 5세기 이후로 보면 4세기 동안 전기가야연맹이라는 것에 속한 나라는 김해 지역의 금관국밖에 없는 셈이 되기 때문이다. 한편으로 이런 결과는 맨 앞에서 말한 문헌사와의 정합성 추구에도 반한다.『일본서기』에 따르면 다라국은 4세기 후반에 이미 유력 가야국이었고 또『삼국지』위서 동이전에 따르면 함안에는 3세기 중반에 안야국이라는 유력국이 있었기 때문이다.

III. 토기 양식으로 본 가야의 권역과 그 성립 시기

1. 토기 양식과 신라·가야의 구분

영남 지방의 고고학 자료에서 삼국시대의 개시, 즉 신라와 가야의 등장을 가리키는 변화는 무엇을 기준으로 어떻게 설정해야 할 것인가? 이 문제는 두 가지 방향으로 접근해 볼 수 있다.

한 가지는 각 지역 단위로 시간의 흐름에 따라 고분 등의 자료에서 어느

....

21 조영제, 2000,「多羅國의 成立에 대한 研究」,『가야 각국사의 재구성』, pp. 341~370, 혜안.

22 이희준, 2000,「토론」,『가야 각국사의 재구성』, 혜안, pp. 371~376. 고고학에서 이주를 주장하려 할 때 충족시켜야 할 요건들에 관해서는 에밀 W. 하우리(李熙濬 譯), 2007,「미국 선사시대 주민 이주의 고고학적 논증 사례—한국고고학에서의 이주론, 정복설에 대한 방법론적 성찰을 위한 소개—」,『영남고고학』42, pp. 99~109를 참조.

시점에 획기적 변화가 나타나는지 찾아내는 접근 방법이다. 이를테면 경주 시내 평지에 있는 고총들이 언제부터 집중 축조되는지 알아내고 그것을 신라가 성립한 지표로 삼는 방법을 들 수 있다. 다른 한 가지는 기왕에 진·변한을 구성했던 각 지역 단위의 정치체들, 즉『삼국지』위서 동이전에 '○○국'으로 나오는 소국들 사이의 관계에서 어떤 시점에 큰 변화가 일어났음을 가리키는 고고학적 증거가 있는지에 초점을 맞춘 접근 방법이다. 이는 진·변한을 신라·가야의 前史로 보는 이른바 전사론의 견지에 서서 영남 지방 각 지역의 국 또는 소국들이 병렬적, 독립적 관계 속에서 형성한 일종의 연맹체였던 진·변한이 언제 고대국가로서의 신라와 또 다른 성격의 네트워크인 가야로 재편되었느냐를 검토하는 방법이다.

전자의 접근법은 상대적으로 쉽다고 할 수 있으나 어떤 특정한 지역 단위에서 일어났다고 여겨지는 변화가 새로운 관계망을 포괄하는 신라 혹은 가야의 성립을 반드시 담보한다는 보장이 없는 점이 문제이다. 가야의 경우 이를테면 김해 지역 대성동고분군의 29호 목곽묘 같은 3세기 중, 후반 대형 무덤의 축조 단계에서 나타난다고 평가된 모종의 극적 변화가 금관가야의 성립을 가리킨다고 해석되기도 한다.

그런데 그것은 김해 지역 세력이 그때 커다란 발전을 이루었음을 나타내는 지표는 될지언정 반드시 금관'가야'의 성립을, 즉 변한 연맹체의 일원이었던 김해 구야국이 가야라는 새로운 관계망, 말하자면 어떤 새로운 연맹체의 일원으로서의 금관국이 되었음을 뜻한다고 할 수는 없다. 혹시 다른 지역들에서도 그런 변화가 거의 같은 시기에 일제히 일어났다면 몰라도 그렇지 못하다면 그것만으로 가야라는 새로운 관계망 혹은 네트워크가 성립하였다고 판정하기는 어렵다는 것이다.

또 이 설은 지역사의 관점에서만 보았기 때문에 변진 구야국에서 금관가야로의 전환을 무리하게 그 권역의 확대라는 쪽으로 설정한 것으로 보인다. 즉 김해 지역 구야국과 부산 동래 지역 독로국이 정치적으로 연합함으로써 금관가야가 성립한 사실을 외절구연고배라는 토기 양식의 공유가 말해 준다고 보나 그 시기 그런 토기 양식의 공유가 어째서 그런 연합을 뜻하는지에 대해서는 설명이 없으며 또 실제 설명할 수도 없다.

이런 지역사적 접근과 관련된 가야사의 시기 구분 틀이 바로 진·변한사를 신라·가야사의 전기로 보는 견지의 전기가야연맹/후기가야연맹이라는 설정이다. 이는 영남 지방에 목곽묘가 조성되는 2세기경에 진·변한 각국이 성립했다고 보고 그때부터를 가야의 시작으로 잡아 4세기까지의 이른바 전기는 김해의 금관가야가 맹주였고, 5세기 후반부터는 고령의 대가야가 맹주였다고 하는 틀이다.

하지만, 고고학에서는 진·변한 시기를 원삼국시대로 파악하는 전사론을 취하기에 이는 적합한 구분 틀이 될 수 없다. 고고학 일각에서는 3세기 말에 금관가야가 성립하였다고 보고 그 이후를 전기가야로 설정함으로써 그런 문제점을 피해 가려 한다. 그렇더라도 가야라는 개념 혹은 명칭을 지역 간 관계라고 이해하는 관점에서 볼 때 이는 여전히 아무런 근거를 갖지 못한다. 또 고분 혹은 고분군이 나타내는 획기적 양상은 해당 지역의 특별한 발전을 뜻할지언정 해당 지역이 곧 각 시기의 가야연맹에서 맹주였음을 보증하지는 않는다.

사실 가야라는 명칭이 당대에 쓰였다는 어떠한 증거도 없다. 설사 그 대신에 「광개토대왕비」와 『일본서기』에 나오는 '임나'라는 용어를 쓰더라도 그것이 연맹체 상태의 네트워크를 뜻한다는 분명한 근거 또한 없다. 그러므로 본질적으로 '가야연맹'이라는 것이 과연 존재하였는지에 대해 의문이 제기될 수 있다. 이런 까닭에 가야 전체 연맹설 혹은 단일연맹설을 부정하고 몇 개의 권역별 연맹체로 나뉘어 있었다는 지역연맹체설 등도 나왔지만, 그것은 어떻든 대략 4세기까지 김해 지역 무덤의 규모나 출토 유물이 다른 지역보다 우월하다고 해서 그것만으로 당시 가야 전체를 이끈 맹주였다고 주장할 수는 없다.

심지어 5세기 이후로 고령 지산동에 압도적인 수와 규모의 고분군을 축조한 대가야 세력이 가야 전체를 하나로 연결한 어떤 연맹체의 맹주였다고 볼 근거 또한 없다. 다만, 첫머리에서 말했듯이 토기 양식의 분포권으로 판단하건대 대략 경상남도 북부와 호남 동부 일부를 망라하는 세력권을 형성했음은 확실한 사실로 인정할 수 있을 뿐이다.

후자의 접근법은 여러 지역의 고고학 자료를 상호 비교해야 하기에 한층 어렵다. 특히 가야의 경우에는 그 구성 지역들 사이의 관계가 기본적으로 여전히 대등하다고 상정되어 앞 단계 (진)변한과 크게 다를 바가 없기 때문에 더욱 그렇다. 반면, 신라의 경우에는 경주를 정점으로 낙동강 이동 지방 내의 여러 지역 사이에 새로운 정치적 상하 관계의 네트워크가 형성된 것으로 설정하고 그런 측면을 나타내는 고고학적 증거를 찾아 내세울 수 있다. 잘 알려져 있듯이 4세기 중엽 이후 금호강 이북 낙동강 유역 전체와 금호강 이남 낙동강 이동 지역의 고총들에 낙동강 이동 양식이라는 공통 양식의 토기와 신라식의 위세품 같은 것들이 부장되는 현상이 그에 해당한다. 이는 4세기 중반 마립간기에 신라가 성립한 이후 지방 지배가 진전됨에 따라 나타난 결과물이라 해석할 수 있다.

이와 같은 관점에서는 신라를 대개 낙동강 이동의 진한에 속했던 여러 국이 하나로 통합된 세력으로 볼 수 있으니 낙동강 동안에 있으면서 문헌 기록에 4세기 후반까지 가야로 나오는 창녕 지역을 제외하면 영남 지방 안에서 이 신라에 포함되지 않은 권역, 즉 금호강 이남 선의 낙동강 이서는 곧 가야 권역이라고 할 수 있다. 그런데 가야가 이처럼 어느 시점 이후로 신라와 낙동강을 경계로 마주하고 있었음은 『삼국유사』「가락국기」의 기사에서도 엿보인다. 이에 따르면 가야의 권역은 '東以黃山江, 西南以滄海, 西北以智異山, 東北以伽耶山, 南以爲國尾'라고 해서 가야산 이남, 낙동강 이서로 해석되는 것이다.

고고학에서는 일찍부터 토기 양식의 분포권을 신라와 가야의 범위에 연결 짓고자 하는 시도가 있었다. 이를테면 영남 지방의 토기 양식을 경주 일대의 신라토기 외에 낙동강 동안 가야토기 양식과 낙동강 서안 가야토기 양식으로 나누기도 했다.[23] 이에서는 우선 낙동강 이서는 당연히 가야 세력임을

....

23   李殷昌, 1970,「伽耶地域 土器의 硏究─洛東江 流域 出土 土器樣相을 中心으로─」, 『新羅伽倻文化』 2.

전제로 서안 양식(적확하게는 이서 양식)을 설정하였다. 또 『삼국유사』에 가야로 거론된 창녕 같은 지역이 낙동강 동안에 있으면서도 그곳의 고분들에서 경주 지역과는 약간 다른 형태의 토기가 출토되는 현상을 낙동강 동안 전역으로 확대 해석해서 낙동강 동안 가야토기 양식을 설정하였다.

그러나 앞에서 말했듯이 5가야조가 후대의 附會로 밝혀진 이상 낙동강 이동의 여러 지역을 가야 세력으로 볼 수 있는 문헌 근거는 없어진 셈이다. 그래서 낙동강 동안 지역을 아우르는 가야양식이라는 표현 자체가 성립할 수 없게 되었다. 사실 이제 와서는 거의 모든 연구자가 인정하는 대로 당시 영남 지방의 토기 양식을 5가야조 같은 문헌 기사를 염두에 두지 않고 객관적으로 대별하면, 일단 금호강 이남의 낙동강 이동과 그 이북의 동서 모두에 소재한 고분들에서 출토되는 낙동강 이동 토기 양식과 「가락국기」의 기사대로 가야산 이남 낙동강 이서 지방의 고분들에서 출토되는 낙동강 이서 토기 양식으로 나뉜다.

다만, 이렇게 대별된다 하더라도 양대 양식 분포권 각각을 구성한 지역들에서 출토되는 토기의 형태가 똑같지는 않다. 이동 양식권은 전체적으로 강한 공통성을 지니면서 그 하부에 각 지역 양식이 존재했던 것으로 파악된다. 반면에 대략 5세기 이후 금호강 이남의 낙동강 이서 지방을 차지하는 이서 양식권은 현재까지 함안 지역을 중심으로 하는 권역에서 출토되는 토기 양식, 고령 지역을 중심으로 하되 앞에서 말했듯이 경남 북부와 호남 동부라는 상당히 넓은 권역에서 출토되는 토기 양식, 고성·진주 등 서부 경남 지역을 중심으로 한 토기 양식으로 대별된다. 이들은 고고학에서 편의상 각각 아라가야양식, 대가야양식, 소가야양식으로 불리면서 당시의 세력권을 나타낸다.[24]

....

pp. 85~175.

24   이런 정치체들의 명칭은 『삼국유사』 5가야조에서 비롯된 것이기에 모두 당대에 반드시 쓰였다고 할 수 없다. 그러므로 그대로 사용할 근거가 없는 형편이다. 다만, 고고학에서 이미 널리 쓰이므로 이하에서 소통하기 쉽게 쓰기로 한다.

이상과 같은 낙동강 이동 토기 및 이서 토기 양식의 분포 현상은 문헌사 연구로 밝혀진 바와 같이 낙동강 이동 지방을 하나로 통합한 정치체를 이룬 마립간기 신라와 그 이서에 분립한 상태로 존재한 가야 諸國의 모습을 그대로 반영한다고 이해해도 무방할 것이다. 이렇게 생각하면 신라와 가야의 권역을 구분하는 문제가 단순한 듯하나 일부 연구자는 그런 토기 양식의 분포권들은 공통 문화권을 나타낼 뿐 그 권역들이 각기 그대로 신라와 가야에 상응하는 것은 아니라고 한다.

그러나 정치 경제적 권역을 나타내는 것이 아니라면 왜 그런 문화적 공통성이 나타나는지에 대해서는 수긍할 만한 설명을 내놓지 않는다. 적어도 낙동강 이동 양식 토기는 하나의 분포권을 이룰 뿐만 아니라 그에 여러 가지 정형적 현상들이 복합되어 있어서 그렇게 간단히 문화적 현상으로만 치부할 수 없다. 즉 낙동강 이동 양식 토기의 지속적 분포 권역이 곧 신라 영역이라는 해석은 단순히 공통된 양식 토기의 분포에만 근거한 것이 아니고 그 토기 양식 자체가 지닌 정형성, 위세품, 고총 등 고분 자료와 더불어 문헌 기사 또한 고려한 데서 나온 결과이기 때문이다.[25]

그런데 신라 영역을 나타내는 낙동강 이동 양식 토기 분포권의 의미를 해석하는 데서 주의해야 할 점은 그런 양식의 토기가 어떤 지역에 나타나기 시작하는 시점은 해당 지역이 신라의 영역으로 편입된 시점의 하한을 말해 줄 뿐이라는 사실이다. 지역에 따라, 이를테면 영남 북부 지역에서는 실제 신라 편입과 이동 양식 토기의 발현 시점 사이에 적지 않은 시차가 있을 수 있다. 또 창녕 같은 특정 지역만을 따로 떼어 그 지역에서 이동 양식 토기의 지역색이 없어지는 시점에야 비로소 가야에서 신라로 바뀌었다는 해석을 하고 심지어 그것을 이동 전역으로 일반화하는 견해도 종종 제기되나, 그것은 낙동강 이동 토기 양식이라는 大양식과 그 속의 한 지역양식이라는 小양식의

....

25   낙동강 이동 토기 양식, 위세품, 고총의 여러 가지 정형성과 그에 대한 해석은 이희준, 2007, 앞의 책, pp. 66~100을 참조.

의미를 전혀 고려하지 못한 해석이라서 성립할 수 없다.

고령 지산동고분군에서 대가야가 멸망한 직후에 축조되었다고 여겨지는 고분들에 본격 부장되기 시작하는 이동 양식 토기가 웅변하듯이, 마립간기에든 중고기에든 낙동강 이동 지방 이외에 새로이 신라 영역으로 편입된 지역의 고분에도 반드시 신라토기가 부장되는데 그 이유가 무엇인지는 사실 밝혀져 있지 않다. 다만, 이는 고구려 등과는 다른 신라의 현지 밀착형 지배 방식을 나타낸다고 추론되는 신라에 특유한 현상이다. 그러므로 영남 지방에서 이보다 앞선 시기의 토기 양식 분포권에 대해서나 가야 혹은 백제 지역의 토기 양식 분포권에 대해 똑같은 논리를 그대로 적용할 수는 없다.

낙동강 이동 양식 토기, 즉 신라토기가 성립하는 4세기 중반 이전 영남 지방의 토기(이른바 고식도질토기)는 몇 개 양식 군으로 나누기도 하는데 그렇게 나뉜다고 해서 그 각각의 분포권을 어떤 연맹과 같은 정치적 의미를 가진 세력들이었다고 할 근거는 없다. 앞서 말했듯이 특히 외절구연고배의 공통 분포를 주된 근거로 삼아 그것의 등장 시점에 김해 지역과 부산 지역 사이에 금관가야 연합이 성립하였다고 보기[26]도 하나 실은 그런 정치적 해석을 할 수 있는 논리적 근거는 없다.[27] 이는 같은 시기의 통형고배로 대표되는 함안식 토기의 분포가 함안 지역 이외로 광범위하게 나타나는 현상을 결코 그 분포지와 함안 지역 사이에 맺어진 연맹 등의 결과로 해석하지 않는 점[28]을 보더라도 그렇다.

백제에서도 신라와 똑같은 수준으로 중앙의 토기 양식이 확산되는 현상이 보여야 비로소 해당 지역이 영역화되었다고 할 수도 없다. 이를테면 한성

....

26 홍보식, 2000,「考古學으로 본 金官加耶」,『考古學을 통해 본 加耶』, 한국고고학회.

27 6세기 초까지 부산 지역이 신라가 아닌 가야였다고 보는 시각의 잘못된 출발점은 실은 바로 여기에 있다. 그에다 금관가야가 6세기 전엽까지 존재하였음이 분명한데도 김해 지역에 고총이 축조되지 않은 이유를 설명하기 위해 부산 지역의 연산동고총군에서 그 답을 잘못 구한 점도 더해진 듯하다. 즉 금관가야의 중심이 5세기 이후 고총군이 있는 부산 지역으로 이동하였다고 함으로써 김해 지역의 고총 부재 이유를 설명하려 한 것이다.

28 정주희, 2009,「咸安樣式 古式陶質土器의 分布定型과 意味」,『韓國考古學報』73, pp. 4~51.

백제의 지방 지배 방식은 신라와는 상당히 달랐다고 여겨지기 때문이다. 다만, 고령양식 토기의 공통 분포권은 신라의 경우와 극히 유사한 측면이 많아 약간 다른 역사적 맥락을 고려한다는 단서 아래 대가야 영역으로 해석함이 허용된다고 하겠다.

결론적으로 낙동강 이동 양식 토기의 지속 분포 권역은 신라의 영역으로 해석이 된다. 이는 대략 성립 초기(4세기 중엽)부터 영남 지방 가운데 금호강 이북은 낙동강 유역권 전체, 금호강 이남은 낙동강 이동 지방 대부분을 포괄한다. 다만, 창녕 지역은 낙동강 이동에 위치하면서도 『일본서기』 신공기 49년조의 이른바 가야 7국 평정 기사를 참고할 때 369년까지는 그에 가야의 한 세력이 있었다. 그러나 4세기의 끝 무렵에는 창녕 지역에도 낙동강 이동 양식 토기와 각종 위세품을 부장한 고총들이 축조되므로 그 즈음이면 신라의 영역이 되었다고 추론할 수 있다. 나아가 강원도 양양 정도까지 올라간 동해안 지역과 소백산맥 이서 보은 지역 등도 비교적 일찍부터 그 영역에 포함된다. 즉 늦어도 5세기 초 이후로 낙동강 이동 지방은 신라의 영역이었다.

그러므로 5세기 초 이후 가야의 권역은 자연히 『삼국유사』 「가락국기」의 기록대로 가야산 이남, 낙동강 이서이되, 그 西限은 이미 언급한 대로 호남 동부 일부에까지 미쳤다.

2. 낙동강 이서 토기 양식으로 본 가야의 성립

그러면 이런 가야의 존재에 상응하는 낙동강 이서 양식 토기, 즉 가야양식 토기는 언제 형성되기 시작하였는가? 그 과정에 대해 거의 유일하게 종합적으로 다룬 연구에서는 지역양식 형성기-양식 복합기-지역양식 분립기로 단계를 지어 설명한다.[29] 이 연구는 황남대총 남분의 피장자를 눌지왕으로 보는 연대관에 입각한 것이므로 그 논지를 요약해 나타낸 그림[30]을 본고의 연대

....

29   朴升圭, 2010, 「加耶土器 樣式 研究」, 東義大學校 大學院 史學科 博士學位 論文, pp. 216~217.
30   朴升圭, 2010, 위의 논문, p. 217의 〈도면 46〉.

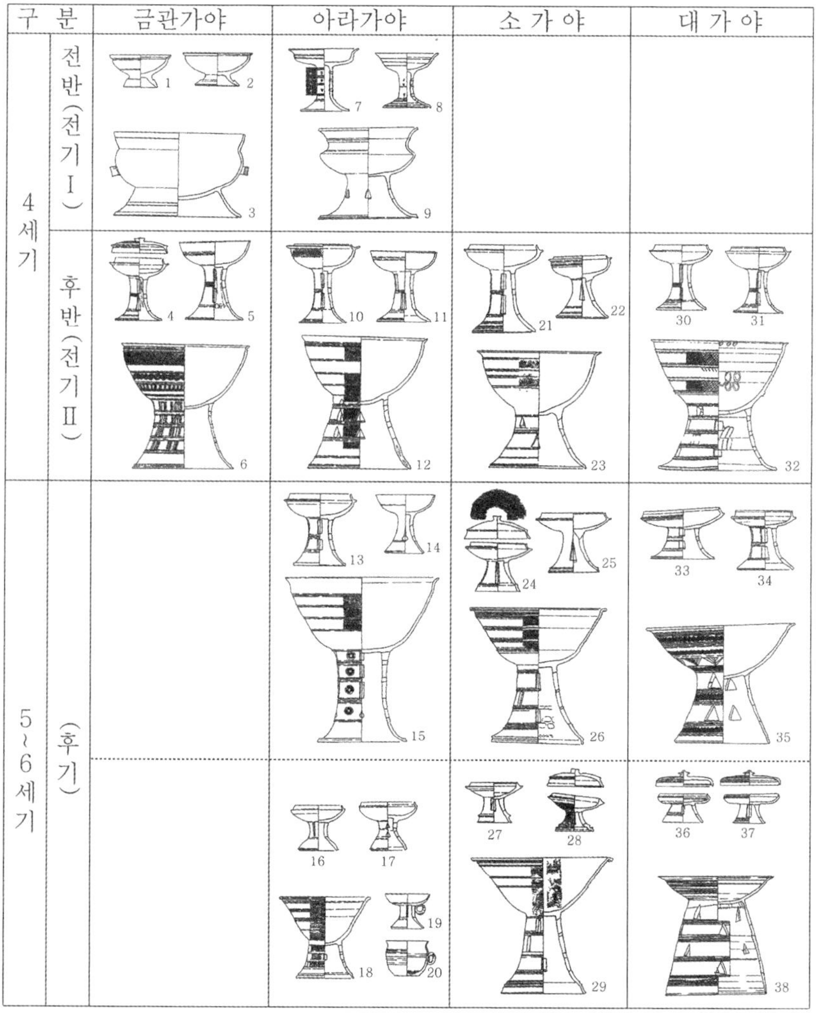

구 분		금관가야	아라가야	소 가 야	대 가 야
4세기	전반(전기Ⅰ)				
	후반(전기Ⅱ)				
5~6세기	(후기)				

그림 1 가야 지역 토기의 시기별 양식 변화

[금관가야] 1·3. 예안리 138　　2. 복천동 57　　4. 대성동 1　　5. 예안리 130　　6. 복천동 31·32

[아라가야] 7. 황사리 35　　8. 황사리 32　　9. 황사리 45　　10. 도항문 8　　11. 도항문 44

　　　　　 12. 도항문 3　　13. 도항문 14　　14. 도항문 54　　15. 도항 15

　　　　　 16·18·19. 도항문 47　　17·20. 도항문 4

[소가야] 21. 예둔리 43　　22. 가곡리채집　　23. 하촌리채집　　24. 예둔리 1　　25. 고이리나-12

　　　　 26. 우수리 14　　27. 가좌동 4　　28. 운곡리 2　　29. 배만골채집

[대가야] 30·31. 옥전 68　　32. 쾌빈동 1　　33. 옥전 M3　　34. 지산동 30

　　　　 35. 지산동 32　　36. 옥전 78　　37. 저포 DI-1　　38. 옥봉 7

관에 따라 약 50년 정도씩 상향 조정해 표시하면 〈그림 1〉과 같다.

그런데 여기에 표기한 전기·후기란 전·후기가야연맹 구분에 따른 것이 거니와 그 가운데 전기I: 지역양식 형성기의 지역양식이라는 것은 뒤의 후기: 분립기 지역양식과 연결되지 않는다. 또 그 단계는 미리 말하자면 진·변한으로부터 신라·가야로의 전환기이다. 그러므로 이는 아직 가야 단계로 들어가지 못한 변한 단계인 고식도질토기 단계의 지역색을 나타낼 뿐 나중의 가야 전역에 해당하는 사항은 아니다. 다음의 전기II: 양식 복합기란 형식 난립기라고 부르기도 하는데[31] 이를 가야토기 양식 성립기라고 이해하고 그 다음에 지역양식 분립기가 이어진다고 이해하면 될 것이다.

이 성립기의 양상은 바로 낙동강 이동의 신라토기 양식 성립기에 대응하는 현상으로서 나타난다. 위의 연구에서는 이를 고식도질토기로부터 가야토기로의 '전환기 변동'이라 보고 정치적 사건과 직접 연계되지 않고 문화변동에 의해 가야사회의 통합을 추구한 결과라고 보면서도 신라토기 양식에 대응된 새로운 가야토기의 필요에 의해 나타난 것으로 이해하였다.[32]

그러나 이런 변동을 단순한 토기 문화 수립의 차원에서 일어난 현상으로만 이해할 수는 없다. 그처럼 낙동강 이동과 이서의 토기에서 다소 급격한 변화들이 일어난 배경에는 물론 기존에 작동하고 있던 진·변한이라는 어느 정도 구분된 네트워크의 존재가 있다. 신라는 사로국이 그 가운데 주로 진한 세력을 통합해서 생겨난 광역 정치체였고 그런 새로운 관계를 반영하는 현상이 바로 낙동강 이동 토기 양식, 즉 신라토기 양식이다. 이 토기 양식의 분포로 보건대 새로이 성립한 신라는 진·변한 시절 공유하였던 낙동강 수로 교통을 특히 대구 지역을 지렛대로 해서 적극 통제하려고 하였을 것이다.

이는 기왕의 체계를 근본적으로 뒤흔드는 엄청난 변화로 4세기 전, 중반부터 이런 일이 발생함에 주로 낙동강 이서에 자리 잡았던 변한 세력들 사이에서도 연쇄적 재편이 일어났을 터이다. 바로 그런 변동을 반영하는 것이 새로이 형성된 낙동강 이서 토기 양식, 즉 가야토기 양식일 것으로 여겨진다.

....

31   趙榮濟, 2008, 「'형식난립기'의 가야토기에 대하여」, 『考古廣場』 2, 부산고고학연구회.
32   朴升圭, 2010, 앞의 논문, p. 222.

이런 가야토기 양식 성립기의 연대는 문헌 기록에서 보이는 가야 성립의 하한 연대에 거의 상응한다. 즉 문헌 기록에서 보이는 가야 성립의 하한 연대는 『일본서기』 신공기 46년(366)조 가야 탁순국의 백제 통교 관련 기사에 따를 때 360년대 중반인데 그에 약간 선행한다고 여겨지는 것이다. 결국 영남 지방 안에서 신라와 서로 권역이 맞물린 관계였던 가야는 마립간기 신라가 성립하는 4세기 중엽 즈음에는 그에 대응하는 세력으로 인식되기 시작했다고 추정할 수 있겠다.

4세기 후반 단계의 낙동강 이동 토기 양식에 대비되는 낙동강 이서 토기 양식은 〈그림 1〉에서 보듯이 가야 전역에서 공통성을 다소 강하게 띤다. 물론 그렇다고 해서 이동 양식과 같은 의미를 갖지는 않는다. 이는 낙동강 이동에서 새로이 형성되어 낙동강 방면으로 압박을 가해 오는 신라에 대응해 이서 지방의 여러 세력 사이에 벌어진 이전과 다른 빈번한 상호 작용을 반영한다고 이해된다. 즉 가야 초기의 양상을 나타낸다는 것이다.

그러다가 이서 지방에는 5세기 초를 전후한 시기에 이루어진 세 가지 토기 양식의 분립이 말하듯 세 개의 주된 권역이 형성되었고 이는 멸망기까지 이어진다. 이 세 가지 토기 양식의 5~6세기 분포는 각각 현재의 함안을 핵으로 한 권역, 고성, 진주 등지를 중심으로 한 권역, 고령을 중심으로 서·남쪽 황강 유역 및 남강 상류, 금강 상류, 섬진강 유역 및 그 하구 인근 해안 지역을 포괄한 권역으로 나뉜다. 이들은 고고학에서 각각 아라가야, 소가야, 대가야의 권역에 대응한다고 여겨지고 있거니와 그런 분립적 분포상은 흔히 연맹이라고 상정되는 이전 변한 시기의 어느 정도 균일한 와질토기 분포상과는 다르다. 또 같은 시기 신라권의 통일된 낙동강 이동 지방 토기 양식의 분포와도 아주 다른 모습이다.

와질토기 단계 토기의 공통성이 마치 어느 한 나라가 다른 나라를 압도해 상하관계를 형성할 수 없었던 만큼 독립 개별적 병렬 관계였던 상황을 상징한다면 분립기 가야토기 양식들은 이제 존립을 위해 상호 치열하게 경쟁할 수밖에 없는 상황을 반영한다고 할 수 있다. 그래서 과연 그들이 상호간에 연맹과 같은 어떤 단일한 성격의 정치적 네트워크를 구성하고 있었느냐에 대해서는 강한 의구심이 들기도 한다. 이 양식 분포권의 구체적 양상과 의미에 대해서는 뒤의 절에서 좀 더 논의하기로 한다.

IV. 가야의 지리

가야고고학에서 지리가 지닌 중요성은 바로 대가야 토기 양식의 분포가 웅변한다. 그 토기가 황강 및 남강 상류 그리고 크게 보아 섬진강을 따른 지역에 분포한 고분들에서 출토되는 사실은 늦어도 5세기 이후로 낙동강 수로를 원활하게 이용할 수 없게 된 고령의 대가야가 그 지역들로 대외 교역로를 모색하였음을 반영하는 것이다. 또 김해 지역은 낙동강 본류 혹은 그 유역의 관문에 해당하기에 변한 시절에는 크게 번성하였으나 낙동강을 통한 교통이 원활하지 못하게 되면서 그런 입지가 거꾸로 그 지역 정치체의 발전에 불리하게 작용한 것으로 추정되는 점도 그러하다.

1. 낙동강 이서 지방

낙동강 이서 지방의 가야 세력은 여러 나라로 분립한 상태로 있다가 결국 신라에 멸망당한 것으로 이해되고 있다. 가야 세력은 왜 신라나 백제처럼 하나의 국가로 통합이 되지 못하였을까? 이에 대해서는 진·변한에서 신라·가야로의 전환기였던 3세기 말 4세기 초에 변한 세력이 기왕의 대외 교역 체계에 안주한 탓에 발전, 통합의 동력을 잃은 때문으로 보는 견해가 강하다. 이는 『진서』 동이전에서 서진에 사신을 파견한 東夷 세력 가운데 마한과 진한은 보이나 변한은 보이지 않는 점을 주요 근거로 든다. 설득력이 강한 견해라고 여겨진다.

다만, 다른 한편으로 낙동강 이서 지방의 지리가 지닌 구조적 특징 때문에 세력 간 통합이 쉽게 이루어지지 않았던 것은 아닌지 추정해 볼 수 있다. 아래에서는 이런 측면을 중심으로 가야의 각 지역이 나타내는 지리 특성을 살펴보기로 하는데 산줄기지도[33](그림 2)를 활용하기로 한다. 이는 지역 사이의 교통 장애가 조금 과장 혹은 강조된 점은 있으나 지역 간 관계 등을 알아보는 데 유효하리라 생각된다.

가야의 지리에서 주요한 특징은 각 지역이 황강과 남강을 주된 교통로로 해서 선형적으로 분포한 점이라는 사실은 일찍부터 지적된 바 있다.[34] 이 지적은 한편으로 지리와 정치적 통합이 아주 깊은 관계를 가질 수 있다는 점에 대해 시사를 던졌다는 데도 의의가 있다. 다만, 주요 특징은 바르게 지적하였지만 또 다른 특징들은 빠졌다고 할 수 있으니 그 가운데서도 남해안으로 나가는 대외 교통로의 중요성을 꼽을 수 있다. 나중에 보듯이 그런 대외 교통로는 각 지역 가야 세력이 겪은 성쇠라든지 변동에 깊이 연관되어 있었다.

가야의 주된 무대였던 금호강 이남 낙동강 이서 지방은 크게 보면 낙동강 본류와 그 지류인 황강 및 남강으로 구성된 낙동강 유역권이 주를 이룬다. 그와 더불어 금강 상류권 그리고 섬진강 유역권 이외에 남해안 지역권으로 구성되어 있다. 낙동강 유역권은 크게 두 수계로 나누어지기 때문에 당연한 일이지만 그 수계별로 여러 지역이 상호 線狀으로 연결된다. 즉 황강 유역권은 황강 유역권끼리, 남강 유역권은 남강 유역권끼리만 잘 교통할 수 있게 되어 있으며, 황강유역권에 속한 지역에서 남강 유역권에 속한 지역으로 쉽게 통합할 수 없는 지형 구조이다. 두 유역권 사이에 유력한 세력이 존재할 만한 평지 지역은 거의 없으며 유일한 예외로 현 합천군 남부의 삼가면 지역만이 있다. 이런 지리적 조건이 지역 간 상호 관계에 큰 바탕이 되었을 것임은 쉽사리 짐작할 수 있다. 즉 각 수계에 속한 지역끼리 먼저 깊은 상호 관계를 맺을 수밖에 없었다.

각 지역권의 지리적 특징은 당시 대외 교역을 위해 해안 지역으로 나아

....

33 박성태 편집, 2012, 「한국의 산줄기지도(남한전도 1:600000)」, 증보판, 고산자의 후예들.
34 權鶴洙, 1993, 「伽耶의 複合社會 出現」, 『韓國上古史學報』 13, pp. 289~290.

가는 교통의 측면에서 살펴보면 잘 드러난다. 특히 진·변한 이래로 주된 대외 교통로였던 것으로 추정되는 낙동강 본류를 통한 교통이 아주 어려워졌을 때를 상정하고 보면 그것이 분명해진다. 이는 낙동강 이동 지방을 신라가 영역화한 이후 낙동강 교통로에 적극 개입하였을 것으로 상정되므로 실제 상황이었을 것이다.

이때 황강 유역권은 그 자체로만 보면 바로 해안 지역으로 나가는 교통로가 완전히 막힌 셈이었다. 그래서 황강 유역에 있는 합천, 거창 등지의 세력은 강을 거슬러 올라가 바로 육십령을 넘든지 아니면 남강 상류역의 함양으로 넘어가서 거기서 넘든지 해서 금강 상류역으로 나아가야 한다. 또 함양에서 남강을 따라 내려가 진주 등지에서 고성 지역으로 나아가든지 아니면 상류로 거슬러 올라가 운봉고원에서 섬진강을 따라 내려가 하동에서 남해안으로 나가야 한다.

이는 가장 가까운 수계가 황강 유역밖에 없는 고령 지역도 예외는 아니어서 서쪽으로 안림천을 거슬러 올라가 고개를 넘어 묘산으로 나간 후 거창으로 해서 위에 말한 먼 길을 가야 했을 것이다. 남강 유역권에서는 상류로 거슬러 올라가 다시 섬진강을 따라 내려가든지 아니면 강을 따라 내려가다 중도에 진주에서 남해안의 고성 쪽으로 빠지거나 그 하류에서 낙동강 본류와 합류하는 지점인 함안을 거쳐 진동만으로 나아갈 수 있을 뿐이다.

아래에서는 신라 세력이 대략 4세기 중엽 이후 낙동강 이동에 존재했던 사실을 전제로 하면서 이런 수계에 따른 구분을 중심으로 각 지역 단위의 지리적 특성을 경제 혹은 군사적 측면을 고려하며 살피기로 한다.

진·변한 시기에 경주의 사로국과 더불어 유력했던 나라로 여겨지는 구야국의 故地 김해 지역은 낙동강 하구의 서안에 위치하고 남해안에 면한 덕에 낙동강의 관문으로서 대외 수로 교통에 아주 유리한 지역이다. 그래서 이를 십분 이용해 진·변한 시기에 큰 발전을 이루었던 것으로 여겨지며 그런 측면은 그 중심 분묘군인 대성동고분군에서 잘 드러난다. 그러나 낙동강이 한편으로는 장애와 같아서 그 동쪽이나 북쪽 너머에 있는 지역들을 자신의

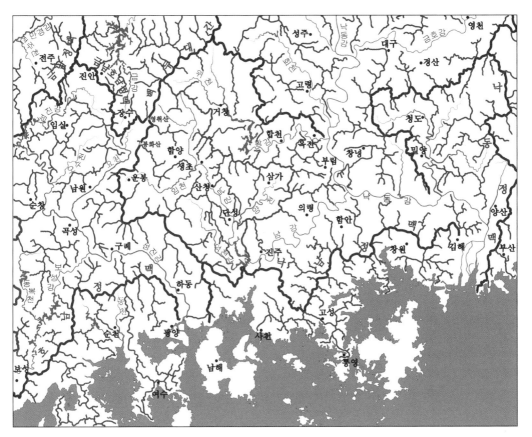

그림 2 낙동강 이서 지방의 수계 및 산줄기 지도

수중에 통합해 넣기는 쉽지 않다. 또 서쪽도 높은 산지로 창원 지역과 구분되어 그리로 진출하는 일도 만만치 않다.

　　한편 현 김해시의 범위 가운데 낙동강에 면한 지역은 이른바 고김해만을 낀 지역과는 일정하게 구분이 된다. 변한 시기에는 상호 구분되는 세력으로 존재했을 가능성도 있다. 유적을 예로 들어 말하면 낙동강 본류 남안의 다호리유적이 입지한 지역과 고김해만의 대성동·양동리 지역은 서로 다른 세력이었을 수 있다는 것이다. 하지만, 늦어도 가야 시기에는 한 세력을 이루었을 것으로 추정할 수 있다.

　　마산 및 진해와 통합하기 이전의 창원 지역은 바다를 낀 창원 분지와 낙동강에 면한 지역들을 포괄한다. 이 가운데 후자는 대부분 낙동강 배후 습지거나 산지라서 고대에는 사람들의 삶의 무대로는 적합하지 못했을 것이고, 인간 활동의 중심은 아무래도 서남쪽으로 바다를 낀 현재의 창원 분지로 한정되었을 것이다. 이처럼 창원 지역은 낙동강 본류를 끼지 않을 뿐 아니라 아예 낙동강 유역권 자체가 아닌 남해안 지역이다. 동·서·북이 산지로 둘러싸인 상황에서 남쪽 바다로의 교통만 용이할 뿐 서쪽 함안 지역으로의 교통 역시 그리 원활하지 못하다.

낙동강의 가장 큰 지류인 남강의 하구에 위치한 함안 지역은 현재 남해안을 바로 끼지는 않지만 그리(진동만)로 쉽게 통할 수 있다. 그래서 남강 유역권의 여러 세력이 남해안지대로 나아가는 데서 일종의 관문 역할을 할 수 있는 지리적 이점을 지니고 있다. 또 자연히 낙동강의 하류가 시작되는 지점도 약간 끼고 있기에 낙동강 중·상류역에서 남해안지대로 통하는 데서도 일정하게 관문 역할을 할 수 있었을 것으로 여겨진다. 반면에 육로로는 그 동서로 쉽게 진출할 수 없는 지형 속에 있다.

한편 남해안에 면한 지역으로 고성 지역은 내륙으로 향하는 수로를 바로 끼지는 않아 어느 정도 고립된 지역이다. 그러나 연안을 넓게 차지하고 있기에 그에 따른 교통을 통제하기에 아주 유리한 이점을 지니고 있다. 또 바로 북쪽으로 높지 않은 산지를 넘으면 남강 유역의 진주 지역으로 통할 수 있어서 남강 중류역에 대한 관문지 역할을 할 수 있다. 아니면 서쪽으로 사천 지역을 거쳐 진주 쪽으로 통할 수도 있다.

낙동강 본류에 면한 지역으로는 먼저 의령 지역을 들 수 있는데 이 지역은 지형적으로 크게 남북으로 나뉜다. 그 서남부의 현 의령읍 지역은 함안의 남강 대안에 위치해 역시 남강의 관문과 같은 입지를 갖고 있고 또 동쪽으로 낙동강을 면하고 있어서 낙동강 수로 교통에 개입할 수 있다. 육로로 서쪽으로 가면 바로 남강 중류역의 단성 지역으로 나아갈 수도 있다. 또 북쪽으로 육로를 통해 합천 삼가 지역을 거쳐 황강 유역으로 나아갈 수 있는 지리적 이점도 갖고 있다. 동북부의 부림면 신반 일대는 동쪽으로 낙동강을, 북쪽으로 황강 하구를 일부 낀 지역이면서 그 서쪽과 남쪽이 산지로 다른 지역들과 구분되는 지리를 지니고 있다. 그런 가운데 서쪽으로는 합천 삼가 지역으로 통할 수도 있는 교통의 요지이다.

낙동강 본류를 낀 지역 가운데 제일 북쪽에 위치한 고령 지역은 다른 주요 지류에 직접 면하지 않은 유일한 지역이다. 북으로는 신라권의 성주 지역과 마주하고 남으로는 합천 지역과 접하였는데 남해안을 통해 먼 데 있는 외부세력과 교통하려면 낙동강 수로를 이용하는 수밖에 없다. 만약 그것이 여의치 못하면 아주 고립된 내륙 지역이 되는 셈이다. 그래서 서쪽으로 황강 중류역의 합천 서부를 거쳐 상류역의 거창, 그리고 다시 남강 상류 함양 등지로 가서 남강을 타고 내려가거나 아니면 산청 북부 생초 지역에서 남강 발원지인 운봉고원으로 거슬러 올라가서 섬진강 상류 혹은 중류로부터 하류로 내려가 그 하구의 하동 지역으로 나아가는 수밖에 없다. 이런 까닭에 고령 지역은 지리적 이점이 사실 다른 지역들보다 결코 크다고 할 수는 없다. 그러나 낙동강에 면한 지역 가운데서는 소백산맥 이서의 백제 지역에 직선거리로 가장 가깝다.

황강 유역에 자리 잡은 지역 가운데 합천 옥전 지역은 바로 황강 하구는 아니나 그를 끼고 있는 셈이어서 관문과 같은 역할을 할 수 있는 이점을 갖고 있다. 북쪽으로는 육로를 통해 고령 지역과 비교적 쉽게 교통할 수 있다. 그러나 그 이외에는 황강 수로를 이용해야만 그 중·상류역으로 올라가거나 낙동강 유역 등 외부로 통할 수 있다. 황강 상류의 거창 지역은 북쪽으로는 신라권인 김천 지역과 마주한다. 서쪽으로 나아가면 남강 상류역에 있는 함양 지역과 통할 수 있으며 서북쪽 육십령을 넘으면 금강 상류의 장수 지역으로 나아갈 수 있다.

남강 유역에서는 진주 지역이 중류에서 하류로 이어지는 곳에 자리 잡고 있는데 이곳에서는 사천 쪽 남해안으로 통하거나 육로로 고성으로 통할 수 있는 이점을 갖고 있다. 그러므로 이곳은 남강 중·상류역 세력이 남해안으로 나아가는 데 거쳐야 할 하나의 관문지와 같은 역할을 할 수 있다. 남강 중류역의 산청 단성 지역은 육로로 동으로 가면 바로 남강 하구의 의령 지역으로 통할 수 있고 또 양천을 따라 동북쪽 삼가 지역으로 이어지기 때문에 그를 거쳐 황강 유역과도 통할 수 있다. 물론 동남으로 남강을 따라 내려가 진주로, 또 남으로는 사천만으로 통한다. 그러므로 아주 중요한 교통 결절지라고 할 수 있다. 산청의 생초 지역은 북쪽의 남강 지류로 가면 함양과 통하지만 남강의 또 다른 지류인 임천을 따라 크게 우회하기는 해도 그 발원지인 남원 운봉 고원 지역으로도 통할 수 있는 교통의 요충이다.

남강의 북쪽 최상류 지역인 함양 지역은 동북으로 현 88올림픽고속도로 노선을 따라 거창 지역과 통하고 북으로는 육십령으로 통한다. 또 서남으로는 육로로 팔령재를 넘어 운봉고원과 바로 통한다. 남강의 서쪽 최상류인 남원 운봉 지역은 북으로 재를 넘어 금강 상류역인 장수 지역으로, 서로는 치재를 넘어 요천을 따라 내려가면 남원 지역으로, 거기서 다시 섬진강 중류역인 구례로 통한다. 그리고 남으로는 육로로 성삼재, 시암재를 넘어 바로 구례로 통할 수 있다. 이런 까닭에 운봉고원 지역은 교통의 결절지로서 대단히 중요한 위치를 차지하고 있었을 것이다.

섬진강 유역은 그 상류역의 남원에는 분지가 잘 발달해 있지만 중류역의 구례 등에는 별다른 넓은 지역이 형성되어 있지 않고, 또 중류부터 그 하구의 하동 지역까지는 유역이 협소해서 면으로가 아니라 선으로 연결된 듯한 양상을 띤다. 그러므로 위에서 말한 남강 상류역의 운봉 지역에서 하동으로 나아갈 때는 어쩌면 그 서쪽 요천에서 시작해 남원을 거쳐 섬진강 강줄기를 따라 크게 돌아가지 않고, 험로이기는 하지만 바로 남쪽으로 구례로 가서 하동으로 통하는 길이 더 편리했을 가능성이 있다고 하겠다.

섬진강 하구에서 서쪽으로 그리 멀지 않은 광양 지역은 섬진강 하구와 더불어 광양만을 낀 지역이다. 이와 여수반도를 사이에 두고 그 서쪽의 순천만을 낀 순천 지역은 동천을 따라 북쪽으로 올라가 송치재를 넘어 바로 구례로 통하든지, 아니면 좀 우회를 하는 길이지만 서쪽 이사천을 거슬러 올라가 현 호남고속도로가 난 길을 따라 서로 가면 보성강을 만나 섬진강 중류의 구례와 곡성 사이로 통할 수 있다. 섬진강 중류역의 구례 쪽에서 보면 하구의 하동을 거치지 않고 바로 바다로 나아가려면 보성강을 거슬러 올라가 순천으로 나왔을 터이다.

영남 지방의 낙동강 수계에 속하지 않고 금강 수계에 해당하는 장수 지역은 금강의 최상류 지역으로서 물론 그 북쪽 및 서북쪽 금강 중류역으로 쉽게 나아갈 수 있다. 남쪽으로는 고개를 넘어 섬진강 상류의 한 지류인 요천을 따라 현 남원시 지역으로 바로 통하고 또 남강 발원지인 남원 동부의 운봉 지역과 통한다. 한편 경남 내륙에 해당하면서 이례적으로 주요 강을 끼지 않은 지역이 있으니 바로 황강 유역과 남강 유역을 곧장 연결하는 위치에 있는 합천 삼가 지역이다. 이 지역에서는 남강 하류의 의령 지역으로 통할 수 있을 뿐 아니라 남강 중류역의 단성으로도 바로 통한다. 또 동으로는 의령 동북부 부림면 신반 지역으로 통하며 북으로는 황강 유역으로 쉽게 나아갈 수 있다.

2. 지리와 가야 그리고 신라

이상과 같이 가야의 많은 부분을 차지하는 황강 수계와 남강 수계의 여러 지역은 수계를 따라 서로 잘 교통할 수 있었던 반면 거의 대부분 바로 해안으로 나가는 대외 교통은 원활하지 못하였다. 그에 비해 남해안의 지역들은 대외 교통에 유리한 반면 상호간의 교통은 어려운 분립적 특성을 띤다. 『삼국지』 위서 동이전에 나오는 변한의 나라 가운데 그 수장의 칭호에 이른바 優號가 더해진 나라이기에 유력 세력이었다고 추정하는 구야국과 안야국의 소재지인 김해 지역과 함안 지역이 대표적 사례들이다.

김해와 함안 지역의 이런 분립적 지리 특성은 사로국의 소재지인 경주와 그 인근 지역의 접속적 특성과 잘 대비된다. 경주 지역이 여러 육상 교통로의 결절지라는 사실은 잘 알려져 있거니와 그 북쪽 동해안 지대, 서쪽 영천·경산·대구 방면, 남쪽 울산·부산, 서남쪽 양산 방면으로 큰 장애 없이 통할 수 있다는 점은 이 지역이 지닌 중요한 지리 특성이다. 사로국은 바로 이런 점을 이용해 『삼국사기』 초기 기록에 나오듯이 이웃 지역들을 순차적으로 복속 혹은 통합해 나갈 수 있었으며 그 과정은 물론 대개 군사력을 동원한 것이었다. 또 이런 접속적 지리 특성은 그 지역들을 복속한 후에 그 상태를 계속 유지하는 데도 큰 이점으로 작용하였을 터이다.

반면에 변한 연맹체를 주도한 세력으로서 4세기 초를 전후한 격동기에 주변 지역의 통합을 시도했을 만한 김해 구야국이나 함안 안야국은 이런 사로국과는 전혀 달리 이웃하는 지역들을 자기 영역으로 통합해 유지하기 어려운 지리적 여건 속에 있다. 이는 종국적으로 가야 전체가 하나로 통합되지 못한 요인들 가운데 중요한 한 가지가 되었으리라 짐작할 수 있다. 설사 이들이 이를테면 낙동강 이동 지역이나 남강 이북 지역 한 곳을 군사적으로 정복했다 하더라도 그것과의 사이에 가로 놓인 지리적 장애가 너무 커서 그 상태를 계속 유지하기가 어려웠을 것이기 때문이다. 직접 비교는 어렵지만 늦어도 5세기 초에 낙동강 이동을 석권한 신라조차 낙동강 너머로 진출하는 데 1세기 이상이라는 오랜 기간이 걸린 점은 이를 이해하는 데 좋은 참고가 된다.

문헌 기록에서도 김해 지역이 다른 지역으로부터 고립된 곳임을 표현한 사례가 있어서 주목된다. 백제 성왕이 금관가야의 멸망과 관련해 회고를 하면서 '남가라는 협소하고 … 의탁할 곳을 몰랐다'고 한 대목[35]이다. 김해 지역이 고립된 곳이라서 다른 가야 세력의 구원이 그리 순조롭지 않았다는 언급인데 이는 거꾸로 그 지역 세력이 다른 곳으로 영향을 미치기가 또한 어려웠다는 말이 되는 것이다.

더욱이 김해와 함안이라는 두 유력 세력은 낙동강 이서의 동남 귀퉁이에 몰려 서로 상당히 가까이 자리 잡고 있다. 또 두 지역 모두 낙동강의 관문지였다. 따라서 자연히 상호 견제를 심하게 하였을 터이고 그런 가운데 이를테면 김해 구야국이 서쪽으로 진출하는 데 함안 안야국은 큰 장벽이 될 수 있었기에 그 점 역시 변한 혹은 가야 세력의 상호 통합을 저해하는 큰 요인이었을

....

35 『일본서기』 흠명 2년 4월조.

것이다. 이에 더해 가야 세력들이 신라를 구성한 낙동강 이동 각지와 달리 대부분 가장 큰 지류인 황강과 남강을 따라 선형으로 존재한 점도 전체가 통합되는 데는 저해 요소였을 것이다.

한편 고령 지역 세력은 비교적 선형적으로 연결된 이웃 지역들을 차례로 통합해 나갈 수 있는 여건에 이르자 아래에서 보듯 5세기 이후 이들을 상당히 단기간에 수중에 넣음으로써 고대국가로 성장해 나갔던 것으로 여겨진다. 이 고령 지역과 김해 지역의 지리적 위치가 지닌 강·약점을 비교해 본다면 고령 지역은 내륙에 위치하기 때문에 김해보다 대외 교통에는 결코 유리하지 못하다.

반면 김해 지역은 내륙의 육로 교통이 활성화되는 상황이 전개되면 대안이 전혀 없다. 이를테면 대략 낙동강 이서에 존재하였을 변한 세력과 그 서쪽 마한 지역 사이의 교류, 교섭이 활발해지는 단계로 들어갔을 때 김해에서 남해안, 남서해안 연안 수로를 이용하는 쪽이 편리하기는 하지만 그 사이의 거리가 멀고 또 거쳐야 하는 지역이 아주 많아서 상대적으로 불리하다. 그에 비해 고령 지역 세력은 육십령로를 통한다면 낙동강 본류의 중류역에 있는 가야 세력들 가운데 가장 쉽게 소백산맥 이서로 통할 수 있다.

이런 육로 교통로를 가진 고령 지역의 이점은 육로 교환망의 관문 지역과 같았던 사로국과 비교를 한다면 한층 이해하기가 쉽다. 영남 지방에서 소백산맥 서북쪽의 내륙 지방으로 통하는 통로인 계립령로와 죽령의 개통을 일러 주는 『삼국사기』 신라본기 아달라니사금조의 기사들[36]은 그를 이용한 사로국의 발전을 시사한다.[37] 이와 마찬가지로 고령 지역 역시 일찍이 변한 시절부터 낙동강 유역에서 소백산맥 서쪽으로 이어지는 육로 교환망들 가운데 하나에 대해 낙동강 본류에 면한 지역으로서 관문지 역할을 하면서 성장할 수 있었을 것이다. 그리고 그 교환망은 낙동강 수로의 이용이 어려워진 때에는 역으로 고령 지역의 대외 교통로가 되어 주었을 터이다.

....

36 『삼국사기』 권2 신라본기 제2 아달라니사금3년(157) 夏四月…開鷄立嶺路. ; 5년(159) 春三月 開竹嶺.
37 이에 관한 논의는 이희준, 2007, 앞의 책, pp. 197~198을 참조.

물론 이런 지리적 고찰에서 추출되는 요소들은 말하자면 필요조건이지 충분조건은 아니다. 또 시간이 흐름에 따라 가야 세력 내부와 그 외부 신라 및 백제 사이에서 생겨났을 갖가지 변수를 염두에 두지 않았다. 하지만, 각 지역 사이의 상호 작용에 기본적 바탕이 되었으리라 보아도 틀림없을 것이다.

　　끝으로 수계 및 대외 교통로와 연관된 위와 같은 가야 세력의 분포에서 흥미로운 점 한 가지를 지적해 두자면 『일본서기』 신공기 49년(369)조의 이른바 가야 7국 평정기사에 나오는 일곱 나라(가라-고령, 남가라-김해, 안라-함안, 다라-합천 옥전, 탁국-의령 동북부, 탁순-의령 서남부, 비자발-창녕)[38]가 모두 낙동강에 바로 면하거나 그 주요 지류의 하구에 입지해 있다는 점이다. 위의 여러 나라가 당시 주요국이었다고 할 때 이는 결국 4세기 후반까지 낙동강의 수로가 가야 세력의 발전에 커다란 영향을 미쳤음을 그대로 말해 주는 사실이라고 하겠다.

　　그런데 이 낙동강 수로의 문제를 조금 더 파고들면 더욱 흥미로운 역사 지리학적 고찰을 해낼 수 있다. 앞에서 가야의 권역에 대해 언급하면서 일단 5세기 이후로 한정해 낙동강 이서만을 대상으로 하였지만 가야 초기인 4세기 후반으로 조금 거슬러 올라가면 신공기 49년조의 가야 7국 가운데 유일하게 비자발이 낙동강 동안(창녕 지역)에 있었음이 분명해서 주목된다. 이 비자발의 향방을 이른바 고구려 남정과 연관시켜 잠깐 논의해 보기로 하자. 뜬금없이 웬 고구려 남정인가 하겠으나 그 사건을 낳은 399년 왜와 가야의 신라 침입 배경 때문이다. 흔히 당시 각국의 대외 전략 혹은 외교에서 백제-가야-왜로 이어지는 주축과 신라-고구려의 주축이 충돌함으로써 빚어진 사건으로 설명하고 있지만 그것이 그 배경 혹은 이유를 구체적으로 설명해 주지 못하는 것이 사실이다.

　　이 비자발이라는 가야국이 다른 국들과 달리 신공기 49년조 이후로 기록

....

38　　탁국과 탁순의 위치를 각각 의령 동북부와 서남부로 비정한 데 관련해서는 나중 절([補註] 본서 제6장)에서 서술하기로 한다.

에 전혀 나오지 않는 점과 지금까지 발굴된 창녕 지역 고분에서 낙동강 이동 양식 토기와 신라식 위세품만이 출토된 점을 결부하면 비자발은 아주 일찍 신라로 편입되었던 것으로 추정할 수 있다. 그 정확한 시점이 문제인데 대략 5세기 이후로 보면 고구려 남정의 결과 가운데 한 가지로 해석할 수 있다. 하지만, 지금까지 발굴된 이곳 고분 가운데 계남리 1호와 4호 같은 고총의 축조 연대는 황남대총 남분보다 미세하게나마 이른 것으로 추정된다.[39] 설사 남분과 같은 단계라 하더라도 이 무덤들에서 나타나는 신라토기와 신라식 위세품은 각 피장자가 생시에 경주 세력과 맺었던 새로운 상하 관계의 산물이므로 이미 남정 이전에 이 지역이 신라에 편입되었음을 말해 준다.

최근에 보고된 창녕 영산 동리유적에서는 목곽묘에서 석곽묘로 이행하는 단계의 고분들이 발굴되었는데 가야양식 토기로부터 계남리 1호 및 4호보다 약간 이른 4세기 4/4분기 전반의 신라양식 토기로 이행하는 과정을 보여 줌으로써 그 즈음에 일어난 창녕 지역의 중대한 변화를 잘 뒷받침하고 있다.[40] 그러므로 이를 전제로 해서 창녕 지역의 신라화가 몰고 왔을 결과 혹은 파장을 낙동강 수로와 관련지어 생각해 볼 수 있다.

낙동강 동안의 창녕 지역에는 『삼국지』 위서 동이전의 不斯國이 소재했던 것으로 비정한 견해[41]가 있다. 음사 이외에는 별다른 근거가 없기는 하지만 만약 이 비정이 맞다면 『일본서기』 신공기 49년조를 함께 생각할 때 창녕 지역은 애초에 진한에 속했으나 늦어도 4세기 후엽 초에는 가야의 일원이었다. 그리하여 역시 가야였던 낙동강 對岸의 여러 세력과 더불어 그 중류역을 통한 수로 교통을 틀어쥐고 있었다고 하겠다. 그런데 앞의 비정대로 서쪽 강안은 여러 국이 분점한 반면 비자발은 동쪽 대안 전부를 독점한 점을 염두에 두면 비자발이 그로부터 막대한 경제적 이득을 챙기면서 강력한 세력으로 성

....

39 이희준, 2007, 앞의 책, p. 153.

40 창녕군·한겨레문화재연구원, 2014, 『昌寧 東里 遺蹟 I—창녕 군립도서관 건립부지 내 유적—』.

41 白承玉, 1995, 「比斯伐加耶의 形成과 國家的 性格」, 『韓國文化研究』 7, 釜山大學校 韓國民族文化研究所, pp. 91~117.

장하고 있었던 것으로 추정할 수 있다.

사실 이런 상황에서는 경주의 사로국이 『삼국사기』 신라본기의 초기 기록에서 보듯이 영천과 경산을 거쳐 대구 지역을 수중에 넣음으로써 낙동강 중류의 수로 교통에 강력히 개입할 수 있었다 하더라도 그 영향을 받는 대상은 금호강 이북의 세력들뿐이었다. 물론 그것은 사로국의 육로 관문지 역할을 아주 강화시켜 주기는 했을 터이다. 그렇더라도 낙동강 이서의 황강과 남강 수계에 자리한 세력들에 대해서는 전혀 영향력을 미칠 수 없었다. 따라서 4세기 중반 신라로서는 이 창녕 지역을 손에 넣는 일이 숙원사업과 같았을 터이다. 그러다가 369년 이후 어느 시점에 이를 병합함으로써 신라의 낙동강 수로 전역에 대한 개입은 비로소 실현되었다.

이런 상황 변화가 일어나자 낙동강 본류를 통한 대외 교통은 실질적으로 아주 어려워졌을 것이다. 이는 낙동강 서안의 가야 세력에 대해 커다란 압박이었을 뿐만 아니라 369년 근초고왕 남정을 통해 낙동강 유역에 진출함으로써 가야에 대해 모종의 이해관계를 수립했던 백제의 이익도 크게 침해하는 변화였을 것이다. 그리하여 백제로서는 이를 그대로 두기 어려웠을 것이라 짐작할 수 있다. 이것이 바로 399년 백제의 후원 아래 가야와 왜가 신라로 침입하게 된 한 가지 요인이라 추정해 볼 수 있는 것이다.

이전에 낙동강 하구 옛 김해만 일대의 몇 유적에서 4세기 말부터 동시에 나타나는 신라양식 토기가 신라의 낙동강 서안 진출 시도를 시사하는 징표로 보고 그것이 김해의 금관가야는 물론 그를 포함한 가야와 왜 사이에 종래부터 낙동강을 통해 이루어졌던 교통, 교역을 크게 방해하는 일이었기에 399년 가야-왜의 신라 침입을 낳은 요인 가운데 한 가지였다고 추정한 바 있다.[42] 이제 여기서 그를 좀 보완하고 구체화한다면 그 즈음 신라의 창녕 지역 병합 또한 그와 연계된 중요 요인으로 제기할 수 있다. 창녕 지역은 묘하게도 낙동강 이서의 가야 세력 가운데 낙동강 본류를 낀 고령, 의령, 함안, 나아가 직접

....

42   李熙濬, 1998, 「김해 禮安里 유적과 新羅의 낙동강 西岸 진출」, 『韓國考古學報』 39, p. 147.

끼지는 않지만 창원 지역까지를 모두 강을 사이에 두고 마주하는 기막힌 전략적 위치를 갖는 지역이다. 그러므로 이 창녕 지역의 신라 통합은 황강과 남강 수계의 관문들과 같은 이런 가야 세력들에 대해 엄청난 압박으로 작용하였을 것임은 불문가지이다.

V. 고총, 토기로 본 가야 세력의 분포와 존재 양태

사실 고고학에서는 가야 전체를 대상으로 구체적 존재 양태를 논의한 적이 거의 없다. 토기 양식을 기준으로 그 형성 구조와 발전을 간략히 논한 예[43] 정도가 있을 뿐이다. 여기서는 고총과 토기 양식을 결합해서 보는 방법으로 존재 양태를 살펴보기로 한다.

1. 낙동강 이서 지방의 고총군과 토기 양식 분포 양태

앞에서 본 바와 같은 지리 구조를 가진 가야 권역 내의 각지에는 고총들이 축조되어 있다. 이 고총이라는 것은 대략 4세기 후반 이후로 영남 지방에 등장하는 독특한 무덤 형태이다. 물론 그 시원적 형태는 경주 지역 같은 곳에서 그보다 훨씬 전에 나타난다고 여겨진다. 그러나 지금 우리가 목도하는 상태로 남아 있는 것들은 주로 5세기 이후에 축조된 것들이다. 그 이전 진·변한 시기에 영남 지방 각지에 축조된 무덤들은 그간 세월이 흐르면서 현재 그 봉분의 흔적조차 지표에 남아 있지 않을 만큼 애초부터 봉분이 그리 높지 않았다. 즉 서기전 1세기부터 서기 2세기 전엽까지의 무덤인 목관묘는 봉분 자체가 아주 낮았다고 추정된다. 2세기 중엽부터 축조된 목곽묘는 목관묘보다는 봉분이 좀 높았으나 역시 쉽게 삭평될 수밖에 없는 형태와 구조였던 것으로

....

43   朴升圭, 2010, 앞의 논문, pp. 225~229.

추정된다.

고총은 이와 달리 지금도 우리가 보듯이 높고 큰 봉분을 유지하고 있다. 이는 무덤 축조 당시에 목관묘 및 목곽묘와 달리 묘를 돌로써 구축하고 위로 봉분을 그와 일체로 공들여 쌓아 그 자체를 기념물처럼 오래 유지되도록 의도한 때문이다. 그 목적은 물론 당시 사람들에게 무덤 주인공 및 무덤을 축조해 준 이들의 권력이 그처럼 막강함을 과시하려는 데 있었다. 이는 호남·호서의 백제 지역에서는 보이지 않는 신라·가야의 고유한 무덤 형태로서 영남 지방의 여러 고고학적 현상 가운데 외형적으로 가장 두드러지는 특징이다. 그래서 이것이 호남 동부 지방에 존재한다는 사실만으로도 해당 지역들이 당시에 가야와 공통된 내세관을 갖고 공통된 정치적 환경 속에 있었음을 추정할 수 있다.

영남 지방의 고총은 전반적으로는 그것이 축조될 즈음 지배 계층의 권력이 이전과 비교할 수 없을 만큼 커졌음을 반영한다. 그러나 그렇다고 해서 신라와 가야 각지의 고총군들이 모두 동일한 배경 아래 축조된 것은 아니었다.

경주 시내 평지에 축조된 고총들은 마립간 시기에 들어 이전 사로국이 이제 신라의 중앙이 된 상황에서 신라 6부의 구성원들이 사로 지역뿐만 아니라 낙동강 이동 지방 전체를 또한 다스리는 지배층으로서 남긴 무덤들로 여겨진다. 즉 이전 사로국을 구성했던 여러 읍락의 지배층들이 새로이 통합, 재편되어 部들을 이루면서 시내 중심부로 집결해 이전보다 엄청나게 커진 영역을 다스리는 과정에서 그 권력이 막대해졌음을 말하는 징표이다.

반면에 그 외의 신라 각지에 축조된 중대형 고총군들은 앞 단계인 진·변한 시절에 해당 지역을 다스리던 지배층의 후예들이 이제 비록 신라 중앙의 통할을 받는 처지가 되기는 하였으나 그런 가운데 중앙 정부로부터 상당한 권력을 위임받아 지역을 다스리는 이른바 간접지배 하에서 누린 정치 경제적 권력을 반영한다고 할 수 있다. 즉 신라 지방의 고총들은 한편으로는 중앙의 지배를 받으면서 다른 한편으로는 그를 배경으로 정치적 성장을 해 나간 해당 지역 수장층의 모습을 반영하는 양면성을 띤 복합적 현상이다. 독립적 권력을 과시하는 듯한 거대 봉분의 이 고총들 내부에 으레 중앙에 단단히 긴박

되었음을 무언으로 말하는 동일 양식의 토기와 경주식 장신구가 부장되어 있는 점이 이를 뒷받침한다. 이런 신라 지방의 고총군들은 대개 이전 단계에 각 지역을 구성했던 여러 읍락(신라 마립간 시기의 촌)마다 축조된 특징을 지니고 있다.

가야 각지의 고총군들 역시 어떤 지역은 신라의 중앙인 경주 지역의 고총군과 비슷한 배경 속에서 축조되고 또 어떤 지역은 신라의 지방 고총군과 비슷한 배경 속에서 축조된 듯하다. 다만, 그러면서도 세부적으로는 차이 또한 보인다. 가야의 고총군들 가운데 중대형급으로 이루어진 것들은 대개 앞의 지리 절에서 거론한 각 지역의 중심지에 축조되어 있다. 가장 현저한 예로 고령 지산동고분군이 있고 또 함안의 말이산고분군이 있다. 그 외에 주요 고분군을 들어 보면 합천 지역에는 동부의 쌍책면 옥전고분군, 서부의 봉산면 반계제고분군, 남부의 삼가면 삼가고분군이 있다. 거창군에는 마리면 말흘리고분군, 남하면 무릉리고분군, 가조면 석강리고분군이 있으나 중대형 고총군이라 할 만한 것은 개봉동고분군이다.

함양군에는 함양읍 백천리고분군이, 산청군에는 북부에 생초면 생초리고분군이 있고 남부에는 신안면 중촌리고분군이 있다. 한편 의령군 의령읍에는 중리고분군이, 부림면에는 경산리고분군이 있다. 고성군에는 고성읍 송학동고분군과 내산리고분군이 있으며, 진주에는 수정봉·옥봉고분군이 있다. 전라북도 남원시 운봉고원 아영면에는 월산리고분군과 두락리고분군이 대표적이며 장수군에는 장계면 삼봉리·호덕리고분군, 천천면 삼고리고분군, 장수읍 동촌리고분군이 있다. 그리고 전남 순천시에는 서면 운평리고분군이 있다.

가야의 고총군들이 축조된 지역은 고총군의 축조 개시 시점과 앞에서 이야기한 토기 양식의 존재를 함께 생각해 볼 때 몇 가지 부류로 나뉜다. 첫째, 고총이 축조되지 않고 또 고유한 토기 양식도 지니지 않은 지역, 둘째, 대략 4세기 말 혹은 5세기 초부터 고총이 축조되고 고유한 토기 양식을 지닌 지역, 셋째, 고총은 축조되되 그 개시 시점과 고유 토기 양식의 보유 여부가 조사의 불충분으로 불분명한 지역, 넷째, 고총군의 축조 개시 시점은 5세기 초보다 좀 늦고 각 지역 고유의 토기 양식이 아닌 고령 토기 양식을 지닌 지역이다.

첫째, 고총이 축조되지 않고 또 고유한 토기 양식도 지니지 못한 지역에는 김해 지역과 창원 지역이 속한다. 우선 이 두 지역에 고총군이 축조되지 않았다는 사실은 5세기 이후 두 지역 세력이 자체 양식의 토기를 갖지 않는 점과 겹치면서 다른 지역들에 비해 정치, 경제적으로 크게 발전하지 못했음을 반영한다고 해석된다.

그런데 김해 지역이 그런 이유에 대해서는 흔히 이곳이 이른 시기부터 4세기까지 줄곧 크게 성장 및 발전을 한 지역이었으나 400년 고구려 남정 시에 큰 타격을 받아 아주 쇠약해진 탓으로 돌리기도 한다. 하지만, 3세기에 변한의 주도 세력 가운데 하나로서 크게 발전하다가 4세기에 들어서는 이미 앞 시기보다 발전이 많이 둔화되었던 측면도 작용한 것이 아닌가 싶다. 그 중심 고분군인 김해 대성동고분군의 분묘 축조 추이를 볼 때 3세기 중·후반의 29호분을 정점으로 한 이후 사실 그를 넘어서는 수준의 분묘들이 그다지 축조되지 못한 것으로 여겨지는 점은 그런 추정의 방증이 된다.

창원 지역의 경우는 애초부터 별다른 지리적 이점을 갖지 못하고 또 김해 구야국과 함안 안야국이라는 양대 세력 사이에 낀 탓에 이른 시기 이래로 큰 성장을 못했다고 보아도 무방할 것이다. 그러므로 탁순 같은 유력 가야 세력을 이 창원 지역에 비정할 수는 없다. 탁순은『일본서기』신공기 46년(366)조 및 49년(369)조에는 물론이거니와 6세기 전반까지도 국명이 나오고 또 520년대의 상황을 전하는「양직공도」의 백제국사조 題記에 백제 옆 소국 가운데 하나로 나오기에 6세기 전엽까지 유력했던 가야 세력들 가운데 하나임이 분명하기 때문이다.

둘째, 대략 4세기 말 혹은 5세기 초부터 고총이 축조되고 고유의 토기 양식을 가진 대표적 지역으로 가라(대가야)의 고지인 고령 지역과 안라(아라가야)의 고지인 함안 지역이 있다. 전자에는 가야 최대의 고총군인 지산동고분군이 조영되어 있으며 후자에는 숫자는 그에 미치지 못하지만 규모에서는 그에 버금가는 말이산고분군이 조영되어 있다. 과연『일본서기』에서 이 두 나라의 수장을 다른 지역과는 달리 '왕'으로 칭한 데에 걸맞은 현상이라 하겠다. 다만, 양자 간 숫자에서 현격한 차이가 있는데 전자는 대소 700여 기로 알려져 있고 후자는 지금까지 200기 정도가 확인되었다. 더욱이 각각에 고유한 토기 양식이 분포하는 지리적 범위에서도 큰 격차가 보인다.

전자의 고령 토기 양식 혹은 대가야 토기 양식은 곧 언급하듯이 서쪽으로 멀리 전북 남원 운봉지역, 나아가서 장수 지역, 그리고 섬진강 하구의 하동 및 그에 가까운 순천까지 여러 수계를 따라 아주 넓게 분포한다. 반면에 후자의 함안 토기 양식 혹은 아라가야 토기 양식은 서쪽으로 진주까지 미치지 못하며 북으로 의령 일부에, 동으로 마산 일부에까지 퍼져 있는 정도로 핵심 지역인 함안을 크게 벗어나지 않고 뭉쳐 있는 듯한 모습이다. 함안의 경우 역내에 중대형 고총군이 가야읍 말이산 한 곳밖에 없어 독특하다고 할 수 있는데 이는 아무래도 변한 시절 이래로 함안 지역 내의 읍락 간 통합이 강하게 진전된 결과가 아닌가 싶다.

토기 양식 분포권의 범위와 고총을 염두에 두고 비유해 말하자면 고령의 대가야 세력은 자체의 발전 에너지를 안으로 집결시키는 한편 그 바깥 지역으로도 펼쳐 나간 양상이라면 함안의 아라가야 세력은 그를 안으로만 심화해 나간 듯한 양상이라 할 수 있겠다. 이는 앞에서 보았듯이 두 지역이 지닌 지리 조건과도 깊은 연관이 있다고 여겨진다.

한편 고총군의 축조 개시 시점은 불확실한 점이 있기는 하나 5세기 초를 전후하는 가운데 고유한 양식의 토기를 가진 지역들로 고성, 진주, 산청 남부(단성) 지역이 있다. 이 지역들에는 공통되게 이른바 소가야양식 토기가 분포하고 있다. 다만, 중심 지역이 분명하게 어디인지 알 수 없어 토기 양식 혹은 토기의 명칭도 사천·고성식에서 시작해 진주식, 고성식, 진주·고성식, 서부경남식이라 하거나 아예 소가야토기라고도 하고 특정 고배 기종을 중촌리식이라고 하는 등 아주 다양하다.[44] 어떻든 이런 명칭들로 거론된 지역들은

....

44   이런 명칭을 비롯한 소가야양식 토기의 비평적 연구사는 金奎運, 2009, 「考古資料로 본 5~6세기 小加

이 양식 토기의 주된 분포 범위를 나타내면서 하나의 세력을 이루었다고 할 수 있겠다.

셋째, 이런 세 군의 토기 양식 분포권 사이에 자리 잡은 지역들로 고총은 축조되었으되 그 개시 시점과 고유의 토기 양식 보유 여부는 조사 불충분으로 불분명한 지역들인 합천 삼가 지역과 의령 지역이 있다. 합천 삼가 지역은 이른 시기 동안에는 소가야 토기 양식의 권역 안에 들었다가 늦은 시기에는 고령 토기 양식의 권역 안에 든 듯하다. 의령 북부 지역은 늦은 단계의 어느 시기 동안에 고령 토기 양식의 권역 안에 든 것 같고 의령 남부 지역은 함안 토기 양식의 권역에 든 것 같다.

그러나 각각이 당시 그 토기 양식만으로 일색을 이루었는지, 그 이전에는 고유한 토기 양식을 가졌는지의 여부가 불분명하다. 또 삼가 지역 같은 경우 주된 토기 양식이 시간의 흐름에 따라 바뀌기도 한다. 그러므로 당시 해당 토기 양식의 중심지와 정치적으로 어떤 관계였는지 설정하는 일은 유보할 수밖에 없다.

다만, 삼가 지역과 같은 경우에는 보기 드물게 대규모의 고총군이 소재하고 있어서 독자적 가야 세력 가운데 하나로 상정하지 않을 수 없다. 그러나 지명의 음상사에 의존해 사이기국으로 비정된 적이 있을 뿐 고고학적 현상을 고려해 문헌에 나오는 가야국 중 한 곳의 고지로 비정된 적은 없다. 한편, 전고에서 의령 서남부 지역은 369년 근초고왕의 백제가 가야 지역에 군사적으로 진출하기 직전인 366년에 왜와 통교하는 중개 역할을 하고 또 백제의 가야 7국 진출 시에 그 거점이 된 탁순의 고지로 비정한 바 있다. 또 그와 관련해서 의령 동북부 지역은 그 7국 가운데 하나인 탁국(탁기탄)의 고지로 비정하였다.[45]

넷째, 고총군의 축조 개시 시점은 5세기 초보다 조금 늦고 토기 양식은

....

耶의 變遷」, 慶北大學校 大學院 考古人類學科 文學碩士學位論文, pp. 2~7을 참조.

45   李熙濬, 1995, 앞의 논문, pp. 431~440.

고령 토기 양식인 지역들이 있다. 고령 이외 지역에서 고분군에 고령양식 토기(혹은 대가야양식 토기)가 일정 기간 지속적이되 일색으로 부장되는 지역들을 들어 보면 우선 경남 북부 지역, 즉 가야산 이남에서 고령에 바로 접한 합천 서부 이외에 거창, 함양, 산청 북부(생초 지역)가 있는데 이곳들은 고령 토기 양식 일색인 가운데 고총 축조가 개시되는 듯하다. 고령양식 토기는 그 서쪽의 남원 동부 운봉 지역, 장수 지역 고분에도 집중적으로 부장되며 섬진 강 하구의 하동 지역과 그 인근 해안 지역인 순천 등지에도 부장되고 있다. 이 가운데 순천 운평리고총군은 고총이 축조되기 시작할 때부터 토기가 고령 양식 일색으로 부장되기 시작해 그 기조가 이어진다.

이런 토기 양식의 공통 분포권은 기본적으로 고령에서 황강 수계를 거슬러 올라가 다시 남강의 상류를 거슬러 올라간 후 그에서 북으로 금강 상류로, 또 남으로 방향을 틀어 섬진강 하구 및 남해안 지역으로 나아가는 교통로에 위치한 지역들로 구성된다. 이 지역들은 그저 고령 지역과 연맹 같은 관계가 아니라 거의 대부분 그 지배하에 있었던 지역들로 판단된다. 말하자면 신라의 지방들과 유사하게 대가야의 간접지배와 더불어 고령 토기 양식이 도입되고 고총군이 축조되기 시작한 대가야 국가의 영역이었다.

2. 고총과 토기 양식으로 본 가야의 존재 양태

이상의 고고학적 정황을 고려하면서 가야의 존재 양태를 규정한 몇 가지 설들을 약간 검토하기로 한다. 사실 고고학에서는 전체로서의 가야를 다룬 적이 거의 없기 때문에 가야의 정치 형태 혹은 존재 양태에 대해 논의한 적이 없다. 그러므로 논의 대상은 주로 문헌사 연구 분야가 될 수밖에 없다. 그에는 가야 전체 단일연맹(체)론,[46] 대가야연맹(체)론,[47] 지역연맹(체)론,[48] 지역국

....

46   金泰植, 1993, 앞의 책.
47   田中俊明, 1992, 『大加耶連盟の興亡と「任那」:加耶琴だけが殘った』, 吉川弘文館.
48   백승충, 2005, 「加耶의 地域聯盟論」, 『지역과 역사』 17, 부경역사연구소, pp. 5~43.

가론[49]이 있다.

먼저, 가야 전체가 하나의 연맹체를 이루고 있었다는 소위 단일연맹론은 사실 무엇보다 가야가 전·후기가야연맹체를 이루었다고 보는 데 특징이 있다. 그런 전·후기 구분 자체가 근본적으로 문제시된다는 점은 이미 언급하였다. 이 가운데 후기를 대상으로 하더라도 그 연맹이라는 것의 구조나 성격이 무엇인지 규정되지 않아 여전히 문제는 남는다. 그리고 고고학적으로 과연 연맹이라는 것을 논증할 수 있느냐가 또한 문제이다. 무엇보다 전체를 주도하는 맹주라는 것의 존재를 논증할 수 있느냐이다.

그간 가야연맹의 존부나 존재 양태 등을 논의하는 데서 무심코 별로 중시하지 않았던 점은 연맹의 존재를 설정하는 데 필요한 맹주(국)의 존재를 인지해 내는 방법 등이었다. 물론 전·후기가야연맹론은 거꾸로 그 존재를 선험적으로 전제했기에 문제가 된다.[50] 연맹이란 맹주를 중심으로 한 대등한 정치체 간 협력 네트워크라고 할 수 있으니 가야연맹이라 하면 어떤 맹주국을 중심으로 한 가야 전체의 항상적 네트워크라야 되는데, 그저 강국으로 추정된다는 점으로만 그 맹주로 미리 상정하였으나 그것으로는 부족하다는 것이다.

연맹에 속한 각 정치체는 기본적으로 독립적 대외 교섭권과 군사권을 갖는다. 연맹에서는 맹주라 하더라도 독단적으로 전체의 대외 교섭권 혹은 군사권을 행사할 수 없음은 물론이다. 다만, 때로는 특정 사항에 대해서만 합의에 의해 맹주국에 일시적으로 그를 위임할 수는 있겠다.

그런데 연맹이라 하더라도 진·변한 단계의 각 네트워크를 연맹이라 할 때와 가야 단계의 연맹이 같을 수가 없다. 전자에서는 한 세력이 다른 세력을

....

49 백승옥, 2014, 「加耶諸國의 존재형태와 '加耶地域國家論'」, 『지역과 역사』 34, 부경역사연구소, pp. 71~104.

50 단일연맹체론의 문제는 바로 여기에 있는데도 정작 제안자는 "가야 지역이 문화적으로 네 개의 작은 권역으로 구분될 수 있다고 해서 가야 지역 전체에 걸치는 연맹체의 존재를 자연히 부정할 수 있는 것은 아니다"(金泰植, 2009, 「대가야의 발전과 우륵 12곡」, 『악사 우륵과 의령지역의 가야사』, 홍익대학교 인문과학연구소·우륵문화발전연구회, p. 77)고 강변하면서 그를 견지하려고 한다.

압도할 정도의 군사적, 사회적 발전 수준에 이르지 못한 점을 염두에 두어야 한다. 그런 상황에서는 그 네트워크 밖으로부터의 군사적 위협이라는 것을 상정하기 어렵다. 그 점 때문에 오히려 경제를 중심으로 한 지속적 협력관계가 담보될 수 있다. 반면 후자의 단계는 잘 알려져 있듯이 고총으로 보는 한 각 세력의 정치적 발전이 두드러지고 또 한 지역이 다른 지역을 무력으로 압박하고 그를 통합할 수도 있는 수준이었다. 이는 사로국과 백제국이 각각 다른 여러 지역을 통합함으로써 통일적 광역 정치체를 이룬 신라나 백제의 성립 과정을 상기해 보면 명백해진다.

5~6세기 동안의 가야에게는 백제와 신라라는 강력한 통일적 정치체가 외부 위협으로서 존재했으므로 그에 하나로써 대응하는 의미의 연맹 같은 것을 결성했을 수도 있으나 그를 입증할 수 있는 문헌 증거는 사실상 없다. 『일본서기』 흠명기의 이른바 임나부흥회의 관련 기사에서 나타나는 양상을 보면 오히려 맹주의 존재를 상정할 수가 없다. 한편, 연맹 혹은 그 맹주의 존재는 고고학적으로 쉽사리 입증할 수 있는 것도 아니다.

전고에서 6세기 2/4분기에 함안, 진주 등지의 고총에 고령양식 토기가 나타나는 점을 근거로 그때에 이르러 가야가 대가야를 중심으로 하나의 연맹체를 이루었다고 보았다.[51] 그러나 그것은 실은 연맹의 의미를 깊이 생각하지 않고 그저 가야를 전체적으로 신라에 대항하는 하나의 세력으로 여겨 그 시점에서 대가야가 아라가야 및 소가야 세력과 연계를 모색하되 그에서 주도적 역할을 하였음을 나타낸다고 본 데 지나지 않은 것이었다.

대가야가 6세기 2/4분기에 들어 그처럼 남강 중류역 및 하류역 세력들과 연계하려 한 데는 6세기 1/4분기에서 2/4분기 초에 걸쳐 백제와 이른바 기문·대사 쟁탈전을 벌인 끝에 하동 지역을 빼앗김에 따라 그를 통한 대외 교통이 어렵게 된 상황에서 그 한 가지 대안으로 남강 방면으로 대외 출구를 모색한 것과 관련이 있을 터이다. 그러므로 그에다 연맹과 같은 의미를 부여하

....

51   李熙濬, 1995, 앞의 논문, pp. 422~426.

기는 어렵다.

다음으로 대가야연맹론은 고령 토기 양식의 확산 자체가 전고에서 이미 논증한 대로 연맹 수준을 훨씬 뛰어넘는 정치적 상하 관계를 반영하는 것이므로 성립할 수 없다. 이는 다음과 같은 아주 평범한 의문에 대해 답을 할 수가 없다. 즉 만약 고령 토기 양식이 공통적으로 존재하는 지역들이 그저 고령을 맹주로만 하는 연맹이라면 왜 하필 일방적으로 고령 토기 양식만이 다른 지역에서 나타나는가 하는 의문을 풀 수가 없는 것이다.

지역연맹론 역시 그 연맹의 성격이 모호한 점이 문제시된다. 그 점을 젖혀 두면 위의 세 가지 주요 세력 분포권 가운데 한 가지, 즉 소가야양식 토기 분포권에 대한 설명이 될 수 있다고 보인다. 반면에 대가야 토기 양식 분포권에 대해서는 이를 적용하기 어렵다. 그리고 함안 지역의 정치체에 대해서도 적합한 설이 될 수 없다. 다수 지역이 결합한 형태로 보이지 않기 때문이다. 이 설에서는 특히 대가야 권역의 문제를 의식해 연맹의 의미를 확대함으로써 그를 설명하려고 시도하였다. 하지만, 그렇게 하면 오히려 자칫 연맹이 정치 형태가 아니라 사회 발전 단계를 뜻하는 쪽으로 환원되어 버림으로써 문제의 핵심을 흐리게 할 우려가 있다. 이에 관해서는 다음 절[52]에서 다시 논의한다.

지역국가론은 그 지역이라는 것의 의미가 불분명해서 문제가 된다. 만약 지역이라는 단어의 뜻을 본고에서 쓰는 대로 한정한다면 이 지역국가론은 함안 지역 정치체에 대해서는 타당할 수도 있다. 반면에 대가야 국가에 대해서는 적합하지 못하다. 또 소가야양식 토기가 분포하는 권역의 정치 형태에 대해서도 적용할 수가 없다.

결론적으로 말해 가야의 여러 세력은 고총군과 토기 양식으로 볼 때 5~6세기 동안 크게 보아 안라국 같은 독립적 정치체와 고성·단성·진주 지역의 연합적 세력 혹은 연맹 세력,[53] 그리고 고령·합천 서부·거창·함양·산청 북

....

52　[補註] 본서 제6장.

53　朴升圭, 2000, 「考古學을 통해 본 小加耶」, 『考古學을 통해 본 加耶』, 한국고고학회, p. 171에서는 남강권과 고성권이 중심이 된 연합적 성격의 지역연맹체라고 하였다. 반면에 하승철, 2010, 「山淸 中村里古

부·남원 서부·장수·하동 등지의 대가야 국가로 나뉘어 있었다. 또 그들 사이의 합천 남부와 의령 지역에서 고총군을 축조하면서도 독자의 토기 양식을 갖지 않은 것으로 보이는 세력들이 독립적으로 존재했다고 여겨진다. 그러므로 전체적으로 연맹을 형성하였는지는 의문이다.

그러면 5~6세기 동안의 가야에는 왜 이처럼 주요 세력 셋이 분립해 존재하였는가? 그 배경을 이해하는 데서는 세 토기 양식의 분포권을 볼 때 모두 그 한쪽 끝이 남해안에 걸쳐져 있는 점이 주목된다. 그래서 그런 분립의 바탕을 역시 고고지리로 이해해 볼 수 있을 듯하다. 즉 4세기 말 5세기 초 이후 낙동강 본류를 통한 대외 교통이 어려워진 상황을 맞이해 가야 각지 세력이 남해안으로 나가는 교통로를 본격적으로 활용한 결과로 볼 수 있다는 것이다.

앞의 지리 절에서 관찰하였듯이 대가야 세력은 백제 쪽(남원 및 장수)과 섬진강구의 남해안 쪽으로 활로를 모색하였다. 반면에 함안 지역 정치체는 그 이전부터 이미 확보했던 남강 하구-남해안 교통로를 그대로 유지하였을 뿐 그 이상으로 세력을 확대하는 결과를 얻지는 못했던 듯하다. 그 이유는 고성·단성·진주 일대의 세력들이 서로의 지리적 강약점을 보완해 남강 중류에서 남해안으로 연결된 하나의 세력권을 이미 구축했기 때문이었을 것이다.

가야의 유력 세력 셋 가운데 대가야 국가에 대해서는 절[54]을 달리 해서 다루기로 하고 아래에서는 서부 경남 지역 세력의 추이에 대해 잠깐 논의하기로 한다. 이곳에 다소 널리 분포하고 있는 이른바 소가야 토기 양식의 주요 기종은 삼각투창고배, 일단장방형투창고배 이단교호투창고배, 수평구연호, 수평구연발형기대 등이다. 고총군과 함께 이들을 기준으로 본 전체 분포권은 서로 분리된 단위 지역들을 한데 묶는 양상을 띠며 그 분포 권역 안에서 한

....

墳群에 대한 小考」, 『慶南研究』 2, 경남발전연구원 역사문화센터, p. 36에서는 산청 중촌리고분군, 합천 삼가고분군, 고성 송학동고분군 축조 집단들이 지역연합체를 형성하고 이 소연합체들이 결합해 좀 더 넓은 관계의 네트워크를 구성한 양태의 소가야연맹체라고 하였다. [補註] 소가야고고학에 대한 최신의 종합적 논의는 河承哲, 2015, 「小加耶의 考古學的 研究」, 慶尙大學校大學院 史學科 博士學位論文을 참조.

54 [補註] 본서 제6장.

지역이 다른 지역을 상하의 관계로 통합한 듯한 증거는 보이지 않는다. 그 중심 세력이 어디였는지를 둘러싸고는 단성 지역과 고성 지역으로 의견이 나뉘어 있다. 하지만, 굳이 처음부터 끝까지 한 지역이 중심지였다고 볼 필요는 없을 듯하다.

이 문제를 생각하는 데서는 우선 남강 중류역으로부터 남해안으로 통하는 교통로의 최종 출구에 해당하는 지역은 고성이고 또 입구에 해당하는 지역은 진주이며 내륙 여러 방면과 연결되는 교통의 결절 지역은 단성이라는 점을 염두에 둘 필요가 있다. 다만, 일대의 권역이 지형에 따라 크게 남강유역권과 남해안권으로 나뉘는 가운데 고총군으로 보면 각각에서 단성 지역과 고성 지역이 중심을 이루었을 것이다. 그리고 각지 고총군의 중심연대에 아마도 차이가 있는 듯해서 그를 감안하면 각 지역은 남강 중류에서 남해안으로 통하는 교통에서 차지한 지리적 이점을 최대한 활용하면서 상호 연합한 관계를 유지하는 가운데 시간의 흐름과 더불어 주변 상황이 변함에 따라 주도 세력이 바뀌었을 수는 있겠다.

그런데 단성 중촌리고분군에서 고총 축조 이전의 목곽묘가 발굴되고 그에서 단봉문대도 등이 출토된 점, 그 고총 숫자가 고성 송학동고분군보다 좀 많은 점, 그에서 동북쪽으로 다소 떨어진 삼가고분군에서 소가야양식 토기가 집중적으로 출토되다가 대가야양식 토기가 이어지는 점, 이 단성 지역과 바다 쪽의 고성 지역 사이에 위치한 진주 지역에서 고총군 축조 개시가 늦은 것으로 보이는 점 등을 감안하면 이른 시기에는 단성 지역이 주도 세력이었을 가능성이 크다. 그러다가 6세기 초 이후로 대가야가 남강 중류역 등 남쪽을 향해 세력 확대를 꾀함에 따라 그에 밀려 연합 세력의 무게 중심이 고성 방면으로 옮겨간 것은 아닌가 싶다.[55]

그렇다면 『삼국유사』5가야조를 전적으로 부정하기보다 그에 다소간의 사실성이 숨겨져 있다고 볼 때 소가야를 고성에 비정한 이유도 이처럼 마지

....

55   유사한 견해는 朴升圭, 2000, 앞의 논문, p. 171.

막 단계에서 중심이었던 점이 작용했을 수도 있다고 하겠다.[56] 물론 그렇다고 해서 당시 그 일대의 세력이 소가야라고 불리었을 리는 없다.

VI. 가야고고학의 과제

가야고고학의 연구 방법론 절에서 언급한 사항들, 이를테면 고고학과 문헌사를 올바로 접목하고 통합하는 작업은 한편으로 그 자체가 과제이기도 하다. 그래서 그런 항목들과 되도록 겹치지 않는 선에서 앞으로 조사와 연구가 더욱 필요한 분야 혹은 작업 몇 가지를 열거해 두기로 한다.

첫째, 고고학 자료로 가야 사회를 복원하는 작업을 세 가지 수준으로 나누어 본 견해가 있는데 그에서는 개별 정치체든 연맹체든 그 영역 혹은 권역을 결정하는 일, 정치체들 사이의 상호관계를 규정하는 일, 각 정치체의 내부 위계화를 진단하는 일이라고 하였다.[57] 본고에서는 이 가운데 앞의 둘에 대해 약간 언급하였지만 세 번째 과제, 이를테면 함안 지역 가야 정치체인 안라국의 정치적 성장과 내부 구조 등에 대해서는 전혀 다루지 않았다. 사실 그에 관한 연구 업적이 거의 없기 때문이었다.[58] 앞으로 신라 지방의 경우처럼 각 지역 단위, 특히 대가야 권역 내 여러 지역 단위의 내부 구조 등을 고총군 및 소형고분군의 분포 양상에 대한 분석을 통해 궁구해야 할 것이다.

이와 관련해 대가야 권역 안에서도 그런 고총군이 몇 개로 나누어진 지역, 이를테면 장수, 운봉고원 같은 지역이 있는가 하면 고총군이 없는 지역인 하동, 한 곳뿐인 순천 지역 등이 있어서 그 지역들이 삼한 단계에서 가야, 혹

....

56 河承哲, 2001, 「加耶西南部地域 出土 陶質土器에 대한 一考察」, 慶尙大學校 大學院 史學科 碩士學位 論文, p. 77에서 5가야조의 소가야는 6세기대의 대가야, 아라가야에 대비되는 존재로 부각된 고성 지역에 대한 신라인들의 인식으로 보아야 한다고 하였다.

57 李盛周, 2000, 앞의 논문, p.55.

58 예외적으로 金亨坤, 1995, 「阿羅伽耶의 形成過程 研究—考古學的 資料를 中心으로—」, 『加羅文化』 12, 慶南大學校 加羅文化研究所, pp. 5~69에서 고분군 분포로써 그에 관해 약간 언급하였다.

은 대가야 권역으로 전화하는 과정에서 겪은 변동을 통시적으로 추론하고 상호 비교하는 작업도 이루어져야 한다.

둘째, 가야의 여러 세력 간 관계와 그 변화를 추론하는 작업이 긴요하다. 이에서는 특히 어떤 지역으로 다른 지역 양식의 토기가 유입되고 또 그런 양상이 시간 흐름과 더불어 지속되는지의 여부에 주목하는 한편 해당 지역 중심 고총군과 그 하위 고분군에서의 부장 차이 등을 분석함으로써 그에 대한 정치적, 경제적 해석을 하는 데 준거할 기준 등을 꾸준히 다듬어 나가는 작업도 필요하다.

셋째, 현재까지의 조사 상황으로 보건대 장기적 과제이기는 하지만 고고학 자료가 고분에 치중된 점은 반드시 극복되어야 한다. 취락 자료가 고분 자료와 겸비되어야 비로소 제대로 된 가야고고학이 가능함은 두말할 것도 없다. 또 그런 자료의 축적과 더불어 가야인의 생활 문화에 대한 관심 및 연구도 필요하다고 하겠다.

넷째, 지역마다 어느 정도 균질한 고고학 자료를 확보할 수 있는 조사가 한층 더 필요하다. 이를테면 함양, 거창 등지의 중심 고분군 자료는 거의 얻어 내지 못했다고 해도 과언이 아니라서 대가야 내부의 실상에 관한 연구는 대단히 많은 부분이 추측에 의존하고 있는 것이 사실이다. 거의 모든 발굴이 구제 발굴인 현실에서 단기간에 이루어 낼 수 없는 목표이기는 하지만, 각 지역 안에서도 고총군과 그 하위 고분군들의 자료가 일정하게 갖추어지는 여건도 절실하다.

다섯째, 장수 및 남원 지역의 예에서 볼 수 있듯이 고분 이외의 봉수나 성곽 같은 유적 혹은 유구의 확인은 대단히 중요한 의의를 지니므로 그런 방면에 대한 관심과 조사가 긴요하다. 이는 이를테면 대가야의 경우 문헌 기사를 실증할 뿐더러 여러 지역 단위를 초월하는 중심 세력의 존재와 지역 간 상호 관계를 엿볼 수 있는 절호의 자료이다.

여섯째, 고고학 자료로 역사 해석을 하는 데 쓸 방법론에 대한 관심이 긴요하다. 문헌 기록이 특히 절대적으로 부족한 가야사를 복원하는 데서는 고고학이 관건을 쥐고 있다고 해도 지나치지 않으나 문제는 그 방법론이라 할 수 있으니 그에 대한 고민과 모색이 더욱 더 필요하다.

일곱째, 가야 지역의 멸망 과정과 그 후에 관한 정보를 주는 고고학 자료에 대한 관심과 연구 방법의 개발도 필요하다. 특히 최근에 발굴이 다소 이루어진 삼가고분군 자료[59] 같은 사례는 그 전후의 사정을 담은 다양한 계통의 토기와 묘제를 담고 있어서 크게 주목할 필요가 있다.

출전: 이희준, 2014, 「고고학으로 본 가야」, 『가야문화권 실체 규명을 위한 학술연구』, 가야문화권 지역발전 시장·군수협의회, pp. 135~196 중 pp. 135~167 및 195~196.

....

59　[補註] 1980년대 발굴보고서(沈奉謹, 1982, 『陜川三嘉古墳群』, 東亞大學校博物館) 이후의 발굴보고서
　　로는 慶南發展研究院 歷史文化센터·부산지방국토관리청, 2013, 『생비량-쌍백간 도로확장구간 내 합
　　천 삼가고분군(II지구)』 및 2016, 『생비량-쌍백간 도로확장구간 내 합천 삼가고분군(II지구) 2차』.; 東
　　西文物研究院·釜山地方國土管理廳, 2014, 『생비량-쌍백 도로확장구간 내 陜川 三嘉古墳群 I, II, III,
　　IV』가 있다.

제2장

고령양식 토기 출토 고분의 편년

I. 머리말

　지금까지 축적된 가야 고분의 자료는 量으로나 質로나 가야 사회를 연구하는 데 충분하다고 할 정도는 아니다. 하지만, 그런 가운데서도 가야산 以南, 낙동강 以西의 가야 지방 중 대략 그 北半의 지역에 관해서는 연구의 여건이 비교적 낫다고 할 수 있다. 그 지역의 고분들은 다른 지역보다는 광범하게 조사가 되고 보고서도 대부분 公刊되었기 때문이다. 특히 근년에 잇달아 나온 합천댐 수몰지구 고분군 및 합천 玉田고분군의 보고서들은 해당 지역 고분군을 거의 망라하거나 대표하고 있어서 아주 좋은 자료가 되고 있다.

　그런데 우연치 않게도 주로 黃江 유역과 南江 상류역에 위치한 이 북부 지역 고분들에서는 大伽耶의 故址라 전해 오는 고령읍[1]의 지산동고분군에서 출토된 토기류와 양식상으로 같은 토기들이 출토되어서 주목된다. 이 토기류는 가야토기 중 고령 지역에서 먼저 성립하여 다른 지역으로 확산된 양식이

....

1　　[補註] 2015년 4월부터 대가야읍으로 읍 명칭이 바뀌었다.

라 생각되어서 고령양식 토기[2]라 이름 붙일 수 있는 부류이다. 그리고 그것이 상당히 널리 분포하고 있는 점은 해당 지역 가야 세력들 간에 긴밀한 상호 관계가 있었음을 나타내는 것으로 想定된다.

최근, 零星한 문헌 자료에다 이 고령양식 토기의 廣域的 분포 현상을 合體하여 그 분포 권역이 이른바 大伽耶聯盟의 권역을 가리킨다고 본 견해[3]가 제시되었다. 그간 유사한 견해가 전혀 없었던 것은 아니나 고령양식 토기의 분포를 좀 더 포괄적으로 해석하면서 정치체의 존재에 연계한 점이 주목된다. 그렇지만 토기 자료를 면밀하게 고고학적으로 분석한 끝에 나온 것은 아니고 또 單純分布圖에 의한 것이기 때문에 문제가 없지 않다. 예컨대 각 지역 고령양식 토기의 분포 時差나 토기 共伴相 등은 고려되지 않았으며, 그 결과로 분포 지역의 연계 관계를 일률적으로 연맹체로만 잘못 해석하고 있다. 그 분포의 의미를 좀 더 심층적으로 窮究하기 위해서는 고령양식 토기가 출토되는 고분들을 時空의 축에 배열해 거기에서 나타나는 변화상을 추적해야 한다. 그 선결 과제가 編年임은 두말할 것도 없다.

이 글은 그런 문제의식에서 고령양식 토기의 時空上 분포 변화를 추적함으로써 이른바 대가야의 圈域과 그 성격 변천을 더듬어 보려는 연구의 一環으로 마련되었다. 그간 고령양식 토기가 출토된 고분들을 편년하고 그에서 나타나는 어떤 정형성을 나름대로 해석한 연구들[4]이 제시된 바 있었다. 그런

....

2 樣式은 現 用例를 최대한 수용하면서 다소 느슨하게나마 정의한다면 "유사하거나 동일한 製作 傳統하에서 생산되어 공통된 양식적, 기술적, 형태적 특성을 가진 토기들의 形式 複合體 또는 形式 組合"이라 할 수 있다. 그래서 고령양식의 토기라는 말은 고령 토기 양식에 속하는 한 기종(형식) 또는 다수 기종의 토기를 지칭하게 된다. 이에 대해서는 李熙濬, 1995, 「토기로 본 大伽耶의 圈域과 그 변천」, 『加耶史研究─대가야의 政治와 文化─』, 慶尙北道([補註] 본서 제3장)를 참조.

3 田中俊明, 1992, 『大加耶連盟の興亡と「任那」;加耶琴だけが殘った』, 吉川弘文館. 약간의 차이는 있으나 金泰植, 1993, 『加耶聯盟史』, 一潮閣도 대략 같은 관점이다.

4 禹枝南, 1987, 「大伽耶古墳의 編年─土器를 中心으로─」, 『三佛金元龍教授停年退任紀念論叢』 I(考古學篇), pp. 617~652. ; 定森秀夫, 1987, 「韓國慶尙北道高靈地域出土陶質土器의 檢討」, 『東アジアの考古と歷史』 上, pp. 412~463. ; 藤井和夫, 1990, 「高靈池山洞古墳群의 編年─伽耶地域古墳出土陶質土器編年試案V─」, 『東北アジアの考古學[天池]』(田村晃一 編), pp. 165~204. ; 郭鍾喆, 1988, 「韓國慶尙道陶質土器의 地域相研究─所謂高靈系土器를 素材として─」, 『古代文化』 第40卷 第2號, pp. 23~43.

데 그 연구들은 대개 고령 지산동고분군의 세밀한 편년에 치중하였고 다른 지역의 고분은 그에 부수적으로 관련지어 논하였을 뿐이다. 그것으로는 대가야 권역의 변화 등은 추론하기가 어렵다. 무엇보다도, 각 지역 고분(또는 고분군)을 일단 같은 차원에 놓고 각각의 편년적 위치를 자리매김하는 일이 필요한 것이다.

그래서 여기서는 지금까지 고령양식 토기가 출토된 각 지역의 주요 고분들을 망라한 편년을 시도한다. 편년의 방법으로는 發生順序配列法을 적용하되, 고령양식 토기의 器種 중 시간의 흐름에 따른 형태 변화가 비교적 뚜렷하다고 생각되는 여섯 기종(大形 鉢形器臺,[5] 一段多透窓高杯, 一段透窓有蓋式高杯, 二段透窓有蓋式高杯, 大形 有蓋式長頸壺, 陶質 蓋杯의 蓋)의 각 屬性에서 보이는 변화를 기준으로 한다. 그 상대 편년의 결과에 대해서는 편년에 이용되지 않은 기종의 토기 등을 참작하면서 약간의 검토를 가한다. 절대연대는 상대 배열된 고분들을 적절히 段階化해 비정하는데, 예상되는 고령양식 토기 분포권의 확대 양상을 좀 더 정밀하게 추적하기 위해 몇몇 고분에 대해 추론한 절대연대를 토대로 다소 무리가 있을지라도 한 世紀를 四分한 단계별로 부여하기로 한다.

끝으로, 편년에서 나타나는 定型性에 대해서는 최소한의 언급만 해 두기로 하겠다. 그것은 편년을 자체 완결적이라 생각한 때문은 결코 아니다. 오히려 그 반대로 편년은 다만 한 방편일 뿐 그에 입각한 본격 연구가 더 중요하다는 취지에서이다. 其實, 여기서의 편년은 원래 앞에서 언급한 "토기로 본 大伽耶의 圈域과 그 변천"이라는 연구의 일환으로 작성된 것이었다. 그래서 처음에는 그 硏究에 이 편년을 포함시키는 것이 일관된 논지 전개에 더 낫지 않을까도 생각하였다. 그러나 그럴 경우 너무 장황해질 위험도 있고 또 으레 그렇듯이 자칫 편년에 관심이 쏠리게 함으로써 정작 중요한 본론이 경시될 수 있음을 감안해서 분리하기로 하였다. 그리하여 그 연구에서는 초점이 편

....

5   [補註] 원 논문에서는 고배형기대라는 용어를 썼으나 이하 발형기대로 고쳐 쓴다.

년이 아니라 그에서 보이는 정형성의 해석에 있음을 강조하고, 여기서는 편년의 道具性을 부각시키고자 하였다. 이것이 본고에서 정형성의 해석이 생략된 所以이다. 양해를 구하는 바이다.

II. 편년 대상 고분과 편년 방법

지역별로 고분 모두를 상대편년하고 거기에서 고령양식 토기가 출토되는 것들을 검토해 어떤 정형성을 추출하는 것이 이상적일 수도 있으나 그것은 너무 복잡하기만 할 뿐 오히려 비효율적인 작업이 될 것이다. 또 토기를 기준으로 편년하므로 기준 되는 기종이 적정 수 이상 출토되지 않은 고분은 직접 편년하기가 어렵다. 그래서 장차 각 지역 고분군의 편년적 위치를 파악하고 상호 비교하는 데 유효할 주요 고분들을 대상으로 하는데, 주로 各地의 首長墓에 해당하는 고총[6]들이다.

편년 대상 고분을 지역 고분군별로 보면 다음과 같다.

ㄱ. 고령 지산동고분군[7]: 32, 33, 34, 35, 44, 45호분

ㄴ. 합천 옥전고분군[8]: 70호, M3, M4, M6, M7호분

ㄷ. 합천 반계제고분군[9]: 가A, 다A호분

ㄹ. 함양 백천리고분군[10]: 1호분

ㅁ. 남원 월산리고분군[11]: M1-A호분

....

6   [補註] 원 논문에서는 고총 분구묘라는 용어를 썼으나 이하 고총으로 바꾸어 쓴다.

7   高靈郡, 1979, 『大伽倻古墳發掘調査報告書』.; 金鍾徹, 1981, 『高靈池山洞古墳群―32~35號墳·周邊石槨墓―』, 啓明大學校博物館.

8   趙榮濟, 1988, 『陜川 玉田古墳群 I―木槨墓―』.; 趙榮濟·朴升圭, 1990, 『陜川玉田古墳群 II―M3號墳―』.; 趙榮濟 外, 1993, 『陜川玉田古墳群 IV―M4·M6·M7號墳―』, 이상 慶尙大學校博物館.

9   김정완·임학종·권상열·손명조·정성희, 1987, 『陜川磻溪堤古墳群』, 慶尙南道·國立晋州博物館.

10   釜山大學校博物館, 1986, 『咸陽白川里1號墳』.

11   全榮來, 1983, 『南原 月山里古墳群發掘調査報告』, 圓光大學校 馬韓·百濟文化研究所.

두락리고분군[12]: 1호분

　ㅂ. 진주 옥봉고분군[13]: 7호분

상대편년의 방법으로는 순서배열법을 적용한다. 편년의 기준을 한층 명시적으로 제시하고 그 비교 과정이 확인 가능한 방법이기 때문이다. 구체적으로 말하면, 지산동고분군을 주 대상으로 한 기존 편년안들처럼 토기를 기준으로 하되 토기 各部의 속성에서 보이는 형태상 특성(속성상태)들이 각각 일정하게 지속적으로 유행하였음을 이용하는 발생순서배열법[14]에 따른다. 그리고 몇몇 고분에 대해 추론한 절대연대를 근거로 하면서, 상대편년된 고분들을 한 世紀의 四分期 단위로 단계화해 절대연대를 비정하기로 한다.

III. 상대편년

여기서는 屬性 차원의 비교를 해서 상대연대를 이끌어 내는 발생순서배열법을 적용하므로 기종별로 편년적 의미가 있다고 생각되는 속성을 가려내는 일이 가장 중요한 작업이 된다. 그런데 지산동고분군을 主對象으로 한 기존 편년안들[15]을 보면 편년 방식은 서로 다를지라도 그 결과에는 大差가 없다. 전체적으로 32호~35호분을 44호~45호분보다 이르다고 보는 것이다. 그래서 기존의 연구 성과를 수용하는 의미에서 이를 근거로 두 그룹을 기종별로 비교해 시간에 따라 변화한다고 생각되는 속성들을 최대한 가려내어 참고한다.

기존의 案 가운데 특히 禹枝南의 안은 편년 기준이 되는 속성들을 명시

....

12　尹德香·郭長根, 1989,『斗洛里 發掘調查報告書』, 全北南原郡·全北大學校博物館.

13　定森秀夫·吉井秀夫·內田好昭, 1990,「韓國慶尙南道晋州 水精峰2號墳·玉峰7號墳出土遺物」,『伽倻通信』19·20, pp. 19~51.

14　이에 대해서는 李熙濬, 1986,「相對年代決定法의 綜合考察」,『嶺南考古學』2, pp. 1~29를 참조.

15　禹枝南, 앞의 논문. ; 定森秀夫, 앞의 논문. ; 藤井和夫, 앞의 논문. ; 郭鍾喆, 앞의 논문. ; 金鍾徹, 1982,「大加耶墓制의 編年研究—高靈 池山洞 古墳群을 中心으로—」,『啓明大學校 韓國學研究所 韓國學論叢』9, pp. 131~168.

하고 체계적 비교를 함으로써 편년 방법상 다른 안보다 객관성 확보의 측면에서 두드러지며 이 연구도 같은 차원의 비교를 하므로 많은 도움이 된다. 그러나 기종별로 대상 고분을 비교한 탓에 순서배열의 방법과 과정을 일목요연하게 보여 주지 못한 아쉬움이 있다. 또 세밀한 편년이 얻어졌기는 하지만 그것에 이용된 속성이나 屬性狀態의 구분이 지산동고분군 자체의 편년에서는 辨別力을 가질지라도 그 이후에 새로이 발굴된 자료들을 더했을 때는 그만큼의 효력을 발휘하지 못하는 것 같다.

즉 주로 지산동 30호분대 고분들과 40호분대 고분들 간의 변별에는 아주 유효하지만 편년상 그 사이에 위치한다고 생각되는 고분이나 그 이후의 고분에 대해서는 반드시 효용성이 있다고 하기가 어렵다. 따라서 여기서는 그 속성들을 참고하되[16] 새로이 편년 대상으로 추가된 고분들에 대해서도 변별력을 가지는 속성을 추출하는 데 힘을 기울였다.

1. 편년 기준 토기 器種

편년 대상 고분에 거의 다 있는 것이 좋겠지만 그것만으로는 충분하지가 못하다. 그러면서도 토기제작자의 양식적 표현이 다양하게 반영될 수 있는 형태를 가지고 있어야 하는 것이다.

고령양식 토기 전체를 통관할 때 위의 두 조건을 가장 잘 충족시키는 기종으로는 발형기대를 들 수 있다. 다음으로, 각 고분에 두루 나타나지는 않지만 일관성 있는 형태 변화를 나타낸다고 생각되는 기종이 고령양식 특유의 일단다투창고배이다. 이단투창고배와 일단투창고배도 시간의 흐름에 따라 定向的 변화를 보인다고 생각되지만 출토 고분이 많지 않은 약점이 있다. 반면에 유개식장경호[17]는 대체로 고루 출토되지만 속성상태의 명확한 구분에

....

16 이하에서 특별히 필요한 경우가 아니면 禹枝南의 논문에 관련된 脚註는 번거로움을 피하기 위해 생략한다.

17 [補註] 원 논문에서는 유(무)개고배 및 유(무)개장경호라고 썼으나 명확히 하기 위해 이하 유(무)개식

難点이 있다. 한편, 개배는 그 뚜껑이 대체로 시간의 흐름에 민감한 변화를 보인다고 생각되며, 특히 늦은 시기의 대소 고분에서 대개 빠짐없이 출토되어서 적합한 기종이라 하겠다.[18]

이상의 여섯 기종을 기준으로 삼아 상대편년을 하고 기타 기종은 편년의 타당성을 검정하는 데 이용하기로 하겠다.

2. 기종별 속성의 선택

1) 대형 발형기대

발형기대는 대형과 중형, 소형으로 구분되는데, 제작할 때 크기에 따라 대각 투창 段數 등의 표현이 달라질 수 있으므로 대형의 것만을 대상으로 한다. 대형의 기준은 정확히 잡기 어려우나 대개 바닥 지름이 25cm 내외의 것으로 하겠다. 단, 지산동 34호분 출토품의 경우, 대형은 파편뿐이라서 중형의 것 한 점을 기준 자료에 포함시켰다. 또 지산동 44호 및 45호의 무문 기대는 제외하였다.

① 투창의 형태와 段數

형태는 장방형, 鐘形(이는 아치형 및 이중 아치형으로 불린 것에 해당), 삼각형으로 구분하였고 단수는 현재로서는 삼각형인 경우에만 변별력을 가지므로 二段, 三段, 四段으로 속성상태를 구분하였다. 이 중에서 이난은 直列, 사단은 交互인 것만 있고 삼단의 경우는 직렬과 교호의 두 가지가 있다. 출현 시기를 기준으로 할 때 대체로 직렬 투창이 앞서는 것으로 생각되지만, 각 고분에서 이 기대가 겨우 두세 점 출토되는지라 그것을 가지고 선후를 따지기는 어려우므로 세분하지는 않았다.

....

고배 및 유(무)개식장경호로 고쳐 쓴다.

18　단, 본고의 편년에서는 편년에 의미 있는 속성이 충분히 가려졌다고 하기 어렵다. 앞으로 더 면밀한 검토가 필요하다고 본다.

② 口端 형태

그간 주목하지 않았던 속성이다. 둥글게 처리한 것에서 오목하게 凹部를 이룬 것으로 일찍이 바뀐다. 나중에는 口脣部 자체가 젖혀지거나 옥봉 7호분에서 보듯이 일부는 뾰족하게도 되는 것 같으나, 현 단계에서는 이 둘로만 속성상태를 구분하였다. 뾰족한 감을 주는 것은 후자에 포함시킨다.

③ 口徑 / 杯深

禹枝南은 杯部의 彎曲度라는 속성을 설정하고 직선적/곡선적으로 나누었다. 하지만, 앞에서 언급한 대로 이 구분은 지산동 44호분 이후의 자료를 변별하는 데는 별 소용이 없고 또 다소 자의적이다. 그보다는 배심이 얕아지고 구경이 상대적으로 커지는 경향으로 파악하는 편이 낫다고 생각되므로 구경을 배심으로 나눈 값을 기준으로 속성상태를 三分하였다. 여기서 속성상태의 구분에서는 자료의 수가 많으면 통계적으로 有意한 구분을 시도해 볼 것이나 그렇지가 못해서 임의적일 수밖에 없었다. 이하의 각 속성상태 구분에서 수치를 대상으로 한 경우에는 모두 마찬가지 사정에 따라 三分 또는 二分하였다.

구경은, 구순부가 수평상을 이루거나 젖혀진 사례에서 最外徑을 취하게 되면 자칫 배신 자체의 만곡도를 왜곡할 위험이 있으므로 內徑을 기준으로 하였다.

④ 器高 / 杯外面高

시간의 흐름에 따라 대체적으로 대각 上端이 점차 배신의 상부 쪽으로 자리 잡는 경향을 띠므로 그것을 表出하기 위해 기고를 배외면고로 나눈 값을 속성의 하나로 설정하였다.

⑤ 口徑 / 脚最小徑

위와 관련해서, 대각 상부도 시간의 흐름과 더불어 상대적으로 두툼해지는 경향이 있으므로 그것을 구경 대 각최소경의 비로써 표출하고자 하였다.

각상단경 대신 각최소경을 택한 이유는, 대각의 형태를 두고 볼 때 배신과 대각의 접합부 약간 아래가 홀쭉해졌다가 벌어져 내려가는 형태가 접합부에서 그냥 八字로 벌어져 내려가는 형태로 변화하는 경향이 있는바, 그 변화의 정도를 따로 속성으로 설정해 구분하기는 다소 모호한 점이 있어 이 속성에다 포괄하고자 한 때문이다.

2) 일단다투창고배

이 기종은 시간의 흐름에 따라 전체적으로 납작해지면서 구경이 커지는 경향이 있는데, 이는 세 가지 속성으로 표출할 수가 있다. 그중 한 가지는 禹枝南이 설정한 것처럼 ①口徑/器高의 비율이다. 또 위의 경향과 함께 대각이 상대적으로 두툼해지고 낮아지는 경향이 두드러지므로 ②脚上端徑/脚高와 ③脚底徑/脚高의 속성을 설정하고 유물들이 나타내는 비율을 세 단계로 구분해 비교하였다.

3) 이단투창유개식고배

다양한 형태적 속성을 갖추고 있어서 편년에 좋은 자료가 될 것이나 유감스럽게도 출토 고분의 수가 한정되어 면밀한 비교가 어려웠고, 따라서 적절한 속성을 많이 추출하지 못하였다. 禹枝南은 a.투창의 크기(길이/너비), b.뚜껑받이턱의 돌출도, c.배신의 만곡도, d.뚜껑받이 단부의 수직 길이를 기준으로 삼았다. 그러나 속성 a 이외의 것들은 有意性이 없지는 않지만 자의적이 될 가능성이 크므로 제외할 수밖에 없다. 속성 a는, 이 고배가 시간의 흐름에 따라 전체적으로 낮아지고 대각이 두툼해지는 경향과 관련되는 속성이다. 다만, 투창을 뚫는 데 약간의 우발성이 작용할 가능성이 있고 또 도면상으로 정확히 계측하기가 어려우므로, 여기서는 그 대신에 ①각고/각저경과 ②각상단경/각고를 기준 속성으로 삼았다.

한편, 투창이 이단으로 다 뚫리지 않고 일단만 뚫린 것은 검토에서 제외하였다.

4) 일단투창유개식고배

이것도 사정은 위의 것과 마찬가지여서 ①각고/각저경, ②각상단경/각고를 기준으로 삼았다. 이 기종 중 장방형이나 방형의 투창이 아닌 원형의 투공이 뚫린 것은 검토에서 제외하였다. 또 지산동 44호분 출토품 중 細長方形 투창이 뚫리고 각상부가 유난히 홀쭉한 형태의 것도 제외하였다.

5) 대형 유개식장경호

유개식장경호는 크기에 따라 變異가 커서 모두를 편년 자료로 할 수는 없었고 대형의 것(기준은 높이 25cm 내외)만을 대상으로 하였다. 또 동부가 예외적으로 肥大한 것(예컨대 지산동 44호분 西石室 출토품), 고령양식 특유의 '緊縛된 頸部'[19]가 아닌 직립 경부를 가진 것(예컨대 지산동 35호분 출토 장경호 중 2점), 경부가 돌대로 三分되지 않고 二分 또는 四分된 것은 모두 제외하였다.

禹枝南은 a.동부의 형태, b.동고/구경고, c.頸基部 突帶 數, d.뚜껑받이턱의 돌출도를 기준으로 하였다. 속성 a의 설정에 관해 보면 크게 보아 시간의 흐름에 따라 동 최대경이 상위로부터 중위로 옮겨 가는 경향이 보이지만, 도면상으로 그 위치나 형태를 판단하는 것이 자의적이 될 소지가 많아 취하지 않았다. 속성 b는 일관성 있는 변화를 보이지 않으므로 편년적 의미가 큰 것으로 생각되지 않는다. 속성 d는 자의적 판단에 빠질 위험이 있어 제외하였다. 속성 c는 분명히 편년적 의미를 가진 것으로 나타나므로 여기서도 기준으로 택하였다.

한편, 전체적으로 경부가 두툼하게 변하는 경향이 있고 경부의 緊縛 정도가 약화되는 경향이 있다. 또 대체로 동부가 납작해지는 경향도 있다. 그래서 본고에서는 ①頸基部 돌대 수 이외에 ②頸最小徑/胴高, ③頸最小徑/胴徑을 기준 속성으로 삼았다. 최소경을 기준으로 한 이유는 그렇게 함으로써 경

....

19   金元龍, 1960, 『新羅土器의 研究』, 乙酉文化社, p. 15.

부의 긴박 정도가 약화되어 가는 경향을 함께 변별할 수 있을 것으로 판단되었기 때문이다.

6) 陶質 蓋杯 뚜껑

禹枝南은 개배 杯의 뚜껑받이턱 돌출도를 기준으로 확연한 것/미미한 것으로 구분하였다. 하지만, 이는 지산동 32·34호분과 44·45호분의 구분에는 유효할지라도 옥전 고분 등의 자료를 추가했을 때는 별다른 변별력을 갖지 못하며 또 軟質과 도질별로 변이가 달리 나타난다. 그리고 뚜껑받이의 기울기도 연질과 도질에 따라 변이가 심하므로 취하기가 어렵다. 그 대신에 바닥의 형태가 변이성이 뚜렷해서 기준 속성으로 설정할 만하다. 하지만, 전체적으로 바닥이 평평한 것에서 丸底의 것으로 바뀌었다가 다시 평평한 것으로 바뀐다고 생각되어서 일관성 있는 속성상태 구분에 어려움이 있다.

한편, 禹枝南은 모든 뚜껑류를 총괄해 한 기종으로 다루었으나, 짝이 되는 기종별로 각기 특성이 있고 연질과 도질별로 차이가 있어 한 가지로 묶어 취급하기는 곤란하다고 생각된다. 그래서 여기서는 확실하게 도질 배의 짝으로 반출된 뚜껑을 하나의 기종으로 설정해 그 변화상을 추적해 보기로 하였다.

① 꼭지 형태

기본적으로 단추형과 乳頭형으로 나뉜다. 그런데 다시 前者는 가운데가 오목 들어간 것과 불룩 솟아오른 것으로, 후자는 아래의 돌대가 段처럼 되고 위의 가운데가 다소 둥글게 볼록한 것과 돌대가 테처럼 되고 위가 평평한 것으로 세분될 수 있다. 하지만, 대세를 변별하는 데는 오히려 적합하지 못한 것 같아 여기서는 기본형으로만 구분하였다.

② 문양

有文/無文의 것으로 나눌 수 있다.

③ 蓋身 만곡도

전체적으로 드림턱 이상의 부위가 불룩한 것에서 비스듬한 것을 거쳐 평평한 것으로 변하는 경향이 나타난다. 禹枝南은 이를 만곡/직선적/수평적으로 구분하고 직선적/수평적의 기준을 20°로 하였다. 이에 따를 때 가장 늦은 시기에 주류를 이루는 완전히 평평한 것(이는 대부분의 蓋에 공통되는 현상임)과 과도기의 약간 경사진 것이 변별이 되지 않는 문제점은 있다. 하지만, 지금까지의 대형분 출토 자료들은 變異가 심해서 더 이상 세분하기가 어렵다. 그래서 여기서도 禹枝南의 구분 기준을 따라 만곡/경사/수평으로만 구분한다.

3. 順序配列法에 의한 상대편년

위의 기준 기종과 속성에 따라 각 고분 출토품이 나타내는 속성상태를 표시하면 〈그림 1〉과 같다. 이를 순서배열의 원리대로 속성별로 구분된 속성상태들이 각기 전체적으로 최대한 이어져 나타나도록 고분들의 순서를 상하로 적절히 바꾸어 배열한 결과가 〈그림 2〉이다. 이 〈그림 2〉의 순서배열표는 일단 상대편년을 나타내는데 원칙적으로 이 순서의 위쪽과 아래쪽 중 어느 쪽이 시간상 오랜 쪽인지는 유물 자체만으로는 알 수 없다. 그런데 이 고분들 중에서 지산동 35호분과 34호분은 봉토와 호석의 連接 상황으로부터 전자가 먼저 축조되었음이 밝혀져 있다.[20] 그러므로 이 순서배열표의 위쪽이 이르고 아래쪽이 늦은 것이 된다.[21] 즉 지산동 35호분이 제일 이르고 옥봉 7호분이 제일 늦은 것이다. 이렇게 상대편년된 고분의 순서에 따라 발형기대, 일단다투창고배, 이단투창고배, 일단투창고배를 배열하면 〈그림 3〉 및 〈그림 4〉와 같다.

....

20 金鍾徹, 1981, 『高靈池山洞古墳群─32~35號墳·周邊石槨墓─』, 啓明大學校博物館, p. 63.
21 단, 보고서에서 옥전 M6호와 M7호 간에도 일종의 층서가 존재하는 듯이 주장되고 있으나 여기서는 取信하지 않는다. 그에 대해서는 후술하는 편년의 평가 항에서 언급한다.

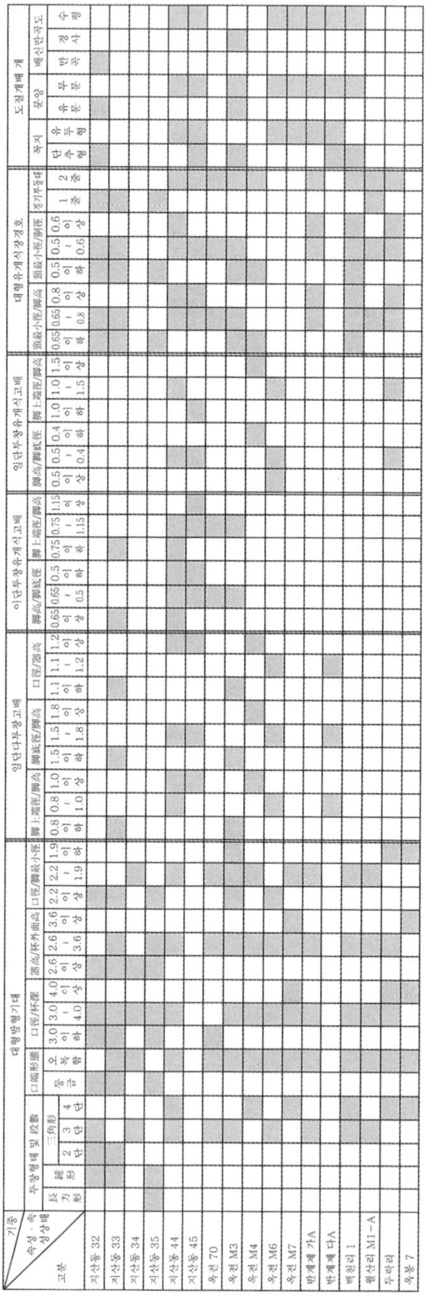

그림 1 속성상태표

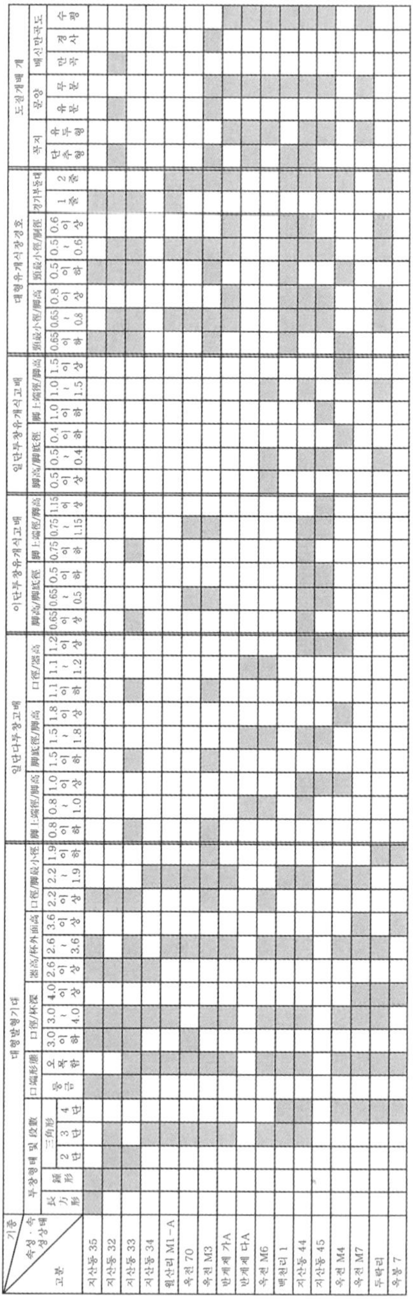

그림 2 순서배열표

4. 상대편년의 평가

전체적으로 볼 때, 발형기대와 일단다투창고배에서는 각 속성상태가 거의 연결되어 나타남으로써 속성 선정과 속성상태 구분이 상당히 합리적이었음을 보여 준다. 그리고 두 종류의 유개식고배와 개배의 개에 있어서도 속성 선정과 속성상태 구분이 비교적 적절했음을 나타낸다. 나머지 유개식장경호는 대세적으로는 정향성을 띠지만 만족할 만한 정도는 아니다.

편년된 고분의 순서를 볼 때 기존의 편년안과 어긋난다고 할 수 있는 것은 지산동 32호분과 33호분이다. 대개 33호분 쪽을 이른 것으로 설정하고 있는 데 반해 여기서는 32호분이 이른 것으로 나와 있다. 발형기대의 口端 형태를 우선하는 속성으로 본다면 여기서의 편년 순서가 타당하다고 하겠는데, 이때 문제가 되는 것은 삼각형투창의 段數이다. 전체적으로 투창 단수가 많은 쪽으로 변화하는 정향성을 보이는바, 33호분의 기대 두 점 중 삼각투창의 것 한 점은 2단인 데 비해 32호분의 기대는 네 점의 삼각형 투창 기대 중 세 점은 2단이지만 한 점은 직렬 3단(그림 3의 15)인 때문이다.

그러나 32호분 출토 3단직렬 삼각투창 기대는 무문 대각을 갖고 있어서 한층 늦은 시기의 정형화된 3단직렬 투창 기대의 대각과는 다르다. 즉 後者의 최하단 투창 아래에 밀집파상문이 반드시 시문되어 있는 것과는 달라서 투창만으로 같은 부류로 볼 수가 없다. 또 33호분의 잔존 기대 수는 두 점에 불과하므로 그것들이 33호분의 기대 양상을 반드시 그대로 드러내는 標本이라고 하기도 어렵다. 다시 말하면, 삼각형 투창이 종형 투창으로부터 변화한 것임을 염두에 두면서 이 두 고분보다 확실히 이른 고분인 35호분에서 출토된 기대 중에 3단직렬 종형 투창에다 무문 대각을 가진 기대가 한 점 있는 것을 주목할 때, 도굴된 33호분에도 원래는 3단직렬 삼각투창에 무문인 대각을 가진 기대가 아마도 있었을 것으로 충분히 상정할 수 있는 것이다(이상 그림 3 참조).

어떻든, 이런 점들은 지산동 32호분과 33호분이 거의 같은 때에 축조되었음을 뜻하는 것으로 해석된다. 사실, 순서배열법에 의해 편년된 고분들이

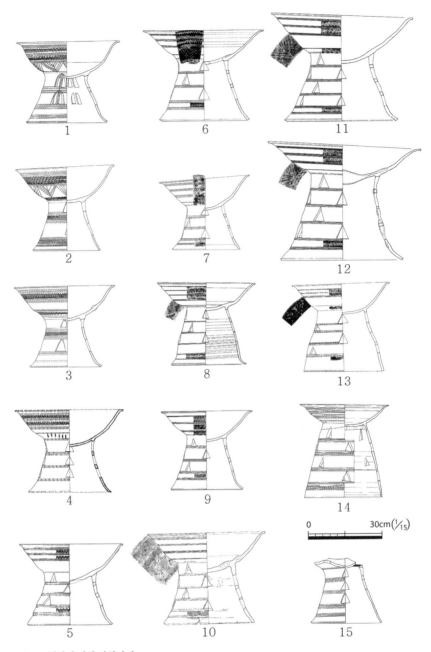

그림 3 고령양식 대형 발형기대

1. 고령 지산동 35호분   2. 고령 지산동 32호분   3. 고령 지산동 33호분   4. 남원 월산리 M1-A호분
5. 합천 옥전 70호분   6. 합천 옥전 M3호분   7. 합천 반계제 가A호분   8. 합천 옥전 M6호분
9. 함양 백천리 1호분   10. 고령 지산동 44호분   11. 합천 옥전 M4호분   12. 합천 옥전 M7호분
13. 남원 두락리 1호분   14. 진주 옥봉 7호분   15. 고령 지산동 32호분

편년표상에서 인접한 경우 그 배열 순서가 언제나 꼭 그대로 상대편년을 나타내는 것은 아니며 때로 어느 정도의 流動性은 있다고 할 수 있다. 즉 순서 배열이 원래 편년 기준 유물(유구)에서 간취되는 변화의 추세에 의한 것이므로 미세한 차이가 있는 고분들 간에는 때로 우선하는 기준이 무엇이냐에 따라 유동성이 있다는 것이다. 또 굳이 순서를 정하자면 그렇다는 것이지 같은 때일 가능성을 배제하는 것도 아니다. 물론 그렇다고 해서 배열의 전체적 순서가 가진 신뢰도를 크게 손상할 정도는 못된다.

다음으로 약간 문제시되는 고분이 옥전 M6호분이다. 발굴보고서에서는 M7호분보다 나중에 축조된 것으로 되어 있기 때문이다. 발굴자의 견해를 가장 존중해야 할 터이지만 그 견해를 그대로 따르고자 할 때 주저되는 바가 있다. 무엇보다도 두 고분의 호석이 약 4미터는 떨어져 있는데 상호간의 축조 선후를 어떻게 파악했는지 그 근거가 기술되어 있지 않은 점이다. 다만, 보고서에서는 "봉분의 끝자락이 서로 맞물려 있는 M6호분과 M7호분 사이에 대한 土層의 조사에서 M6호분이 M7호분보다 늦게 축조된 사실이 분명히 확인됨으로써 보증된다(p. 168)"라고만 했을 뿐 그에 관한 도면이나 사진은 실려 있지 않다.

혹시 두 고분을 축조하기 위해 애초에 호석 위치 바깥까지 整地하고 깔았던 석곽구축토의 거의 끝자락 부분이 일부 겹쳐서 나타난 현상을 발굴과정에서 확인한 것으로 생각해 볼 수 있다. 그러나 그것을 보여 주는 자료, 즉 두 고분의 盛土 범위가 제시되어 있지 않으므로 일단 적극적 근거는 없는 셈이다. 따라서 축조 순서에 관해서는 여기서와 같이 유물의 양상에 근거할 수밖에 없다.

그런데 옥전 M6호분의 발형기대 형태가 다소 常例를 벗어난 점이 문제시된다. 기본적으로 고령양식 발형기대의 속성들로 설정되는 요소들,[22] 예컨

....

22　李熙濬, 1995, 「토기로 본 大伽耶의 圈域과 그 변천」, 『加耶史 硏究—대가야의 政治와 文化—』, 慶尙北道([補註] 본서 제3장)를 참조.

대 배신의 기본 문양, 삼각 투창 및 그 하부의 밀집파상문 등을 구비하고는 있다. 그러나 크기가 다른 대형 발형기대보다 약간 작으며 전체적으로 곡선 감이 적고 비례에 있어서도 다소 이질적인 감을 주고 있는 점, 배신의 파상문이 조잡한 점 등이 눈에 띈다. 또 최하단 투창 바로 밑에 파상문대가 있는 通例의 것과 문양 및 투창이 없는 한 단을 사이에 두고 그 밑에 파상문대를 배치한 것이 공반되고 있다. 한편 공반된 장경호도 다소 소형이면서 그 頸部가 4단 구분이 되어 있다든지 胴部가 지나치게 납작한 점 등이 異例的이다.

하지만, 이런 점들을 감안해도 그 토기들이 양식상 고령양식의 범주에 속함은 분명하다. 그래서 M6호분의 기대 대각 투창 단수 및 배치는, 현재로서는 고령양식 대형 발형기대의 3단교호 투창 대각에서 4단교호 투창 대각으로 넘어가는 양상을 띠고 있는 것으로 해석함이 타당하다고 생각된다. 설사 4단 투창형의 변형이라 하더라도 M6호분을 M4호분이나 M7호분과 같이 지산동 45호분 단계로까지 늦출 수는 없을 것 같다.

왜냐하면 器臺만큼이나 속성의 선정과 속성상태의 구분이 적절하고 정향적 변화상을 보여 주는 일단다투창고배가 M6호분에서 한 점 출토되었는바, 이는 여러모로 지산동 44호 출토품보다 이르거나 적어도 같은 때의 것임을 나타내기 때문이다. 그리고 M7호와 같은 시기인 M4호분의 출토품보다는 물론 분명히 이른 양상을 나타낸다. M4호분 출토품은 지산동 45호분 석실[主室] 출토품(그림 4의 6)보다는 약간 늦은 同墳 제1호 석곽 출토품(同 7)과 유사한 것이다. 한편, M6호분에서 출토된 일단투창유개식고배도 분명히 M4호분보다는 이른 양상을 보인다(이상 그림 4 참조).

끝으로, 지산동 44호분 출토 이단투창고배류는 三分된 속성상태 모두를 나타내어 문제가 되는데 자료를 정밀히 검토해 볼 때 크게 문제시될 것은 아니라고 본다. 즉 제18호 석곽에서 출토된 고배 한 점이 古式의 요소를 갖고 있어서 그리된 것이지 그것을 뺀 나머지로는 속성상태가 늦은 쪽으로 한데 모아져서 전체적으로 속성상태의 연속배열 원칙에서 크게 벗어나지 않기 때문이다.

그림 4 고령양식 다투창·이단투창·일단투창고배

1·9. 고령 지산동 33호분
3. 합천 반계제 다A호분
5·12. 고령 지산동 44호분
7. 고령 지산동 45호분 1석곽
10. 합천 옥전 70호분
15. 고령 지산동 44호분 5석곽

2·11. 합천 옥전 M3호분
4·14. 합천 옥전 M6호분
6. 고령 지산동 45호분 주실
8·17. 합천 옥전 M4호분
13·16. 고령 지산동 45호분 2석곽
18. 남원 두락리 1호분

이제 토기류 중 출토 고분이 한정되기에 위의 상대편년에 이용하지 못한 筒形器臺 등을 가지고 이 편년안이 대체적으로 타당성을 갖는지 검토해 보기로 하자. 고령양식 특유의 통형기대가 출토된 고분 또는 유구를 들면, 지산동 32·33·34호분 사이의 묘사유구인 32-C호 유구, 반계제 가B호분 祭祀遺構,[23] 옥전 M4호분, 두락리 1호분, 수정봉 2호분이 있다.

통형기대는 朴天秀에 의해 편년적 의미가 있는 속성과 그 속성상태의 변화가 잘 적출된 바 있다. 그중에서 시간의 흐름에 따라 器高 대 脚高의 비가 약 4대1인 것으로부터 2대1 정도의 것까지로 변하고 밀집파상문의 波數도 점차 줄어드는 경향이 있다는 지적[24]이 특히 타당성이 높다고 생각된다. 거기에다 한 가지 덧붙인다면 뱀 모양 띠 장식의 꼬리가 놓이는 부위도 변화하는 것 같다. 즉 脚部의 투창 뚫린 段 중 제일 윗단까지 내려오거나 아예 脚部로는 내려오지 않다가(32-C), 네 단의 투창 단 중 두 단까지 내려오고(반계제 가B) 다시 투창 단수의 반 아래로까지 내려오게 되는 것(나머지 예)이다.

이런 통형기대의 속성들을 기준으로 출토 고분을 순서대로 늘어놓으면 앞에 열거한 유적(유구) 순이다(그림 5 참조). 이는 곧 위의 순서배열을 뒷받침한다. 여기서 제일 마지막의 옥봉 2호분은 본고의 편년 대상인 수정봉 7호분과 거의 같은 시기일 것이다.

다음으로, 고령양식 특유의 기종인 무문 발형기대는 늦은 단계의 편년에 유용하다. 아마도 지산동 44호분에서 출토된 2단투창 대각의 무문 발형기대(그림 5의 6)로부터 비롯되어 일단 투창 또는 투공의 낮은 대각을 가진 기대로 정착된 후 대형 유문 발형기대와는 별도의 기종으로서 상용된 것으로 보인다. 이 기종이 출토된 유적으로는, 반계제 다B호분, 삼가 1-A호묘,[25] 지산동 45호분, 두락리 1호분, 두락리 3호분, 저포리 D-I-1호분[26]이 있다.

....

23 보고서에는 封土內 出土로 되어 있으나 일종의 제사유구에서 출토된 것으로 생각된다.
24 朴天秀, 1994, 「伽耶·新羅地域の首長墓における筒形器臺」, 『考古學研究』 第40卷 第4號, pp. 39~41.
25 沈奉謹, 1982, 『陜川三嘉古墳群』, 東亞大學校博物館.
26 尹容鎭, 1987, 『陜川苧浦里D地區遺蹟』, 慶尙南道·慶北大學校考古人類學科.

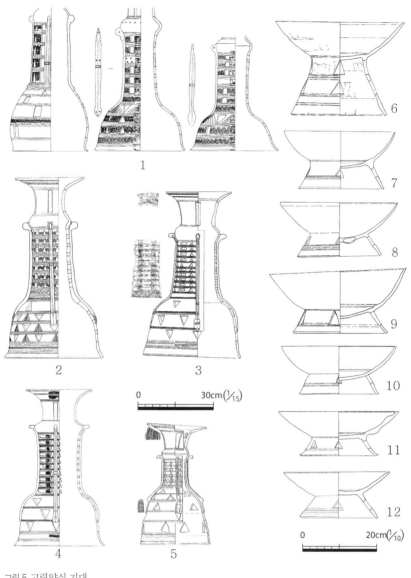

그림 5 고령양식 기대

1. 고령 지산동 32-C 합사유구
2. 합천 반계제 가B호분
3. 합천 옥전 M4호분
4 · 10. 남원 두락리 1호분
5. 진주 수정봉 2호분
6. 고령 지산동 44호분
7. 합천 반계제 다B호분
8. 합천 삼가 1-A호묘
9. 고령 지산동 45호분
11. 남원 두락리 3호분
12. 합천 저포리 D-I-1호분

이 기대도 杯深이 깊은 것에서 얕은 것으로 변화하면서 口徑도 상대적으로 커지는 경향이 있고, 또 그와 관련되지만 배신의 外面도 만곡한 것에서 직선적인 것으로 바뀐다. 그리고 시간의 흐름에 따라 구경이 저경에 비해 점점 커지는 경향도 보인다. 한편 구경 대 각상단경의 비도 대체로 커지는 쪽으로 변화하는 것 같다. 이런 속성들을 기준으로 순서배열하면 앞에서 열거한 유적 순으로 상대편년이 된다(그림 5 참조). 이는 앞에 편년된 주요 고분의 순서(지산동 45호분, 두락리 1호분)를 뒷받침한다.

IV. 段階 구분과 절대연대의 比定

1. 절대연대의 검토

기존의 편년안들이 대개 지산동고분군만을 대상으로 한 점은 앞에서 지적하였다. 그런데 바로 그와 같이 편년의 대상이 한정되었던 점은 고분들의 단계 구분이나 고분의 절대연대 추정에 일정한 왜곡을 낳았던 것으로 생각된다. 예컨대, 그 상대편년들에서 공통되게 지산동 34호분 단계 바로 다음 단계에 지산동 44호분을 위치시켜 34호분 단계의 연대를 끌어내린 점을 들 수 있다. 그러나 근년에 추가된 자료를 포함시켜 편년할 때 위의 상대편년에서 이미 드러난 것처럼 그 사이에는 상당수의 고분들을 위치시킬 수 있어서 그와 같이 바로 연결 짓기는 어렵다.

이전의 편년안들이 제시될 때는 조사된 고분의 수가 그다지 많지 않아 그런 잘못된 단계 구분이 행해졌다고 생각되지만 한편으로 편년 방법상의 문제점도 중요한 원인이었던 것으로 보인다. 기존 연구는 토기의 변화상을 기초로 하였으면서도 대체로 단계 구분을 전제로 하거나 단계와 불가분하게 형식들을 설정해서 상대편년을 하고 나서 다시 그에 입각해 단계 구분을 하는 식의 변형된 형식학적 방법을 취하였다. 그런 까닭에 어떤 의미에서는 도리어 토기의 변화상을 면밀하게 추적할 수가 없었던 것이다.

다시 지산동 34호분과 44호분의 경우를 보자. 두 고분의 토기를 직접 비교하려면 위의 상대편년에서 보듯이 발형기대 정도만이 기준이 될 수 있는데, 사실 이 경우도 34호분 출토품은 대형의 것이 아닌 데다 한 점뿐이라서 44호분 출토품과의 차이를 확실히 알기는 어렵다. 그런데 34호분에서 출토된 것은 아니지만 중요한 비교 자료로 지산동 32호·33호·34호분 사이의 合祀遺址로 명명된 유지로부터 출토된 일단투창유개식고배(그림 6의 4), 유개식장경호(同 3), 통형기대(그림 5의 1)가 있다.

이 유구는, 위치가 세 고분에서 대략 等距離에 있는 점이나 유물의 종류 및 출토 정황 등으로 판단하건대 보고서의 해석대로 이 지점 고분군의 합동묘사 유지로 보아 틀림이 없다. 그렇다면 이 유지에서 출토된 토기류는 이 지점에서 가장 늦게 축조된 34호분의 하한연대를 나타내는 자료가 되며, 따라서 이를 44호분 출토품과의 비교 자료로 써도 아무런 문제가 없다.

먼저 일단투창유개식고배는 아직 대각이 높고 홀쭉하며 투창이 아주 細長한 형태로서 脚高/脚底徑은 0.65, 脚上端徑/脚高는 0.84의 값을 나타냄으로써 44호분 출토품과는 현저한 차이를 보이고 또한 앞의 순서배열에서 이 고배 자료 없이 배열한 34호분의 위치가 적절함을 뒷받침한다. 이 일단투창유개식고배는 앞의 순서배열에 나타난 대로 시간의 흐름에 따라 전체적으로 납작해지고 대각이 두툼해지는 변화를 보이지만, 좀 더 세밀히 보면 투창의 길이가 짧아지면서 상대적으로 그 아래 脚裾 부분의 폭은 넓어진다. 이로 보면 합사유지 출토품과 44호분 출토품 사이는 물론이거니와 前者와 반계제 가B호분 출토품(그림 6의 5) 간에도 상당한 시차가 있음을 알 수 있다. 즉 34호분 예(합사유지 출토품)에서 그보다 한 단계 늦은 반계제 가B호분과 같이 되었다가 다시 44호분(그림 6의 9)과 같이 되는 것이다.

한편, 이 반계제 가B호분과 유사한 일단투창고배가 출토된 반계제 가24호분(同 6)에서는 이단투창고배(同 7)도 출토되었는데 이는 옥전 M3호분 출토품(同 8)과 거의 같은 비례를 나타내어서 이들 간에 커다란 時差는 없음을

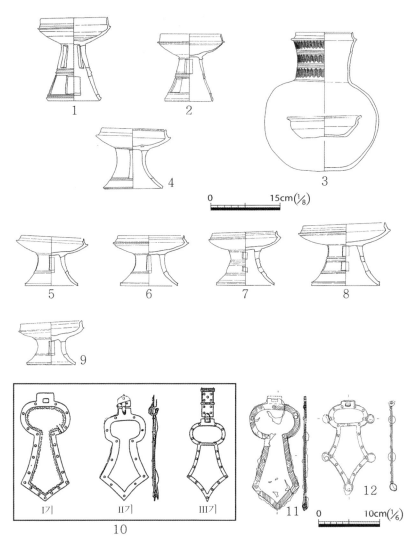

그림 6 고령양식토기와 절대연대 결정자료

1. 고령 지산동 32호분   2. 김해 예안리 36호분   3·4. 고령 지산동 합사유지32-C
5. 합천 반계제 가 B호분   6·7. 합천 반계제 가 24호분   8·11. 합천 옥전 M3호분
9·12. 고령 지산동 44호분   10. 坂本美夫 행엽 편년안(I~III기 형식)

알 수 있다. 따라서 이는 지산동 34호분 → 옥전 M3호분 → 지산동 44호분의
상대편년을 뒷받침한다(이상 그림 6 참조).

     지산동 34호분과 44호분의 유물 사이에서 인지되는 이런 현저한 시간적 차이는 이미 언급되었듯이 통형기대로써도 간접적으로 알 수 있다. 즉 합사유지에서 출토된 통형기대와 반계제 가B호분 제사유구 출토품을 비교할 때 앞에서 언급한 대로 脚高/器高가 1/4에서 1/3로 바뀌는 큰 차이를 보여서 적어도 한 단계의 차이가 있음을 시사한다. 그리하여 통형기대와 일단투창고배를 함께 고려할 때 이는 결국 지산동 34호분과 44호분 사이에 한 단계 이상의 시차가 있음을 나타내는 것이다. 그리고 합사유지의 대형유개식장경호는 頸最小徑/胴高가 0.61, 경최소경/胴徑이 0.47로서 확실히 32, 33호분 그룹과 같은 단계임을 나타낸다. 더구나 장경호에서 이른 시기와 늦은 시기를 구분하는 데 확실한 지표 속성인 頸基部 돌대 수가 1줄인 점 역시 이들과 같다.

이상의 여러 점을 종합할 때 지산동 34호분과 44호분 사이에는 상당한 시차가 있는 것으로 판단되며, 그것은 상대편년에서 보듯이 두 고분 사이에 중간 단계의 여러 고분이 편년되는 점에서도 간접적으로 뒷받침된다.

다음으로 지산동고분군의 절대연대 비정에서 중요한 몫을 차지하는 32호분 출토 이단교호투창유개식고배(그림 6의 1)에 대해 검토해 보자. 이 고배는 직렬의 투창을 가진 고령식 고배와는 확연히 구별되는 형태의 낙동강이동 양식 고배이다. 그간 제시된 연대나 제작지에 관한 견해를 보면,

① 타지역으로부터의 移入品으로 취급되고 있으나 고령 지역 또는 그 주변에서 제작되었을 가능성이 있다고 보는 설,[27]

② 김해 예안리고분군 제36호분 고배와 유사함을 지적하고 같은 시기의 예안리 35호분 단계(5세기 3/4분기)로 비정하는 설,[28]

③ 성주 내지 대구 지방산일 가능성이 크다고 보고 대구 내당동 51호분 제1곽 출토 고배와의 유사성을 지적하면서 경주고분 편년안과의 대비로 서기 460년에서 480년 사이의 연대를 비정하는 설,[29]

④ 5세기 3/4분기로 설정한 경주 황남대총(98호) 남분 출토 고배와 대비

....

27 定森秀夫, 앞의 논문, p. 419.

28 釜山大學校博物館, 1985, 『金海禮安里古墳群』I(本文), pp. 293~294.

29 藤井和夫, 앞의 논문, p. 192.

가 가능하다고 보면서 32호분과 거의 동시기인 33호분 출토의 고배를 근거로 5세기 4/4분기에 비정하는 설,[30]

⑤ 98호 남분 출토품과 극히 유사하다고 보고 5세기 3/4분기로 보는 설[31]이 있다.

우선, 이 고배가 낙동강 以東 양식에 속하는 점은 부정할 수 없다. 그런데 면밀히 보면 위에서 유사성이 지적된 출토품들과 얼핏 비슷하면서도 주요한 차이가 있음을 알 수 있다. 즉 배신이 비교적 얕고 대각의 투창이 細長하면서 하단 투창이 바로 脚端 가까이까지 뚫린 특징을 갖고 있다. 그래서 현 단계에서 이 토기의 제작지나 꼭 같은 토기가 출토된 고분을 摘出하기는 어렵고 형식면에서 유사성이 높은 고배가 출토된 고분을 찾는 것이 최선인데, 위에서 거론된 고분들 중에서는 예안리 36호분(그림 6의 2)을 들 수 있을 것 같다.

한편, 위의 여러 연대관은 경주 고분 상대 편년안에 관련지어 볼 때 크게 보아 황남대총 남분 단계에 대비시키는 안과 북분 단계에 대비시키는 안으로 대별되는데 아무래도 전자보다는 후자 쪽이 타당성이 높은 것 같다. 그런데 기존의 편년안들에서 황남대총 북분의 연대는 대체로 서기 460~490년의 시기에 비정됨을 직, 간접적으로 알 수 있다.

그러나 황남대총에 대한 이런 연대관은, 경주고분에서 출토되는 외래계 문물의 편년적 의미는 도외시한 절대연대관에 입각한 것이다. 예컨대 황남동 109호분 제4곽에서 출토된 등자가 北燕 馮素弗墓에서 출토된 등자에 계보적으로 후속되는 형식이라고 자의적으로 설정해 경주 고분의 연대 상한을 서기 415년에 두고 있는 점[32]을 들 수 있다. 그에 대해서는 이미 치밀한 비판이 가해진 바 있으므로[33] 더 이상의 논급이 불필요하거니와, 여기서는 그에 덧붙여

....

30 崔鍾圭·禹枝南, 1982, 「咸安郡 郡北面 사도리出土品 紹介」, 『釜山直轄市立博物館 年報』 5, p. 46.

31 禹枝南, 앞의 논문, p. 640.

32 대표적 예로 穴澤咊光·馬目順一, 1973, 「北燕·馮素弗墓の提起する問題―日本·朝鮮考古學との關連性―」, 『考古學ジャーナル』 85가 있다.

33 崔秉鉉, 1992, 『新羅古墳研究』, 一志社, pp. 701~751.

어떠한 계보 및 형식 설정에 의하든 간에 다른 유력한 자료는 무시하고 등자만에 입각해 설정된 신라고분 절대연대관은 극히 취약할 수밖에 없다는 점을 지적해 둔다. 그리하여 그 代案으로서 외래계 문물의 검토를 통한 연대 補整이 긴요하다고 본다.

이에 대해서는 별도의 연구가 필요하지만 그런 관점에 설 때, 황남대총 북분에서 출토된 외래계 문물들의 제작연대 下限은 4세기 말, 늦어도 5세기 초 이후로 내려오지 않으며, 따라서 그것들이 일정기간 사용된 끝에 북분의 축조와 더불어 부장되었다고 보더라도[34] 그때는 5세기 前葉 이후로 내려오지 않으리라 생각된다.[35] 그래서 대체로 이와 병행한다고 판단되는 지산동 32호분의 축조연대는 좀 늦게 잡아도 5세기 2/4분기의 前半 정도로 설정할 수 있다.

이상의 검토로부터 지산동 32·34호분의 단계는 44호분의 단계와는 상당한 시차가 있으며 그 절대연대는 5세기의 2/4분기로 설정될 수 있음을 보았다. 이런 연대관은 편년상 두 고분 사이에 위치하는 고분들 중 하나인 옥전 M3호분에 대한 뒤의 절대연대 추론으로써도 간접적으로 뒷받침될 것이다.

다음으로 지산동 44호분과 45호분의 연대에 대해 살펴보자. 기존의 案들을 보면,

① 兩者 간의 시차를 크게 보지 않아 한데 묶되 44호분에서 출토된 청동제 용기가 무령왕릉 출토품과 유사한 데다가 이른바 劍菱形 행엽이 형태상 일본 石光山 8호분 출토품에 유사한 것으로 판단해 6세기 전반대 전엽으로 보는 견해,[36]

② 44호분과 45호분의 시기를 나누고 전자는 480~500년대, 후자는 舊

....

34　기존의 절대연대관에 따르면 몇몇 경주고분에서 출토된 이런 외래계 문물들은 일률적으로 두세 世代는 傳世된 것으로 되는바, 이는 도저히 수긍하기 어렵다.

35　편년 근거는 다소 다르나 이종선도 같은 연대관을 제시하고 있다. 李鍾宣, 1992, 「積石木槨墳의 編年에 대한 諸論議」, 『韓國古代史論叢』 3, p. 456 및 p. 457의 積石木槨墳 編年對比表.

36　禹枝南, 앞의 논문, p. 641.

39호분(現47호분)[37]과 함께 500~530년대로 비정한 견해,[38]

③ 양자의 단계를 구분하면서 44호분에서 출토된 劍菱形 행엽의 연대가 일본에서의 연대와 병행한다고 보아 44호분을 5세기 후엽에 비정하고 45호분은 토기로 보건대 아주 가깝다고 판단한 舊39호분 출토 單龍環頭大刀가 무령왕릉 대도보다 늦은 것이라는 연대관을 따라 6세기 전엽경을 중심으로 하는 연대를 비정한 견해[39] 등이 있다. 한편, 근래에 조사 보고된 옥전 M3호분과 지산동 44호분을 비교하면서 행엽 및 기타 철제유물에서 양자 간에 확연한 시차가 있다고 보고 전자는 5세기 4/4분기의 중기, 후자는 5세기의 極末 내지 6세기 초엽으로 비정한 견해[40]도 있다.

여기서 이 마지막 설을 미리 검토해 보면, 44호분 출토 劍菱形 杏葉이 坂本美夫의 5단계 분류[41] 가운데 제3단계(일본 편년의 5세기 4/4분기)에 해당되고 옥전 M3호분 출토 행엽은 그의 제1단계(일본 편년의 5세기 2/4~3/4분기)에 해당된다고 보면서도 그와 같은 연대를 이끌어 내어서 문제가 된다.

지산동 44호분과 45호분의 연대론과 관련해 왕왕 등장하는 것은 축조연대를 아는 무령왕릉에서 출토된 유물들의 연대이다. 그 가운데 大刀는 521년에 중국 梁으로부터 爵號와 함께 받은 520년대 梁의 제품이 아닌가 하는 설[42]이 있고 위의 세 번째(定森秀夫) 說은 그것을 전제로 한 것이다. 그러나 무령왕릉 대도는 그 이전의 百濟作일 가능성[43]이 크다고 생각된다. 만약 그렇다면 무령왕 즉위시의 儀刀로서 그 제작연대가 6세기 極初까지로 소급될 가능성도 있다. 또 대도의 계보·양식적 비교 결과를 무조건 신빙해 구39호분 출토 대도가 무령왕릉 출토품에 후속한다고 하는 견해를 그대로 받아들이기도

....

37 [補註] 2010년 정밀지표조사 결과 5호분으로 재지정되었다(대동문화재연구원, 2010, 『고령 지산동고분군 종합정비계획수립을 위한 정밀지표조사 결과보고서』).

38 藤井和夫, 앞의 논문, p. 193.

39 定森秀夫, 앞의 논문, p. 439.

40 金斗喆, 1993, 「加耶の馬具」, 『伽耶と古代東アジア』, 新人物往來社, pp. 216~217.

41 坂本美夫, 1985, 『馬具』, ニュー·サイエンス社, pp. 61~64.

42 穴澤咊光·馬目順一, 1976, 「龍鳳文環頭大刀試論」, 『百濟研究』 7, p. 259.

43 穴澤咊光·馬目順一, 1984, 「三國時代の環頭大刀」, 『考古學ジャーナル』 236, p. 20.

어렵다. 그래서 구39호분과 함께 45호분을 6세기 초에서 많이 늦추어 보아야 할 하등의 이유는 없다.

한편 무령왕릉 출토 청동용기는 그 자체가 형태상 너무 단순해서 44호분의 연대를 추찰하는 데 비교 자료로서 그다지 적합하지 못하다고 생각된다. 첫 번째(禹枝南) 설에서 그런 비교를 한 이유는 아마도 44호분과 45호분을 같은 시기로 전제한 때문인 듯하다. 그러나 앞의 상대편년에서 보듯이 두 고분이 가까이 놓여 있기는 하지만 44호와 45호 사이에는 그렇게 큰 시차는 아닐지라도 일정한 시차가 있음이 인지된다. 예컨대, 위에서 언급하였듯이 무문 발형기대의 차이를 볼 때 그런 점을 쉽게 알 수가 있다.

일단 이렇게 두 고분을 떼어 놓고 볼 때, 44호분의 연대를 추론하는 데는 현재로서는 역시 검릉형 행엽이 기준 자료가 될 수밖에 없다. 44호분의 검릉형 행엽(그림 6의 14)은 늦어도 坂本美夫의 第III期 形式은 되고 어떤 면에서는 제II기 형식의 요소도 보이므로(그림 6의 비교도 참조) 일본에서의 연대를 그대로 援用하더라도 5세기의 4/4분기의 이른 시기 이후가 되기는 어렵다고 판단된다. 따라서 45호분은 5세기의 말이 될 가능성이 충분히 있으나 일단 여기서는 6세기의 1/4분기로 해 둔다.

지산동 44호분의 연대와 관련해서 살펴볼 수 있는 것은 옥전 M3호분의 연대이다. 이는 앞의 상대편년에서도 나타났듯이 土器相으로 보아 지산동 44호분보다는 확실히 이르다. 그리고 검릉형 행엽(그림 6의 13)도 적어도 한 단계는 이른 것이 분명한데 다시 坂本의 편년안을 따른다면 그 I기, 아무리 늦게 잡아도 그의 II기(5세기 3/4분기)에 해당한다(그림 6의 비교도 참조). 그런데 이 고분에서 출토된 f자형 멈치가 붙은 재갈 역시 坂本의 편년안에서 II기에 해당하는 것이다.

이 대목에서 實例를 들어 비교하면, 행엽과 재갈을 포함한 옥전 M3호분의 馬具 일괄품은 일본 大阪府 長持山古墳 출토 일괄품과 아주 유사한바,[44]

....

44   朴天秀, 1994, 「渡來系文物からみた伽耶と倭における政治的變動」, 『東アジア古代史·考古學研究會

이 長持山고분은 5세기 후반 중에서도 이른 쪽으로 편년되어서[45] 출토 劍의 銘文 연대가 서기 471년에 비정되는 埼玉縣 稲荷山古墳[46]보다는 좀 이른 듯 하다.[47] 따라서 이런 연대와 일본고분 출토품들이 이른바 한반도에서의 渡來 系 유물임을 감안하면 옥전 M3호분은 다소 안전하게 5세기의 3/4 분기에 위 치지울 수 있다.

마지막으로 지산동 35호분의 연대이다. 앞의 상대편년으로는 32호분과 35호분 사이에 거의 시차가 없는 듯이 되어 있다. 하지만, 발형기대에서 일정 한 시차를 인정할 수밖에 없으므로 일단 35호분은 32호분 및 33호분과 떼어 5세기의 1/4분기에 둔다.[48]

2. 단계 구분과 연대 비정

이제 이상의 절대연대를 참고하면서 상대편년한 고분들을 단계화하고 각 단계에 다시 절대연대를 비정하기로 한다. 여기서의 단계는 무슨 특별한 변화에 입각한 것이라기보다는 연대 비정의 편의를 위한 것일 뿐이라 다소 작위적일 수밖에 없다. 그러나 그렇다고 해서 위에서 편년한 고분들을 동일 한 숫자로 나누어 단계를 구분할 수는 없다. 그래서 일단 토기에 있어서의 변 화상을 참고하면서 단계를 나누기로 한다.

논의의 편의상 앞에서 상대편년한 고분들을 순서대로 늘어놓으면 지산 동 35호, 32호, 33호, 34호, 월산리 M1-A호, 옥전 70호, M3호, 반계제 가A호, 다A호, 옥전 M6호, 백천리 1호, 지산동 44호, 45호, 옥전 M4호, M7호, 두락리

....

第6回 交流會資料』, 日本 大阪, p. ⑥-16의 圖 12의 비교도 참조. 장지산고분의 마구 중 일부는 도면 으로 제시되어 있지 않아 여기에 전제하는 것은 생략하나 세부적으로 보면 검릉형 행엽이나 등자에서 옥전 M3호 쪽이 다소 이른 것 같다.

45   坂本美夫, 앞의 책에서는 장지산고분 출토 마구 각종을 5세기의 3/4분기에 비정하고 있다.

46   埼玉縣敎育委員會, 1983, 『稲荷山古墳出土鐵劍金象嵌銘槪報』, p. 18.

47   坂本美夫, 앞의 책에서는 5세기의 4/4분기에 비정함.

48   이는 藤井和夫, 앞의 논문 편년에서 절대연대는 별도로 할 때 35호분이 상대편년상 32호분보다 한 단 계, 즉 대략 2,30년 정도 앞선다고 본 점과 통한다. 단, 그는 33호분과 35호분을 같은 단계로 파악하였다.

1호, 옥봉 7호의 순이다.

먼저, 지산동 35호분은 32·33호분과는 발형기대 등 유물상에서 뚜렷한 차이를 보이므로 1基만이지만 따로 떼어 한 단계로 설정하고 5세기의 1/4분기로 한다.

그 다음, 이미 논하였듯이 32호분과 33호분은 별다른 시차를 인정할 수 없으므로 같이 한 단계로 둘 수 있는데, 그 뒤의 어디까지를 같은 단계로 할 것인지가 문제이다. 지산동 34호분의 경우는 그 축조의 하한연대를 나타내는 합사유지 출토품들이 비교 자료로서 유용하다. 이는 지산동 32·33호분 출토품과의 사이에 별다르게 큰 시차를 보이지 않아서 32·33호분과 다른 단계로 하기는 어렵다. 한편, 이 합사유지 출토품 중 일단투창유개식고배를 매개로 지산동 34호분을 옥전 70호나 M3호분과도 비교해 볼 수 있다. 앞에서 논의하였듯이 합사유지 출토품은 반계제 가24호분 출토품보다는 상당히 이른 양상을 보임이 분명하다. 그런데 後者에서는 옥전 70호 또는 M3호분의 이단투창고배와 대략 같은 이단투창고배가 공반되었으므로 지산동 34호분과 옥전 70호 사이에는 다소의 時差가 상정된다.

또 발형기대를 볼 때, 월산리 M1-A분의 것은 대각의 투창이 直列 3단만이고 그 다음 옥전 70호부터는 교호 3단이 나온다. 유개식장경호에서도 전자에서는 아직 頸基部 돌대가 한 줄인 것이 있으므로 월산리 M1-A분은 아무래도 옥전 70호보다는 지산동 34호분 쪽에 가깝다. 따라서 지산동 34호분과 월산리 M1-A호분은 지산동 32호 및 33호분과 동일한 단계로서 5세기의 2/4분기에 놓을 수 있다.

여기서 뒤로 가서 발형기대의 대각 투창에서 交互 3단 외에 교호 4단이 나타나기 시작하는 백천리 1호분부터 지산동 44호분까지를 다시 한 단계로 설정할 수 있다. 백천리 1호분 바로 앞에 놓인 옥전 M6호분은 발형기대의 대각 투창이 교호 3단이지만 앞에서 지적하였듯이 통상의 것들과 달리 최하단 투창단과 그 아래의 波狀文段 사이에 無透窓段이 한 단 낀 것이 있어서 교호 4단적인 특징이 보이므로 이들과 같은 단계로 둔다. 그 단계의 연대는 지산동

44호분의 연대를 참고해 5세기의 4/4분기를 부여한다.

그러면 월산리 M1-A호분과 이들 사이의 옥전 70호, M3호분, 반계제 가A분, 다A호분이 한 단계로 설정될 수 있는바, 이 단계에는 옥전 M3호분의 연대를 참고해 5세기 3/4분기의 연대를 부여할 수 있다.

나머지 고분들은 일단 6세기로 넘어가는데 대각 투창 단수에서는 차이를 볼 수 없으나 발형기대의 전체적 비례를 볼 때 지산동 45호분에서 옥전 M4호분, 옥전 M7호분까지를 한 단계로 두고, 다음 두락리 1호분과 옥봉 7호분을 한 단계로 설정할 수 있을 것 같다. 그래서 앞 단계에 6세기의 1/4분기를, 뒷 단계에 2/4분기를 부여한다. 다만, 뒷 단계의 두락리 1호분과 옥봉 7호분은 발형기대의 형태가 상당한 차이가 보이고 또 후자와 거의 같은 시기로 생각되는 수정봉 2호분의 통형기대와 전자의 통형기대 사이에도 현저한 차이가 있다. 그래서 좀 더 구체적으로 전자는 2/4분기라도 1/4분기에 가까운 쪽에 두고 후자는 2/4분기의 늦은 쪽에 둔다.

이상의 단계 구분과 연대 비정 결과를 요약하면 다음과 같다.

상대편년: 지산동 35호분 절대연대: 5세기 1/4분기

지산동 32호분, 33호분 2/4분기

지산동 34호분; 월산리 M1-A호분 上同

옥전 70호, M3호분; 반계제 가A호분, 다A호분 3/4분기

옥전 M6호분; 백천리 1호분; 지산동 44호분 4/4분기

지산동 45호분; 옥전 M4호분, M7호분 6세기 1/4분기

두락리 1호분 2/4분기

옥봉 7호분 上同

V. 소결

이 편년 연구는, 그간 연구의 대상이 되었던 고령 지산동고분군 중심의 자료에다 근년에 보고된 고령양식 토기 출토 고분 자료를 합해 동일 평면에 놓고 시도한 것이다. 편년 결과 나타난 몇 가지 사항 가운데 우선 꼽을 수 있는 점은, 기왕의 연구처럼 지산동고분군 자료만으로 고령양식 土器相의 변화를 설정하거나 그에 의거해 절대연대를 비정하는 데는 무리가 있어서 그 편년에 일정한 왜곡이 생길 수밖에 없었다는 사실이다. 구체적 예를 들면, 기존의 상대편년관처럼 지산동 30호분대의 고분 중에서 가장 늦은 34호분 바로 다음에 同 44호분이 이어지는 것이 아니라 그 사이에 근년에 발굴 보고된 다수 고분이 위치하므로 양자 간에 상당한 시차가 있음을 나타낸다는 것이다. 따라서 34호분에 44호분이 바로 후속함을 전제로 한 절대연대관은 수정되어야 한다.

위에서 보았듯이 고령양식 토기의 변화상 추적이나 출토 고분의 절대연대 비정에서 이것이 의미하는 바는 결코 작지가 않다. 그런 상대편년만으로도 지금까지 발굴된 지산동 30호분대의 고분들이 모두 5세기의 前半代로 거슬러 올라갈 가능성이 강하게 시사된다. 또 介在되는 고분 중 하나인 옥전 M3호분의 연대를 고려할 때 그 가능성은 한층 구체성을 가진다고 추론된다.

기존의 왜곡된 연대관은, 근본적으로는 영남지방 고총의 축조 開始期나 각 지역 토기 양식의 성립 연대를 모두 5세기 후반 이후로 설정한 데[49]서 비롯된 것이다. 그리하여 대부분의 고총이 5세기 후반과 6세기 전반에만 몰리도록 편년이 되고 있으며, 이는 알게 모르게 그런 고총을 남긴 당시의 가야·신라 사회가 停滯的이었던 듯 잘못 해석될 소지까지 안고 있다. 그에 대해서는 별도로 논해야겠지만 그런 觀點은 크게 바뀌어야 함을 여기서의 편년 결과도

....

49　여기서 그 예를 枚擧할 필요는 없겠고 편의상 한 예만 든다면 定森秀夫, 1992, 「伽耶土器의 地域色」, 『古美術 綠靑』 7, pp. 50~59를 들 수 있다.

다소나마 시사하고 있다고 생각된다.

그리고 결국 이와 관련이 되지만 기왕에 고령양식 토기가 각 지역으로 5세기 말경 일거에 확산된 듯이 본 데도 문제가 있음을 지적할 수 있다. 그에 관해서는 여기서의 편년만으로는 금방 알 수가 없고 해당 고분의 공간적 분포상도 같이 고찰해야 하므로 前述한 "토기로 본 大伽耶의 圈域과 그 변천"에서 다루기로 하겠지만, 일단 고령양식 토기의 분포권이 시간의 흐름에 따라 점차 넓어졌다는 점만 언급해 둔다. 이 점도 이 글의 편년을 토대로 추출해 낼 수 있는 중요한 정형성 가운데 한 가지이다.

끝으로, 순서배열법이 고분 편년에 비교적 강력한 도구가 될 수 있음이 다시금 입증되었다고 생각된다. 그간 순서배열법이 몇 事例에 적용되어 그 효용성이 어느 정도 입증되었지만[50] 이 연구도 그를 뒷받침한다고 보아 무방할 것이다. 앞으로 유사한 시도로써 순서배열법이 한국고고학 자료에 적합하게 변용, 수용되기를 기대해 본다.

출전: 李熙濬, 1994, 「고령양식 토기 출토 고분의 편년」, 『嶺南考古學』 15, 嶺南考古學會, pp. 89~113.

....

50   李清圭, 1982, 「細形銅劍의 型式分類 및 그 變遷에 對하여」, 『韓國考古學報』 13, pp. 1~37. ; 李熙濬, 1983, 「形式學的 方法의 問題點과 順序配列法(seriation)의 檢討」, 『韓國考古學報』 14·15, pp. 133~166. ; 禹枝南, 앞의 논문.

제3장

토기로 본 大伽耶의 圈域과 그 변천

I. 머리말

가야 지역 고분의 조사는 일제 초기의 초보적 조사 이후로 수십 년간 거의 휴면 상태에 있었다. 그러다가 지난 20여 년[1] 이래로 몇몇 중요한 계획 발굴 조사와 더불어 국토개발에 따른 대대적 구제발굴이 이루어지고 지표조사도 비교적 광범하게 실시되었다. 이로써 가야고고학 연구는 활기를 띠게 되었고, 그 결과로 많은 새로운 사실이 밝혀지고 있다.

그간 밝혀진 사실 중에서 주목되는 것은, 여러 지역의 고분에서 출토되는 몇 가지 토기류가 각기 일정한 분포권을 이루면서 가야시대에 각 지역에 존재했다고 상정되는 정치체들의 권역을 나타낼 가능성이 있는 점이다. 특히 현재의 고령읍[2] 池山洞古墳群에서 출토되는 토기류와 동일하거나 양식적으로 같은 범주의 토기들[3]은 가야산 이남 낙동강 이서의 경남 일원뿐만 아니라

....

1   [補註] 이는 원 논문 발표년인 1995년을 기준으로 한 햇수이다.
2   [補註] 2015년 4월부터 대가야읍으로 읍 명칭이 바뀌었다.
3   이하에서 高靈樣式 토기라는 이름을 쓴다. 고령 이외의 지역에도 광역적으로 분포하고 그것이 이른바

서쪽으로 소백산맥을 넘어 남원, 임실 지역의 고분에서까지 출토되어서 고령 세력을 중심으로 하는 이른바 大伽耶라는 정치적 집합체의 권역을 나타내는 것으로 추정된다.

그런데 지금까지의 연구에서는 대개 지산동 44호분 단계로 설정되는 일정한 時點(논자에 따라 다소 차이가 있으나 5세기 말에서 6세기 초) 이후로 고령양식 토기가 각 지역에 급속하게 확산된다고 인지하고 고령 세력의 영향력이 그때 이후 비로소 여러 지역에 미치게 된다고 본다. 또 고령 세력과 각 지역 정치체의 구체적 관계에 대한 구명도 미흡해서 그냥 평면적으로 연맹 관계에 있었다고 봄이 일반적이다.[4]

그렇지만 과연 전 지역이 고령으로부터의 遠近에 관계없이 일률적으로 동일한 연맹 관계였던 것으로 보아야 할지는 극히 의문스럽다. 그리고 설사 연맹 관계였다 하더라도 최초 연맹 시부터 가야 멸망 시까지 아무런 변화 없이 시종여일했던 것처럼 볼 수 있을지도 의문시된다. 사실, 그런 시각은 부지불식간에 가야 사회를 미숙, 정체된 사회로 전제한 데서 비롯된 것으로 생각되며 이는 動態的 가야사의 복원에 커다란 걸림돌이라 아니할 수 없다. 이런 연구 경향은, 고고학 부문으로 한정해서 말할 때, 아직 관련 자료가 충분히 확보되지 못했기 때문이라고 할 수 있다. 그러나 한편으로 편년에 치밀성이 부족하였고 각 지역 출토 토기의 變異에 대해 면밀한 분석을 가하지 못하고 평면적 관찰에 그쳤던 탓도 크다고 생각된다.

그래서 본고에서는 기존의 고분들에다 최근 보고된 주요 고분들까지 포함해 새롭게 시도한 필자의 편년안[5]을 근거로, 기존에 설정했던 것보다 이른 시기부터 고령양식 토기가 각 지역에 퍼져 나갔으며 또 일시에 여러 지역에

....

대가야의 권역을 나타낸다는 의미에서 대가야양식 토기로 부를 수 있으나 고령 지역에서 먼저 성립되어 다른 지역으로 확산된 양식이라는 점을 강조하는 뜻에서 고령양식 토기라 부르기로 한다.

4   金泰植, 1993, 『加耶聯盟史』, 一潮閣. ; 田中俊明, 1992, 『大加耶連盟の興亡と「任那」:加耶琴だけか殘った』, 吉川弘文館.

5   李熙濬, 1994, 「고령양식 토기 출토 고분의 편년」, 『嶺南考古學』 15, pp. 89~113([補註] 본서 제2장).

급속히 확산된 것이 아니라 상당한 기간에 걸쳐 어느 정도 단계적으로 점차 확산되는 과정을 밟았음을 밝히고자 한다. 그리고 각 지역에서 고령양식 토기가 처음에는 在地系의 토기와 공반되다가 나중에는 一色을 이루는 사실에 주목해 해당 지역 세력과 고령 지역 세력 사이의 관계 변화를 추론함으로써 대가야의 권역과 정치체로서의 성격 변천을 시기별로 더듬어 본다.

먼저, 본 연구가 가야 전체를 대상으로 하는 것이 아니라 대가야만을 따로 떼어 논하는 만큼 자료의 해석에서 생길 비약이나 그것을 피하려는 데서 비롯될 번잡함을 막고 대가야를 가야 전체, 나아가서 신라·가야의 틀 속에 놓고 본다는 의미에서 연구의 기본 前提 내지는 視角에 관련된 몇 가지 사항을 제시한다. 다음으로, 지산동고분군 출토품을 중심으로 고령양식 토기의 구성 기종을 설정하고 고령양식 토기가 출토된 주요 고총[6]들을 편년하는데, 여기서 따로 편년작업은 하지 않고 앞에 말한 편년안을 그대로 이용한다. 다시, 그를 기준으로 고령양식 토기가 시·공간적으로 어떤 분포 定型을 나타내는지를 보기 위해 각 지역 고분군의 지리적 위치와 토기 조합상 변화를 검토한다.

끝으로, 이 검토 결과 나타난 정형성들을 토대로 대가야의 권역이 시간의 흐름에 따라 어떻게 확산되었는지 살펴보고, 그 권역이 처음에는 연맹권이었다가 나중에는 그 대부분이 고령에 의한 간접지배권으로 변모되어 대가야가 領域國家化하였으며 그 과정에서 고령에 가까운 일부 지역은 직접지배하에 들어갔음을 논한다. 그리고 일부 지역에서 고령양식 토기가 신라양식 토기로 교체되는 시점이 가야 멸망년(562년)보다 이를 가능성이 있음을 전제로 대가야권의 축소, 소멸의 과정에 관한 일면을 가야의 멸망 과정과 관련지어 가설적으로 검토해 보고자 한다.

....

6   [補註] 원 논문에서는 고총 분구묘라는 용어를 썼으나 고총으로 고쳐 쓴다.

II. 연구의 前提와 視角

冒頭에 서술하였듯이 이 연구는 고령양식 토기를 중심으로 한 대가야권의 문제만을 대상으로 한다. 그런데 당시의 대가야라고 하는 것이 여타의 가야 세력과 동떨어져 있었던 것도 아니요 또한 신라와도 무관계한 것이 아니었다. 오히려 그들과 떼려야 뗄 수 없는 관계 속에서 끊임없는 상호작용을 하였다. 따라서 그런 작용의 산물인 고고학 자료의 연대 추정이나 의미 해석에서 해당 항목마다 상세한 설명이 개재되거나 반복되지 않는 한 논리에 일정한 비약이 생기게 마련이다. 그렇다고 비약을 피하기 위해 필요한 설명을 일일이 하는 것도 번거롭고 論旨를 장황하게 할 위험성이 있다. 그래서 여기서는 연구의 기본 시각 내지는 전제로서 몇 가지 사항을 미리 제시하기로 하겠다.

첫째, 絶對年代의 문제이다. 가야 고분의 절대연대를 비정하는 데서는 많은 경우 경주 고분의 연대를 援用함은 불가결로 되어 있고, 때로 출토 유물 중 馬具나 甲冑를 이용하기도 하지만 그런 경우에도 직접은 아니라도 결국은 연계되어 있게 마련이다. 즉 전반적으로 경주 고분의 상대편년과 절대연대는 가야 고분의 편년에 명시적이건 묵시적이건 기준이 되고 있는 것이 사실이다.

그런데 주지하듯이 현재 제시되어 있는 경주 고분군 상대편년안들은 방법론적으로야 어떻든 결과적으로 大同小異하고 크게 문제시될 점이 없는 듯하나 그 절대연대안은 그렇지가 못하다.[7] 어떤 고분의 경우에는 논자에 따라 100년이라는 相違가 있는 형편인 것이다. 그 원인은, 크게 보자면 문화 변동의 요인에 대한 관점의 차이에 있다고 하겠지만, 좀 더 좁혀 보면 절대편년의 기준이 되는 유물의 系譜와 그 유물 형식들의 시간적 선후 판정에 관한 견해차에서 찾을 수가 있다. 그래서 어떤 의미에서는 그런 견해차를 좁힐 적절한 방법이 없는 듯하다. 왜냐하면 그것은 종국적으로 순전히 고고학자의 경험

....

7   이에 관해서는 李鍾宣, 1992, 「積石木槨墳의 編年에 대한 諸論議」, 『韓國古代史論叢』 3, pp. 425~457 을 참조.

적, 직관적 관찰 차원의 문제, 즉 '보는 눈'의 문제로 환원되어 버리기 때문이다. 그러나 이 문제는 한편으로 절대편년에 접근하는 데서의 방법론적 결함에서 비롯되는 것으로 생각된다.

경주 고분의 절대연대를 올바르게 추론하기 위해서는, 지금까지처럼 편년 기준 유물의 계보 및 형식분류에 입각한 연대 비정 방식만을 고집할 것이 아니라 부장유물 중 移入品임이 분명한 외래문물을 중심으로 좀 더 확실한 교차연대법을 적용해야 한다고 본다. 그런 관점에 설 때 가장 문제시되고 여러 가지 측면에서 중요한 고분은 皇南大塚이다. 지금 여기서 詳論할 수는 없고 별도로 논해야 하겠지만 결론부터 말하면 황남대총 남분의 연대는 5세기 초, 북분은 5세기 前葉 末로 비정할 수 있다.[8] 본고에서는 이를 전제로 논의를 진행하기로 한다.

둘째, 이렇게 볼 때 낙동강 以東 土器 樣式의 발생 시기는 대략 4세기 후반이 되며, 그런 공통 양식의 성립이 가진 의미는 다른 문화 현상과도 관련지어 다각도로 궁구해야 하지만 일단 낙동강 이동 지방에 대한 경주 세력의 영향력 행사와 관련된 것으로 생각된다. 물론 그 영향력의 수준은 모든 지역에 동일하였던 것은 아니고 지역마다 상당한 차이가 있었을 것이다. 그리고 흔히 400년 고구려의 南征이 고구려계 문물 전래의 起點으로서 운위되고 있지만, 적어도 경주 지역에 관한 한 그보다 훨씬 전부터 문물의 전래가 있었던 것으로 판단된다.

고구려의 남정이 영남 지방에 미친 영향으로는 여러 가지를 들 수 있겠으나, 이미 어느 정도 성립되어 있었던 낙동강 이동 지방에 대한 경주 세력의 영향력이 확립되는 계기였다는 점을 첫째로 꼽고자 한다. 즉 남정 이후 고구려군이 域內에 주둔함으로써 경주 세력 중심의 신라는 외형상 고구려의 부용세력이 되었지만 실질적으로는 고구려 또는 고구려군을 배경으로 영남 남쪽

....

8   같은 연대관은 李鍾宣, 위의 논문 p. 456 및 457의 積石木槨墳 編年對比表에서도 제시되어 있다. 단, 편년 근거는 본고와 다르다. [補註] 윈 논문에 곧이어 발표된 필자의 논문 李熙濬, 1995, 「경주 皇南大塚의 연대」, 『嶺南考古學』 17, pp. 33~67을 참조.

의 낙동강 이동 지방은 물론 아마도 대구 이북의 경북 지방 대부분을 이전보다 강도 높게 통합했을 것으로 생각되는 것이다. 그것은, 낙동강 東岸 여러 지역의 5세기대 고분들에서 출토되는 경주계 威勢品을 근거로 해당 지역이 적어도 경주의 간접지배 하에 있었음을 추론할 수 있는 데서 뒷받침된다.[9]

이런 시각을 취할 때 문제가 되는 것은 이른바 『삼국유사』에 나오는 5가야 또는 6가야 중의 非火加耶, 星山加耶, 古寧加耶 등이다. 그것들은 최근 유력한 견해처럼 羅末麗初의 부회로 생겨난 명칭[10]일 수도 있다. 그렇지만 이에 관해서는 『일본서기』 신공기 49년(369)조의 소위 가야 7국 평정기사를 무시해 버릴 수만은 없다고 생각된다. 그 주체를 어떻게 보든 간에 일정한 사실을 반영하고 있다고 한다면 그 시기에는 비화가야가 존재한 셈이 된다. 그래서 이 지역들의 가야명 중 적어도 일부는 주로 4세기대(어떤 지역에서는 좀 더 늦게 5세기의 이른 시기까지)의 실정을 나타내는 것으로 해석하고자 한다.

셋째, 낙동강과 그 지류들이 신라·가야의 관계와 가야권 내의 상호작용에서 갖는 의미이다. 낙동강은 4세기 초 또는 전반 정도까지는 내륙 지방과 낙동강 하구, 나아가서 대외 교역지를 잇는 교통로로서의 기능이 무엇보다 강해서, 예컨대 김해 지역 가야 세력의 입지 강화에 결정적 역할을 하였다고 생각된다.[11] 그러나 그 이후로는 신라와 가야 간의 천연적 장애물 또는 경계로서의 기능이 더 커졌다고 생각되는바, 그것은 錦湖江이 합류해 강폭이 현저하게 넓어지는 대구 이남에서 특히 그러하였을 것이다.

그리하여 5세기대 이후로 신라 세력이 낙동강을 넘어 가야 지역에 일부나마 고정적, 영속적인 자기 세력권, 말하자면 교두보를 확보하기는 좀처럼 어려웠을 것이며, 6세기에 들어가서, 그것도 가야 멸망을 불과 20~30년 앞두

....

9   같은 견해는 李漢祥, 1994, 「5~6世紀 新羅의 邊境支配 方式—裝身具 分析을 중심으로—」, 서울대학교 대학원 국사학과 석사학위 논문에서도 제시되어 있다. 단, 연대관은 본고와 다소 다르다.

10   金泰植, 앞의 책, pp. 71~74.

11   이에 관해서는 李賢惠, 1988, 「4세기 加耶社會의 交易體系의 변천」, 『韓國古代史研究』 1, pp. 157~179를 참조.

고서야 낙동강 서안의 금관가야와 탁기탄, 탁순을 영역내로 편입함으로써 비로소 가야 정복의 본격적 계기를 마련하였던 것이다. 그리고 다시 위와 관련되지만 낙동강 東岸의 동래, 양산, 창녕, 대구 등 경주계 위세품 출토 고분이 소재한 지역들은 적어도 그때까지 신라의 최전방 기지이자 대외 창구와 같은 역할을 한 곳들로 판단된다.

또 본론에서 각 지역 고분군의 지리적 위치 분석으로도 저절로 드러나고 강조되지만, 낙동강 지류인 南江이나 黃江은 가야 지역 제 세력의 으뜸 되는 교통로, 교역로로서 상호작용에서 무엇보다도 중요하였으며 각 지역이 水系上에서 점하는 위치는 상호의 역학 관계에 결정적 영향을 주었을 것이다. 그리고 남강 같은 대지류가 강폭이 넓어지는 하류에서는 그 좌우의 지역들을 크게 갈라놓는 기능을 하였을 것임은 낙동강의 예로 미루어 짐작하기 어렵지 않다.

넷째, 고총[12]군의 존재 의미이다. 영남 지방 각지에 널리 소재한 고총군은 사실 다른 지방에서는 유례를 보기가 드문 독특한 고고학적 현상으로서, 지금까지의 연구로 밝혀진 바로는 신라·가야가 고대국가를 형성해 나가는 단계에서 신라 및 가야 권역 내의 각 지역 수장층이 조영하였던 분묘군이다. 따라서 당시의 聚落 관계 자료가 거의 全無한 현 단계에서 고고학 자료로 가야 정치체들의 성격과 상호작용을 연구하려면 고총군이 소재한 곳이 가야시대의 大小 중심지였을 것으로 상정하고 접근할 수밖에 없으며,[13] 그 경우 각지 고분의 규모와 숫자는 적지 않은 의미를 지닌다고 하겠다. 일단 그 고분군 조영 집단의 존속기간과 세력 정도를 반영하고 있다고 해석할 수 있는 것이다. 물론 발굴로 축조 연대와 부장 유물의 성격 등이 밝혀져야만 확실한 사정을 알 수 있다고 하겠으나 현재까지의 조사만으로도 이런 일반화는 가능하다

....

12 [補註] 원 논문에서는 고총고분이라는 용어를 썼으나 이하에서는 그냥 고총으로 표현하기로 한다.
13 이런 의미에서 문헌 기록에 나오는 여러 國의 위치를 비정할 때 그냥 소형 고분의 군집소가 아니라 중형 내지는 대형 고총군의 존재가 필요조건의 한 가지가 되고 그에 더해 지명의 音似가 논의되어야 할 것이다.

고 본다.

그렇다면 지금 가야 전역을 두고 볼 때, 대가야의 중심지 고령의 지산동
大고분군에 못지않은 고분군이 소재한 함안 지역은 당시에 역시 중요한 대
세력의 중심지였으리라고 볼 수밖에 없다. 그 점은 함안 지역이 阿羅加耶의
옛터로 알려져 있고 또 사료에서도 아라가야(安羅)가 가야의 대국임을 엿볼
수 있는 데서 뒷받침된다. 또 함안 지역이 본고의 검토 자료인 고령양식 토기
의 주 분포권에서 벗어나서 獨自의 토기 분포권을 갖고 있는 점[14]도 그 방증
이 된다. 이로 볼 때 가야 전역을 포괄하는 실질적 연맹체가 일찍부터 존재하
였는지도 의문이지만 일정 시점 이후로 고령이 주도하는 單一 聯盟體가 존재
하였다는 설[15]은 받아들이기 어려우며, 오히려 몇 개의 지역 연맹체가 존재하
면서 서로 연계되어 있었을 가능성이 더 크다고 하겠다.

마지막으로, 역사(또는 原史)시대 고고학 자료의 해석에서 어떤 접근 방
식을 취할 것이며 문헌사학과의 관계를 어떻게 설정할 것인가 하는 문제이
다. 자료의 성격이 문헌사와는 기본적으로 다른 고고학에서는 먼저 고고학적
으로 時空의 체계를 정립하고 그에 입각해 귀납적으로 역사적 사실을 해석해
나가야 한다는 견해[16]가 호소력이 큰 것이 사실이다. 그러나 고고학적 체계의
수립까지는 순전한 고고학적 방법으로 가능할지라도 그에 입각한 역사적 해
석의 문제는 그렇지가 못하다.

고고학 자료는 스스로 말하지 않는다. 따라서 그 자료가 나타내는 정형
성을 해석해 내는 데는 귀납적 접근이 아니라 일정한 모델(model)을 통한
접근이 반드시 필요하다. 바로 여기에 고고학과 문헌사학과의 接點이 있으며
양자의 관계는 고고학 자료의 본질적 성격에 따라 설정된다. 고고학 자료는
기본적으로 확률적 의미를 가진 것이므로 아주 특수한 경우를 제외하고는 大
勢論的으로 파악되어야 한다. 그런 의미에서 원사적 상황 또는 역사적 상황

....

14   金正完, 1994, 「咸安圈域 陶質土器의 編年과 分布 變化」, 경북대학교 대학원 고고인류학과 석사학위논문.
15   金泰植, 앞의 책, 제2장.
16   崔秉鉉, 1991, 「新羅의 成長과 新羅 古墳文化의 展開」, 『韓國古代史硏究』 4, pp. 134~135.

을 배경으로 하는 고고학 자료의 해석에는 문헌사에서 대세로 밝혀지거나 통용되는 해당 시대의 역사적 배경이 매우 중요하며, 이는 고고학적 해석에 일정한 바탕을 제공하게 되는 것이다. 그러나 이는 특정한 역사 사건 기록을 고고학 자료의 연대 결정에 결부 짓는 식의 접근방식[17]을 취해야 한다는 뜻이 아니다. 그 시대의 고고학 자료를 해석하기 위한 모델을 구성하는 데 중요한 바탕이 된다는 것이며, 그런 바탕 위에서 구체적 모델이 구성될 때 비로소 그를 통한 해석이 생생한 역사성을 갖게 된다는 뜻이다.

III. 고령양식 토기의 器種과 주요 고분의 편년

본고의 목적대로 고령양식 토기의 시공상 분포를 검토함으로써 대가야의 실체를 더듬어 보고자 한다면 우선 고령양식 토기가 어떠한 것인지부터 규정하고 시작함이 순서일 것이다. 그것이 분명하지 않고서는 論據를 이룰 기초 자료가 논자의 주관에 따라 달라질 수 있기 때문이다.

그런데 이제까지 고령 '양식' 토기라고 써 왔는데 이 '양식'의 개념을 간단하게라도 규정해 두어야 하겠다.[18] 현재의 쓰임에서 양식이라는 용어는 통상적으로 영어권의 style[19]에 대응되는 의미를 가지는 동시에 일본 고고학 특유의 様式[20] 개념을 포괄하고 있다. 그래서 現用例를 최대한 수용하면서 다소

....

17　申敬澈, 1985, 「古式鐙子考」, 『釜大史學』 9, pp. 37~38.

18　이 양식의 개념은 우리 고고학 전반에 적용될 수 있게 포괄적이어야 하지만 그에 관해서는 다른 기회를 빌려 다루어야 할 것이고, 여기서는 일단 현재 신라·가야 토기론에서 명확히 되어 있지 않은 점들을 중심으로 간략히 논하기로 한다.

19　이에 관해서는 M. R. Mignon, 1993, *Dictionary of Concepts in Archaeology*, Greenwood Press의 style 항 참조. [補註] 이 책은 이후 한국어로 번역이 되었다(M. R. Mignon(김경택 역), 『고고학의 이론과 방법론─고고학의 주요 개념들─』, 주류성).

20　이 개념 및 그에 관한 논의는 伊丹 徹, 1990, 「様式論と關東」, 『神奈川考古』 26, pp. 39~62와 松永幸男, 1993, 「繩文土器研究における「様式」についての覺書─小林達雄氏の様式概念をめぐって─」, 『九州文化史研究所紀要』 38, pp. 1~20을 참조.

느슨하게나마 정의한다면 "유사하거나 동일한 製作 傳統하에서 생산되어 공통된 양식적, 기술적, 형태적 특성을 가진 토기들의 形式 複合體 또는 形式 組合"이라 할 수 있다.

이에 따라 고령양식의 토기라는 말은 고령토기 양식에 속하는 한 기종(형식) 또는 다수 기종의 토기를 지칭하게 된다. 또 낙동강 이동 양식을 설정하고 그 안에 다시 경주양식 또는 대구양식을 설정할 수가 있다. 당연한 일이지만 한 양식은 각 시점에서 일정한 지역적 분포권을 가지며 시간의 흐름에 따라 그 기종 조합의 구성이 다소 달라지기도 하고 각 기종의 형식 또한 변화한다. 그러므로 일반론적으로 말해 양식을 설정할 때는 그것을 구성하는 기종별로 시간이 흘러도 변치 않는 속상상의 특징들을 기준으로 함이 바람직하다. 한편 공통된 양식적 특성들은 대개 기종별로 속성 차원에서 나타나지만[21] 때로 여러 기종에 걸쳐서(예컨대 공통된 문양으로) 나타나기도 한다.

이미 '고령' 양식이라 하였듯이 현재의 고령 지역 고분에서 출토되는 자료를 중심으로 각 기종을 규정해야 하는데, 그중에서도 일찍부터 조사가 되었고 대가야의 고지로 알려진 고령읍(현 대가야읍)의 지산동고분군에서 출토된 토기류를 기준으로 해야 할 것이다. 그런데 위에서 기술하였듯이 양식의 개념이 地域色을 기반으로 하되 通時的 특징들을 포괄해야 하므로 지산동고분군 출토품을 상대편년한 연후에 기종별로 시간이 흘러도 변치 않으며 타 지역의 동일 기종 토기에는 보이지 않는 고유한 특성들과 고령 지역에 고유한 기종들을 摘出해서 기준으로 삼아야 한다. 그래서 일단 기존의 지산동고분군 상대편년안들[22]을 참고해 기종 설정을 하기로 한다.

....

21   이 특성들 가운데 분류의 목적에 따라 적합한 것들을 선택해 설정한 것이 곧 形式이다.

22   禹枝南, 1987, 「大伽倻古墳의 編年—土器를 中心으로—」, 『三佛 金元龍教授停年退任紀念論叢』 I (考古學篇), pp. 617~652. ; 定森秀夫, 1987, 「韓國慶尙北道高靈地域出土陶質土器の檢討」, 『東アジアの考古と歷史』 上, pp. 412~463. ; 藤井和夫, 1990, 「高靈池山洞古墳群의 編年—伽耶地域古墳出土陶質土器編年試案V—」, 『東北アジアの考古學[天池]』(田村晃一 編), pp. 165~204.

1. 고령양식 토기의 기종

고령양식 토기의 주요 기종으로는 二段直列透窓有蓋式高杯, 一段透窓有蓋式高杯, 一段多透窓高杯, 筒形器臺, 鉢形器臺,[23] 低平筒形器臺, 고리형器臺, 有蓋式長頸壺, 蓋杯, 有蓋式中頸壺, 無蓋式長頸壺, 臺附把手附小壺, 臺附兩耳附완, 把手附완, 牛角形把手附鉢, 短頸壺, 扁球壺, 호리박형토기, 단추형 꼭지幼蟲文蓋 등이 있다. 이 외에도 몇 가지가 더 있으나 고령 지역 고분에서 흔하지 않고 다른 지역에서는 현재로서는 보이지 않으므로 생략한다. 기종명은 연구자마다 다를 정도로 다양하지만 여기서는 가능한 한 설명적 이름을 쓰기로 하겠다.

1) 이단직렬투창유개식고배[24] (그림 1의 1·2)

대각에 네모난 투창이 직렬로 이단 뚫린 가야식 고배로서, 그 세부적 특징으로는 납작한 杯身, 아래 위 투창의 길이가 대략 같은 점, 그리고 臺脚의 最小徑이 杯와의 접합부가 아니라 그보다 약간 아래에 있어 위가 졸린 듯한 凡字形의 대각 형태 등을 들 수 있다. 이 기종은 시간이 흐를수록 전체적으로 납작해지면서 대각은 퉁퉁해진다. 이에 반출하는 蓋는, 처음에는 가운데 위가 오목 들어가거나 약간 솟아오른 단추형 꼭지를 갖추고 幼蟲文을 시문한 불룩한 蓋身의 것이었다가 시간이 흐름에 따라 점차 그 꼭지는 가운데가 부풀어 오른 형태가 되고 개신도 완만히 퍼져 내려가는 형태로 바뀌며, 급기야는 꼭지가 乳頭 형태 또는 챙이 좁은 中山帽 형태로, 다시 패랭이 형태로 되며 개신은 평평한 형상을 띠게 된다.

....

23 [補註] 원 논문에서는 高杯形器臺라는 용어를 썼으나 이하 이렇게 고쳐 쓴다.

24 [補註] 원 논문에서는 유(무)개고배 및 유(무)개장경호라고 썼으나 명확히 하기 위해 이하 유(무)개식고배 및 유(무)개식장경호로 고쳐 쓴다.

그림 1 고령양식 토기의 기종(1)

1·5·8. 고령 지산동 33호분	2·10. 고령 지산동 45호분	3. 고령 지산동 32NE-1호묘
4·6. 고령 지산동 45호분 2곽	7. 고령 지산동 44호분 23곽	9. 합천 반계제 가B호분
11. 진주 수정봉 2호분	12. 고령 지산동 32호분	13. 고령 지산동 44호분 남곽

2) 일단투창유개식고배(그림 1의 3·4)

이른 시기의 것은 예가 별로 없어 불확실하나, 지산동 32NE-1호묘 출토
품을 보면 이단고배와 마찬가지로 배신은 얕고 뚜껑받이턱은 수평으로 크게
돌출하였으며 中位 이상이 크게 잘록한 형태의 범자형 대각에 세로로 길게

투창이 뚫려 있다. 뚜껑받이는 內傾 내지 內反하고 있다. 그러다가 35호분 제
사유구(35A) 출토품에서 보듯이 배신의 형태는 별 변화가 없이 다만 뚜껑받
이가 좀 더 내경하게 된다. 이후 대각이 낮아지고 퉁퉁해지면서 전체적으로
납작해지는 추세로 변화한다.

3) 일단다투창고배(그림 1의 5·6)

이 기종은 고령양식 토기의 특징적 기종인데 기본적으로 무개식고배로
서 배신은 역시 얕은 형태이나 대각은 앞의 둘에 비해서는 八字形에 더 가까
운 팔자형이다가 시간이 흐름에 따라 마치 아래로 눌린 듯 대각이 낮아지면
서 하부가 벌어지고 전체적으로 퉁퉁해진다. 그리고 배신은 처음에는 상부에
서 단이 지면서 그 위가 직립하여 마치 뚜껑받이와 그 턱처럼 되어 있으나 나
중에는 그냥 퍼져 올라가는 배신 외면에 突帶를 두른 형태가 된다.

4) 통형기대(그림 1의 9·11)

바깥으로 크게 벌어진 얕은 受部 바로 아래에 세장방형 투창이 뚫리고는
원통형 부위로 연결되는데 그 연결 부위가 볼록하게 솟아오른 형태이며 원통
아래의 脚部는 위가 불룩한 스커트 형태이다. 그리고 특징적인 뱀 모양 세로
띠가 원통연결부의 아래 면에서 대체로 각부의 상부 또는 중위까지 네 군데
대칭되게 부착되어 있다. 이상의 속성은 시간이 흐름에 따라 세부에 변화는
있으나 그대로 保持된다.

5) 발형기대(그림 1의 12·13·10)

이른 시기의 것은 대각과 배부의 높이가 대체로 같은 점, 배부의 문양이
기본적으로 密集波狀文과 松葉文의 조합으로 되어 있는 점, 팔자형 대각의
투창은 장방형, 종형, 삼각형이 있으나 三角狀이 주류로서 거의 직렬로 뚫려
있고 문양은 투창 사이나 아래의 段에만 밀집파상문이 시문되거나 아예 무문
으로 되어 있는 점 등이 양식상의 특징이다. 늦은 시기에는 대형과 소형 사이

에 약간의 變異는 있으나 배부의 밀집파상문·송엽문 문양 조합은 견지되며 대각부의 투창은 모두 삼각형이되 三段 또는 四段으로 대체로 교호로 뚫리고 밀집파상문이 최하단 투창 아래에만 시문된다. 또 후기에는 亞器種으로서 일단 투창에다 無文 短脚의 기대(그림 1의 10)가 등장해 상당히 널리 유행한다.

6) 저평통형기대(그림 1의 7)

고령 특유의 기대로서 현재로서는 고령양식의 출현기보다 약간 늦게 등장하는 것으로 보이는데, 아주 얕은 수부에 대각이 외만 또는 외경해 내려가고 삼각 투창이 한 단 뚫린 형태이다.

7) 고리형기대(그림 1의 8)

단순히 둥근 띠 모양의 것도 있지만 대부분은 가운데가 잘록한 고리 모양이며 때로 둥근 투공이 뚫려 있기도 한 소형의 기대이다.

8) 유개식장경호(그림 2의 1·2)

전체적으로 곡선적인 맛을 강하게 띤 장경호인데 일찍이 신라토기의 嚆矢的 연구에서 이른바 「緊縛된 頸部」라 하였듯이[25] 가운데를 조른 듯이 된 경부가 표지적 속성이다. 경부는 돌대로써 대개 三分되고 밀집파상문이 시문된다. 뚜껑받이는 전체적으로 내경하되 그 端部가 직립하며, 경부와 곡선적으로 연결되는 동부에는 문양이 시문되지 않는다. 늦은 시기에는 저평통형기대의 대각부를 붙인 소형장경호가 나타난다.

9) 개배(그림 2의 3·4)

개배가 특히 흔하게 부장되는 것이 고령양식 토기 분포 지역의 특징 가운데 하나이다. 陶質과 軟質 사이에 제작 기법상 차이가 보인다. 도질 개배인

....

25   金元龍, 1960, 『新羅土器의 硏究』, 乙酉文化社, p. 15.

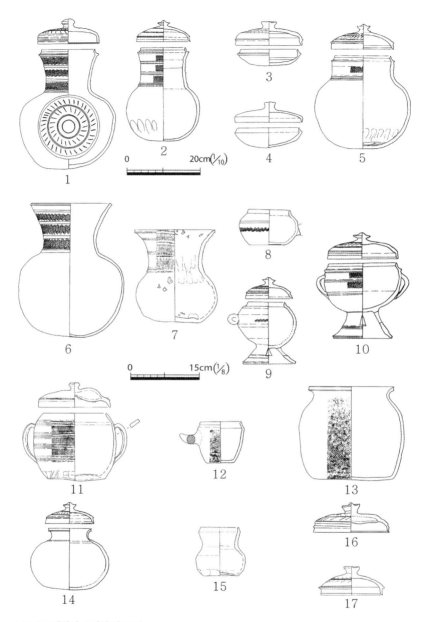

그림 2 고령양식 토기의 기종(2)

1·3. 고령 지산동 32호분   2·10·14. 고령 지산동 45호분 2곽   4·8. 고령 지산동 34호분

5. 고령 지산동 45호분   6. 고령 지산동 32NE-1호묘   7·15. 고령 지산동 44호분 9곽

9. 고령 지산동 45호분 6곽   11. 고령 지산동 44호분 7곽   12. 고령 지산동 32NW-2곽

13·17. 고령 지산동 33호분   16. 고령 지산동 35호분

경우 이른 시기에는 불룩한 개신에 유충문이 시문되고 꼭지는 단추형이나 곧 무문화하고 개신도 비스듬히 퍼져 내려가며 꼭지는 가운데가 점차 솟아오른 형태가 되었다가 나중에는 유두 형태 또는 챙이 짧은 중산모 모양이 된다. 개 신도 급기야는 수평적이 된다. 杯는 대체로 바닥이 납작한 것에서 볼록한 것 으로 바뀌는데 뚜껑받이는 시간의 흐름에 관계없이 대체로 강하게 내경한다.

10) 유개식중경호(그림 2의 5)

이는 늦은 단계부터 등장하는 고령양식 고유 기종으로서 유개식장경호 의 경부가 일단화한 듯한 형태인데 頸과 胴의 경계에는 두 줄의 돌대가 돌고 목에는 밀집파상문이 시문되어 있다. 동부는 중위에 최대경이 있는 球形이되 바닥이 평저인 것도 있다.

11) 무개식장경호(그림 2의 6·7)

아가리가 크게 벌어진 경부를 돌대로써 二分 또는 三分하고 밀집파상문 을 시문하였으며 동부는 구형이었다가 점차 다소 납작해지면서 어깨가 강조 되는 형태로 바뀌는 것 같다. 이른바 水平口緣壺[26]와는 달리, 구경이 동최대경 보다 크지는 않으며 구연부가 크게 벌어졌어도 일정한 面은 이루지 않는다. 또 경부의 문양대도 대개 二,三段이며 동부와 경부가 곡선적으로 연결된다.

12) 대부파수부소호(그림 2의 8·9)

처음에는 대각이 없는 평저의 납작한 소호였다가 삼각형투창이 뚫리고 대체로 낮은 대각이 붙은 형태가 되는데 渦形 혹은 똬리 모양의 작은 손잡이 가 한 쪽에 붙어 있고 동부에는 중위에 밀집파상문을 한 段 두른다.

....

26   趙榮濟, 1985, 「水平口緣壺에 대한 一考察―西部 慶南 伽倻後期 土器의 一樣狀―」, 『慶尙史學』 創刊號,
    pp. 1~36.

13) 대부양이부완(그림 2의 10)

귀모양의 손잡이가 달린 깊은 완에 팔자로 벌어진 대각이 붙었는데 삼각투창이 한 단 뚫렸다. 완에는 대개 두 단의 밀집파상문이 시문되고 있다.

14) 파수부완(그림 2의 11)

귀 모양 손잡이를 붙인 것과 고사리 모양 손잡이를 對向으로 붙인 것이 있는데, 둘 다 밀집파상문을 삼단 시문하고 있으며 평저이다. 뚜껑받이가 없이 구연부가 內彎한 것과 뚜껑받이가 붙은 것이 있다.

15) 우각형파수부발(그림 2의 12)

일부 도질도 있으나 거의 모두 연질 토기로서 그다지 깊지 않은 평저의 鉢形 동체에 쇠뿔 모양 손잡이가 한쪽에 붙은 기종으로서 구연부에 단이 지면서 내경해 뚜껑받이를 이룬다. 외면에 대개 繩文 타날이 되어 있다.

16) 단경호(그림 2의 13)

연질 또는 瓦質과 도질의 것이 있는데 와질의 것이 성행하고 동부에 타날이 된 것이 한 가지 특징이다. 초기에는 前代의 전통을 이어 직립 또는 내경 구연에다 환저인 연질 또는 와질 단경호도 잔존하나 곧바로 특징적으로 각이 진 평저에다 직립 또는 외반한 짧은 구연을 가진 단경호로 바뀌는 것 같다. 그러나 그 외의 속성은 다양해서 이 이상 특정화하기가 어렵다.

17) 편구호(그림 2의 14)

단경호의 일종이지만 단면 楕圓狀의 無文 동부를 가져서 이렇게 이름 붙였다. 비교적 늦은 시기에 등장하며 구연부는 강하게 외반한다.

18) 호리박형토기(그림 2의 15)

그다지 흔하게 출토되지는 않으나 고령양식 특유의 기종이다. 前代 廣口

小壺의 변형이라 볼 수 있는데 평저이다.

19) 단추형꼭지유충문개(그림 2의 16·17)

짝이 되는 기종에 따라 다양하지만 가장 특징적인 공통점을 들라면 유충문이 시문된 점과 단추형 꼭지를 들 수 있다. 단, 유충문은 개의 드림부 가까이부터 2區의 文樣帶로 시문된 것이 일반적이며 꼭지의 형태도 앞의 고배 항에서 설명하였듯이 시간이 흐름에 따라 변화하기에 일괄해서 규정하기는 어렵다.

2. 주요 고분의 편년

이상의 기종 규정에 의거할 때 지금까지 고령양식 토기는 郡名으로 말해서 고령 이외에 남원, 임실 등 소백산맥 以西 지역과 경남의 함양, 산청, 거창, 합천, 진주, 고성, 함안 등 상당히 넓은 지역에서 출토되었다.[27] 그 자세한 사정에 대해서는 다음 절로 미루기로 한다.

고령양식 토기가 출토된 遺構 모두를 대상으로 편년을 하고 거기서 어떤 정형성들을 추출하는 것이 이상적일 수도 있으나 그것은 너무 복잡하기만 할 뿐 오히려 비효율적인 작업이 될 것이다. 또 토기를 기준으로 편년하므로 기준 되는 기종이 어느 정도 이상 출토되지 않은 고분은 직접 편년하기가 어렵다. 따라서 각 지역 고분군의 편년적 위치를 파악하고 서로 비교하는 데 유효할 주요 고분들의 편년만으로 충분하다고 생각된다. 그에 대해서는 別稿[28]에

....

27 金泰植, 앞의 책, p. 129에서는 하동까지도 넣었으나 그 근거로 삼은 하동 古梨里유적에서는 고령양식 토기가 출토되지 않았다. 그뿐더러 이는 행정지명으로는 하동에 속하지만 진주에 한층 가깝다. 문헌상의 帶沙로 비정되는 하동에 고령양식 토기가 확산되었는지의 여부는 앞으로의 조사 결과에 맡길 수밖에 없다. 그리고 의령문화원, 1993, 『의령의 유물─매장문화재─』에 의하면 의령에서도 고령양식 토기가 출토된 것으로 되어 있으나 자세한 상황은 알려져 있지 않다. [補註] 원 논문 발표 시점 이후 의령에서의 상황에 대해서는 본서 제6장을 참조. 또 원 논문 발표 이후 백두대간(소백산맥) 이서의 전북 지방에서는 장수와 진안에서, 전남 지방에서는 구례, 곡성, 광양, 순천, 여수에서도 고령양식 토기가 채집 또는 발굴되었다(이에 관해서는 본서 제5장과 제6장을 참조). 그리고 경남 지방의 하동에서도 발굴되었다(이에 관해서는 본서 제6장을 참조).

28 李熙濬, 1994, 앞의 논문([補註] 본서 제2장).

서 다룬 바 있다.

거기서는 각지의 수장급묘에 해당하는 고총을 주된 편년 대상으로 하고 토기를 기준으로 삼되, 토기 各部의 속성에서 보이는 형태상의 특성들이 각각 일정하게 지속적으로 유행하였음을 이용하는 발생순서배열법을 적용해 상대편년을 하였다. 그리고 몇몇 고분에 대해 추론한 절대연대를 근거로 삼아, 한 世紀를 四分한 단계별로 절대연대를 비정하였다. 그것은 다소 무리가 있을지라도 토기 분포권의 확대 양상을 좀 더 정밀하게 추적한다는 취지에서였다. 여기서는 그 편년 결과를 그대로 이용하기로 하는데, 편년 대상 고분을 각 지역 고분군별로 보면 다음과 같다.

ㄱ. 고령 지산동고분군: 32, 33, 34, 35, 44, 45호분

ㄴ. 합천 옥전고분군: 70호, M3, M4, M6, M7호분

ㄷ. 합천 반계제고분군: 가A, 다A호분

ㄹ. 함양 백천리고분군: 1호분

ㅁ. 남원 월산리고분군: M1-A호분

　두락리고분군: 1호분

ㅂ. 진주 옥봉고분군: 7호분

상대편년과 절대연대는 다음과 같이 설정되었다.

상대편년: 지산동 35호분　　　　　　　　절대연대: 5세기 1/4분기

　　　지산동 32호분, 33호분　　　　　　　　2/4분기

　　　지산동 34호분; 월산리 M1-A호분　　　　上同

　　　옥전 70호, M3호분; 반계제 가A호분, 다A호분　　3/4분기

　　　옥전 M6호분; 백천리 1호분; 지산동 44호분　　4/4분기

　　　지산동 45호분; 옥전 M4호분, M7호분　　6세기 1/4분기

　　　두락리 1호분　　　　　　　　　　　2/4분기

　　　옥봉 7호분　　　　　　　　　　　　上同

IV. 각 지역 고분군의 지리적 위치와 토기 組合相 분석

이제 고령양식 토기가 출토되는 각 지역 고분군들이 어떤 지리적 위치에 분포하면서 상호 연계되고 고령양식 토기가 지역별로 언제부터 어떤 조합상을 가지면서 나타나서 어떤 변화상을 보이는지를 추적하기로 한다. 그와 더불어, 자료가 허용하는 한도 내에서 한 지역의 수장층 고분군과 그 하위 분묘군 간에 어떠한 차이가 있는지도 주목한다.

지역의 구분은 편의상 대략 郡別로 하되 지역명은, 중심 고총군이 어느 정도 명확히 알려진 지역은 그 고분명을 따고 그렇지 못한 곳은 군명을 따기로 한다. 따라서 발굴 보고된 자료가 있는 곳으로 남원 월산리·두락리고분군 지역, 함양 지역, 합천 반계제고분군 지역,[29] 합천 옥전고분군 지역, 합천 삼가고분군 지역, 거창 지역, 진주 지역, 고성 지역, 함안 지역이 설정될 수 있겠고 그 외에 지표조사 보고가 된 산청 지역, 간략보고가 된 임실 지역이 포함된다.

1. 남원 월산리·두락리고분군 지역

소백산맥 이서 지방에도 가야계 고분 유적이 상당히 광범하게 분포하는 것으로 알려져 있는데 이 지역을 집중 지표조사한 결과에 의하면 전북 지방의 지리산에 접한 남원, 임실, 순창군 지역과 덕유산을 중심으로 한 동북부 지역인 무주, 진안, 장수군 지역에 가야계 고분군이 분포한다고 한다.[30] 이 군들 중에서 지표조사 결과가 비교적 자세히 보고된 남원군을 빼고는 그 세부 사정을 알 수가 없다. 그러나 앞의 세 군과 장수군 지역은 섬진강 중상류 水系

....

29 봉계리고분군에서 저포리고분군까지 상호 밀접하게 연계된 유적들 이외에 같은 합천댐 수몰지구 유적인 창리고분군도 여기에 포함시킨다.

30 郭長根, 1990, 「全北地方의 伽倻墓制에 對한 一考察—5, 6세기 古墳을 중심으로—」, 전북대학교 대학원 사학과 석사논문, pp. 1~2.

域에 해당되는 지역으로서, 함양에서 남강 상류를 따라 서쪽으로 나아가 월산리·두락리고분군이 소재한 남원 운봉고원을 거쳐 바로 섬진강 중류의 지류를 이용해 통하거나(남원군의 평야지대와 장수군 지역[31]) 섬진강 상류로 통하는 지역들(순창군과 임실군 지역)이라 그 고분들이 고령계의 유적일 가능성은 다분하다.

월산리·두락리고분군 지역은 해발고도 400m가 조금 넘는 운봉고원 지역에 해당하는 곳이다. 이 지역은 소백산맥 줄기에 의해 동쪽의 함양 지역과 나뉘고는 있지만 그 줄기는 별로 높지 않고 남강이 이곳 동남부에서 발원해 함양으로 흘러가므로 엄밀히 말하면 남강 상류 수계역이다. 또 西로는 섬진강의 지류인 蓼川이 발원하는 분수령을 이루는 곳이어서 가야 지역 북부의 諸國이 남해안으로 통하거나 백제 지역으로 나아갈 때 반드시 거치는 교통로의 요지였을 것임을 쉽게 짐작할 수 있으며 이곳의 고총군은 그를 배경으로 했던 집단의 수장층이 남긴 유적이다. 그리고 東面 건지리의 소규모 석곽묘군은 그 하위 취락의 분묘로 추정된다.

월산리고분군은 지표상으로 확인되는 분구의 직경이 15~20m 정도인 고총 7~8기를 중심으로 이루어진 고분군인데, 그중 M1, M2, M3호분은 전면 발굴되고 M4호분은 주체부의 내부만 일부 정리 조사되었다.[32] M1호분의 분구 범위에서는 주체부인 대형 수혈식 석곽[33]묘(A) 이외에 석관묘 4기(B, C, D, F), 석곽묘 2기(E, G)가 드러났고 그에 분구가 접속된 M2호 및 M3호는 석곽묘였으며 독립된 분구의 M4호는 대형 수혈식석곽묘였다. 석곽묘들은 細長方形 평면을 가지고 있어 기본적으로 고령 지역의 묘제 형식에 속한다고

....

31 [補註] 원 논문에서는 이처럼 장수군 지역을 섬진강 수계로만 설명했으나 총 7개 읍면으로 이루어진 현 장수군은, 원래 남원 지역에 속했고 또 지리적으로도 그러한 남쪽 지역(번암면, 산서면)이 섬진강 상류역에 해당할 뿐 기본적으로 금강 상류역에 속하는 지역이다.

32 全榮來, 1983, 『南原 月山里古墳群發掘調査報告』, 圓光大學校 馬韓·百濟文化研究所. [補註] 이후 발굴된 고총들에 대한 보고서로 金奎正·梁英珠·金祥奎·丁在永, 2012, 『南原 月山里古墳群—M4·M5·M6號墳—』, 전북문화재연구원·한국도로공사 함양성산건설사업단이 있다.

33 [補註] 원 논문에서 수혈식석실이라는 용어를 썼으나 이하에서는 관행에 따라 수혈식석곽으로 고쳐 쓰기로 한다.

할 수 있다.

월산리고분군에서 조사된 유구들 사이의 선후관계를 알 수 있는 적극적 증거는 없다. 다만, M1호분이 先築의 유구들을 무시하고 축조되었다는 보고서의 견해를 참고하고 토기상을 보건대 A호 대형 석곽묘보다 다소 앞선 시기의 석관묘 및 일부 석곽묘에서부터 극히 일부나마 고령양식 토기(F호의 무개식장경호, G호의 유개식장경호)가 재지양식의 토기에 더해져 나온다. 그리고 壺 종류에 기본적으로 밀집파상문이 애용된 점은 현재로 보아서는 고령양식적 요소로 볼 수 있다. 또 밀집파상문이 시문된 저평통형기대가 보이는데(그림 3의 3) 이는 기형상으로 똑같지는 않으나 고령양식의 저평통형기대와 통하고 특히 인근의 함양 백천리, 상백리고분군에서도 출토되어서 대략 하나의 분포권을 이루고 있다. 이들은 5세기의 2/4분기 초 또는 그보다 약간 앞선 때로 볼 수 있을 것 같다.

다음, M1호분의 주체부인 A호 대형 석곽에서 나온 토기류를 보면 6점의 유개식장경호 중 고령양식이라 할 만한 것은 한 점 정도이다. 나머지는 기본적으로는 고령양식적이라 하겠으나 목에 비해 동부가 지나치게 큰 점 등에서 차이가 있다(그림 3의 1). 또 그 뚜껑도 형태는 상통하면서 유충문 이외에 파상문 또는 線文이 같이 시문되어 있거나 아예 무문인 것이 있어 세부적으로 차이가 있다.

보고된 발형기대 5점 중 2점은 완전히 고령양식이나 나머지는 대각이 아주 높고 투창이 여러 단 뚫린 데다 투창 단에도 밀집파상문이 시문되어 있는 점에서 다소 다르다(그림 3의 2). 그리고 槨外 출토품으로 보고된 일단투창고배들은 고령양식과는 전혀 다른 것으로 진주 일대에서 출토되는 類에 가까움이 지적되고 있다.[34] M4호분의 토기상도 대략 마찬가지이다. 특별한 근거는 없지만 M4호분이 M1호보다 약간 늦은 5세기 중기라면 그때까지도 그런 복합적 양상은 이어지는 것으로 생각된다.

....

34   定森秀夫, 1987, 앞의 논문, p. 449.

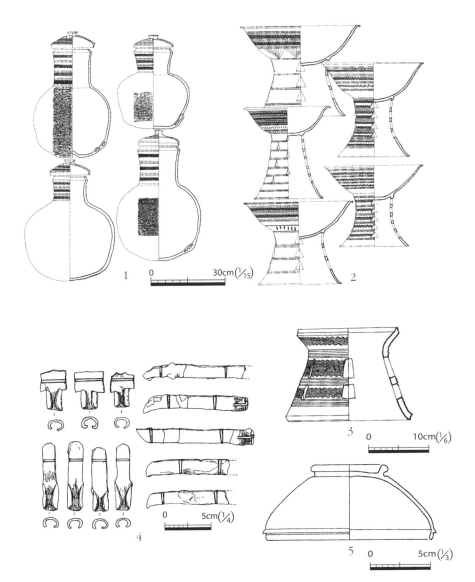

그림 3 남원 지역 고분 출토 토기와 철기

1·2·4. 남원 월산리 M1-A호분　　　3. 남원 월산리 M1-E호분　　　　　5. 남원 두락리 2호분

　　토기류 이외에 철기류에서 특히 주목되는 것은 縮小模型(miniature) 철기이다. 이들은 농공구의 모형으로 축소 제작한 부장용이라 생각되는데, 낫의 모형품이 분명한 鎌形 철기와 정확히 原用具를 지정할 수는 없으나 아마도 괭

이 또는 따비를 모형화한 것으로 추정되는 指頭狀 철기, 그리고 모종의 工具를 모형화한 것으로 보이는 鑿形 철기가 출토되었다(그림 3의 4). 겸형 철기는 길이 10cm 내외, 너비 1.5cm 내외의 크기이고 지두상 철기는 길이 6cm 크기이며 착형 철기는 길이 4cm 내외의 크기로서 고령 지역의 지산동 2호분, 32호분, 35호분, 32SW-1호 석곽, 34SE-2호 석곽에서 출토된 것들과 같은 類이다.

이런 축소모형 철기는 반계제 다A호분에서도 출토된 바 있어서 현재로서는 신라·가야 지역 중 대가야권에 한정된 분포를 보인다. 이 철기들이 부장용으로 제작된 점을 생각하면 대가야권에 공통된 祭儀가 있었음을 나타내는 증거의 한 가지로 볼 수도 있다. 그것은 어떠하든 대가야 권역의 설정에 유력한 물적 자료의 한 가지인 것만은 분명하다 하겠다. 이 밖에 M1-A호에서 출토된 이른바 板鐙도 이보다 약간 늦은 시기의 고분이지만 지산동 44호분 출토 예 이외에는 알려져 있지 않다.[35] 그래서 토기에서 고령적 요소가 아직 완전한 주류를 이루지는 못한 5세기 중기의 이 지역 세력과 고령 세력과의 긴밀한 관계를 뒷받침하는 자료로 볼 수 있겠다.

월산리고분군과는 들판을 사이에 끼고 직선거리로 2km 정도 떨어진 두락리고분군은 직경 20m 내외의 고총 30여 기가 군집한 고분군이다.[36] 수혈식석곽묘 4기와 횡혈식석실묘 1기가 발굴되었는데 횡혈식석실묘인 2호분에서 출토된 1점의 신라양식 토기(그림 3의 5)를 제외하고는 모두 고령양식 또는 고령양식적 토기만 출토되었다. 앞에서 편년 대상으로 한 1호분은 대형 수혈식석곽묘로서 고령양식 토기만 나왔는데 고령 지역 특유의 통형기대도 한 점

....

35 [補註] 이 판등이라는 유물은 실은 등자가 아니라 겨울철 빙판길 같은 데서 미끄러지는 것을 방지하기 위해 착용한 못신일 가능성이 크다는 새로운 해석(姜延武, 2010, 「三國時代 脫着式 鐵製 못신 硏究」, 『한국고고학보』 76, 한국고고학회, pp. 97~128)이 제기되었다.

36 尹德香·郭長根, 1989, 『斗洛里 發掘調査報告書』, 全北南原郡·全北大學校博物館. [補註] 이후 실시된 정밀 지표 조사로 모두 40기의 고총이 유존한다는 사실이 확인되었고(남원시·군산대학교박물관, 2011, 『남원 두락리 및 유곡리 고분군 정밀지표조사 보고서』), 그 가운데 32호분이 추가로 발굴되었다(변희섭, 2014, 「남원 두락리 및 유곡리 고분군(32호분) 발굴조사 성과」, 『가야와 백제, 그 조우(遭遇)의 땅 '남원'』, 남원시·호남고고학회 학술대회 및 김승옥·천선행·변희섭·박서현·정다운, 2015, 『南原 酉谷里 및 斗洛里 32號墳』, 全北大學校博物館·남원시).

들어 있다. 3호분은 고령양식 장경호나 무문 발형기대의 형태로 보아 1호분보다는 다소 늦은 것으로 생각되며 밀집파상문이 시문된 저평통형기대도 출토되었다. 5호분에서도 고령양식의 토기만 출토되었다.

이 수혈식 고분들은 구조상 평면 세장방형의 고령식에 속한다. 횡혈식석실묘인 2호분은 다른 고분들과 격리되어 있는 것이 아니라 한 무리를 이루고 있어 그 주인공이 다른 고분의 주인공들과 연계되는 인물임을 시사하고 있다. 앞에서 본 대로 1호분은 6세기 2/4분기의 이른 시기에 비정되고 3호분은 그보다 늦어 2/4분기의 늦은 시기에 비정된다. 그리고 2호분은 도굴로 토기가 한 점밖에 남지 않아 확실히 말할 수 없으나 이 지역이 신라의 권역 내에 들어가는 때를 전후해 축조되었을 가능성이 크다 하겠다.

건지리고분군은 상기 두락리고분군으로부터 남쪽으로 2km 정도 떨어진 곳에 위치하는데 소형의 수혈식석곽묘로 이루어져 있다.[37] 그 구조는 역시 고령양식에 속하는데, 석곽의 壁下部에 판석형 석재를 세우고 그 위에 다시 석재를 눕혀 쌓아서 후술할 반계제고분군 지역의 늦은 시기 석곽 구조와 공통된다. 토기는, 일부 비고령양식의 것(예컨대 B1, B3호 출토품—보고서에서는 백제계라 함)이 있으나 지표채집된 것들[38]과 합쳐서 보더라도 거의 고령양식 일색이라 할 수 있다. 연대는, 고총 출토품과 바로 비교할 수 있는 기종이 없어 다소 불명확하나 이곳에서 나온 개배의 윗면이 거의 수평적이고 乳頭꼭지인 것이 대부분이라서 크게 보아 6세기의 2/4분기를 중심으로 하고 1/4분기를 포함한다고 판단된다.

2. 임실 지역

전술한 바와 같이 군내에 가야계 고분들이 분포한 것으로 알려져 있으나

....

37　文化財研究所, 1991, 『南原 乾芝里 古墳群 發掘調査報告書』.

38　尹德香, 1987, 「南原 乾芝里遺蹟 調査概報」, 『三佛金元龍教授停年退任紀念論叢』 I(考古學篇), pp. 525~540.

현재 그 이상은 알 수가 없고, 다만 섬진강의 최상류역이라 할 관촌면 금성리 花城부락 근처에 소재한 석곽묘군에서 공사 중에 고령양식 토기가 출토되어 보고되었다.[39] 횡구식석곽묘 또는 수혈식석곽묘로 생각되는 소형 고분 3기에서 출토된 토기류는 歸屬 유구를 알 수가 없게 섞여 버렸는데 그중에 고령양식 유개식장경호가 보인다. 도면이나 사진이 다소 소략해서 정확히 말하기는 어렵지만 밀집파상문의 波數가 적은 점을 근거로 한다면 다소 늦은 시기의 것으로서 그 연대를 6세기 이전으로 소급하기는 어렵다고 생각된다.

3. 함양 지역

지금까지 발굴되거나 간략 조사된 고분군으로서 백천리고분군[40]과 상백리고분군[41]이 있다. 전자는 남강 상류로 흘러 들어가는 한 지류인 渭川의 북안에 위치하고 있는데 합류점에서 그리 멀지 않다. 일대는 제법 큰 盆地形 지형을 이루고 있다. 후자는 이 위천의 한 지류로서 백천리의 동북쪽에서 흘러와 백천리 바로 하류에서 합류하는 濫溪川의 중류변에 있으며 백천리유적에서는 10km 정도 떨어져 있다. 백천리고분군은 분구 직경이 작은 것은 10m, 큰 것은 20~30m에 달하는 고총 20여 기와 많은 소형묘로 이루어진 고분군이다. 상백리고분군은 조사 전에 경지정리 작업으로 삭평되면서 유구가 노출 또는 파괴되고 유물도 대개 수습되어 버려 불확실하나 석곽의 길이가 6m여에 달하는 것이 있고 板甲, 대형의 장경호 및 발형기대가 출토된 것으로 보아 중대형 고총도 있었음은 확실하다.

백천리고분군에서는 5기의 고총과 그 주변의 소형 석곽묘 20여 기가 발굴되었는데 그중 1호 고총만 보고되어 있다. 이 고분군의 벽석재는 인근에서 쉽게 구할 수 있는 川石이지만 석실묘의 평면은 세장방형으로서 완전히 고령

....

39   全榮來, 1974, 「任實 金城里石槨墓群」, 『全北遺蹟調査報告』 3, 全羅北道博物館, pp. 23~33.

40   釜山大學校博物館, 1986, 『咸陽白川里1號墳』.

41   金東鎬, 1972, 『咸陽上栢里古墳群發掘調査報告』, 東亞大學校博物館.

식에 속한다. 또 토기류도 고령토기 일색이라 하겠는데 그중에는 前述한 남원 지역 고분군 출토품과 같은 류의 토기가 한두 점 섞여 있다(예컨대 미보고된 4호분의 유문 저평통형기대). 1호분은 앞의 편년에서 5세기의 4/4분기로 비정하였는데 미보고의 고총 중 편년기준 기종이 있는 2호분과 4호분의 유물을 직접 관찰한 바에 의하면 대략 같은 시기로 판단된다. 이는 2호분의 부곽에 해당하는 2-1호 석곽에서 출토된 다투창고배 1점(그림 4의 1)을 보건대 편년기준으로 삼은 속성의 比例値들이 지산동 44호분 출토품 2점(주곽 및 25호 석곽 각 1점) 중 형태상 약간 늦다고 생각되는 주곽 출토품과 거의 같은 점에서도 뒷받침된다.

어떻든, 조사된 고총들은 대략 5세기의 4/4분기에 위치지울 수 있다. 주변 석곽묘에서도 같은 시기 및 그 이후 6세기대의 토기류로 생각되는 고령양식 토기들이 출토되었는데, 1호분 바로 북쪽에 위치한 7호 석곽묘에서는 신라양식 토기와 고령양식 토기가 공반되어 주목을 끈다(그림 4의 2~9).[42] 한편 2호분의 주곽인 2-1호분에서는 다른 지역의 예보다는 약간 큰 편이지만 그래도 축소모형 철기로 간주해야 할 겸형 철기가 출토되었다. 그리고 1호분의 주곽인 1-3호에서 출토된 금제 세환이식은 球形 중간식에 긴 사슬로 수하식을 연결한 것이어서 현재 꼭 같은 것이 보고된 바는 없지만 고령양식임에는 틀림이 없다.

상백리고분군의 묘제는 백천리와 똑같아서 고령식이라 하겠고 유물들도 거의 모두가 완전한 고령양식이며 유문의 저평통형기대류가 지역색을 보이는 정도이다. 보고된 자료 중에 백천리 1호분 이전으로 거슬러 올라가는 것은 없는 듯하다.

....

42   이상 함양 백천리고분군 미보고 자료의 실측도는 부산대박물관 서영남 씨의 주선으로 同박물관으로부터 제공받았다.

그림 4 함양 지역 출토 대가야토기와 공반 신라토기

1. 함양 백천리 2-1호분　　　　　　　　2~9. 함양 백천리 7호분

4. 산청 지역

산청 지역은 흔히 대가야 권역으로 운위되고 있으며 때로 이 지역에서 유일하게 발굴된 유적인 중촌리고분군의 유물을 그 근거로 들기도 한다. 그러나 중촌리고분군 출토 유물의 실상은 잘 알려져 있지 않고 다만 약보고에서 고령 지산동고분군, 함양 백천리고분군, 합천 삼가고분군 출토 토기와 양식이 통하는 것이 있다는 언급이 있을 뿐이다.[43] 그리고 이 지역 특유의 토기도 있다고 하는바, 개보 사진으로 보아 분명히 고령양식이 아닌 토기류가 보인다. 따라서 이 고분군에서는 고령양식 토기가 주류를 이루는 것은 아니라고 일단 추정해 둔다. 어떻든, 이 정도의 근거를 가지고 산청군 지역에 있었던 어떤 대표적 가야국 또는 산청군 全域이 막연하게 대가야 권역이었던 것처럼 설정할 수는 없으며 현 단계에서는 앞으로의 조사를 기다릴 수밖에 없겠다.

한편 지표조사 결과에 의하면[44] 산청군 내에서 고령양식 토기를 내는 고분군으로서 군의 가장 북쪽에 위치한 생초면의 생초고분군이 주목된다. 백천리고분군 남쪽을 지나는 위천이 남강에 합류되는 곳을 지나 3km 남짓까지 남강은 동북류하다가 크게 꺾이면서 남동류해 산청읍을 지나 진주 가까이까지 곧바로 나아가는데, 생초고분군은 바로 남강이 꺾이는 지점의 북안에 위치한다. 이곳에서 채집된 토기편 중에 대가야권의 수장층 묘에서만 나오는 전형적 고령양식 대형 발형기대편이 있고 뚜껑편들도 대개는 고령양식에 속하는 것으로 볼 수 있어 어느 시점에 이 지역에 고령 세력의 영향이 미쳤던 것은 확실하다. 생초고분군은 현재의 행정구역상으로는 산청군에 속하지만 백천리고분군에서 10여km 거리에 있으므로 상백리고분군과 함께 하나의 권역을 이루었을 것으로 추정할 수 있다.[45]

....

43 安春培, 1983, 「山淸中村里古墳發掘槪報」, 『韓國考古學年報』 10, p. 28. [補註] 이후 보고서가 발간되었다(신라대학교 박물관, 2004, 『山淸 中村里 古墳群』). 그리고 그 뒤 나온 중촌리고분군 발굴 보고서로 山淸郡·慶南發展研究院 歷史文化센터, 2016, 『산청 중촌리고분군 2차』가 있다.

44 蔡奎敦·金元經, 1993, 『山淸郡 文化遺蹟 精密地表調査 報告書』, 釜山女子大學校博物館.

45 [補註] 이후 여러 차례 실시된 발굴조사로써 생초리를 중심으로 하는 산청군 북부 지역은 5세기 4/4분

5. 거창 지역

이 지역의 고분군에 대해서는 극히 알려진 바가 적고 발굴된 예로는 긴급 조사된 마리면 말흘리고분군 중 3기[46]가 있을 뿐이다.

말흘리고분군은 거창읍을 관류해 황강의 상류에 힙류하는 渭川川의 상류에 자리 잡은 고분군으로서 거창읍에서 5km 정도 떨어져 있다. 자세히 알려져 있지 않으나 그다지 큰 고분군은 아닌 것 같다. 발굴된 고분 3기 중 2기 (1, 2호)는 평면 세장방형의 수혈식 석곽묘였고 1기는 토광묘(3호)였다. 1호분 토기 중에는 확실히 고령양식으로 잡을 수 있는 토기가 없다고 생각되며, 2호분에서도 토기 9점 중 유개식장경호 1점, 저평통형기대 1점, 그리고 개 1점 정도를 고령양식 토기로 볼 수 있다. 3호분에서 출토된 통형기대도 고령양식이 아니다.

한편 이 고분군 출토의 무개식장경호는 목 기부가 동부와 뚜렷이 구분되고 목이 위로 가면서 크게 벌어지는데 이와 같은 토기가 후술할 황강 중류역 봉계리고분군에서 출토된 점에서 황강을 통한 교류의 일면을 잘 보여 준다고 생각된다. 그런데 2호분에서 출토된 고령양식 토기의 연대를 정하기가 쉽지는 않은데, 유개식장경호를 보건대(그림 5의 1) 앞에서 편년할 시에 기준으로 삼은 것과 같은 대형은 아니나 목 기부의 돌대가 1줄인 것이어서 군이 비교하자면 옥전 70호분 출토품보다는 분명히 이르고 대략 지산동 34호분 정도와 병행하는 것으로 볼 수 있겠다. 따라서 5세기의 2/4분기에 비정된다.

현재 거창 지역에서 규모가 가장 큰 고분이 남아 있는 곳은 거창읍내의 開封洞고분군으로 보아야 하겠으나 그 성격은 전혀 알려져 있지 않다. 다만,

....

기 이래로 고령양식 토기 일색인 고분들이 축조된 반면 남부 지역은 기본적으로 이른바 소가야양식 토기 분포권에 속함이 밝혀졌다(趙榮齊·柳昌煥·張相甲·尹敏根, 2006, 『山淸 生草古墳群』, 慶尙大學校博物館·山淸郡. ; 조영제·류창환·김승신·정지선, 2009, 『山淸 生草 M12·M13號墳』, 慶尙大學校博物館·山淸郡. ; 山淸郡·慶南發展硏究院 歷史文化센터, 2016, 앞의 책).

46 한영희·김정완, 1985, 「거창 말흘리고분」, 『국립박물관 고적조사보고』 제17책, pp. 7~61. [補註] 이후 이 고분군에 대해 이루어진 발굴의 보고서로는 慶南發展硏究院 歷史文化센터·居昌郡 馬利面, 2012, 『거창 마리면 진산삼거리 주변 정비사업 부지 내 거창 말흘리고분군』이 있다.

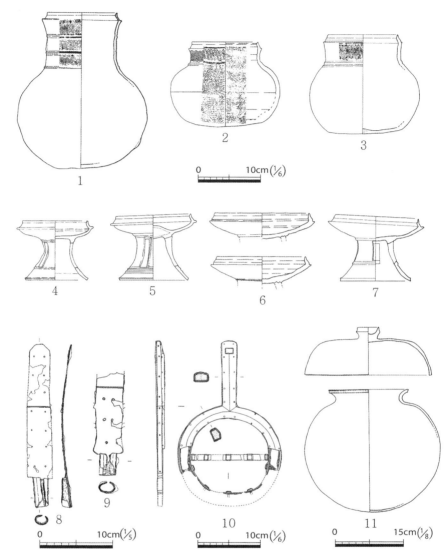

그림 5 합천 지역 출토 대가야토기와 비교 자료

1. 거창 말흘리 2호분　　　　2. 합천 창리 B-78호분　　　　3. 합천 반계제 다A호분
4. 합천 봉계리 24호 석곽분　　5. 고령 지산동 35호분 묘사유구　6. 합천 창리 B-1호분
7. 합천 반계제 가B호분　　　　8. 합천 저포 E지구 4-1호분　　9. 합천 옥전 3호분
10. 합천 옥전 M2호분　　　　11. 합천 옥전 17호 목곽묘

이 고분군이 거창 분지의 중심에 자리 잡았고 분구가 남은 고분의 규모가 일
대에서는 가장 큰 점 등으로 보아 거창의 중심취락 고분군으로 보아야 할 것

이다. 그렇다면 그 하위에 있다고 생각되는 말흘리고분군에서의 양상을 참고하건대 이 고분군에도 5세기 전반대의 어느 시점에 고령양식 토기가 부장되기 시작했을 것으로 추정할 수 있겠다.

그리고 前述한 위천천이 황강에 합류한 지점(거창읍 바로 동편)에서 불과 4km여 하류 지역에 무릉리고분군이 소재하는데, 이곳은 거창 남서방향의 함양 백천리로부터 거창으로 오가는 통로가 되는 대산천이 북동류해서 황강에 합류하는 곳이기도 하다. 이 고분군에서 출토되어 채집된 토기류들이 이곳 남하국민학교에 소장되어 있어 그 성격을 엿볼 수 있다.[47] 한마디로 말해 거의 전부 고령양식 토기로 구성되어 있다고 할 수 있다. 사진 자료에 의한 것이기는 하지만 대개 6세기대의 것으로 추정이 되는데 일부 소형의 발형기대, 일단투창고배나 蓋는 5세기대로 비정할 수 있다.

6. 합천 반계제고분군 지역

합천댐 수몰지구에 해당되어 거의 전면적으로 발굴되었기 때문에 이 지역 가야 사회의 여러 측면을 엿볼 수 있는 많은 자료가 축적되어 있다. 앞의 무릉리고분군 소재지에서 20km 정도 내려온 황강의 東岸에 이 지역 수장층의 분묘군으로 판단되는 유적이 있어서 그 지구 이름을 따서 반계제고분군 지역이라 이름 붙였다. 다만, 그 외에도 몇 개의 고분군이 좀 더 하류 쪽으로 서로 멀리 떨어지지 않은 지점들에 산재하고 있다. 먼저, 일내의 주 취락이 있었을 對岸의 다소 넓은 강안대지에 봉계리 오림동고분군이 있고, 반계제고분군이 있는 강 동안 쪽 하류 약 1km 지점에 중반계고분군이 있으며 다시 거기서 아래로 1.5km 남짓 되는 곳에 저포리고분군이 있다. 그리고 거기서 10km

....

47   釜山女子大學博物館, 1985,「陜川댐水沒地區 居昌郡 南上·南下地域 地表調査報告書」,『陜川댐水沒地區地表調査報告書』, 慶尙南道, pp. 177~245. [補註] 그 뒤 이 고분군에 대해 이루어진 발굴조사의 결과를 담은 보고서로 경상문화재연구원·경상남도 거창군, 2015,『거창 무릉리 고분군―2·3號墳―』이 있다.

하류에 창리고분군이 소재한다. 또 저포리고분군이 소재한 곳에서 동북쪽으로 2km 정도 들어간 곡지에 계산리고분군이 있는데 신라양식 토기가 출토되었다.

이 지역은 황강 중류의 길목에 해당하는 要地로서, 황강 상류의 거창 지역 세력이(또 함양 등지의 세력이 남강을 통해 교통하는 것이 여의치 않을 경우 그 세력도) 낙동강으로 통하기 위해서는 반드시 거쳐야 하는 지역이다. 한편, 반계제고분군의 북쪽 약 4km 지점의 황강 아주 가까이에는 묘산천의 발원지가 있는바, 묘산천은 동북동쪽으로 흘러 고령의 회천에 합류하므로 고령 쪽에서는 이를 통해 쉽게 황강 지역으로 나올 수 있다. 사실, 고령과 남쪽의 합천 사이는 산지가 가로막고 있어서 남쪽 지역을 향해 바로 진출하기는 쉽지가 않다. 그러므로 이 묘산천을 통해 서쪽으로 다소 우회해 황강을 따라 내려오는 길을 택하는 쪽이 편리하다. 더욱이 고령 세력이 거창 지역 등 서쪽으로 진출하려면 이 길을 통하지 않고는 사실상 불가능하다.

이런 점에서 이 묘산천 통로의 중요성은 고령 세력에게 지극히 컸을 것임을 쉽게 짐작할 수 있다. 따라서 이런 교통로의 길목에(또는 그에 인접해) 위치한 반계제 지역은 그런 사정에 다대한 영향을 받았을 것으로 상정되며 그 점이 이곳의 여러 고분군에 잘 반영되어 있다. 막대한 수의 고분이 발굴되었기 때문에 상세한 분석은 다른 기회로 미루고[48] 여기서는 대략적 추세만을 파악하기로 한다.

일단 창리고분군은 별도로 하고 이 지역 고분군들의 축조 開始期를 석곽묘 또는 석실묘를 기준으로 상호 비교하면 봉계리고분군, 반계제고분군, 중반계고분군, 저포리고분군의 순서로 강을 따라 내려오면서 늦어지는 경향을 보인다.

....

48   [補註] 이 합천댐 수몰지구 고분군에 대한 자세한 분석과 해석은 이후 발표한 논문 李熙濬, 2003, 「합천댐 수몰지구 고분 자료에 의한 대가야 국가론」, 『가야 고고학의 새로운 조명』, 혜안, pp. 199~235(본서 제4장)을 참조.

1) 봉계리고분군[49]

묘제는 크게 토광묘[50]와 석곽묘(석관계 석곽묘 포함)로 나눌 수 있다. 다시 전자는 바닥에 栗石과 같은 냇돌을 깐 것과 아무런 시설을 하지 않은 것으로 나뉘며, 후자는 판석형 석재로써 네 벽을 구축한 석관계 석곽을 제외하면 크게 보아 두 가지로 나뉜다. 즉 벽의 아래위에 별다른 차이를 두지 않고 대략 같은 크기의 냇돌로 구축한 것(A형)과 하단에 판석형 석재를 세우고 그 위는 냇돌을 눕혀 쌓아 구축한 것(B형)으로 나뉘며 모두 소형묘(길이 350cm 내외 이하)이다. 출토 토기를 참조하고 구조를 기준으로 대략의 편년을 한다면, 바닥에 율석을 깐 토광묘가 제일 먼저이고 다음이 바닥에 별다른 시설을 하지 않은 토광묘와 A형 석곽 벽에 바닥은 율석을 깐 것, 그 다음이 A형 석곽 벽에 기타의 바닥 시설을 한 것, 그리고 마지막으로 바닥에 아무런 시설을 하지 않은 A형 석곽이 축조되는 중에 B형 석곽이 나타나서 같이 축조되다가 이윽고 B형 석곽이 주류를 이루게 되는 순서로 도식화가 가능하다.

고령양식 토기는 바닥에 아무런 시설이 없는 토광묘 단계에 처음으로 나타나는데 그 양상은 지역색을 보이는 토기가 주류이고 거기에 일부 고령양식 토기로 볼 수 있는 토기류가 더해진 정도이다(석곽묘 16호 및 24호와 토광묘 10호 및 14호). 석곽묘 24호 출토 일단투창유개식고배로 보건대 지산동 35호분의 묘사유지 출토품을 잘 닮아서(그림 5의 4, 5 참조) 적어도 지산동 34호분 단계부터 고령양식 토기가 이 지역에 나타난다고 할 수 있으나 아직 빈도는 현저하지 않다.

그렇지만 다음의 A형 석곽묘 단계(대표적 예는 8, 84호)에 가서는 다소 빈도가 현저해지며 토기도 고령양식만의 조합이 나타나는 등 그 勢가 강해지는 느낌이다. 다만, 도굴로 인한 자료의 일실이 많아 조합상은 확실히 말하기 어렵다. 토기는 앞 시기의 것에 이어지는 형태의 것들로서 앞의 편년에 대비

....

49   沈奉謹, 1986, 『陝川鳳溪里古墳群』, 東亞大學校博物館.
50   [補註] 이제는 목곽묘로 부르는 묘들을 가리킨다. 이하 동일함.

한다면 대략 5세기 중기에서 3/4분기에 걸친 것이다. 다시, 다음의 B형 석곽묘 출현 단계에서는 A, B 유형 석곽묘 모두의 토기가 고령양식 일색이 되는데[51] 그 연대는 대략 반계제고분군의 조영 개시기보다 약간 늦은 5세기의 4/4분기 이후부터 6세기의 2/4분기의 어느 시기(전반)까지에 걸친 것으로 판단된다.

2) 반계제고분군[52]

조사된 고분군은 가, 나, 다의 세 지구로 나뉘는데, 묘곽 길이 5m 이상의 대형 수혈식석곽분은 4기(가A, 나A, 나B, 다A)이고 3.5~5m의 중형분은 십수 기, 그리고 그 이하 크기의 소형분은 80여 기이다. 그런데 그중에서 정식 보고된 것은 가 지구와 다 지구인바, 그것의 총 기수는 39기이다. 이 자료만으로 본 고분군의 성격을 파악하는 데 약간의 모험이 따르지만 현재 보고된 고분군에서 출토된 토기자료로 보건대 이 반계제고분군의 토기는 고령양식 일색이라고 해야 할 것이다.[53] 묘제도 평면 세장방형의 전형적 고령식이다. 한편 함양 백천리에서와 같이 이곳 수장묘인 다A호분에서도 축소모형 철기가 다량으로 출토되었다. 그리고 가B호분의 제사유지라 생각되는 곳에서 고령양식의 특징적 통형기대가 출토되었다.

고분군의 조영기간은 앞의 편년에 의거할 때 5세기의 3/4분기에서 6세기의 2/4분기 초까지에 걸친 것으로 볼 수 있다.[54] 그리고 이곳 수장묘로 간주할 수 있는 대형 석곽묘인 가A호분이나 다A호분의 연대가 늦어도 5세기의 4/4분기를 넘기지 않으며 중형묘인 가B호나 다B호도 지산동 45호보다 늦지

....

51 단, 연질토기 발 내지는 옹은 고령양식이 거의 없고 재지계의 기형이다.
52 김정완·임학종·권상열·손명조·정성희, 1987, 『陜川磻溪堤古墳群』, 慶尙南道·國立晋州博物館.
53 일부 무개식장경호나 연질 옹에 지역색을 가진 것이 전혀 없는 것은 아니다. 그러나 규모가 큰 고분일수록 '완전히'라고 할 정도로 고령양식 토기만이 나오므로 거기에 큰 의미를 부여할 필요는 없다고 본다.
54 사실, 앞의 편년에 이용한 순서배열법에서는 수장층 묘에서 출토되는 토기 기종을 기준으로 하였기 때문에 그 기준을 그대로 소형 석곽묘에 일률적으로 적용하는 데는 다소의 어려움이 있다. 그러나 이곳 고분 중 가장 늦다고 생각되는 고분의 출토 토기가 다음에 언급할 중반계제고분군의 토기류와 병행하는 시기의 것이 거의 없는 점에서 이런 연대 비정은 타당성을 갖는다고 본다.

않다는 점에서 이곳에서 중대형 고총에 묻힌 수장들은 5세기의 3/4분기에서 늦게 잡아야 6세기 초두까지의 짧은 기간 존재하였다고 보아도 좋을 것이다.[55] 이는 이곳 고분군의 성격을 이해하는 데 아주 중요한 사실로서 그즈음 일어난 이 지역 사회의 커다란 변화를 반영하고 있다고 판단된다.

3) 중반계고분군[56]

모두 20기의 소형 석곽묘들로 이루어져 있다. 석곽 유형은 전술한 봉계리고분군의 B형 석곽묘와 석관계 석곽묘인데 길이 3m 이하이며, 그것도 1기를 빼고는 모두 250cm 이하의 소형이다. 토기류는 일부 적갈색 연질옹 등에 재지계의 기형이 보이나 전체적으로 고령양식 일색이라 할 수 있다. 고분군의 조영기간은, 개배의 뚜껑 꼭지가 모두 짧은 테 모자형이고 상면이 수평에 가깝거나 완전한 수평면을 이루는 것(11호)이 보이며 소형 유개식장경호에 삼각 투창의 대각이 붙은 것이 있다거나(3호) 소형 무개식장경호 가운데 胴部에 비해 지나치게 길고 아가리가 벌어진 목을 가진 것(2호)이 있는 등으로 보아 대략 반계제고분군의 조영이 끝난 이후이거나 적어도 그 대형분 및 중형분이 축조된 뒤임을 알 수가 있다. 따라서 축조의 중심 연대는 6세기의 2/4분기로 잡을 수 있다.

4) 저포리 C, D, E 지구 고분군[57]

이 세 지구의 고분군은 고령양식 토기가 신라양식 토기로 교체되는 과정의 횡구식, 횡혈식, 수혈식 고분으로 이루어져 있어서 이 일대의 대가야 말기 사회가 겪은 변화를 엿볼 수 있는 자료를 제공한다.

....

55 미보고의 대형분인 나B호분의 대형 발형기대는 교호3단투창의 것으로 가A호의 것과 별 시차가 없다. 이 나B호분 관계 자료는 진주박물관 임학종 선생의 후의로 일부 열람할 수 있었다.
56 趙榮濟·朴升圭, 1987, 『陜川中磻溪墳墓群』, 慶尙南道·慶尙大學校博物館.
57 李殷昌, 1987, 『陜川苧浦里C.D地區遺蹟』.; 尹容鎭, 1987, 『陜川苧浦里D地區遺蹟』.; 釜山大學校博物館, 1987, 『陜川苧浦里E地區遺蹟』.

먼저 D지구의 단독 수혈식석곽묘 중 고령식의 구조를 가진 것에서는 고령양식 일색의 토기상이 보이는 반면, 다소 폭이 넓어지고 築壁 방식도 고령양식과는 다른 석곽묘들에서는 신라양식의 토기류가 출토된다. C, D지구의 횡구식석곽묘와 횡혈식석실묘는, 최초 매장 시 고령양식 토기가 부장되고 추가장 시에는 석실 안이나 수혈식 陪墓에 신라양식 토기가 부장되는 고분이든지 전부 신라토기만 나오는 고분이 주류를 이룬다.

E지구의 고분군은 대부분 횡구식 내지는 횡혈식으로서 토기상으로 보아 이 지역이 신라 영역화하기 직전 단계부터 빨라도 7세기대 후반까지에 걸쳐 조영되었다. 남북으로 뻗은 두 개의 구릉에 고분들이 축조되어 있는데 그중에 C, D지구에 가까운 구릉(가 지구)에 있는 고분에서 일부 고령양식 토기와 함께 신라양식 토기가 출토되었고 나 지구에서는 신라양식 토기만이 출토되었다.

확실한 고령양식 토기가 나온 4호분은 가장 먼저 축조된 횡구식[58] 석곽(4-1호)의 분구 범위 내에 다시 2기의 횡구식 석곽묘(4-2, 4-3호)가 추가된 고분이다. 전체적으로 고령양식에서 신라양식으로 바뀌어 가는 과정의 토기류가 출토되었는데, 이 4호분이 주목을 끄는 한 가지 사실은 고령양식의 편구호로 보아야 할 토기 한 점에 銘文이 새겨진 점이다. 출토 위치로 보아 제사에 관련된 유물로 생각되며 4-1호분의 주인공과 관련이 있음에 틀림없다. 명문은 '下部思利利'로서 주인공이 하부의 사리리임을 가리킨다고 생각된다.

그리고 이 고분의 중심 묘곽인 4-1호분에서는 옥전고분군에서 출토된 것과 같은 계통의 有刺利器가 출토되었다(그림 5의 8). 옥전고분군에서는 이른 시기의 고분에서 나오기 시작해 말기까지 줄곧 출토되는 것으로 마치 옥전고분군 조영 집단의 상징물같이 되어 있는 것이다. 그런데 더욱 흥미로운 점은 이 유물이 4호분에 국한되지 않고 그와 같은 구릉의 연대상 후속 고분들(2, 3, 5-1호)에서 출토되고 건너편 나 구역의 그에 후속하는 9호분에서도

....

58   보고서에서는 횡혈식으로 보았으나 이 고분의 연도로 파악한 부위는 묘도로 보아야 할 것이다. 따라서 횡구식이라 함이 타당하다고 본다.

출토된 것이다. 이는 이 지구에 고분군을 처음으로 조영한 집단의 出自에 관한 증거가 될 수도 있어 아주 중요하다.

5) 창리고분군[59]

반계제고분군과 다소 떨어져 있으나 일단 상기 지역과의 관련성이 강하게 시사되므로 여기에 포함시켜 분석한다. 이 고분군이 소재한 지역은 황강변이면서 동남쪽으로 삼가 지역과 통할 수 있는 교통의 요지에 해당한다.

고분군은 황강 남안에 있는 작은 평지의 동쪽에 북서-남동으로 자리 잡은 야산의 구릉에 조영되어 있는데 두 개의 群을 이루고 있어서 조사 시에 A지구(남동부)와 B지구(북서부)로 구분되었다. 고분군은 수혈식석곽묘와 횡구식석곽묘[60]로 이루어져 있는바, 혼재하는 것이 아니고 횡구식석곽묘들이 수혈식석곽묘군의 주변부에 분포한다. 고분군은 크게 보아 B지구 수혈식석곽묘군, A지구 수혈식석곽묘군, A지구 횡구식석곽묘군, B지구 횡구식석곽묘군의 순서로 조영된 것으로 판단된다.

토기상을 보면 A지구 수혈식석곽묘군은 고령양식 일색인 가운데 삼가 지역과의 관련성을 보여 주는 토기(53호 출토 광구장경호)가 있거나 극히 일부에 재지 기형이 보이는 정도이다. B지구도 사정은 거의 마찬가지이며 전체적으로 보아 재지형의 광구장경호 등의 수가 약간 더할 뿐이다. 토기류는 거의 대부분이 소형의 유개식장경호나 편구호 등 壺類든지 양이파수완이어서 다른 곳과의 비교가 다소 어렵다.

비교할 수 있는 자료로서 B지구에서 가장 크고 이를 가능성이 있는 1호분의 유개식고배편(그림 5의 6)이 반계제 가B호분의 일단투창유개식고배(그림 5의 7)의 형태보다 약간 늦은 것으로 보이고 이 1호분 가까이에 위치한 78호분의 중경호가 반계제 다A호분 것보다 약간 늦은 것으로 보인다. 그러

....

59 沈奉謹, 1987, 『陜川倉里古墳群』, 東亞大學校博物館.
60 그중 일부는 횡혈식일 가능성도 있으나 보고서 내용만으로는 단정하기 어렵게 되어 있어 일단 횡구식으로 해 둔다.

므로 고분군의 축조 개시기는 반계제고분군의 축조 개시기보다 거슬러 올라갈 수는 없고 그보다 다소 늦어 5세기의 3/4분기의 늦은 시기나 4/4분기 초로 볼 수 있을 것 같다.[61] 그 후 이곳에 횡구식석곽묘와 함께 신라토기가 들어옴으로써 고령양식 토기가 사라지는데, 그 연대를 정확히 말하기는 어려우나 가야 멸망년 이전인 6세기 2/4분기 말 또는 3/4분기 초였을 가능성을 배제할 수 없다.

7. 옥전고분군[62] 지역

황강이 낙동강으로 합류하기 직전 곡류부 중 한 곳의 북안 구릉에 위치해 낙동강에서 황강을 거쳐 내륙으로 통하는 교통로의 길목을 장악한 세력의 고분군으로 추정된다. 고총이 발생하기 전의 목곽묘 단계에서 고총 단계에 이르기까지의 많은 고분이 집중적으로 조사되어 가야 사회 연구에 좋은 자료를 제공하고 있으며 『일본서기』에 나오는 가야국인 多羅國의 중심고분군으로 흔히 비정된다.

보고서에서는 출토유물을 중심으로 목곽묘를 일단 3단계로 나누었는데 무개식무투창고배를 지표로 하는 제1단계, 유개식유투창고배를 지표로 하는 제2단계, 개배와 유개식장경호가 부장되기 시작하는 제3단계가 그것이다.[63] 현재까지 보고된 자료를 기준으로 하는 한 제2단계에서는 창녕양식 토기류가 출현하기 시작하고 제3단계부터 고령양식 토기가 나타나는데, 보고된 고분 중 고령양식 토기가 출토된 가장 이른 것은 31호 목곽묘로 볼 수 있다. 여기서는 똬리형 파수가 붙은 소호가 단 한 점 출토되었는데 그것만으로 대비

....

61 이렇게 볼 때 이 지역에 좀 더 이른 시기의 고분군이 어디에 있는지가 문제되는데, 보고서에서 창리고분군의 서편에 下金里고분군이 相對하고 있다고 하는바(보고서 p. 409 註4), 혹시 그것이 그에 해당할지도 모르겠다.

62 趙榮濟, 1988, 『陜川 玉田古墳群 I—木槨墓—』.; 趙榮濟·朴升圭, 1990, 『陜川玉田古墳群 II—M3號墳—』.; 趙榮濟 外, 1992, 『陜川玉田古墳群 III—M1·M2號墳—』.; 趙榮濟 外, 1993, 『陜川玉田古墳群 IV—M4·M6·M7號墳—』. 이상 慶尙大學校博物館.

63 趙榮濟, 1988, 위의 책, p. 252.

하는 데는 다소 모험이 따르지만 지산동 34호분 단계에 병행하는 것으로 생각된다.

그런데 아직 보고되지 않은 23호분, 28호분, 91호분 등에서도 고령양식 토기는 소수지만 나오고 있다.[64] 즉 23호분에서는 대각에 종형 투창이 2단으로 뚫린 대형 발형기대가 출토되었는데 기형상으로는 고령양식이라 하겠으나 배부에 삼각 集線文이 연속 시문되어 있어 지금까지의 자료로는 단정하기 어렵다. 이를 고령양식 토기로 보면 지산동 35호분 단계나 그보다 좀 이른 것으로 볼 수 있다. 또 28호분과 91호분에서는 고령양식의 2단종형 투창 대형 발형기대가 역시 고령양식의 유개식장경호와 공반되고 있다. 이는 지산동 33호분 단계나 35호 단계와 33호 단계의 사이쯤으로 비정할 수 있을 것 같다.[65] 이와 같이 대가야권에서 수장층 묘에 국한되어 부장되는 대형 발형기대와 장경호가 옥전 고분 가운데 아마도 고총 발생 이전의 분묘일 것으로 생각되는 최상위급 분묘에서 일부나마 나타나고 있는 점은 일정한 의미를 갖는다고 하겠다.

다음으로 고령양식 토기가 옥전 지역에 본격적으로 나타나기 시작하는 것은 70호 목곽묘에서이다. 이 고분에서는 고령양식 토기가 주류를 이루지만 보고서에서도 지적되고 있듯이[66] 단경호류는 옥전 형식이라 보아야 할 球形 동체의 도질 단경호가 적갈색 연질의 뚜껑을 얹고 부장되고 있다(그림 5의 11). 이런 양상은 고총인 M3호분 이후에서도 대체로 견지된다. 이는 대가

....

64 94년 8월 20일 대가야 역사와 문화 공동 연구팀이 경상대학교 박물관을 견학하였을 때 유물 창고에서 일부 실견하였으되 공반된 다른 토기 자료 등은 미처 확인하지 못하였다. [補註] 이후 발간된 23호분, 28호분, 91호분 보고서는 趙榮濟·柳昌煥·李瓊子, 1997, 『陜川玉田古墳群VI(23·28號墳)』, 慶尙大學校博物館. ; 趙榮濟·柳昌煥, 2003, 『陜川玉田古墳群X(88~102號墳)』, 慶尙大學校博物館을 참조. 이외 옥전 고분의 발굴보고서는 趙榮濟·柳昌煥·河承哲, 2000, 『陜川玉田古墳群IX(67-A·B, 73~76號墳)』, ; 趙榮濟·柳昌煥·河承哲, 1999, 『陜川玉田古墳群VIII(5·7·35號墳)』, ; 趙榮濟·柳昌煥·李瓊子, 1998, 『陜川玉田古墳群VII(12·20·24號墳)』, ; 趙榮濟·柳昌煥·李瓊子, 1995, 『陜川玉田古墳群V(M10·M11·M18號墳)』, ; 趙榮濟·鄭智善, 2011, 『陜川 玉田 M28號墳』, 이상 慶尙大學校博物館을 참조.

65 [補註] 이후 발표한 논문 李熙濬, 2008, 「대가야 토기 양식 확산 재론」, 『嶺南學』 13, pp. 111~164(본서 제5장)에서는 5세기 1/4분기로 확정하였다.

66 趙榮濟, 1988, 앞의 책, p. 264.

야권 내의 다른 지역에서 고령양식 토기가 주류를 이루는 단계가 되면 지역색을 띤 토기가 거의 없어져 버리는 현상과 대조되며 옥전 집단의 성격을 어느 정도 상징하고 있다 하겠다.

이곳 고총군은 대략 동편에서 서편으로 나아가면서 축조되고 있는데 앞서 편년하였듯이 고령양식 토기가 주류를 이루는 M3호 고총은 목곽묘 70호보다 약간 늦은 데 비해 그 동쪽에 있는 M2호분과 M1호분은 70호분보다 이른 것으로 생각되며 일단 M2호분은 5세기의 2/4분기, M1호분은 2/4분기 말 또는 3/4분기 초의 5세기 중기쯤으로 해 둔다. 그런데 M2호분에서는 재지의 토기가 주류를 이루는 가운데 일부 창녕양식의 토기가 공반되고 M1호분에서는 그 반대의 현상을 보여서 흥미롭다. 물론 고령양식 토기는 보이지 않는다.

M3호분 이후 고총에서의 토기상은 대체로 70호와 동일한 양상을 보이지만 약간의 변화도 있다. 즉 M3호분에는 소형잔 등 고령양식에 없는 기종이 있고 단경호류는 재지 형식의 것만이 부장되지만, 그 다음의 M6호분에서는 신라양식의 把杯가 보이고 구형 동체 단경호는 보이지 않는 대신 타날문 단경호가 많이 부장된다. 그리고 M4호분에서는 소수의 구형 동체 단경호에 많은 수의 타날문 단경호가 부장되고 옥전고분군에서는 유일하게 고령양식의 통형기대가 부장되었다. 마지막으로 M7호분에서는 타날문 단경호가 보이지 않고 구형 동체 단경호만이 출토되었다.

토기 이외에 옥전고분 조영집단이 지닌 성격의 일단을 엿볼 수 있는 자료로는 철기류를 들 수 있다. 철기 중에는 독특한 형태의 유자이기가 비교적 이른 시기의 목곽묘부터 출현해 지속적으로 부장되는바, 이는 마치 이 지역 지배층의 상징물처럼 여겨진다(그림 5의 9). 그리고 축소모형 철기는 전혀 출토되지 않는다. 이런 현상은 옥전 세력의 독자성을 어느 정도 말해 주는 듯하다. 한편 등자로는 柄部와 身部 윗부분에 稜이 진 형태의 등자가 이른 시기의 목곽묘인 8호분에서부터 부장되고 있는데(그림 5의 10) 지산동고분군에서 출토되는 표지적 형태의 등자라서 양 지역의 밀접한 관계를 나타내는 것으로 보인다.

토기에서 나타나는 양상과 함께 옥전고분 축조집단의 성격을 가장 잘 시사하는 것으로 위세품류를 들 수 있다. 먼저 귀걸이를 보면, M2호분에서 출토된 것은 72호분 출토품과 함께 기본적으로 고령 지산동 44호분에서 출토된 것과 양식적으로 같다고 할 수 있다. 그러나 고령양식 토기가 본격화되는 M3호분의 출토품 중 피장자가 착장한 것은 낙동강 동안의 창녕 校洞 7호분[67] 것과 거의 꼭 같으며 나머지 것들도 낙동강 동안 지역 고총에서 출토되는 것[68]과 양식적으로 같은 부류이다. 그리고 M6호분에서 나온 것 역시 창녕 교동식이라 하겠고 M4호분 출토품 중 한 점(보고서 〈그림 29〉의 89-①)은 교동 31호 출토품과 잘 닮았고 나머지 한 점은 그에다 지산동식의 수하식이 하나 더 달린 형태이다(이상 그림 6 참조).

한편 M1호분에서는 경주의 금령총 출토의 유리배와 아주 닮은 유리배가 출토되어 주목을 끌었으며 M6분에서는 경주계임이 분명한 出字形 금동관 및 은관이 3점이나 출토되어 다시 한번 옥전고분군이 가진 복합적 성격을 잘 보여 주었다.

묘제에 있어서는 옥전고분 조영 집단의 독자성이랄까 전통 고수의 측면이 여러 가지로 강하게 나타나고 있음은 주지의 사실이다. 다만, M4호분은 적어도 석곽 자체의 축조에 관한 한 완전히 고령양식이라 할 수 있으나 그 외의 측면은 지역 전통을 따르고 있어 이때부터 묘제 또한 고령양식화한다고 말하기는 어렵다. 그 점은 M4호분에 이어 축조된 M7호분이 여전히 옥전식의 평면 등을 고수하고 있는 점에서도 뒷받침된다. 한편 M6호분의 석곽 병년도 다소 다른 점이 있다고 할 수 있는데 그렇다고 그것을 고령양식이라고 할 수는 없으며 혹시 이 고분에서 창녕(경주)계의 위세품이 다량 나온 것과 관계가 있는지도 모르겠다.

....

67 이하 교동의 자료는 穴澤咊光·馬目順一, 1975,「昌寧校洞古墳群」,『考古學雜誌』第60卷 第4號, pp. 23~75와 濱田耕作·梅原末治, 1922,「慶尙北道慶尙南道古墳調査報告書」,『大正七年度古蹟調査報告』第一冊, pp. 43~52를 참조.

68 石本淳子, 1990,「日韓の垂飾付耳飾についての一考察─古墳時代の日韓關係考察のために─」,『今里幾次先生古稀記念播磨考古學論叢』, 精文舍, pp. 339~361의 낙동강 동서안 출토품 비교 그림 참조.

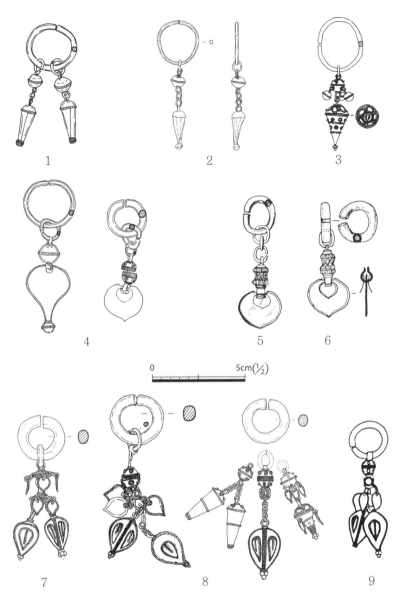

그림 6 대가야권 고분 출토 이식과 주변 비교 자료

1. 합천 옥전 M2호분	2. 고령 지산동 44호분	3. 고령 지산동 45호분
4. 합천 옥전 M3호분	5. 창녕 교동 7호분	6. 창녕 교동 6호분
7. 합천 옥전 M6호분	8. 합천 옥전 M4호분	9. 창녕 교동 31호분

8. 삼가고분군 지역[69]

삼가고분군은 가야 지역에서는 드물게 낙동강의 지류를 직접 가까이 끼지 않은 내륙 小盆地를 배경으로 하는 고분군이다. 삼가는 서남쪽으로 흘러가는 내를 통해 산청군 단성면이 소재한 남깅변으로 나아갈 수기 있고 남쪽으로는 다소 멀고 그만큼 원활하지는 않지만 진주 방면으로 통하며 동남으로는 남강에 연한 의령으로 바로 통한다. 또 북서로는 창리고분군 지역에 닿아 황강을 따라 거창 방면으로 통할 수 있다. 이와 같이 삼가는 남강 중·하류 지역과 황강 지역을 연결하는 교통로의 요지에 위치하므로 가야시대의 교역 등 상호작용 관계에서 아주 유리하였을 것임을 짐작하기 어렵지 않다. 이 지역의 고분군은 그런 사정을 반영할 것으로 짐작되지만 지금까지의 조사 자료는 신라의 영향이 나타나기 직전 단계부터의 것에 국한되어서 그 전의 상황을 전해 주는 고분이 앞으로 조사되기를 기대할 뿐이다.[70]

조사된 고분은 모두 9기의 봉토분인데, 다소 불분명하지만 單槨墳으로 생각되는 2기의 고분(5호분 및 7호분)을 제외하고는 모두 1기 이상의 추가 묘곽에 의해 이루어진 다곽분이다. 그중에서 고령양식 토기가 나온 고분은 1, 2, 5, 6호분이고 나머지는 신라양식 토기가 출토되었다. 고령양식 토기가 출토된 묘곽은 土器相과 층서관계에 따라 먼저 5호분과 6-B, 다음 1-A, 2-A, 1-G, 그리고 그 다음의 1-B, 1-C, 2-B로 단계화할 수가 있다.[71]

이 중에서 5호분과 6호분 B유구는 전자의 일단두장유개식고배(그림 7의 4)가 옥전 M4호분보다 분명히 앞서는 것이라 넉넉하게 잡아 지산동 45호분 단계 정도에 비정할 수 있다. 다음 단계의 1-A호 출토의 무문 발형기대(그

....

69   沈奉謹, 1982, 『陜川三嘉古墳群』, 東亞大學校博物館.

70   [補註] 이후 삼가고분군에 대해서는 2009~2011년에 대규모 발굴조사가 이루어져 보고서가 간행되었다(慶南發展研究院 歷史文化센터·부산지방국토관리청, 2013, 『생비량~쌍백간 도로확장구간 내 합천 삼가고분군(II지구)』 및 2016, 『생비량~쌍백간 도로확장구간 내 합천 삼가고분군(II지구) 2차』.; 東西文物研究院·釜山地方國土管理廳, 2014, 『생비량~쌍백 도로확장구간 내 陜川 三嘉古墳群 I, II, III, IV』).

71   禹枝南, 1987, 앞의 논문.

림 7의 2)는 지산동 45호분의 것(그림 7의 3)과 같거나 어떤 면에서 앞서는 점도 있지만 공반된 유개식장경호의 구연부 쪽이 다소 벌어지기 시작하는 경향이 보이고 개배 개의 상면이 수평에 가까운 것이 있어 45호분보다 약간 늦게 잡아 둔다. 그리고 마지막의 2-B는 소형 유개식장경호의 구연부 쪽이 더 벌어지고 동부에 비해 목이 커진 것이어서 아무래도 6세기의 2/4분기로 내려올 것이나 3/4분기로 넘어가지는 않는 것으로 생각된다.

이상의 토기들이 출토된 석곽들은 모두 기본적으로 평면 세장방형의 고령식 석곽이라 할 수 있다. 그런데 유물이 어느 정도 잔존해서 공반관계를 다소 알 수 있는 유구를 기준으로 본다면 앞의 두 단계에서는 고령양식 토기가 재지계의 토기와 공반하는 현상을 보이고 마지막 단계에서는 고령토기 일색화함을 알 수 있다. 즉 1-A호분을 예로 들면 무문 발형기대 위에 놓인 토기는 현재로서는 삼가 지역 특유의 기형으로 생각되는 裝飾把手附 광구장경호(그림 7의 1)이다.

한편 삼가고분군에서는 고령양식 토기를 내는 유구 다음에 추가로 설치된 수혈식석곽인 1-D, 2-C 유구에서 신라토기가 출토되어서 흥미롭다. 그 가운데 후자에서는 고령양식의 도질 뚜껑을 갖춘 역시 고령양식의 연질 파수부옹과 함께 신라양식 유개합이 출토되어 주목되며, 그런 점에서 그 신라토기들은 이 지역에서 최초로 부장되기 시작한 것들에 가깝다고 추정된다. 그 유개합들(그림 7의 5)은 뚜껑의 드림이 곧바로 내려온다든지 합의 뚜껑받이턱이 대략 수평으로 뻗고 뚜껑받이도 그에서 바로 올라가므로 이 기종에서는 古式의 요소를 보이는 것들이다. 그리고 1-D호의 부가구연장경호도 그 기형이 앞서 언급한 창리고분군이나 저포리고분군의 예보다는 고식이 아닐까 생각된다.

요컨대 이 지역 고분의 고령양식 토기에서 신라양식 토기로 교체되는 시기의 토기상을 보건대 아직 단언할 수는 없지만 앞의 창리고분군에서보다도 미세하나마 이른 시기에 교체가 이루어진 것이 아닌가 한다. 또 묘제에 있어서도 신라양식 토기가 들어오면서 거의 동시에 횡구식석곽묘로 바뀌는 창리고분군과는 달리 이곳에서는 수혈식석곽묘가 좀 더 지속되는 양상이어서 그

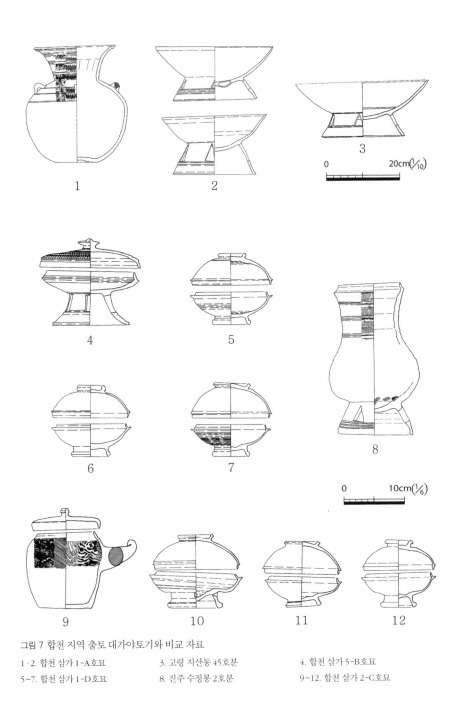

그림 7 합천 지역 출토 대가야토기와 비교 자료

1·2. 합천 삼가 1-A호묘　　　　3. 고령 지산동 45호분　　　　4. 합천 삼가 5-B호묘
5~7. 합천 삼가 1-D호묘　　　　8. 진주 수정봉 2호분　　　　　9~12. 합천 삼가 2-C호묘

런 점이 간접적으로 뒷받침된다.

9. 진주 지역

남강 중류의 요지로서 남쪽으로 고성, 사천 지역과도 쉽사리 통하는 만큼 남해안으로의 교통이 용이하며, 그리 원활하지는 않지만 서남쪽으로 섬진강 하류역과도 통할 수 있는 지역이다. 이 지역 수장층 집단의 고분군인 진주 시내의 수정봉·옥봉고분군에서 고령양식 토기가 출토되었는데 묘제는 백제계의 횡혈식석실묘이다.[72] 토기는 앞의 편년에서 보듯이 6세기의 2/4분기로 비정된다. 수정봉 2호분의 삼각투창 대부유개식장경호(그림 7의 8)는 그런 연대를 뒷받침하며 옥봉 7호분의 아가리 부분이 벌어진 유개식장경호도 그러하다. 그런데 이 고분군에서는 고령양식 토기와 함께 백제계 또는 여타 계통의 유물이 출토되어 그 시기의 이 지역 세력이 지녔던 복합성을 잘 보여 주고 있다. 그런 토기 복합상은 수정봉 3호분의 토기 중에 고령양식 토기와 함께 역시 백제계 또는 재지계의 토기가 있는 점에서도 나타난다.

한편 수정봉·옥봉고분군이 남강 북안에 소재한 데 반해 가좌동고분군[73]은 남안에 있으나 불과 5km 떨어진 곳이라서 같은 지역권에 속한다고 하겠는데 일단 전자의 하위에 속했다고 볼 수 있다. 그런데 이 고분군에서는 고령양식 토기가 전혀 나오지 않고 있다. 그 연대가 다소 불확실하지만 적어도 일부나마 수정봉·옥봉고분군과 병행하는 것은 분명하다고 생각된다.

10. 고성 지역

바로 남해안에 가까운 고성읍 율대리 2호분에서 고령양식 토기가 출토되었는데 신라양식 토기와 공반되어 주목된다.[74] 주곽인 1호 수혈식 석실에

....

72 定森秀夫·吉井秀夫·內田好昭, 1990, 「韓國慶尙南道晋州 水精峰2號墳·玉峰7號墳出土遺物」, 『伽倻通信』 19·20, pp. 19~51.

73 趙榮濟·朴升圭, 1989, 『晋州加佐洞古墳群―1~4號墳―』, 慶尙大學校博物館. [補註] 2016년에 이 고분군이 경남발전연구원 역사문화센터에 의해 발굴되어 석곽묘 등이 다수 확인되었다.

74 김정완·권상열·임학종, 1990, 『固城 栗垈里 2號墳』, 國立晋州博物館.

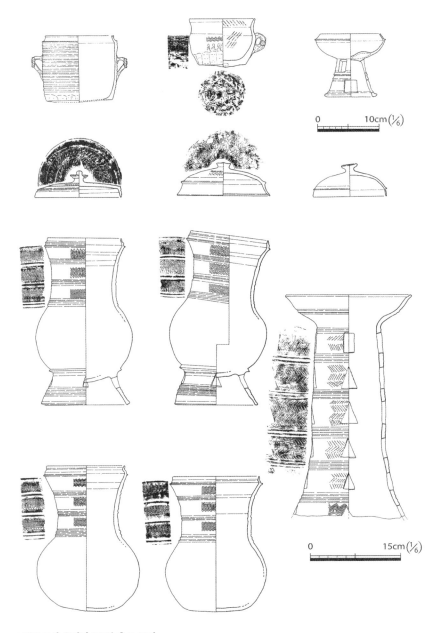

그림 8 고성 율대리 2호분 출토 토기

수기의 석곽묘가 추가로 설치되었는데 그중 2호와 3호 석곽에서 성격을 알
수 있는 토기류가 나왔다. 2호 석곽에서는 고령양식의 대부유개식장경호와

원저유개식장경호, 삼가 1-B호묘의 것과 상당히 유사한 양이부완, 개 등과 함께 신라양식의 고배, 파배 등이 나왔고 또 재지계(진주·고성·사천 지역 계)의 통형 기대, 개 등이 출토되었다(그림 8). 도굴, 파괴되어 불확실하나 三 者가 대략 비슷한 비중이 아닌가 한다. 3호 석곽에서는 양이부완, 고리형 기 대 등 고령양식 토기와 함께 신라양식의 대부장경호, 고배편, 재지양식의 개, 수평구연호편 등이 나왔다. 또 여기서 나온 귀걸이는 고령양식의 것으로 보 아 무방하다.

이 석곽들의 축조연대는 서로 간에 큰 시차는 없을 것으로 생각되는데 6 세기 2/4분기의 어느 때일 것으로 보인다.

11. 함안 지역

발굴되어 공식 보고된 고분 중 도항리 14-2호분에서 고령양식 토기가 출토되었다.[75] 이 지역 토기가 주류를 이루는 가운데 극히 일부 섞여 있는 양 상이다. 아마도 6세기의 1/4분기에 위치할 것이다. 아직 정식 보고되지는 않 았으나 창원문화재연구소에서 발굴한 도항리고분군 원동 4호 등의 진주 수 정봉·옥봉 형식 횡혈식석실분에서 함안양식의 토기가 주류를 이루는 가운 데 고령양식의 토기와 진주 지역의 토기가 섞여 나오고 있다. 고령양식 토기 의 연대는 개배의 뚜껑 상면이 수평을 이루고 있는 점에서 6세기의 2/4분기 로 보아야 할 것이다.[76]

....

75　朴東百 외, 1992, 『咸安阿羅伽倻의 古墳群(1)』, 昌原大學校博物館.

76　이상은 창원문화재연구소의 발굴조사 지도위원회의 자료 등을 참고하였다. [補註] 도항리고분군의 고분 번호 등은 발굴 당시와 달리 변경된 경우도 있어서 이에서 말하는 그대로는 아니다. 고분군의 명 칭도 이제는 말이산고분군으로 통일되었다. 어떻든 이 고분군에 대해서는 이후 많은 발굴이 있었는 데 國立昌原文化財硏究所에 의한 발굴보고서로는 『咸安 道項里古墳群 I(1997)』·『同II(1999)』·『同 III(2000)』·『同IV(2001)』·『同V(2004)』와 창원문화재연구소, 1996, 『咸安岩刻畵古墳』. ; 國立昌原文 化財硏究所·咸安郡, 2002, 『咸安 馬甲塚』이 있다. 그 외에 慶南考古學硏究所·咸安郡, 2000, 『道項里· 末山里 遺蹟』. ; 東亞細亞文化財硏究院·咸安郡, 2008, 『咸安 道項里六號墳』 및 『함안 도항리 6-1호 분』. ; 慶南發展硏究院 歷史文化센터, 2004, 『함안 말산리 451-1번지 유적』. ; 함안군·慶南發展硏究院 歷史文化센터, 2016, 『함안 말이산 100·101호분』. ; 경상문화재연구원, 2011, 『함안 도항리 고분군─

지금까지 고령양식 토기가 출토된 각지 고분군의 위치와 토기상을 살펴보았는데, 고령양식 토기가 본격 출토되는 고분군은 기본적으로 황강 유역과 그 상류에 연결되는 남강 상류역에 분포하고 있어서 고령양식 토기의 분포가 그를 통한 교통과 깊은 관계가 있음을 말해 준다. 그리고 각 지역에서의 고령양식 출현 시기나 그 변화상 또는 조합상에 일정한 공통점과 차이점이 있음을 알 수 있었다. 아래에서 그 의미를 추론해 보기로 한다.

V. 고령양식 토기의 분포로 본 대가야의 圈域과 그 변천

고령양식 토기는 고령의 서쪽 및 남쪽으로 상당히 넓은 지역에 걸쳐 분포(그림 9 참조)하는데 그 분포는 시간이 흐름에 따라 점차 확대되는 양상을 띠며 또한 각 지역 토기의 조합상도 시간이 흐름에 따라 변화하는 양상을 보인다. 여기서는 그 확대와 변화가 어떤 정형성을 나타내는지를 검토하고 그에 입각하여 대가야권의 성립과 확대, 그리고 그 권역의 성격 변화를 더듬어 보고자 한다. 또 고령양식 토기가 일부 지역에서 신라양식 토기로 대체되는 때가 통상 말하는 가야 멸망년(562년)보다 이를 가능성이 농후한 점을 근거로 해서 대가야 권역의 축소 또는 소멸의 과정이 어떠하였는지에 대해 가야의 멸망과정과 관련지어 가설적으로 고찰하고자 한다.

1. 토기 양식 분포권의 의미

고고학에서 같은 형식으로 분류되는 유물의 일정한 분포권이 언제나 어떤 단일한 정치체의 권역을 나타내는 것은 아니다. 그것은 여러 사회 집단이

....

도항리 428-1번지 일원—』 등도 참조.

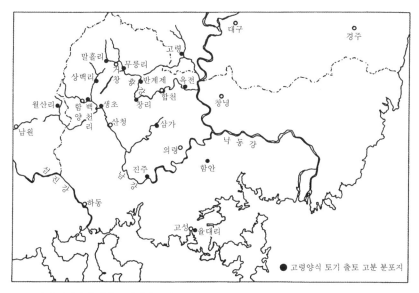

그림 9 가야 지방의 수계와 고령양식 토기 출토 고분 분포도

공유한 어떤 文化圈의 존재를 나타내기도 하고 때로는 서로 연계된 사회들 간의 경제적 교환 범위, 즉 어떤 經濟圈의 존재를 나타낼 수도 있다. 혹은 한 걸음 더 나아가 그런 문화적, 경제적 관계를 기반으로 연계된 어떤 政治圈의 존재를 의미하는 것일 수도 있겠다.

그런데 이런 공통 분포권이라는 현상을 사회집단 간 접촉이나 교류 범위를 막연히 나타내는 뜻의 문화권이라는 개념으로써 설명하는 데는 그 유물의 시대와 종류가 어떠하든 별다른 저항감이 생기지 않는다. 반면에 경제권, 특히 정치권으로의 해석에는 언제나 상당히 주저하게 된다. 그래서 어떤 입장에서는 극단적으로 일개 유물의 형식은 말할 것도 없고 여러 종 유물 형식의 집합 개념인 '양식'의 분포권조차도 정치체의 권역 추론에는 이용될 수가 없으며 그런 작업 자체가 무의미하다고까지 한다.[77]

이런 입장은 고고학 자료의 해석에 엄밀성을 기해야 한다는 뜻에서는 일

....

77   李盛周, 1993, 「新羅·伽耶社會 分立과 成長에 대한 考古學的 檢討」, 『韓國上古史學報』 13, pp. 296~297.

정하게 경청할 만한 점이 있을지 모르지만 자칫하면 자가당착으로 고고학 자료의 무용론 내지는 고고학 허무주의에 빠질 위험성을 안고 있다. 그보다는 그런 분포권을 추출해 내어 그 의미를 해석하는 방법이나 절차에 신중을 기하고 그에 관련되는 여러 가지 조건을 충분히 고려함으로써 좀 더 적극적인 자료 해석을 지향하는 편이 바람직할 것이다.

그런 점에서 일반적으로 유의해야 할 사항들이 있다. 먼저, 해당 유물의 시대나 시기를 막론하고 일률적으로 적용될 수 있는 해석 기준은 없으며 시대나 시기에 따라 그 분포권의 해석에 차이가 생겨난다는 것이다. 예컨대 아직 계층화가 이루어지지 않은 시대 또는 단계의 사회들이 남긴 유물의 공통 분포권을 단일 정치체의 관점에서 해석하기는 어렵다. 또 한 가지 유물만이 아니라 공반되는 다른 고고학 자료도 동일한 분포권을 가지면서 그 안에 여러 사회 단위들이 들어 있다고 추론되더라도 그 현상이 반드시 '정치체'들의 상호 관계라는 관점에서 해석되어야 하는 것은 아니다.

반면에 사회 집단 간의 관계에 이미 일정한 정치적 의미가 반드시 개재될 정도로까지 각 사회가 진화한 단계에서는 유물의 공통 분포권을 해석하는 데 그 이면에 존재하는 정치체의 존재를 고려하지 않을 수 없다. 게다가 특정한 유물 한 가지만이 아니고 여러 가지가 일정한 조합을 이루면서 양식적으로 하나의 분포권을 나타낼 때 그것을 단순히 문화권에만 결부짓기는 어렵다.

부연하자면, 형식이라는 것 자체가 고고학자의 개념 도구로서 설정된 측면이 강하기 때문에 한 가지 유물 '형식'만의 공통 분포권은 實在性을 결할 가능성이 다소 크다. 그래서 실존하지 않은 관계가 마치 존재했던 것처럼 상정될 가능성도 있으므로 그를 근거로 문화권 이상의 해석을 하는 데는 위험성이 따른다. 그러나 그런 형식 차원보다 훨씬 더 결집성을 가지면서 실재성을 가진 양식 차원의 공통 분포권은 단순한 문화권 이상의 의미를 가질 수밖에 없다는 것이다. 나아가 그 공통 분포권이 한 때만 나타나는 것이 아니고 중심 되는 지역의 양식이 시간의 흐름에 따라 변화함과 연동되어 각 지역의 것이 변하는 양상으로 나타날 때는 문화권의 관점만으로는 설명이 될 수가 없다. 적어도 공통된 경제권의 견지에서 해석되어야 하며 실재론적 경제관[78]에서 본다면 이 경제권은 정치권에 직결될 가능성이 아주 크다.

또 그 기준 유물이 고분에 부장된 토기류라서 고대인의 제사에 관련된 인지적, 이념적 측면을 반영하고 있는 경우, 이는 경제적 의미뿐만 아니라 정치적 의미 또한 강하게 띠고 있다고 보아야 할 것이다. 더구나 한 지역에서 어떤 토기 양식이 일색을 이룬 이후 계속해서 하나의 제작 傳統으로서 나타날 때 이는 단순한 문화 전파로는 설명이 안 된다. 마땅히 경제적·정치적 관점에서 해석이 되어야 한다고 본다.

이상의 논의에서 자연히 드러나듯이 본고의 연구 대상인 고령양식 토기의 분포권은 당시 정치체들 간의 경제적, 정치적 관계 속에서 파악해야 마땅하다. 일반적으로 역사시대의 토기 양식 분포권이 정치적 의미를 가진 것으로만 해석될 수는 없다는 시각은 이른바 낙동강 이동·이서 양식의 설정 가능 여부와 그 해석론에 관련이 된다. 여기서, 낙동강 이동 양식이라 할 때의 양식과 고령양식이라 할 때의 양식 간에는 수준차가 있음을 간과해서는 안 된다. 비유하자면 낙동강 이동 양식권도 존재하면서 나름대로 일정한 의미를 가지지만 또한 경주양식권이라 할 만한 것도 존재해 일정한 의미를 갖는바, 고령양식은 바로 이 경주양식의 존재에 비견할 수 있다.

그런데 낙동강 이동 지방에서 이동 양식권의 단계 다음에 경주양식의 확산 단계가 있고 그것이 또 다른 정치적 의미를 가진다는 것은 여러모로 논증될 수가 있다. 그리고 대가야 권역 각지에서 일정한 시점 이후로 고령양식 토기가 신라양식 토기로 교체되는 사실은 그런 토기 양식권이 바로 정치권의 의미로 해석될 수 있음을 웅변하고 있다. 그렇다면 문제는 그 정치적·경제적 관계를 어떤 수준이라고 보아야 할 것인가이다. 그것은 전적으로 토기 자체만으로 결정할 수 있는 것은 아니다.

....

78   이에 관해서는 칼 폴라니(朴賢洙 역), 1983, 『인간의 경제—市場社會의 虛構性—』, 풀빛을 참조.

그러나 앞에서 보았듯이 시간의 흐름에 따라 같은 지역에서도 조합상의 변화가 있다든지 아니면 같은 시기에 지리적으로 고령에서 멀어질수록 고령 양식 토기의 비중이 줄어든다든지 하는 정형성이 보이는바, 이는 일정한 의미를 가지고 있다고 해석할 수 있을 것이다. 또 그와 관련해 고령이라는 중심지에서 먼 지역일수록 중심 고총군의 규모가 커지는 현상도 그냥 우연이라 할 수는 없다. 이는 고령 세력이 미친 羈縻力의 强度가 대략 거리에 반비례함을 나타냄과 동시에 결과적으로 고분군의 규모에 각 지역 집단의 세력 크기가 반영됨을 나타낸다고 해석함이 가능하다.

2. 대가야 권역의 확대와 성격 변천

고령토기 양식이 하나의 양식으로서 성립한 시기는, 그 양식의 범주를 설정하는 기준에 따라 달라질 수 있다. 그렇지만 어떤 기준에 의하든 양식의 구성 기종이나 각 기종의 형태가 시간의 흐름에 따라 계속 변한다는 점이 충분히 고려되어야 한다. 그래서 고령 지역의 토기류에 지역색[79]이 "본격적으로 발현"하는 시기를 기준으로 하기보다는 그 이전의 지역색 초현기를 기준으로 잡는 것이 바람직하다. 그렇다면 고령양식의 성립은 현재로서는 일단 가장 이른 고총인 5세기 1/4분기의 지산동 35호분 단계로 잡을 수 있을 것이다.

고령양식 토기가 처음으로 고령군 이외의 지역에서 나타나는 것은 현재까지의 공식 자료로는 남쪽 방면의 옥전고분군으로서 늦어도 28호 목곽묘 단계부터이다. 그 연대는 이르면 지산동 35호분 단계와 다음의 32호, 33호 단계의 사이, 즉 5세기의 1/4분기 말 또는 2/4분기 초쯤이라 할 수 있는데[80] 여기서는 바로 고령산이 아닌가 생각되는 장경호와 대형 발형기대가 짝을 이루며 출토되었다. 수적으로는 재지계의 토기에 비해 적지만 그 토기류가 고령권에서 수장묘로 한정되어 부장되는 점을 감안할 때 고령 지역과 옥전 지역

....

79   定森秀夫, 1987, 앞의 논문, pp. 442~443.
80   [補註] 앞의 주 65 補註에서 언급했듯이 나중의 논문에서 5세기 1/4분기로 비정하였다.

수장층 간의 관계를 상징하고 있는 듯이 느껴진다.

　옥전고분군에서 이 단계의 고분들이 고총이 나타나기 이전 단계인지 아니면 이른 시기의 고총(M2, M1호분)과 같은 단계인지 아직 未報告라서 알 수 없으나 만약 전자라면 나름대로 의미를 갖는다고 생각된다. 왜냐하면 이 初現期 고총들에서는 고령양식 토기가 보이지 않고 오히려 창녕양식 토기가 재지계 토기와 함께 나와서 옥전 지역과 두 지역 사이의 관계를 엿볼 수 있기 때문이다. 또 옥전에서는 고총의 등장이 고령보다 상대적으로 늦을 가능성이 있어 두 지역의 사회 진화에서 시차를 상정할 수도 있다.

　다음으로 5세기 2/4분기의 늦은 시기가 되면 멀리 남원의 월산리고분군에서 고령양식 토기가 나타난다. 거기서의 양상은 역시 고령양식 토기가 완전한 주류를 이루지는 못하나 여타 토기류에도 '양식적으로' 상당한 영향을 미친 것으로 나타난다. 그런데 남강 상류의 이곳에 동떨어지게 보이듯이 고령양식 토기가 나타나고 있는 점은 어떻게 해석해야 할 것인가? 앞에서 고분군의 지리적 위치를 분석할 때 보았듯이 황강 수계와 남강 상류 수계를 따른 고령양식 토기 출토 고분의 분포를 고려할 때 이는 돌연하다기보다는 아직 중간 지역의 조사 미비 때문에 그렇게 보일 뿐이라고 해야 할 것이다.

　고령에서 남원 지역으로의 교통은 서쪽의 묘산 지역을 거쳐 황강의 중·상류로 나아가 거창 지역을 통해 남강 상류에 있는 함양 지역에 다다르고 다시 거기에서 남강의 발원지인 남원의 운봉고원 일대에 도달하는 길밖에 없다. 그런데 묘하게도 이렇게 서쪽을 향하여 나아가면서 要所마다 고령양식 토기를 내는 고분군을 만날 수 있는바, 이는 고령 세력의 확산과 관련이 있는 것으로 생각된다.

　그래서 아직까지 충분한 조사가 이루어지지 않아 현재로서는 각 고분군에서 이른 단계의 고령양식 토기가 확인되지 않았을 뿐 그 고분군들에 늦어도 남원의 월산리고분군과 같은 시기에 고령양식 토기가 확산되었을 것으로 충분히 상정할 수 있다. 거창의 변두리 고분군인 말흘리고분군에서 비슷한 5세기 2/4분기의 늦은 시기에 아주 소수이나마 고령양식 토기가 나타나고 합

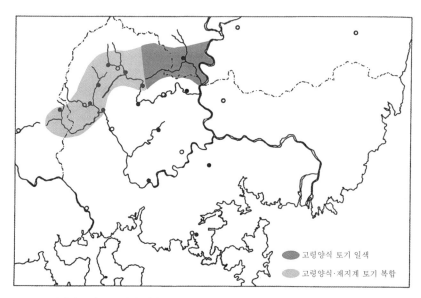

그림 10 고령양식 토기 분포 변천 개념도 1(5세기 중기)

천 봉계리고분군에서도 대략 같은 양상이 인지되어서 그런 상정이 가능함을 뒷받침한다. 한편 옥전고분군의 목곽묘에서도 이 시기에 고령양식 토기가 재지의 토기에 비해 극히 소수이지만 나타나고 있다.

이와 같이 5세기의 中期에는 멀리 서쪽으로 남원에 이르기까지, 그리고 남으로는 황강 입구의 옥전에 고령양식 토기가 확산됨을 보는데 이 단계가 현재로서는 광범한 고령양식 확산의 제1단계라 할 수 있는바, 그 특징은 고령양식 토기가 각 지역에서 완전히 주류를 이루지는 못하고 재지계의 토기류와 공존하는 양상을 보인다는 것이다(그림 10 고령양식 토기 분포 변천 개념도 1(5세기 중기) 참조).

5세기의 3/4분기가 되면 큰 변화가 보인다. 즉 남쪽의 옥전고분군에서 앞 단계에는 고령양식 토기가 재지계의 토기에 비해 극히 적은 비율에 그친 데 반해, 이 단계에서는 재지계의 토기가 여전히 부장되고는 있지만 고령양식 토기가 주류를 이루게 된다는 것이다. 그것은 목곽묘인 70호분에서도 그러하지만 고총인 M3호분에서도 그러하기에 의미심장하다. 이후 옥전에서는

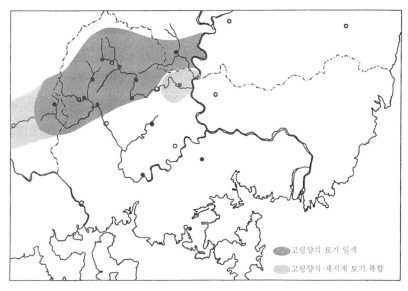

그림 11 고령양식 토기 분포 변천 개념도 2(5세기 말)

고령양식 토기의 主潮가 견지된다. 한편 서쪽으로는 합천 반계제고분군에서 고분군의 축조가 개시되면서 거의 고령양식만으로 이루어진 토기 조합상이 나타나고 이후에도 지속되어 흥미롭다. 그 남쪽의 창리고분군에서도 토기상 및 묘제는 대략 마찬가지 양상을 띤다.

현재 조사의 미비 탓에 그런 양상이 서쪽의 어디까지 미쳤는지는 알 수 없으나 후속하는 5세기 4/4분기의 비교적 이른 시기에 함양 지역 고분에서 동일한 양상이 나타남을 볼 때 이 분기에 아마도 반계제 지역보다 상당히 서쪽으로까지 이미 파급되었을 것으로 상정할 수가 있다. 그래서 5세기의 3/4분기에는 거창 지역까지가 고령양식 토기 일색의 지역이었던 것으로 해 둔다. 단, 이 경우 함양과 남원 지역에서도 앞 시기보다는 한층 더 고령양식 토기의 비율이 커졌을 것으로 보아야 하겠다.

5세기의 4/4분기가 되면 함양 백천리고분군의 토기상이 고령양식 토기 일색이 되며, 이로 보아 함양과 고령 사이의 거창 지역 등은 물론 함양에 인접한 남원 지역에서도 양상은 아마도 마찬가지였을 가능성이 농후하다(그림

11 고령양식 토기 분포 변천 개념도 2(5세기 말) 참조). 그리고 옥전고분군에서는 앞 단계에서처럼 재지계 토기와의 복합적 양상이 지속되며 고령양식 토기의 비중이 약간 더 커지는 느낌이다. 남으로는 혹시 삼가 지역까지 고령양식 토기가 파급되었을 것이 아닌가 생각되나 확언할 수는 없다.

6세기의 1/4분기로 들어서면 고령양식 토기 일색을 보이는 지역 중에서 합천 반계제고분군의 중대형 수장묘가 소멸되는 양상이 나타난다. 삼가고분군에서는 앞 단계의 양상은 알 수 없으나 이 단계에서 고령양식 토기가 재지계의 토기와 공존하는 양상을 띠며 나타난다. 옥전에서는 앞 단계의 경향이 지속되나 고령양식 토기의 비중은 더 커진다고 말할 수 있다.

마지막으로, 본고에서 잠정적으로 6세기의 2/4분기로만 한정한 단계가 되면 지금까지의 분포권 이외 지역에서 고령양식 토기가 나타난다. 기존의 지역으로는 남원 지역의 두락리고분군에서 확실히 고령양식 토기 일색의 양상이 포착되며 그 하위 취락의 고분군인 건지리고분군도 거의 같은 양상이다. 그리고 고령양식 토기의 출토가 2/4분기의 이른 시기로만 한정되지 않고 이 분기의 말과 다음 분기의 초까지 계속 이어지고 이윽고는 신라토기로 대체되는 양상을 보여서 흥미롭다. 이는 이 일대가 계속해서 대가야 권역이었다가 가야 멸망과 더불어 바로 신라에 병합되었음을 강하게 시사하는 것이다. 반계제고분군 일대의 지역도 고령양식 토기 일색인 것은 앞 단계와 마찬가지이다.

그런데 이 단계의 말 또는 다음 단계의 초두로 소급할 수 있을지 아니면 가야 멸망년 이후일지 지금 판정하기는 어렵지만 대략 이 단계의 말 이후로 반계제고분군 지역에서 고령양식 토기가 신라양식 토기로 대체된다. 그리고 이제 합천 삼가고분군도 고령양식 토기가 일색을 이루다가 이 단계의 말 또는 다음의 3/4분기 초두에는 신라양식 토기로 대체된다. 한편 멀리 남쪽의 고성 율대리에서는 고령양식 토기가 재지계의 토기 및 신라양식 토기와 함께 나타나서 주목된다. 또 진주 지역의 수정봉·옥봉고분군에서는 재지계 또는 백제계 토기와 함께 고령양식 토기가 출토되는 데 비해 그 하위 취락의 고분

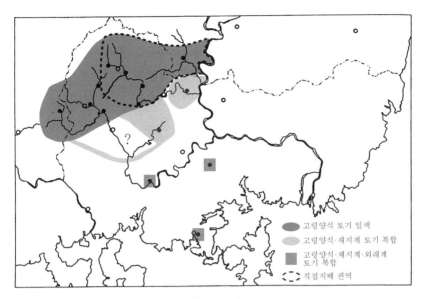

	고령양식 토기 일색
	고령양식·재지계 토기 복합
	고령양식·재지계·외래계 토기 복합
	직접지배 권역

그림 12 고령양식 토기 분포 변천 개념도 3(6세기 2/4분기)

군으로 설정 가능한 가좌동고분군에서는 고령양식 토기가 보이지 않는다. 함안 지역에서는 횡혈식석실분에서 함안양식 토기가 주조를 이루는 가운데 고령양식 토기와 진주 지역 양식의 토기가 부가되어 나타난다(그림 12 고령양식 토기 분포 변천 개념도 3(6세기 2/4분기) 참조).

이상에서 보았듯이 고령양식 토기는 5세기의 1/4분기에 성립한 이후로 점차 그 분포를 넓혀 가며 또 각 지역에서 처음에는 재지계 토기와 공존하다가 나중에는 일색을 이루는 양상을 보인다. 이제 이를 어떻게 해석해야 할지를 검토할 차례이다. 이미 위에서 해석의 일반적 틀은 제시하였지만 여기서는 그를 바탕으로 토기 분포 권역 전체의 변화상과 각 지역의 변화상에 대한 해석을 구체적으로 시도하기로 한다.

우선 고령양식 토기가 일색을 이루고 나타나는 현상을 어떻게 보아야 할 것인지가 해석의 관건이 될 것이다. 그것은 그 토기들이 어떤 상황 하에서 제작 또는 유통되었는지와 직결되는 문제인데, 대략 다음 세 가지 경우를 상정할 수가 있다. 첫 번째는 현지의 匠人 집단이 고령 지역의 토기제작법을 모방해 생산한 것으로 봄이고, 두 번째는 고령 지역에서 공급받은 것으로 봄이며, 세 번째는 고령 세력이 각 지역의 생산체계를 장악해 제작하였다고 보는 것이다. 각 경우에 따라 해당 지역이 고령 세력과의 관계에서 가지는 독립성의 정도가 다른데, 세 번째보다는 두 번째가, 두 번째보다는 첫 번째가 그 독립도가 높다고 말할 수 있다.

그런데 고령이 아닌 지역의 고령양식 토기들이 기종 조합이나 형태면에서 거의 고령 지역 토기와 동일하고 또 그런 현상이 시간이 흘러도 마찬가지라는 점을 고려할 때 첫 번째 경우는 입론되기 어렵다. 따라서 나머지 두 경우가 고려 대상이 되는데 둘 다 사실상 생산의 자립도가 거의 없다는 점에서는 마찬가지이다. 다만, 세 번째 경우는 토기뿐만 아니라 철기와 같은 더 중요한 물품의 생산도 고령 세력이 장악하였음을 어느 정도 함축하므로 경제의 완전한 예속 상태를 의미할 가능성이 크다.

한편 두 번째 경우는 장거리 수송에 따른 토기의 파손 위험성이 다소 문제가 된다. 그러나 영남 지방의 여러 지역 고분군에서 遠距離에 있는 타 지역의 토기가 단발적으로나마 부장된 경우를 보므로 장거리 수송이 반드시 장애가 되는 것은 아니다. 또 고령양식 일색이 아니고 재지 토기와의 혼합상을 보이는 경우에 그 고령양식 토기들이 반드시 현지에서 제작되었다고 보기는 어려우므로 반입의 가능성을 점칠 수 있는바, 그 점도 고령양식 일색의 단계에서 고령으로부터의 공급 가능성을 상정하는 데 간접적인 근거가 된다.

그래서 여기서는 두 가지 경우 가운데 꼭 어느 한 가지를 택하기보다는 둘 다 가능성이 있으며 각각의 경우가 지역의 상황에 따라 달리 적용되었다고 본다. 이때 어떤 경우든지 그 지역이 경제적으로 예속된 상태에서 최소한 고령의 간접지배 하에 들어간 것을 나타낸다고 판단된다. 그리고 지역 수장층의 존재를 나타내는 지표인 중대형 고총이 소멸한 상황이라면 이는 아마도 세 번째 경우로서 이제 고령에 완전히 복속되어 직접지배를 받았음을 나타낸다고 보아야 할 터이다.

그리고 두 번째 경우에 반드시 고령으로부터의 공급이 아닐지라도 고령 세력이 대가야 권역 내 몇 개 거점 지역의 생산체계를 장악해 토기를 생산하고 그로부터 주변 지역에 공급하였을 가능성도 생각해 볼 수 있다. 예컨대 고령에서 아주 원거리에 있으며 대가야 권역의 밖이라 생각되는 진주 수정봉·옥봉고분군이나 고성 율대리고분군 또는 함안 지역 고분군 등지에서 재지계 토기와 함께 출토되는 고령양식 토기는 굳이 고령으로부터 직접 반입되었다기보다는 그런 경우를 상정할 수 있겠다.[81]

이상의 논의를 토대로 할 때, 고령양식 토기가 5세기 중기에 1차적으로 광범하게 퍼져 서쪽으로 남원 일대까지 미치고 있기에 고령에서 황강을 따라 거슬러 올라가 남강 상류에 이르는 지역 일대가 하나의 권역으로 상정되는 단계를 주목할 수 있다. 이 단계에서는 고령양식 토기가 재지계의 토기와 공반되는 특징을 나타낸다. 이 단계의 수장층 무덤이 조사된 남원의 월산리고분군에서는 외부로부터 반입되었을 이 토기들과 함께 그를 '양식적으로' 모방한 토기들이 주류를 이루고 있다. 그리고 고령 이외의 다른 가야 지역에서는 보이지 않는 축소모형 철기가 부장된 점은 매장의례상의 공통점으로서 수장층 간의 깊은 연계를 보여 주는 것으로 생각된다.

그래서 남원 이외에 고령과 그 사이 지역의 양상이 다소 불분명하기는 하지만 이 시기쯤에 황강과 남강 상류의 일대가 한층 긴밀한 교역권으로 연결되었고 그 裏面을 정치적 연계가 뒷받침하고 있었다고 판단하며, 그 연계는 흔히 말하는 연맹 관계였을 것으로 보고자 한다. 즉 아마도 가야 세력 중 先進 强國으로서 대가야를 자처하던 고령의 加羅가 이 때에 이르러 남원의 운봉고원 지역까지 연계되는 하나의 권역을 구성해 그야말로 '대'가야연맹체를 이룬 것이다.

이때 연맹의 성격은, 고령의 반파국이 다만 대표적 역할만 담당했을 뿐 각 구성국이 독립적 상태에 있었던 것[82]으로 볼 수는 없고 가라, 즉 좁은 의미

....

81 단, 이런 가설이 입증되기 위해서는 앞으로 각 지역 토기 간의 직접적 비교 연구와 더불어 태토분석에 의한 토기의 산지 판정이 필요하다.

82 趙榮濟·朴升圭, 1990, 앞의 책, p. 224.

의 대가야가 맹주국이며 각 구성국은 독립성은 유지하되 어느 정도의 上下 관계 속에 놓여 있었던 것으로 파악할 수 있다. 그 상하 관계의 강약은 고령 으로부터의 지리적 원근과 각 세력의 강약에 따라 결정되었을 것으로 추정된다. 이렇지 않고 막연히 어떤 외부적 공통 위협이나 내부적 경제 교환의 필요 때문에 뭉친 결합체로 설정하기에는 그 지속적 필요성이나 계기 등이 설명되기 어렵다. 그보다는 그렇게 지속적으로 연계되지 않으면 안 되는 사정이 있었을 것으로 보아야 하며, 이 시점 이후 각 지역에서 고령양식 토기가 지속적으로 출토되는 점은 그런 추정을 뒷받침한다.

여기서 연맹 구조를 낳은 요인을 한 가지로 보기는 어려울 것이고 여러 가지 요인이 복합되어 있다고 보아야 할 것이나 특히 중요한 점으로 交易을 들 수 있겠다. 각 지역이 황강과 남강을 주된 교통로로 해서 線形的으로 분포한 점[83]은 교역의 측면에서 상호간의 의존도를 특히 높이는 요인이었을 것이고, 가라는 그런 지리적 조건을 배경으로 아마도 前代부터 발전의 원동력 가운데 한 가지였을 철과 여타 주요 전략물자의 공급을 주무기로 활용하였을 것이다. 즉 그간에 伴跛國(가라)은 낙동강을 통한 남해안 쪽과의 교통로를 이용해 自國 생산의 철을 수출하고 그 대신에 倭 등지에서 필수물자인 소금[84] 등을 수입해 내륙 각지에 철과 함께 공급함으로써 얻은 막대한 이득을 바탕으로 일찍이 선진지로서 발돋움하였으며 또 그런 교역체계를 통해 내륙 지역에 대해 우위권 또는 다소간의 통제권을 쥐고 있었으리라는 것은 충분히 상정할 수 있는 일이다.

그러나 서기 400년 고구려의 남정을 계기로 낙동강 동안 지역에 대한 신라의 장악력이 강화되자 낙동강 교통로는 그만큼 위험부담이 커졌을 것이다. 그래서 가라의 주도하에 그 쪽과 더불어 남해안 쪽으로의 교통로를 다원화하

....

83 權鶴洙, 1993, 「伽耶의 複合社會 出現」, 『韓國上古史學報』 13, pp. 289~290.

84 가야 및 그 이전 삼한 시기에 왜에 철 수출을 한 대가로 소금을 수입하였을 가능성에 대해서는 경북대 朱甫暾 교수의 교시를 받았다. 앞으로 남해안 지역에 대한 고고학적 조사에서 대대적 제염 유적이나 제염 토기 등의 적극적 증거가 나오기 전에는 일단 이런 가능성을 상정할 수 있다고 본다. 또 그런 증거들이 나온다 해도 여전히 왜의 소금 공급 가능성은 남는다 하겠다.

기 위해 기존에 개척되어 있었던 황강 – 남강 상류 – 섬진강 – 남해안의 교통
로를 더욱 공고히 확보하는 차원에서 그런 결속이 이루어졌을 것이다.

그 과정에는 필요시 이 지역들에 대한 군사 활동(무력행사)도 벌였을 것
인데 5세기 전반의 지산동 32호~35호분에서 주인공의 武的 성격이 강하게 나
타나는 점은 그런 추정을 간접적으로나마 뒷받침한다고 볼 수 있다. 또 이와
관련해 그 線形 교통로의 요소요소에 위치한 각 지역 고분군의 규모를 평면적
으로 비교해 보면 最先端 지역인 남원 지역의 고분군이 가장 규모가 크고 다음
이 함양 지역 등으로 해서 고령 쪽으로 오면서 축소되는 경향이 보인다. 이런
현상은 각 지역에 대한 가라의 기미력이 거리에 반비례한 점과 더불어 교역로
상의 위치에 따라 각 지역이 얻은 이득이 상대적으로 달랐음을 시사한다.

그런데 황강 하구에 위치함으로써 역시 상호 교역에 절대적으로 유리하
였을 옥전의 다라가 이때 이런 연맹구조 속에 편입되었는지의 여부가 문제
이다. 이 지역에는 가라가 다른 지역보다도 일찍이 접근한 흔적이 나타나지
만 5세기 중기까지 별다른 진전을 보지 못한 느낌이 있다. 오히려 5세기 전반
의 M2호와 M1호 고분의 창녕양식 토기류와 M1호의 로만글라스 杯에서 보
듯이 낙동강 이서에 교두보를 확보하려는 신라가 先端地 창녕의 세력을 통해
이 지역 수장층에게 적극적 회유 공세를 펴는 가운데 가라의 영향력은 주춤
해 버린 듯하다. 그래서 이 단계에서 다라는 아직 대가야연맹체 내에 포함된
것은 아니나 이른바 지산동형 등자[85] 등이 나타내듯이 상호간에 밀접한 관계
는 있었다고 본다.

그러나 다음 단계의 5세기 3/4분기로 가면 형세가 바뀌어 창녕토기는 사
라지고 고령양식 토기가 일부 재지계 토기와 함께 주류를 이룬다. 그런데도
이 지역에 대한 신라의 집요한 외교 공세는 지속되는바, 창녕식의 耳飾 등에
서 그 점을 엿볼 수 있고 그런 신라의 노력은 대체로 5세기 말 또는 6세기 초
까지 계속되어 M6호분의 관류 등에 반영된 것이라고 생각된다. 또 이는 한편

....

85　申敬澈, 1989, 「伽耶의 武具와 馬具—甲冑와 鐙子를 중심으로—」, 『國史館論叢』 7, pp. 1~34.

으로 다라가 이렇게 5세기의 3/4분기에 대가야연맹체의 구성원이 된 이후에
도 단계별로 여타 지역에 비해 상대적으로 높은 독자성을 保持하였음을 나타
내는 증거라고 판단된다. 그런 독자성은 이 지역 특유의 유자이기가 또한 상
징하고 있다.

가라가 주도하는 대가야연맹체에 다라가 다른 지역보다도 더 큰 독자성
을 가지고 뒤늦게 합류했던 데는 나름대로의 이유가 있었을 것이며 그 원인
제공자는 아무래도 가라였을 것 같다. 즉 다라는 낙동강로에서 내륙 배후지
로 통하는 길목에 위치한 이점을 이용하고 막강한 군사력[86]을 배경으로 그 지
역을 통과하는 交易團으로부터 통과세 등 막대한 이득을 취해 오던 터였으
나, 5세기의 중기에 가라가 대가야연맹체 구성을 통해 섬진강로를 확보함으
로써 일차적으로 어느 정도 타격을 받았을 것이다. 그래도 가라는 신라가 낙
동강과 황강 하류를 통해 다라에 접근함을 직접 차단할 수는 없었을 것이다.
이런 까닭에 가라는 다시 5세기의 3/4분기에 이르러 황강 중류 쪽 반계제고
분군 지역을 확실하게 장악함으로써 다라가 황강의 중·상류 지역과의 교역
에서 얻는 이익에 중대한 위협을 가하였고, 그 결과로 다라가 어쩔 수 없이
대가야연맹체 내에 들어온 것이 아닌가 한다.

또 5세기의 3/4분기가 되면 대가야 권역 내의 구성국 일부와 가라 사이
의 관계에도 중대한 변화가 일어난 것으로 생각된다. 즉 기존의 연맹 관계에
서 간접지배로의 변화이다. 그 예로 반계제 지역을 들 수 있다. 거기서는 수장
층의 중대형 고총이 처음으로 조영되면서 고령양식 토기가 일색으로 부장되
며 그 하위 집단의 고분군에서도 마찬가지 양상이 나타난다. 이는 가라가 이
지역 주민의 계급화를 촉진하고 그에서 구성된 새로운 수장층 집단을 통해
일대를 간접 지배하기 시작한 증거로 해석되는 것이다. 그리고 그 범위는 거
창 일대까지 미쳤을 가능성이 있다. 당연한 일이지만 대가야연맹체의 그 나
머지 지역에 대한 가라의 羈縻力도 전보다 강해졌을 것이다. 바로 그런 관계

....

86   옥전고분군 출토 유물 전반에서 느껴지는 무기의 강세는 이를 의미하는 것으로 해석할 수 있다.

를 배경으로 가라 국왕 荷知가 다음 단계의 초두인 서기 479년에 독자적으로 중국에 사신을 파견할 수 있었을 것임은 물론이다. 그리고 그 경로는 위에서 추정한 교역로를 따른 것이었을 가능성이 아주 크다.

다시 5세기의 4/4분기가 되면 확실한 조사 예로서 함양 지역의 주된 고총군(백천리고분군)의 토기가 고령양식 일색이 되고 아마도 그 하위 취락의 고분군이었을 상백리고분군에서도 마찬가지 현상이 일어난다. 그리고 함양과 남원 지역의 밀접한 관계로 미루어 늦어도 5세기 말에는 남원 지역도 마찬가지였을 것으로 추정된다. 그렇다면 5세기 말에는 대가야의 성격이 완전히 바뀌었다고 할 수가 있다. 즉 연맹체로서 시작했던 대가야가 변화를 거듭해 이제 권역 내 대부분 지역이 가라의 간접지배 하에 들어간 것이다. 이는 곧 대가야가 일종의 領域國家化하였음을 의미하며 이로써 가라의 역사 발전에서 실로 중대한 변화가 이루어진 것이다.[87] 반면에 이런 가운데서도 다라는 상당한 독자성을 계속 유지하였다고 생각되며, 그 점은 창녕을 통한 신라의 회유 공세가 어떤 의미에서는 극에 달한 듯한 느낌을 주는 신라식 관류의 부장(M6호분)에서 엿볼수 있다.

6세기의 1/4분기가 되면 가라가 중심지 고령에 가까운 지역을 직접 지배하기 시작한 증거가 나타난다. 즉 확실한 예로서 반계제 지역을 들 수 있다. 여기서는 중대형 고총 수장묘가 이 분기의 어느 시점부터 축조되지 않는바, 이는 이 지역이 가라의 직접지배 하에 들어간 사실을 가리킨다고 해석된다. 이런 직접지배의 범위가 어디까지였는지는 현재의 자료로 전혀 알 수가 없는데, 아마도 그 다음의 후보지로는 거창 지역이 될 수 있을 것이나 그 여부와 시기에 대한 판정은 앞으로의 조사 결과에 맡길 수밖에 없다.

....

87 대가야연맹체론은 이런 해석에 대한 反證으로 임나부흥회의 참가국의 독자성을 내세울 수가 있다. 그러나 그 참가국들 중 위치가 확실한 것은 얼마 되지 않으며 황강 – 남강 – 섬진강의 교통로 지역에 확실히 비정되는 것은 별로 없다. 또 그 회의 참가국이라 해서 반드시 모두가 독자성을 가졌다고만 하기도 어렵다. 예컨대 「양직공도」에서 상기문, 하침라는 이미 백제에 조공하는 國인데도 주요 방국으로 열거되고 있는 것이다. 덧붙여, 여기서 개념상 일괄해서 간접지배라 부르기는 하지만 지배의 강도나 방식은 여러 가지였을 것이므로 그에 대한 구명이 앞으로의 과제임을 지적해 둔다.

한편 이 단계에 와서 대가야는 합천 삼가 지역도 포괄하게 되는 것 같다. 다만, 토기 조합상으로 보아 연맹 관계일 뿐 간접지배 하에 넣은 것 같지는 않으며 그것은 다음 단계에 이루어지는 것 같다. 좀 더 확실한 것은 역시 앞으로의 체계적 조사에 달려 있다.[88] 그리고 대가야의 영향력이 이 단계의 말 이후 어느 시점에 의령 지역에도 미쳤을 가능성이 있지만 그 여부 또한 마찬가지이다. 다라에 있어서의 상황은 전 단계와 크게 다를 바가 없는 것 같으나 M4호분의 고령식 묘곽 구조에서 보듯이 가라와의 어떤 單發的 관계[89] 등을 계기로 대가야권 내의 중요 一國이면서 이전보다 더 가라에 밀착되어 간 것으로 생각된다. 다라의 독자성은, 520년대 초의 사실을 전하는 「梁職貢圖」 百濟國使傳에 백제의 주요 旁國으로서 반파(가라)와 더불어 열거되고 있는 점에서도 단적으로 나타난다.

이 「양직공도」의 백제 방국에 관한 기사는 다른 점에 관련해서도 고고학적 자료와 더불어 이 시기 이후 대가야의 모습을 엿보는 데 매우 중요하다고 생각되는데, 그것은 곧 己汶에 관련해서이다. 기문에 관한 정치적 추이를 비교적 자세히 전하는 『일본서기』만을 기준으로 한다면 계체기에 나오는 己汶·帶沙를 둘러싼 백제와 대가야의 대립 이후 기문이 백제의 손에 넘어간 것으로도 보인다. 또 이를 근거로 그 이후 대가야가 쇠퇴의 길을 걸은 것으로 보기도 하나, 문제는 그에서 말하는 기문이 과연 어디까지를 포괄하느냐이다. 즉 쇠퇴설에서 이 기문이 즉 남원이라거나 남원까지를 포함하는 지역인 것으로 상정하는데 과연 그렇게 보아야 할 것인가 하는 의문이 있는 것이다.[90]

기문에 관한 다른 자료로 于勒 12曲名 가운데 上·下奇物의 기물이 기문

....

88 [補註] 삼가고분군 지역의 통시적 변화상은 앞의 주 70의 補註에 열거된 보고서들에 대한 정밀한 분석과 해석을 해야 도출될 수 있을 것이다.

89 穴澤咊光·馬目順一, 앞의 논문, p. 70에서는 이와 비슷한 상황인 창녕 교동고분군 중의 한 적석 목곽묘(12호분)에 대해 경주 세력과의 결혼관계에 의한 것으로 추정한 바가 있다.

90 설사 그렇다고 하더라도 이를 그 이후 대가야가 쇠퇴한 근거로 삼기는 어렵다고 본다. 아래에서 보듯이 고고학적 측면에서는 그 이후에 오히려 대가야의 세력이 전체적으로 확대됨을 말해 주는 증거들이 나타나기 때문이다.

을 가리킨다면 기문 지역이 상하로 나뉘어 있었다고 할 수 있고, 또는 상중하의 三기문이 운위된 예도 있다.[91] 그런데 앞에서 보았듯이 섬진강 중류의 남원 지역과 상류의 임실, 장수 지역 등은 지리적으로 각기 구분되는 지역들이면서 모두 가야계 석곽이 분포하고 일부 고령양식 토기의 출토가 확인되고 있다. 따라서 그때 다툼의 대상이었던 기문이 반드시 남원까지를 포함한 섬진강(기문하) 지역 전체가 아니고 그 일부일 가능성이 얼마든지 있는 것이다.

이런 인식을 바탕으로 이제 「양직공도」로 돌아가면, 백제의 방국으로서 上己文과 下枕羅가 열거되어 있는바, 이 상기문이 문제가 된다. 만약 여기서의 '상'기문이 '하'침라의 대비로 쓰인 것이 아니라면 곧 그대로 여러 기문 중의 '상'기문으로서 남원 지역보다는 임실 등지를 가리킬 가능성이 농후하다. 침라는 이미 동성왕대에 백제에 조공을 하는 것으로 나오므로 백제의 간접지배 하에 있었다고 여겨짐에도 「양직공도」에 방국으로 열거되었다. 이와 마찬가지로 6세기 초에 대가야와 백제가 다투다가 결국 백제의 수중에 들어간 것으로 해석되는 그 기문은 바로 이 상기문으로서 그 이후 백제에 의해 간접 지배되기 시작하고 백제의 남부 지역 통치에 관련해 중요시된 까닭에 그처럼 열거되었다고 볼 수 있는 것이다.

그러나 여기서의 '상'이 그냥 '하'침라의 대응이라면 이런 해석은 반드시 성립하지는 못한다. 그러나 그렇다 해서 그 기문이 꼭 남원 일대까지를 포괄한 것이었다는 해석 또한 그대로 성립하는 것은 아니다. 왜냐하면 고고학적으로 볼 때 남원 두락리고분군에서 고령양식 토기가 6세기의 2/4분기에도 의연히 출토되고 또 하위 취락의 고분군인 건지리고분군의 토기상도 대략 같은 양상을 나타내고 있기 때문이다. 그래서 여기서는 대가야가 멸망 시까지 남원 지역(운봉고원 일대)을 영역으로 포괄하고 있었던 것으로 보고자 한다.[92]

6세기의 2/4분기에는 진주의 수정봉·옥봉고분군에 고령양식 토기가 재지계 토기 또는 백제계 토기와 함께 나오고 함안에서도 함안양식 토기가 주

....

91   『新撰姓氏錄』吉田連條.
92   [補註] 기문과 대사에 대한 좀 더 진전된 논의는 본서 제6장을 참조.

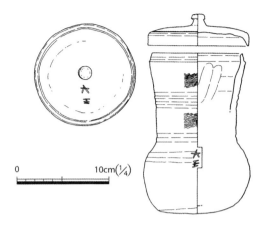

그림 13 '大王' 銘 토기

류를 이루는 가운데 진주, 고령식의 토기가 함께 나온다. 이로 보아, 후술하듯 이 540년대의 임나부흥회의 이후 대가야는 이 지역들과도 연맹 관계에 들어 갔다고 생각된다. 그런데 진주의 경우 수정봉·옥봉의 하위 취락 고분군이라 할 수 있는 가좌동고분군에는 고령양식 토기가 나오지 않아서, 고령과 진주 의 연계 관계는 다만 수장층을 중심으로 한 연계로서 대가야 권역 내 다른 지 역과의 연맹 관계와는 달랐던 것으로 추정한다.

어떻든 이 단계에서 가야 전체가 그야말로 한 연맹을 이룬 것이 아닌가 하는 것이다. 물론 그 주도국은 대가야였을 가능성이 크다. 즉 고령양식 토 기가 확산되는 초기에 다라 지역에서는 고령토기가 나오되 고령에서는 다라 의 토기가 나오지 않고 또 대가야권이 확대되어 가는 과정에서도 내내 그러 한 양상을 띠며 여기 이 경우도 그러해서 마치 일방통행과도 같은 양상을 보 이는 점에서도 그렇게 말할 수 있다. 대가야의 왕은 이런 사정을 배경으로 해 서 아마도 내외에 大王을 칭하였을 것인데, 그 점은 '大王'銘 토기(그림 13) 가 생생하게 보여 준다.[93] 그 출토지는 확인되지 않지만 이 시기의 고령양식 토기임은 분명하다. 단, 이 토기는 대가야에서 대왕의 칭호가 늦어도 이때에

....

93   이 실측도는 일본 大阪大에 유학중인 박천수 씨가 작성, 제공한 것이다.

는 사용되었음을 가리킨다고 보아야 할 것이다. 또 이런 가라의 強盛과 더불어 대가야 권역 내에서 가라가 직접 지배하는 지역의 범위도 앞 시기보다 더 넓어졌을 것이다.

한편, 이 시기의 말 또는 6세기 3/4분기 초의 고령양식 토기인 '下部'銘 토기는 대가야 권역 내의 통치 구조 또는 고령과 지방 간의 관계를 직접 나타내는 자료로서 지극히 중요하다. 이 토기가 출토된 곳은 이미 6세기의 1/4분기에는 가라의 직접지배 하에 들어간 반계제 지역이라서 그 점만을 생각하면 가라가 원래의 반파국 이외에 새로이 직접 지배하게 된 지역을 상대적으로 '하'부로서 지칭하였을 가능성이 점쳐진다.

그런데 이 토기가 관련된 고분에서는 옥전 지역 특유의 유자이기가 출토되고 또 같은 저포리 E지구 고분군의 그 이후 시기 고분 몇 기에서도 같은 계통의 유자이기가 출토됨이 주목된다. 그 현상이 어떤 연유에서 생긴 것이건 그것을 혹시 고분 주인공들의 出自에 관계되는 증거로 해석할 수 있고,[94] 또 만약 우륵 12곡명 중의 上加羅都는 고령, 하가라도는 다라를 가리킨다는 해석이 성립한다면, 양자를 결부지어 이 下部가 아마도 540년대 이후로 대가야 권 내의 多羅 지역과 관련되어 붙여진 명칭이었을 것으로 해석할 수가 있다. 여기서 꼭 어느 쪽인지 정하기는 어렵지만 후자 쪽이 다소 구체적이라는 점에서 더 설득력이 있다 하겠다.

이상에서 5세기 1/4분기 이후로 고령양식 토기가 여러 지역으로 확산되고 또 각 지역 고분군에서 고령양식 토기의 출토 양상이 변화하는 과정을 추적함으로써 시간의 흐름에 따라 고령을 중심으로 한 대가야의 권역이 확대되고 그 성격 또한 변모한 사실을 추론하였다. 그리하여 지금까지 대가야권 내 정치체들의 관계를 막연히 연맹 관계로만 설정함으로써 대가야가 1세기 이상의 기간 동안 변치 않은 정치적 집합체인 것처럼 停滯的으로 파악하였던

....

94 억측을 한다면 옥전의 다라인들이 이 지역에 徙民된 때문에 그런 현상이 나타나는 것으로 해석할 수 있다.

데서 한 걸음 나아가 시간의 추이에 따른 대가야의 역사적 발전상이나 변화상을 다소나마 역동적으로 더듬어 볼 수가 있었다. 이런 기본 틀에 살을 붙여 대가야의 모습을 좀 더 생생하게 그려 내는 작업은, 앞으로 문제 지향적 발굴을 통해 새로운 자료를 축적하고 이를 기존의 고고학 자료와 함께 더욱 정밀하게 분석, 종합함으로써 이루어 나가야 할 것이라 생각된다.

3. 대가야권의 축소, 소멸—가야의 멸망에 관련하여

앞에서 본 바와 같이 대가야는 6세기의 2/4분기에 적어도 남원의 운봉고원 일대까지를 세력권으로서 계속 유지하였다. 그런 대가야의 권역이, 가야의 멸망년으로 되어 있는 562년(또는 559년)을 전후해 거의 일시에 와해, 소멸하였는지 아니면 그 전에 어느 정도의 축소 과정이 있었는지, 또 있었다면 어느 방면으로부터였는지는 쉬이 알기가 어렵다. 그러나 한 가지 분명한 사실은, 그에 관한 단서는 지금까지 알려지거나 향후 드러날 고고학적 자료에서 많은 부분이 찾아질 것이라는 점이다.

그런데 대가야의 일부 지역에서 아마도 가야의 멸망년보다도 약간 앞선 시기에 고령양식 토기가 신라양식 토기로 교체되었을 가능성이 있음을 앞에서 보았다. 그래서 여기서는 대가야의 권역 전체가 거의 일시에 와해되었다기보다는 그 전에 다소의 축소 과정이 있었을 것으로 상정하고, 미미하나마 그간 드러난 고고학적 증거 자료와 일부 문헌 사료, 그리고 가야 지역의 지리적 특성 등을 근거로 삼아 그 문제에 접근해 보고자 한다. 단, 당연한 일이지만 이 문제가 대가야만이 아니라 근본적으로 가야 전체의 멸망 과정에 관련된 것이기 때문에 그런 맥락에서 논의를 진행한다.

지금까지 대가야 권역에서 고령양식 토기와 신라양식 토기가 교체되는 때는, 거의 모두가 문헌상 가야의 멸망연대로 되어 있는 서기 562년을 근거로 해서 대개 그때쯤으로 잡고 있다. 기실, 이런 연대 비정의 근저에는 알게 모르게 가야 전체가 거의 일시에 멸망했다고 보는 인식이 자리 잡고 있다. 가야 제국의 구체적 멸망 순서나 과정을 전해 주는 문헌 사료가 거의 없는 현실에서 어쩔 수 없는 일인지도 모르겠다.

그러나 앞에서 제기하였듯이 합천 삼가고분군, 창리고분군 또는 저포리고분군을 대상으로 대가야양식에서 신라양식으로 교체되는 시기의 토기 자료들을 비교할 때 삼가고분군 자료가 미세하나마 이르지 않은가 하는 시간차를 느낄 수가 있다. 또 적어도 이들 중 가장 이르다고 생각되는 것의 연대를 검토할 때 562년(또는 559년)보다 이를 가능성이 엿보인다. 그리고 대가야권 이외의 낙동강 이서 지역 몇 곳에서 출토된 신라토기들이 분명하게 6세기의 전반대로 거슬러 올라가는바, 그것들을 단순히 당시 가야와 신라 지역 사이에 벌어진 문화 교류의 소산이라고 해 버릴 수는 없다. 그래서 이런 고고학적 현상들을 포괄적으로 설명해 줄 수 있는 어떤 해석 모델 또는 틀이 필요하다고 본다.

우선 대가야 지역에서 최초로 등장한 신라양식 토기류의 절대연대에 관해 간략히 검토해 보기로 한다. 이 지역 자체에서 이 토기들의 연대를 직접 일러주는 자료는 없다. 그래서 신라양식 토기의 근원지인 경주 지역 토기의 연대를 참고할 수밖에 없는데, 그것의 연대도 확정적 근거를 가진 것이라고 할 수는 없어 약간의 불안은 남지만 현재로서는 다른 방도가 없다.

가장 많이 출토되는 기종인 短脚 유개식고배 또는 유개盒을 보자. 경주 지역에서 이 기종이 지닌 절대연대의 一端은 황룡사지 출토 자료가 제시한다. 황룡사는 『삼국사기』『삼국유사』에 따르면 553년 건조되기 시작되어 566(569)년 완성된 것으로 되어 있는바, 그간의 발굴에서 확인된 1차 가람이 완성된 해가 그때라고 해석되고 있다.[95] 황룡사지 발굴에서는, 황룡사 건축 시에 일대의 原地盤이 늪지라서 일단 매립 축토해 대지를 조성한 후 1차 가람을 건립한 것으로 밝혀졌는데, 그 늪뻘, 매립토, 臺地 築土 등에서 해당 시기의 토기상을 보여 주는 자료들이 출토되었다.

....

95   崔秉鉉, 1984, 「皇龍寺址出土 古新羅土器」, 『尹武炳博士 回甲紀念論叢』, p. 239.

여기서 문헌기록의 연대와 발굴 유구의 해석을 그대로 받아들인다면 늪 뻘 속에서 출토된 토기는 제작연대의 하한이 553년이다. 그리고 매립토 속의 토기편들이 황룡사지 늪뻘 속에 폐기된 연대는 상한이 553년이면서 그에서 그리 멀지는 않을 것이고 제작 연대는 최소한 그 이전으로 거슬러 올라간다. 그중 일부는 553년 이전으로 올라갈 수도 있다. 대지 축토층 중의 토기들은 이론상으로는 매립토 속의 것보다 다소 늦지만 큰 시차가 없을 것이다. 따라서 이상의 토기류들, 그중에서도 앞의 둘은 대략 가야 멸망년 이전의 연대를 가진 토기로 보아도 별무리가 없다 하겠다.[96]

주로 유개식고배 또는 유개합인 그 토기 자료들을 통관할 때 연대의 비교 기준으로 삼을 수 있는 속성은 뚜껑받이와 뚜껑받이턱의 형태라 하겠는데, 후자가 수평으로 뻗은 것도 한 점 있지만 다른 두 점은 그렇지 않고 다소 위로 쳐들려 있으며 안으로 많이 기울어진 뚜껑받이와 함께 뚜렷한 홈을 만들고 있다(그림 14). 이런 점에 주목하면서 삼가고분군 자료 중 1-D, 2-C 유구에서 출토된 것들을 보면, 턱이 거의 수평으로 뻗은 것이 많고 뚜껑받이도 거의 곧바로 서 있는 것이 있다(그림 7의 5~7과 10~12).

그런데 이 시기의 유개합 또는 고배의 이 부위는 시간에 흐름에 따라 뚜껑받이가 곧바로 선 것에서 안으로 점차 기울어지고 턱도 수평의 것에서 위로 쳐들린 형태로 변하는 것으로 파악된다.[97] 같은 황룡사지에서 출토되었으나 情況上 이상의 자료보다 분명히 다소 늦은 시기의 토기들인 폐토기묻이의 토기[98]에서는 거의 대부분이 늦은 시기의 형태를 보이는 데(그림 14)서 그런 추세는 뒷받침된다. 그렇다면, 아직 자료의 수가 극히 적어 약간 주저되기는 하지만 적어도 삼가 고분 1-D호 및 2-C호 유구에서 출토된 유개합류에 대

....

96 다만, 이런 토층들에 대한 발굴이 전면적으로 이루어진 것은 아니기 때문에 혹시 국지적 현상을 황룡사지 전체의 토층에 잘못 결부 짓고 있을 가능성을 완전히 배제할 수는 없다. 그래서 자료의 연대 비정에 오류가 있을 수도 있으나, 일단 여기서는 이상의 해석을 전제로 한다.

97 崔秉鉉, 앞의 논문. pp. 241~242.

98 위의 논문.

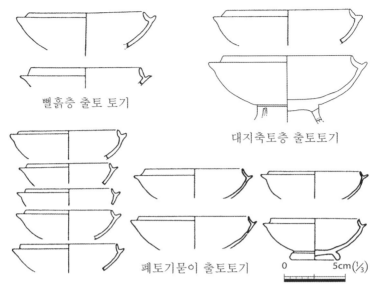

뻘흙층 출토 토기

대지축토층 출토토기

폐토기묻이 출토토기

0　　　　　5cm(⅓)

그림 14 황룡사지 출토 토기류

해서는 550년을 전후한 연대를 비정할 수 있고 늦다고 해도 거기서 그리 멀지 않다고 말할 수 있다. 다음으로, 삼가 1-D호 유구에서 출토된 부가구연장경호도 지금 당장 근거를 말하기는 어렵지만 형태상으로 본다면 이 기형의 것들 중에서 古式의 요소를 갖추고 있는 것으로 판단된다.

따라서 이 자료들은 기존에 알려진 가야 멸망년 혹은 대가야 멸망년보다 앞선 시기에 이 지역이 신라에 복속되었을 가능성이 있음을 나타내게 된다. 나아가서 여기서 확실하게 논증하기는 어렵지만 창리고분군이나 저포리고분군 지역도 그러하였을 개연성이 있다. 만약 이상의 추론이 옳다고 한다면 이는 대가야권의 축소 과정에 관한 중요 단서가 된다. 그리고 대가야권 이외의 지역에서 나온 가야 멸망 이전의 신라토기 자료와 대개 530년대까지 멸망한 것으로 추정되는 가야국들에 관한 기사를 合體해 가야의 멸망과정에 관한 하나의 가설을 구성하는 데 유력한 근거가 될 수 있다.

가야 전체의 멸망은 결국 당대의 주도 세력 대가야의 근거지였던 고령지역이 신라의 수중에 들어감으로써 단기간 내에 이루어졌을 것이지만, 그러했다 해서 그때까지 낙동강 이서의 가야 제국이 모두 온존해 있었다고 볼 하등의 이유는 없다. 문헌사료에서 대개 530년대의 사실로 생각되는 南加羅, 㖨己呑, 卓淳의 멸망 기사가 그것을 바로 말해 준다. 이 중에서 뒤 두 國의 위치는 알려져 있지 않지만 아마도 그 후 신라가 가야를 복속하는 데 전략상 중요한 위치에 있었을 것으로 추정된다. 540년대 초에 이른바 임나부흥회의가 열린 계기가, 탁순을 병합한 신라가 그를 거점으로 주변 가야 제국에 대한 외교·군사 양면의 공세를 펴 나간 데 있었을 것으로 추정할 수 있기 때문이다. 그에 대해서는 탁순및 탁기탄의 위치 등과 관련해서 후술한다.

신라의 입장에서 보면 낙동강을 건너 곧바로 고령을 먼저 함락시킴으로써 나머지 가야 세력의 복속을 도모함이 정공법이라고도 할 수 있지만, 이는 그만큼 가장 어려운 방법이라 할 수밖에 없다. 현재의 고령군 내에 소재한 고분군이나 城址 등이 대가야의 治所가 소재했던 고령읍을 북쪽과 동쪽, 그리고 남쪽에서 겹겹으로 둘러싸듯이 분포함으로써 그 외곽 방어 체계가 더 없이 견고하였을 것임을 보여 주는 데[99]서도 그런 점이 시사된다 하겠다. 그리고 가야 지역 전체의 복속이라는 대목표를 두고 볼 때 종국적으로 고령의 복속이 이루어져야 함은 물론이지만 그렇다고 해서 고령의 복속이 어디보다도 먼저 이루어져야 하는 것은 아니다.

오히려 그에 앞서 상대적으로 약한 지역이되 가야 전체의 결속력을 곧바로든지 장차라도 약화시키는 데 유리한 위치에 있는 지역들을 외교적으로 회유해 親新羅化하든지 군사적으로 직접 복속해 가면서 기회를 기다리는 편이 전략상 더 효율적이다. 신라가 다라를 집요하게 외교적으로 공략하려 했던 것도 크게 보아 낙동강 이서에 가야 정복의 교두보를 마련하려는 對伽耶 전략의 일환이었을 것이고, 좀 더 좁혀 본다면 대가야의 주변부를 약화시키려는 시도였을 것이다. 만약 이런 시도가 성공했을 경우 그 지역을 발판으로 세력을 확대해 고령의 서쪽 배후를 약화시켜 戰線을 다변화함으로써 고령 핵심부의 방

....

99 金鍾徹, 1986, 「高靈郡 文化遺蹟調査」, 『伽耶文化遺蹟保存및 自然資源開發計劃』, 慶尙北道·慶北大博物館, pp. 1~109 참조.

어력을 분산시키는 것이 또한 다음 단계의 목표였다고 상정할 수가 있다.

이 문제에 관련해서는 가야 지역 전체의 지리와 그와 연관된 제 세력의 권역 분포상을 다시금 주목할 필요가 있다. 낙동강의 지류인 황강과 남강은 가야 지역을 크게 가로로 셋으로 나누고 있는바, 앞에서 보았듯이 대가야의 권역은 현재까지의 자료에 의하는 한 거의 황강의 流路를 축으로 하며 대개 그 이북 지역과 일부 그에 가까운 남쪽 지역으로 되어 있다.

대가야와 더불어 가야의 양대 세력이라 할 함안 세력(아라가야)의 권역을 나타낸다고 볼 수 있는 함안양식 토기의 분포는 의외로 좁아 대개 남강 이남으로 한정되고 있다.[100] 남강의 하류에 해당하는 함안 일대에서 그 강폭은 상당히 넓어져서 양안의 지역을 남북으로 갈라놓는 역할을 하였을 것이며 아마도 아라가야의 권역 한계는 그와 깊은 관계가 있을 것으로 생각된다. 한편 함안식 토기의 분포는 서쪽으로도 그다지 멀리 나가지 않고 현재의 진주에 못 미치고 있다.[101] 오히려 서쪽의 진주·고성·사천 일대와 산청의 남부 등 남강의 중류역을 중심으로 하는 지역에는 또 하나의 공통된 토기의 분포권이 나타나고 있다.[102]

이리 보면 대가야와 아라가야 사이 지역이면서 낙동강 서안 및 남강 하류의 북안에 해당하는 지역인 현 의령군 일대는 두 쪽(또는 세 쪽)의 세력이 모두 약하게 미치는 지대로 남게 된다.[103] 의령 지역은 아직까지 고고학적으로 조사가 별로 안 되어 이런 사정 판단은 상당히 유동적이다. 그러나 현재로서는 대가야와 아라가야 둘 다의 힘이 강력하게 미치지는 못한 지역으로 파악해야 할 것 같으며, 그래서 이 지역의 세력은 어떤 측면에서는 그를 배경으로 존립했던 것으로 추정할 수 있다.

....

100   金正完, 앞의 논문.
101   위의 논문.
102   趙榮齊, 1985, 앞의 논문.
103   이렇게 본다고 해서 의령 지역 정치체에 대가야의 영향이 미치지 않았다거나 이곳이 대가야권에 들어 갔을 가능성을 완전히 배제하는 것은 아니다. 단, 대가야 권역에 들었다 하더라도 삼가의 예로 보건대 6세기에 들어가서, 그것도 연맹국으로서였을 것이다.

즉 이 지역은 낙동강과 남강을 모두 낀 지역이라 前代부터 교역 등에서 대단히 유리하였을 것으로 생각되며, 황강 중하류에 위치한 세력들이 남으로 남강 쪽 지역과 통하기 위해서는 삼가 지역을 거쳐 이곳을 반드시 통과해야 하므로 그런 교통 요충지로서의 이점도 이 지역의 성장에 크게 기여하였을 것이다. 이와 같이 의령 지역은 여러 면의 정황으로 볼 때 가야 이전부터 중요한 한 세력이 자리 잡았던 지역으로 상정할 수 있으나 사실 여태껏 별다른 주목을 받지 못하였다.[104]

그런데 이제 거꾸로 신라의 입장에서 보면 의령 지역은 가야 복속에서 전략상 지극히 중요한 지대임이 정말로 명백하다. 신라가 낙동강을 건너 가야로 진출하고자 해도 북쪽에는 가장 강대한 고령 세력이 가로막고 있고 그 아래 황강 입구에는 다라가 버티고 있다. 다시 의령군 지역을 건너뛰어 남쪽에는 아라가야라는 강대 세력이 있다. 그래서 신라가 532년에 김해 지역의 남가라를 완전 복속시켜 낙동강 하류를 兩岸에서 장악하는 전략상 중요한 이득을 얻기는 했어도 그 김해를 서쪽 가야의 정복에 직접적 교두보로 삼지는 못하였다.

이렇게 볼 때 신라가 가야로 진출하는 데서의 최선책은 고령, 옥전, 함안의 세 지역 중 어느 한 곳이라도 복속시키는 것이지만 그것이 여의치 못해 우선 낙동강 서안의 어느 한 곳만이라도 확보하고자 한다면 그 후보지는 현재의 의령군 지역뿐이다. 그러면서 일단 장악했을 경우 예기되는 전략상의 이점은 막대하다. 먼저, 이 일대의 낙동강을 양안에서 완전히 장악함으로써 황강 중하류 대가야 세력과 남강 하류 아라가야 사이의 낙동강을 통한 교류를 완전히 차단할 수 있다. 또 두 세력이 육로로 통할 수 있는 最短距離路도 가로막게 된다. 동서로 길게 자리 잡은 가야의 서쪽 방면으로 신라가 진출하는 데 결정적 교두보 역할을 하게 됨은 물론이다.

더구나 이제 대가야와 아라가야 양 세력을 낙동강의 동쪽에서뿐만 아니라 각기 남쪽과 북쪽으로부터 압박할 수 있게 된다. 의령을 통하면 황강 입구

....

104 다만, 문헌 연구에서 동북쪽의 富林面 일대가 우륵의 출신지인 성열현으로서 옛 사이기국으로 비정되고 있으나 확실한 근거가 있는 것은 아니다.

의 강력한 집단인 다라와 맞닥뜨리지 않고 우회해 위쪽으로 나아가 황강 중
류역으로 진출할 수 있고, 그리되면 곧 고령의 배후가 되는 황강 상류 및 남
강 상류의 대가야 세력을 고령 세력으로부터 떼어 놓을 수 있는 전략상 엄청
나게 중요한 목표를 또한 노릴 수 있는 것이다. 그리고 의령을 복속시키면 남
강의 길목을 장악하게 됨으로써 남강 중류 및 그 위의 세력들에게도 간접적
압박을 가할 수가 있다.

　이제, 이상의 고고지리학적 증거와 정황을 고려하면서 탁순과 탁기탄의
위치와 멸망에 관련된 문제를 보기로 하자. 두 나라의 위치는 사실상 가야의
멸망 과정에 관한 핵심적 단서가 될 수 있어 대단히 중요하나 애석하게도 문
헌기록만으로는 그것을 곧바로 알 수가 없다. 그리고 지명의 音相似에 근거
한 위치 비정도 문제 해결에 거의 도움이 안 된다.[105] 그래서 여기서는 최근에
기존 설들에 대한 면밀한 분석과 힘들인 고증 끝에 탁순과 탁기탄의 위치를
각기 창원과 영산·밀양 일대에 비정한 견해[106]를 검토함으로써 이 문제에 접
근해 보고자 한다. 이 新說을 검토하는 중에 그 논증에 이용된 논리나 논거는
자연히 본고의 비정 근거로 탈바꿈하게 될 것이다.

　그런데 그 전에 탁순을 창원에 비정할 때 고고학적 견지에서 가장 문제
가 되는 점을 지적해 두고자 한다. 그것은 다름 아니라 최근까지의 조사로는
창원 일대에 뚜렷한 고총군이 없다는 점이다.[107] 가야 지역 전반의 고고학적
현상을 고려할 때 어떤 지역에 고총군이 존재하는지의 여부는 그 지역에 있
었던 집단의 사회적 진화 수준을 가늠하는 일종의 지표가 되는바, 창원 지역
에 그런 고총군이 없다고 하는 점은 탁순과 같은 주요 가야국을 비정하는 데

....

105　金泰植, 앞의 책, p. 183. 문헌에 나오는 여러 國의 위치나 각종 地名을 음상사로 비정하려는 노력은 별
　　　다른 방도가 없는 상황에서 시도하는 것이지만 원천적으로 그 근거는 지극히 박약하다. 다른 정황적
　　　증거와 결부될 때 다소의 개연성을 지닐 뿐이다. 앞에서도 말했듯이 국의 위치 비정에 있어서는 중대
　　　형 고총군 등 고고학적 증거가 우선적으로 고려되어야 한다고 본다.
106　위의 책, pp. 173~189. 이하 金泰植의 설에 관계된 내용에서 특별히 필요한 경우가 아니면 각주는 생
　　　략한다.
107　昌原大學 博物館, 1986, 『伽耶文化圈遺蹟精密調査報告書(昌原市·馬山市·義昌郡·宜寧郡)』.

중요한 장애 요소라 아니 할 수 없다.

그건 그렇고, 신설에서 탁순의 위치를 창원에 비정하는 데 이용한 문헌 자료를 보면,

(1) 『일본서기』 繼體紀 24년 9월조의 모야신과 관련된 구례모라성 기사 (毛野臣嬰城自固 勢不可擒. 於是 二國圖度便地 淹留弦晦 築城而還. 號曰久禮牟羅城).

(2) 동 欽明紀 5년 3월조의 구례산수 주변 신라 및 안라의 경작 기사(新羅春取喙淳 仍擯出我久禮山戍 而遂有之. 近安羅處 安羅耕種. 近久禮山處 斯羅耕種. 各自耕之 不相侵奪).

(3) 동 11월조의 백제 성왕 6성 수선 기사(竊聞 新羅安羅兩國之境 有大江水 要害之地也. 吾欲據此 修繕六城. 謹請天皇 三千兵士 每城充以五百并我兵士 勿使作田 而逼惱者 久禮山之五城 庶自投兵降首 卓淳之國 亦復當興).

(4) 「양직공도」 백제국사전의 백제 방소국 기사(百濟旁小國 有叛波 卓多羅 前羅 斯羅 止迷 麻連 上己文 下枕羅).

(5) 『일본서기』 신공기 49년조의 이른바 가야 7국 평정기사(俱集于卓淳 擊新羅而破之. 因以 平定比自㷨 南加羅 喙國 安羅 多羅 卓淳 加羅 七國) 등이다.

新說은 이 기사들을 나름대로 새로이 해석하고 종합해서 그런 위치 비정을 이끌어 내고 있는바, 여기서 일일이 그 논증을 반론할 수는 없고 핵심 되는 요점만을 들어 검토하기로 한다. 먼저 사료 (1)(2)(3)을 연결지어 고찰하는 데 가장 중요한 점은 久禮山戍·구례모라성의 위치인데 그 위치의 비정에 중요한 구절이 있으니 기사 (3)에서 신라와 안라의 경계에 큰 강물이 있다고 한 것이다. 이는 곧바로 낙동강을 지칭하는 것으로 보기가 쉽고 모두가 그것을 당연한 것으로 전제하는 것 같다. 그러나 그 큰 강물은 남강을 가리킬 수 있다는 점을 간과해서는 안 된다.

사료 (2)를 보건대 사료 (3)의 내용이 운위될 때는 이미 탁순이 신라에 복속되었다. 그러므로 (3)에서 신라와 안라 사이의 경계를 말할 때 그 신라의 영역에는 탁순이 포함되어 있다고 보아야 하며, 기사 (2)(3)의 정황은 그 큰

강물이 탁순 쪽의 신라와 안라 사이에 있음을 강하게 암시하고 있다. 그렇다면 우선 창원에 탁순이 있어서는 곤란하다. 창원과 함안 사이에는 그런 큰 강이 없기 때문이다. 결론을 미리 말하는 것이지만 탁순을 의령읍 일대로 비정한다면, 이 큰 강물은 낙동강보다도 남강이 되는 쪽이 순리에 맞다.

그리되면 낙동강설에 매달려 안라와 성왕의 6성 예정지를 낙동강 서남안(즉 함안, 창원 일대)에, 구례산 5성과 탁순은 그 동북안(창녕, 밀양 일대)에 구한다든지 하는 무리한 위치 비정[108]이 불필요해진다. 또 기사 (2)(3)에서의 정황으로 보아 구례모라성 근처이자 강 양안 근처의 땅을 가리킨다고 생각되는 안라·신라 양측 경작지의 作田·耕種에 관한 표현을 막연히 "큰 강과 같은 뚜렷한 경계가 없는 지역에 대한 구분 표시"라고 해석[109]하지 않아도 될 것이다.

또 신설에서는 사료 (2)로 보아 (동)신라 → 탁순 → 구례산수 → 안라(서)의 방향성이 인정되므로 구례산수는 함안의 동쪽에 있고 탁순은 구례산수의 동쪽에 있음을 추정할 수 있다고 하였다. 그리고 신라에서 함안과 창원 사이(좀 더 구체적으로는 칠원?)라고 추정한 구례산수로 오는 길은 김해에서 창원[110]을 거쳐 그에 이르는 것으로 보고 있다. 그러나 이 說은 우선 김해와 창원이 인접했으되 그 사이를 산지가 가로막고 있어 김해(東)에서 창원(西)으로 바로 올 수는 없다는 점을 간과하고 있다. 그래서 이 설대로라면 김해에서 칠원의 구례산수로 가는 데 창원 분지의 북쪽을 지나 곧바로 가지 않고 일단 창원의 북쪽을 돌아 남하해서 창원 분지로 들어갔다가 다시 서북쪽의 칠원으로 나가는 셈이 되어 이치에 닿지 않는다.

요컨대 구례산수를 칠원 쪽으로 비정하는 논거가 박약하고 그 논증에 창원을 개재시키는 것이 성립하기 어렵다는 것이다. 그리고 앞에서 설정한 동

....

108   金廷鶴, 1977, 『任那と日本』, 小學館, p. 279.

109   金泰植, 앞의 책, p. 185.

110   [補註] 이하에서 창원은 현재처럼 마산 및 진해와 통합되기 이전 창원시의 중심인 창원 분지(그림 15의 C)를 가리킨다. 이 그림은 李熙濬, 1999, 「신라의 가야 服屬 過程에 대한 고고학적 검토」, 『嶺南考古學』 25, p. 22의 〈그림 4〉를 독자의 이해를 돕기 위해 전재한 것이다.

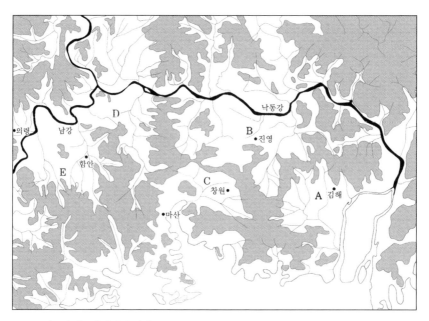

그림 15 낙동강 하류역의 지형 개략도

에서 서로의 방향성만 적용될 수 있는 것은 아니다. 탁순이 의령이라면 신라 (동) → 탁순(서) → 구례산수(서) → 남강쪽 함안(남)으로 설정해도 아무런 무리가 없다. 오히려 이렇게 될 때 기사 (2)에 관련해 구례산수를 의령읍에 인접한 서쪽의 山地로 하고 그 근처 남강 양안 가까이에서의 신라와 안라의 경작 사실을 설정할 수 있다. 그리하여 기사 (3)에 관련해 함안 쪽에서 남강을 건너 행하는 습격에 의한 '핍박'으로 북쪽 구례산수를 지키지 못하도록 함으로써 결국은 신라가 탁순을 포기하도록 한다는 방안이 지리적으로 이해된다.

한편 창원에 있던 탁순이 對倭交易에 유리한 입지적 조건을 차지하고 있었기 때문에 백제에 의해 주목되어 사료 (4)에서 다른 국들과 함께 언급되었다고 한바, 창원이 바다에 가까이 있기에 일견 타당해 보인다. 그러나 그 시기에 반드시 가야 남쪽의 남해안에서 출발해 왜로 갔다고만 보아서는 안 된다. 예컨대 『일본서기』 신공기 46년, 47년조에서 아마도 탁순에서 출발했을 백제 사신이 길을 잘못 들어 신라에 억류되었다는 것은 창원에서 바다로 나갔을 때의 사건이라기보다는 의령에서 낙동강을 따라 내려가다가 그런 일이 일어난 것으로 봄이 낫다.

그리고 백제가 탁순에 주목한 것은 탁순이 대왜교역에 유리한 위치에 있었기 때문이기도 하겠지만 가야 일원에서 전략적으로 유리한 위치에 있었기 때문이라 생각된다. 즉 사료 (5)로 판단하건대 탁순의 위치는 그곳을 거점으로 주변의 여러 지역을 공격하는 데 유리한 곳임을 상정할 수 있는데, 만약 탁순이 창원에 있다면 그곳은 한쪽으로 치우친 곳이 되어 반드시 유리하다고 할 수 없다. 백제가 이 기사의 주체 중에 들어 있다고 할 때, 백제군이 정확히 어떤 경로로 가야의 이 언저리에 도달하였는지는 알기가 어렵다.

다만, 지리로 보건대 아마도 남원(운봉고원)을 통해 남강 또는 황강을 따라 이곳에 도달하든지 아니면 섬진강 하구에서 남강 중류로 들어와 이곳에 도달하였을 것이다. 그렇다면 한쪽에 치우친 창원까지 들어가서 주변국을 쳤다고 하기는 부자연스럽다. 그보다는 주변 6국(또는 7국)이 모두 가까이 있게 되는 의령에서 그런 군사 행동을 펼쳤다고 보는 편이 더 낫다. 이 대목에서 그에 열거된 가야 7국이 모두 낙동강을 연하고 있는 점이 주목된다. 이 시기에 유독 이 7국이 열거된 것은 그들이 당시의 強國임을 나타낸다고 볼 수 있는바, 이는 낙동강을 이용한 교역이 당시 사회의 성장에 지극히 중요하였음을 간접적으로 나타낸다고 생각되는 것이다.

또 이때 이렇게 백제와 깊은 관련을 가진 것으로 시사된 탁순은 530년대에 멸망할 때까지 단순히 가야 제국 중 강국이었기에 「양직공도」에서 백제의 주요 방국으로 열거된 것만은 아니라고 본다. 540년대의 소위 임나부흥회의에 참가한 국들이나 가야 멸망 기사에 열거된 10국 가운데 「양직공도」에 그 이름이 오른 것은 얼마 되지 않는 점을 고려하면 탁순의 열거는 그만큼 탁순이 백제에 전략상 중요한 국이었기에 그런 것은 아닐까? 임나부흥회의가 열린 이유는 탁기탄, 남가라, 탁순이 연이어 신라에 복속됨에 주변 가야 제국과 백제가 크게 위기감을 느낀 탓이라고 하겠지만, 그 회의에서 백제의 성왕이 특히 탁순을 강조하는 느낌을 주는 것도 그 국이 가야 제국 내에서 백제와 어떤 특별한 관계에 있었음을 시사함은 아닌가 하는 것이다.

거기에 좀 더 상상을 보탠다면 백제가 가야의 제국과 교류하는 데 중심이 되는 국이 아니었을까 하는 억측도 가능하다. 혹시 기사 (2)에서 '우리' 구례산수라고 한 것은 그곳이 탁순 근처에 머문 백제의 세력(군사적인?)의 근거지 같은 장소였기 때문은 아닌가 하고 추측해 볼 수도 있다. 아무튼 여기서는 이와 같이 탁순을 의령읍 일대에 비정해 두고 앞으로의 고고학적 조사를 기대하기로 한다.

한편 탁기탄에 관한 기사로서 위치 비정에 참고 되는 것은 『일본서기』 欽明紀 2년조의 기사(其喙己呑 居加羅與新羅境際 而被連年攻敗 任那無能救援)이다. 앞에서 이미 언급하였듯이 탁기탄도 낙동강을 끼고 있는 國일 가능성이 아주 크다. 그리고 작은 나라라고 한 점(흠명기 5년 3월조)도 참고해야 할 것이다. 그런데 탁기탄이 가라와 신라 사이에 있다는 점이 주목된다. 여기서 가라는 고령을 중심으로 한 대가야를 가리킴이 분명하다.

탁기탄의 위치에 관해서는, 계체기에 나오는 伴跛의 축성 기사에 관련된 推封을 音 해석에 의해 밀양에 비정하고 그때(6세기 초)에 낙동강 이동에까지 미친 대가야의 세력이 그 지역에 '구축한 가야소국'이 탁기탄이 아닌가 하는 견해[111]가 제시되어 있다. 그러나 이는 도저히 수긍하기 어렵다. 이 설 자체가 탁순=창원이라는 설과 연계되어 있기 때문에 앞의 논증대로 성립하기 어렵지만, 이 글의 冒頭에 언급하였듯이 낙동강의 이동 지역은 6세기가 되기 훨씬 전에 이미 신라화하였던 것으로 상정되기 때문이다. 그것은 낙동강 이동에서 대가야 관련 유물이 정치적 의미를 부여할 수 있을 만큼 뚜렷하게 정형성을 가지고 출토된 예가 없다는 데서도 그러하다.

더욱이 탁기탄이라는 나라가 이때가 되어서 비로소 '구축'될 수 있다고 본 것은 가야 사회의 진화 과정에 대한 기본 시각의 측면에서도 수용하기 어렵다. 한 나라의 형성과 성장은 단기간에 이루어지는 성질의 것은 결코 아니며, 그 이전의 역사적, 사회적 축적의 결과물로서 나타나는 현상일 터이기 때

....

111 金泰植, 앞의 책, p. 188.

문이다. 그것은 어떠하든, 일단 탁기탄은 낙동강 이서에 위치한다고 보아야 할 것이다. 그렇다면 지금까지의 고령양식 토기 분포 정형을 보건대 낙동강 이서이고 대가야와 신라의 사이에 해당하는 곳은 의령군 일대뿐이며, 의령군 의 남부 의령읍 쪽은 탁순으로 비정되었으므로 낙동강에 연한 북쪽의 富林面 일대가 탁기탄에 비정될 수밖에 없다.

탁기탄이 매년 공격받아 패하는데도 임나가 구원할 능력이 없었기 때문 에 망하였다는 기사는 시사하는 바가 크다. 여기서 임나가 구원할 수가 없었 다는 표현은 그 지역이 지형상 다소 고립되어 외부로부터 사전에 긴급지원이 용이하지 않았다는 뜻이 아닐까 한다. 또 매년 공격받아 패하였다는 부분은 얼핏 납득하기가 어렵다. 일단 패하였다면 신라의 영역이 되어야 하는데도 그러하지 못했다는 뜻이기 때문이다. 그러나 이는 역시 탁기탄이 낙동강 이 서에 있어 신라가 강을 건너가 일단 격파했다 하더라도 가야 측 후원군의 공 격을 이겨 내면서 다소 고립된 상태에서 이 지역을 영속적으로 지배할 수가 없었다는 것으로 해석이 가능하다.

어떻든 부림면 일대는 이런 지리, 지형적 조건을 갖춘 지역이라 할 수 있 다. 사실 이 지역이 다소 협소한 곳이면서도 가야 7국 평정기사의 일국으로서 그 멸망 기사까지 남은 것은 이와 같이 낙동강을 끼고 전대에 크게 성장을 해 왔던 국이었음을 시사하는 것이다.

이렇게 탁기탄을 의령군 부림면 일대에 비정할 때의 한 가지 문제는 기 왕에 여기를 옛 省熱縣 내지는 斯二岐國으로 비정해 온 사실이다. 그렇지만 그런 비정에 음상사 이상의 확실한 근거를 찾기는 어렵다고 보이므로 크게 문제시될 것은 없다고 생각된다.[112]

이상에서 고고지리학적 논증을 토대로 탁순과 탁기탄을 의령 일대로 비 정하였는데, 이 가설이 기존의 고고학적 증거에 대해 설명력을 가짐을 보자.

....

112 [補註] 이런 맥락에서 음사와는 전혀 다른 논거로 우륵의 출신지 성열현을 의령군 부림면 일대가 아닌 고령군 관내로 본 견해(朱甫暾, 2006, 「于勒의 삶과 가야금」, 『악성 우륵의 생애와 대가야의 문화』, 고 령군 대가야박물관·계명대학교 한국학연구원, pp. 56~60)가 주목된다.

우선, 삼가고분군에서 신라토기의 등장 시기가 가야 멸망년보다 일러서 550년을 전후할 가능성이 있음이 상정되었는데, 이는 아무래도 그즈음에는 삼가 지역이 신라의 영역 내로 들어간 사실을 가리킨다고 생각된다. 그런데, 지리적으로 보아 삼가는 의령보다 신라로부터 떨어져 있을 뿐만 아니라 신라가 의령을 거치지 않고서는 그곳을 영역화할 수가 없다. 즉 신라가 이미 황강 하구의 다라를 수중에 넣어 황강 유역에서 이곳으로 침투해 들어왔다고 보지 않는 이상 의령 지역을 거쳐야만 비로소 삼가로 들어올 수 있으므로 삼가가 신라영역화했을 때는 의령도 이미 신라의 영역내로 편입된 것으로 보아야 한다. 따라서 삼가의 그런 현상은 이 가설을 간접적으로나마 뒷받침한다.[113]

한편, 고성 율대리고분에서는 6세기 2/4분기의 늦은 시기 이후로는 내려오지 않는 신라양식 토기가 고령양식 토기 및 재지계의 토기와 함께 출토되었다. 그리고 진주 가좌동유적과 하동 고이리유적에서도 단독적이지만 신라토기가 출토되었는데, 막연한 연대가 부여되어 있지만 아마도 6세기 후반으로는 내려오지 않을 것이다. 여기서 고성 율대리에서 고령양식 토기가 출토되는 것만을 근거로 고성 지역이 대가야연맹권이었던 것으로 볼 수 없음은 물론이다. 그리고 신라토기와 대가야토기가 공존하는 현상을 단순한 문화교류 탓으로 돌릴 수도 없다.

이제까지의 여러 가지 논거나 추론에 입각한다면 이 지역이 그 시점에 신라 세력과 대가야 세력의 치열한 외교 공세 속에 놓여 있었음을 나타내는 현상으로 해석할 수밖에 없다. 신라의 경우 그것은 김해를 발판으로 해 남해를 통한 것으로 보기는 어렵고 앞에서 논증한 대로 낙동강 이서의 남강 근처에 교두보가 마련되어 있었기 때문이라고 보는 것이 순리이다. 이는 의령=탁순설을 간접적으로 뒷받침한다.

그리고 6세기 2/4분기의 진주의 수정봉·옥봉고분군에서는 백제계의 횡

....

113 [補註] 이상의 논의에 대해 이후 제기된 반론들에 답하면서 좀 더 자세히 논한 논문은 李熙濬, 1999, 「신라의 가야 服屬 過程에 대한 고고학적 검토」, 『嶺南考古學』 25, pp. 1~32를 참조.

혈식석실에 고령양식 토기와 재지계 또는 백제계의 유물이 공반되는 복합상을 보이고, 함안 도항리고분군(원동)의 백제계 횡혈식석실분에서는 함안 토기를 기조로 하면서 고령양식과 진주·사천계의 토기가 가미되어 나타나는데, 이런 현상 역시 본고의 설명 모델을 간접적으로나마 뒷받침한다고 볼 수 있다. 즉 의령 지역까지 진출한 신라에 대해 크게 위협을 느낀 주변국과 백제가 임나부흥회의를 계기로 결속을 강화한 결과 이런 현상이 나타났다고 볼 수 있는 것이다. 다시 말해, 앞에서 상정한 대로 이제 대가야가 의령 지역을 통해 직접 함안으로 연결될 수 없게 되자 남강 중류 진주 지역과의 연계 속에 그런 결속을 가지게 되었음을 시사함이 아닌가 하는 것이다.

이상과 같이 대가야의 남쪽으로부터 권역 축소가 있었을 가능성을 엿볼 수 있는 이외로 대가야권의 축소를 말해 주는 확실한 자료는 별반 없다. 다만, 권역의 축소 가능성 내지는 소멸에 관한 자료로서 합천 저포리, 창리고분군의 묘제 및 토기류 이외에 한두 군데의 자료가 더 있을 뿐이다. 한편, 대가야의 서부 권역인 함양 백천리고분군 중 발굴되었으나 보고되지 않은 소형석곽묘(7호)에서 고령양식 토기와 함께 신라양식 토기가 출토되었다. 앞으로 정밀한 검토를 통해 그 연대 비정이 이루어져야 하지만 아마도 가야 멸망년을 크게 벗어나지 않을 것이다. 그리고 남원 두락리 2호분 출토의 신라토기도 이와 같은 연대를 부여할 수 있을 것인데, 이 자료는 또한 남원의 운봉고원 지역이 그 이전 6세기 초반에 이미 백제의 영역내로 들어갔다는 설에 강한 의문을 제기할 만한 한 가지 근거는 된다고 본다.

결론적으로 말해 대략 530년대에 신라에 복속된 주요 가야국인 탁순과 탁기탄은 의령 일대에 비정되고 그를 발판으로 한 신라의 가야 세력 잠식이 집요하였을 것이므로, 남가라와 이 두 나라가 멸망한 이후 나머지 가야 세력 전체가 온존하다가 562년을 전후해 일시에 멸망하였다고 보기는 어렵다는 것이다. 고고학적 증거 등으로 보아 특히 삼가 등 대가야의 남부 지역 일부가 먼저 신라에 병합되었을 가능성이 크다고 하겠다. 그러한 대가야권의 축소 범위가 어디까지였는지는 앞으로 각지에서 대가야토기가 신라토기로 교체되는 시점의 연대를 면밀히 검토[114]한다면 반드시 파악 불가능하지는 않다고 본다. 또 그런 검토와 더불어 앞으로의 고고학적 조사 결과에 따라 이 설명 모델이 수정되거나 개선될 것을 기대하는 바이다.

VI. 소결

고고학 자료는 죽은 사회의 잔존물이지만 시간의 흐름에 따른 변화상을 어떤 형태로든 반영하기에 과거 사회를 動態的으로 파악하는 데 유효하다. 관건은 어떻게 그 자료들을 力動的이 되도록 구성하는가에 달려 있으며, 그에는 연구자의 동태적 시각이 우선적으로 요구된다. 그런 점에서 지금까지 가야 지역 전체가 신라와는 달리 하나로 통합되지 못하였다는 사실에만 억매여 일반진화론 관점에서 가야 제국이 모두 국가 이전 단계에 머물러 있으면서 연맹 관계를 이루었다고 본 견해들은 중대한 한계성을 가질 수밖에 없었다. 그런 발전단계관은 轉化되어 왜곡된 정치형태관이 되어 버렸고[115] 두 관점은 서로 맞물리면서 가야 사회를 정체적으로 보게끔 만들었다. 즉 가야의 각국 자체를 미숙하게 보는 동시에 각국 간의 관계도 평면적, 靜態的으로 파악하게 된 것이다. 그리하여 각 가야국이 시간의 흐름에 따라 변화, 발전하였을 가능성은 沒却되었으며 각국이 변함없이 小國 상태에 머물면서 독립적인 가운데 서로 연계되었던 것처럼 보았다.

이 글에서는 가야사를 동태적으로 이해하기 위해서는 한 소국이 진화, 발전하는 가운데 주변국을 통합해 고대국가로 나아가는 과정을 추적함이 긴

....

114 [補註] 황강 상류 거창 지역의 거열산성에서는 출토 토기로 보건대 가야 멸망년보다 이르다고 보아야 할 시점에 신라 세력에 의해 성벽 일부와 저수조가 축조되었음이 밝혀졌다(居昌郡·(財)우리文化財研究院, 2011, 『居昌 居烈山城―서쪽 계곡부 체성과 집수시설 발굴조사―』).
115 이에 관해서는 朱甫暾, 1995, 「序說―加耶史의 새로운 定立을 위하여―」, 『加耶史 研究―대가야의 政治와 文化―』, 慶尙北道를 참조.

요하다는 문제 인식에서, 고령양식 토기의 확산이라는 고고학적 현상을 바탕으로 고령 중심의 가라가 가야 지역의 반 이상을 포괄하는 '대가야'로 변모하는 과정을 그려 보고자 하였다. 그리하여 5세기 초의 가라가 5세기 중기에는 황강 유역 및 남강 상류역을 포괄하는 연맹체의 맹주국이 되고 5세기 말에는 그 대부분 지역을 간접 지배하는 영역국가화하였음을 추론하였다.

다시 6세기대에 들어가서는 가라가 고령에 가까운 지역부터 직접 지배하기 시작하여 점차 그 범위를 넓혀 나감과 더불어 대가야의 권역도 꾸준히 확대되었으며, 신라의 낙동강 이서 지역 진출에 따른 가야 제국의 연합에 힘입어 가야 전역을 포괄하는 연맹체의 주도국이 되기에 이르렀음도 가설적으로 제시하였다. 덧붙여, 신라의 낙동강 이서 지역 경략에 교두보가 된 탁순과 탁기탄의 위치를 현 의령군 일대에 비정하고 대가야 남부 지역에서 가야 멸망 전에 고령양식 토기가 신라양식 토기로 바뀌는 현상이나 가야 남부의 몇 곳에서 6세기 전반기의 신라토기가 출토되는 현상을 포괄적으로 설명하고자 하였다.

전체적으로 많은 부분이 아직 假說의 차원에 놓여 있기는 하지만 오히려 나름대로 그런 가설을 제시한 점에서 의의를 찾고자 한다. 즉 고고학 자료의 해석에 일정한 모델이 필요하다는 점을 강조한 데에 만족하고픈 것이다. 그러나 워낙 방대한 자료를 한 번에 다루면서 총체적 접근에 중점을 두다 보니 자연히 세부에 있어서는 철저한 분석을 가하지 못하고 다소의 비약이 있었을 것으로 생각된다. 앞으로 지역별 연구 등을 통해 보완하고자 한다. 그리고 토기 양식 중심의 접근이 가진 한계점도 지적해 두어야 하겠다. 수장층의 성격이나 지역 정치체 간의 관계를 궁구할 때 토기 자료만으로는 한계가 있으며 위세품 등이 때로는 더 적합한 자료가 된다. 그러나 도굴 등 때문에 위세품이 잔존하기 어려운 상황에서도 토기 자료는 다소나마 남아 있을 가능성이 크다. 그 점만으로도 토기가 지닌 가치는 과소평가될 수 없을 것이다.

앞으로 필요하다고 생각되는 몇 가지 사항을 들면서 글을 마무리하고자 한다. 먼저, 가라 자체의 내적 발전, 변화의 모습을 그려 내기 위해 고령군 지역의 고분군에 대한 목적 발굴과 연구가 더 활발히 실시되어야 하겠다. 물론 각 지역 고분군의 조사 및 연구도 활성화되어야 한다. 다음으로, 토기 및 금속기류 유물의 자연과학적 분석을 통한 비교 연구 또는 産地 추정 연구가 반드시 필요하다. 또 비교적 많은 토기 자료와 위세품류가 확보되어 있는 신라 지역에 대한 연구로써 대가야(또는 가야)와 신라의 史的 발전 과정을 비교 연구함도 앞으로의 큰 과제라 할 것이다.

〈追記〉

본고의 인쇄 교정 중에 趙榮濟 외, 1994,『宜寧中洞里古墳群』, 慶尙大學校博物館이 배포되었다. 그런데, 중동리 제1호분의 陪墓라고 생각되는 1-1호분에서 在地의 토기와 함께 6세기 2/4분기에 비정되는 新羅樣式 토기들이 출토되어 주목된다. 앞으로 연대 등의 검토가 더 필요하지만, 일단 본고의 가설을 뒷받침하는 쪽의 자료임을 지적해 둔다.[116]

출전: 李熙濬, 1995,「토기로 본 大伽耶의 圈域과 그 변천」,『加耶史 研究—대가야의 政治와 文化—』, 慶尙北道, pp. 365~444.

....

116 [補註] 원 논문 발표 이후의 의령 지역 고분에 대한 발굴 성과 및 그에 대한 간략한 분석 및 해석은 본서 제6장을 참조.

제4장

합천댐 수몰지구 고분 자료에 의한 대가야국가론

I. 머리말

1990년대 초반까지 가야의 정치적 성격에 대한 해석은 거의 연맹론뿐이었다.[1] 여기서 연맹은 가야의 정치발전 단계뿐만 아니라 정치 형태도 동시에 나타내는 용어이다. 즉 이는 가야라고 총칭되는 세력들이 미처 하나의 단일 국가로 통합되지 못하였으며 그 세력들 사이의 정치적 관계는 지배-피지배 관계가 아니라 기본적으로 독립적이었음을 뜻한다. 연맹론은 가야 전체의 성격을 대변하는 것으로는 대체로 타당하다고 볼 수 있지만, 그 연맹이라는 것이 구체적으로 어떠한 구조와 성격을 가진 것이었는지를 거의 제시하지 못한 치명적 약점을 안고 있다.[2]

그러나 1990년대 중반부터 가야사 연구의 초점이 가야 전체가 아닌 각 국 또는 지역권으로 옮겨지기 시작하면서 가야의 정치적 성격에 대한 연구에

....

1 대표적 연구로 金泰植, 1993, 『加耶聯盟史』, 一潮閣을 들 수가 있다.
2 白承玉, 2001, 「加耶 各國의 成長과 發展에 관한 硏究」, 釜山大學校 大學院 史學科 文學博士 學位論文, p. 5. [補註] 이 논문은 책(白承玉, 2003, 『加耶 各國史 硏究』, 혜안)으로 출간되었다.

도 새로운 지평이 열리게 되었다. 그리하여 가야가 과연 정치 형태상 恒存하는 단일 정치체였느냐 하는 근본적 의문 제기로부터 일부 가야 세력이 영역국가의 수준에 도달하였다는 주장에 이르기까지 다양한 시각의 연구들이 이루어지기 시작하였다.[3]

이는 어떤 측면에서는 弁韓史를 포함할 때 6백 년에 이르는 가야사를 시종일관 연맹의 역사로 파악하는 관점이 자칫 정체사관으로 흐를 위험성을 인지하고 그것을 극복하기 위한 움직임이라고도 할 수 있다. 즉 가야 전체가 하나의 국가로 통합되지 못했다는 것은 인정하되, 그렇다고 해서 그 구성 부분들이 진·변한의 「국」 단계에서와 같은 외형과 내부 구조에 머물렀으며 그중 어느 것도 국가 단계에 도달하지 못했다고 예단[4]할 수는 없다는 발전적 인식에서 비롯된 것이다.

이런 새로운 연구 경향의 대두와 더불어 문헌사 및 고고학 모두에서 특히 주목을 받고 있는 가야 국은 대가야이다. 주지하듯이 대가야에 관해서는 『南齊書』의 加羅國王 荷知 輔國將軍本國王 除授 기사를 비롯해 관련 사료가 다른 가야 국에 비해 상대적으로 많고 또한 조사된 고고 자료도 비교적 풍부한 편이다. 그래서 새로운 가야사 연구의 신호탄처럼 된 공동연구[5]가 바로 이 대가야를 대상으로 하였음은 결코 우연이 아니라 하겠다.[6] 그런데 이 공동연구는 대가야를 종전과 달리 국가[7] 단계의 정치체로 보는 관점에 섬으로써 그 이후의 가야사 연구에 하나의 중요한 자극제가 되었고 또한 그 자체에 대한

....

3 편의상 구체적 인용은 하지 않겠으며, 金世基, 2000, 「古墳資料로 본 大加耶」, 啓明大學校 大學院 歷史學科 博士學位 論文, pp. 1~15의 '研究動向' 항을 참조하기 바란다. [補註] 이 논문은 책(김세기, 2003, 『고분 자료로 본 대가야 연구』, 학연문화사)으로 출간되었다.

4 가야 전체가 하나의 연맹을 이루고 있었다는 이른바 단일가야연맹론은 가야가 단일 국가로 통합되지 못하고 연맹 상태에 있었으므로 그 구성 국들도 모두 정치발전 단계상 당연히 연맹 수준이었을 것이라고 무심코 전제해 버린 것이 아닌가 하는 느낌을 준다.

5 경상북도에서 1995년 발행된 『加耶史硏究―대가야의 政治와 文化―』.

6 가야 세력 전체가 아닌 그 일부분만의 연맹론(田中俊明, 1992, 『大加耶連盟の興亡と「任那」:加耶琴だけが殘った』, 吉川弘文館)도 이 대가야를 대상으로 처음으로 제기되었다.

7 필자를 비롯해 대부분의 연구자가 '영역국가'라는 용어를 써 왔으나 이하 본고에서는 단순히 '국가'라고만 하겠다. 그 이유에 대해서는 다음 절에서 자세하게 논한다.

찬반론도 낳았다. 그리하여 이제 대가야의 정치발전 단계에 대한 연맹론과 국가론이라는 두 가지 상반된 이해가 가야사 연구의 주된 쟁점으로 부상하고 있는 느낌이다.

되돌아보건대 당시 처음 제기된 대가야국가론에서 구체적 토대를 제공한 분야는 어떤 의미에서 문헌사라기보다는 고고학이었다. 특히 필자가 주목하였듯이 고령양식 토기가 고령뿐만 아니라 멀리 남원 운봉의 고분군에서까지 광범하게 출토되며 그 출토 양상에는 일정한 정형성이 있다는 점[8]은 주된 근거의 하나였고, 이는 그 후에 제기된 고고 자료에 입각한 국가론들[9]에 단초를 제공하기도 하였다.

그런데 대가야의 정치적 성격을 둘러싼 작금의 논의들을 보면 필자의 대가야국가론이 좀 오해되는 듯한 느낌을 받는다. 당시의 대가야국가론은 일정한 고고학적 방법론과 해석 틀을 근거로 할 때 고령과 그 접속 지역[10]들에서 보이는 고고 자료의 여러 가지 정형성들이 고령 지역과 해당 지역 사이의 관계가 전자를 맹주로 하는 연맹 관계에서 간접지배 혹은 직접지배까지로의 변화를 겪었음을 나타낸다는 것이 핵심이었다. 그럼에도 그 해석 틀이나 방법론과 고고 자료의 다양한 정형성들은 간과되고 단지 고령양식 토기의 확산만을 근거로 한 국가론인 듯이 치부되고 있는 것이다.

물론 그러한 오해에는 필자가 원인 제공을 한 측면도 없지 않다. 당시에 가야산 이남 경남 북부 전역의 고분 자료를 대상으로 한 긴 글에서 여러 가지 논의를 폈기 때문에 대가야국가론의 핵심 틀이 강조되지 못한 것이다. 어떻

....

8   李熙濬, 1995, 「토기로 본 大伽耶의 圈域과 그 변천」, 『加耶史研究—대가야의 政治와 文化—』, 慶尙北道, pp. 365~444([補註] 본서 제3장).

9   朴天秀, 1996, 「大伽耶의 古代國家 形成」, 『碩晤尹容鎭教授停年退任紀念論叢』, pp. 377~402. ; 金世基, 앞의 논문.

10   본고에서 '地域'이라는 용어는 특별한 경우를 빼고는 이를테면 '영남 지방의 대구·경주·고령 지역'이라는 식으로 '地方'의 하위 개념으로 쓴다. 그리고 한 지역 내에서 고총군 또는 고분군의 존재로 대변되는 각 구성 단위들은 '地區'로, 그 지구 안의 구체적 장소는 '地點'이라 하겠다([補註] 이런 구분안의 최초 제안은 崔鍾圭, 1995, 『三韓考古學研究』, 書景文化社를 참조). 다만, 합천댐 수몰지구나 저포리 A지구 식으로 그런 구분을 의식 않고 붙여진 경우는 그냥 쓰기로 한다.

든 이제 대가야의 정치적 성격에 대한 이해가 가야사의 쟁점이 되고 있는 마당에 이런 오해는 연구의 진전에 자칫 걸림돌이 될 수도 있다고 생각된다.

그래서 본고에서는 前稿와 달리 분석 대상 지역을 아주 좁혀 합천댐 수몰지구라는 한 지역의 고분 자료로써 대가야가 국가 단계에 도달하였음을 다시금 밝히고, 아울러 관련 쟁점 사항들을 명확히 해 놓고자 한다. 그리고 마침 단일가야연맹론의 주창자가 최근에 새로운 가야사 연구 흐름에 대해 비판하면서 대가야국가론을 거론하였기[11] 때문에 그에 대한 반론도 겸하게 될 것이다.

먼저, 문제의 소재를 분명히 알기 위해 대가야의 정치발전 단계에 대한 여러 설을 크게 연맹론과 국가론으로 나누어 차이점을 부각시키고, 고고학에 의한 대가야국가론의 기본 틀을 논의하기로 한다. 다음으로 합천댐 수몰지구의 고분 자료를 검토하되 前稿의 내용을 요약하고 보완하며 이 지역의 역동적 변화를 가리키는 중요한 정형성들을 추출한다. 이어서 이를 바탕으로 수몰지구가 고령 세력의 간접지배와 직접지배를 받았음을 논증하고 그로써 대가야의 국가 단계 진입을 다시금 강조한 후, 이런 대가야국가론에 대해 연맹론의 관점에서 제기한 간접지배 개념의 문제와 '下部'명 토기 해석을 비판하기로 하겠다.

II. 대가야의 정치발전 단계

1. 연맹론 대 국가론

고고 자료에 의한 대가야국가론에 짝하여 문헌사의 입장에서 대가야의 국제 관계를 논한 글에서는 대가야의 정치발전 단계에 대한 설을 후기가야연맹론, 연맹론, 영역국가론의 세 가지로 분류한 바 있으나[12] 실은 그리 간단치

....

11   金泰植, 2000, 「加耶聯盟體의 性格 再論」, 『韓國古代史論叢』 10, pp. 149~193.
12   李永植, 1997, 「대가야의 영역과 국제관계」, 『伽倻文化』 10, p. 88.

만은 않은 듯하다. 여기서 연맹론은 단일가야연맹을 부정하는 입장으로서의 이른바 지역연맹론을 포함하지만, 후기가야연맹이라는 단일연맹론을 주창한 연구자도 최근에는 그 속의 지역연맹을 인정하는 듯한 입장을 취하고 있다.[13] 또 기본적으로 연맹론의 입장이면서도 대가야의 국가성을 말하는 部體制를 인정하는 설도 있다. 그래서 이런 설들이 마치 연맹론과 영역국가론을 양극단으로 하는 스펙트럼과 같은 양상을 띠기 때문이다.

하지만, 여기서는 쟁점을 분명하게 드러내기 위해 여러 설을 편의상 연맹론과 국가론으로 나누어 차이점을 대비시켜 보기로 하겠다. 다만, 국가론은 복잡함을 피하기 위해 여러 연구자의 논지를 대상으로 하지 않고 필자의 前稿 내용만으로 한정하기로 한다.

이와 관련해 이 글에서 영역국가 대신에 국가라는 용어를 쓰기로 한 데 대해 논의를 먼저 해 두는 것이 좋을 듯하다. 필자는 前稿에서 고령 지역이 주변 여러 지역을 복속시켜 하나의 정치체, 즉 대가야를 이루었음을 나타내기 위해 영역국가라는 용어를 사용하였다. 즉 경남 북부의 가야 세력들이 고령을 중심으로 진·변한 시기 「국」들의 관계와 본질적으로 다를 바 없는 결합(association) 관계에 머물렀다면 연맹이라 할 것이지만 이들은 그 수준을 넘어 통합(integration)되어 이전보다 훨씬 넓은 영토를 포괄하는 정치체가 되었다는 의미에서 영역국가라 한 것이다.

그런데 그 후 이 영역국가 개념에 대한 인식이 논자에 따라 상당한 차이가 있으며 또 이른바 삼한 소국연맹체 다음 단계의 통합 정치체를 지칭하는 데 다양한 용어를 사용한다는 사실을 알게 되었다. 이를테면 고구려를 중심으로 한 部體制 관련 논의에서는 "부체제는 초기 고대국가의 체제로서 … 삼

....

13 金泰植, 2000, 앞의 논문, pp. 167~168에서 단일가야연맹 안에 '분절체계'라 부를 수 있는 다소 영속성이 약한 지역연맹 같은 것들이 존재한다고 보았다. 이는 아무래도 자신의 단일가야연맹론이 특히 고령만이 아닌 광역의 대가야권에 분포하는 고고학 자료를 설명하기에 근본적 어려움을 안고 있음을 인식한 때문에 지역연맹론에 대한 반론을 펴면서도 한 발 물러서는 듯한 절충설을 취하려는 것이 아닌가 한다.

국 초기의 정치체제에 해당하며 삼국 중기(4~6세기) 이후 (삼국이) 지향해 나가게 되었던 (것은) 영역국가적인 중앙집권체제"라 하여 중앙집권체제가 확립된 단계에야 비로소 영역국가를 운위할 수 있는 것으로 본다.[14]

신라의 경우에는 진한 소국연맹체 다음 단계인 마립간기의 정치적 통합 상태를 가리켜 기왕에는 연맹왕국의 완성 단계라고 해 왔으나[15] 왕조국가라 부르기도 한다.[16] 또 최근에는 "이 시기에는 신라도 명확히 중앙집권화된 고대국가라고 할 수 없기 때문에 대가야도 그렇게(즉 고대국가라고) 정의해서는 안 된다. 굳이 사회적인 통합의 수준을 높게 평가하고자 한다면 초기국가 정도라고 할 수 있을 것이다."라 하여 초기국가라는 용어를 쓰는 논자[17]도 있으며, 고령의 加羅와 함안의 安羅 같은 가야 국이 지역연맹의 단계를 거쳐 지역국가에 도달하였다고 주장하기도 한다.[18]

이처럼 삼한 「국」들이 통합된 수준의 정치 단계를 가리키는 명칭은 논자마다 다를 정도로 다양한 상황이다. 다만, 최근에 와서 거의 모두가 '某某국가'라고는 부르고 있다.[19] 그렇다면 삼한의 정치발전 단계는 「국」으로 표현하고 그것들이 통합된 다음 단계는 그냥 「국가」라고만 하면 어떤가 해서 이를 영역국가 대신에 쓰기로 한 것이다. 물론 이는 그 자체로 정치 발전 단계의 성격을 명확히 드러내 주는 용어는 못 되고 일종의 작업 개념으로서의 성격을 띠고 있다. 하지만, 삼한 이래의 연속적 고대국가 형성 및 발전 과정에서 가장 중요한 제1차 획기가 「국」들의 통합에 있음을 나타내기에는 적합하다

....

14 노태돈, 2000, 「초기 고대국가의 국가구조와 정치운영―부체제론을 중심으로―」, 『韓國古代史研究』 17, p. 7.

15 李基白·李基東, 1982, 『韓國史講座』I(古代篇), 一潮閣, pp. 149~150.

16 朱甫暾, 1996, 「麻立干時代 新羅의 地方統治」, 『嶺南考古學』 19, p. 23.

17 이성주, 2001, 「4-5세기 가야사회에 대한 고고학 연구」, 『4-5세기 한국 고대사와 고고학의 만남―한국 고대 국가권력의 성장과 지방통치의 실현―』, 제3회 한국고대사학회 하계세미나, p. 126.

18 白承玉, 앞의 논문, pp. 229~231.

19 단, 신라 마립간기를 가리켜 왕조국가라고 한 논자는 삼한 소국 단계의 「국」이 복수의 읍락으로 구성되어 있음을 나타내기 위해 읍락국가라는 용어를 쓰기도 한다(朱甫暾, 1996, 앞의 논문, p. 15). 하지만, 이 용어는 읍락이 곧 「국」이라는 오해를 야기할 소지가 있다 하겠다.

고 판단된다. 그리고 이 「국가」 단계로 들어선 이후의 왕조국가, 영역국가 등의 세분이나 구조 해명은 일단 차후의 문제로 넘기자는 뜻도 들어 있다.

그러면 「국」들의 연맹과 그 「국」들이 통합된 「국가」의 기본적 차이는 무엇인가? 그것은 물론 구성 단위들 사이의 관계에 있다. 연맹은 개념적으로 성격 규정이 제대로 되어 있지 못해서 다소 불분명하기는 하지만 구성 「국」들 사이에 임시적이든 항존적이든 우열의 차이는 인정하나 상하 관계는 상정하지 않으며 그런 만큼 각 「국」은 독립적이다. 그 반면 국가로 들어가면 각 「국」은 이전의 「국」으로서의 이름을 잃고 이제 지역 정치체로서 중심 지역 정치체의 하위에 놓인다. 다시 말하자면 이 단계에서 이전의 「국」들에 해당하는 지역 정치체들은 여전히 자체 운동성을 상당히 갖기는 하지만 그것은 어디까지나 중심 지역에 복속된 상태, 즉 정치적 상하 관계를 전제로 한다. 그러므로 군사 및 외교·교역과 같은 대외 교섭권은 근본적 제약을 받는다. 이에 대해서는 뒤에서 재론한다.

이상을 전제로 대가야연맹론과 국가론의 주요 차이점을 대비시켜 보자. 먼저, 앞의 논의로써 분명해졌지만 국가론에서는 대가야가 삼한 「국」들의 연맹 단계를 벗어났으므로 국가라고 설정하는 논리인 반면에 연맹론에서는 대개 아직 국가 단계에 이르지 못하였으므로 연맹이라고 규정한다. 그래서 외견상으로는 양자가 똑같은 상대론의 위치에 있는 듯이 보인다. 그러나 실은 그렇지 않다. 왜냐하면 전자는 고령 지역이 다른 지역을 통합하였다는 자체의 적극적 논거를 가지지만 후자는 자체의 직접적 논거가 아닌 부정적 논거를 갖는 데 지나지 않기 때문이다. 즉 후자에서는 국가 단계에 이르지 못했으니 연맹일 수밖에 없다는 논리가 더 강하지 않은가 싶다.

대가야연맹론은 물론 고고학적 근거를 갖고 제시된 것은 아니다. 기본적으로 문헌 사료를 근거로 하고 있다. 그 논리를 아주 간략히 요약하면, 加羅國王 荷知의 對 南齊 通交의 루트 상에 있는 지역들은 于勒 12곡에 나오는 국명들의 소재지이고 그것들이 『梁書』 백제전의 傍小國 기사나 『日本書紀』의 이른바 임나부흥회의 관계 기사에서 거명된 것으로 보건대 각 국은 독립적이므로 고령 대가야를 중심으로 연맹을 이루고 있었다고 해석된다는 것이다.[20] 여기서 알 수 있듯이 '왜' 그것들의 관계가 연맹으로 해석 또는 설정되는지가 결코 분명하지 못하다.[21]

다음으로, 연맹론과 국가론은 모두 동일하게 대가야라는 용어를 쓰고는 있지만 그것이 지칭하는 지리적 범위에는 큰 차이가 있다. 사실 대가야라 하면 으레 고령 지역의 가야를 지칭하는 것으로 이해한다. 그러나 이는 반드시 옳지는 않다. 대가야국가론에서는 고령 지역의 가야가 대가야이기도 하지만 그와 동시에 그것이 복속한 지역들까지를 모두 포괄하는 광역의 지리적 범위 전체를 가리킬 때도 대가야라고 한다. 아니 대가야가 국가라고 할 때는 오히려 후자 쪽에 비중을 둔 표현이다. 그래서 대가야국가라 해야 적확하다 하겠다. 이는 마치 신라라고 하면 때로 경주 일대를 가리키기도 했지만 대개 광역의 신라를 가리키는 것과 마찬가지다.

이에 반해 후기가야연맹론은 물론이거니와[22] 대가야연맹론에서는 기본적으로 고령만을 가리켜 대가야라 한다. 그래서 대가야연맹이란 대가야국가론에서 말하는 광역권이 전체적으로 대가야로 불리는 연맹이었다는 것이 아니라 어디까지나 고령만이 대가야로서 일정 범위의 여타 가야 국에 대해 맹주권을 행사하는 관계였다는 것이다.

2. 고고학에 의한 대가야국가론의 틀

고대국론에서 기본을 이루는 두 가지 주제는 국가 형성 과정과 국가 구조라 하겠는데,[23] 고고학에서 접근하기는 양자 모두 난제이지만 그래도 상

....

20   田中俊明, 앞의 책.
21   역으로 말해, 지금까지도 가야연맹을 비롯해서 전반적으로 연맹이라는 것의 성격이 구체적으로 설정되어 있지 못하기 때문에 아마도 그런 적극적 논증이 불가능한지도 모르겠다.
22   단적인 예로 金泰植, 2000, 앞의 논문, p. 186에서 필자 등의 광역 대가야국가론에 대해서도 "고령의 대가야를 중심으로 한 주변 소국들의 복속 관계를 동태적으로 잘 파악해 낸 성과로 인정된다."고 하면서 대가야를 고령으로 한정하고 있는 데서 잘 알 수 있다.
23   노태돈, 앞의 논문, p. 5.

대적으로 용이한 쪽은 전자이다. 국가 구조에 연관된 관료조직의 존재와 실체를 고고학적으로 실증한다든지 하는 일은 관련 고고학 자료도 드물거니와 공시적 분석밖에 할 수 없는 터라 실로 至難하다. 반면에 국가 형성 과정은 고고학 자료가 원래 통시적 특성이 강한 데다가 이를테면 국가 형성에 으레 수반되는 정치체의 외형 확대라는 측면을 통시 및 공시적으로 추적할 수가 있어 한결 낫다.

국가 형성 과정이나 국가 형성의 정도를 고고학적으로 연구하는 데 정치체의 외형 확대에 착안하는 방법 이외에 주목할 수 있는 측면으로는 정치체 내부 구조의 복잡화를 들 수 있으며, 이는 관련 고고 자료가 보이는 위계화의 진전이라는 관점에서 접근할 수 있다. 예컨대 필자와 다른 각도에서 역시 대가야의 國家性을 고고학적으로 논증하려 한 연구들[24]이 이런 접근법을 취하였다. 이들은 고령양식 토기가 출토되는 대가야 권역의 각 지역 수장층을 고총의 규모나 순장자 수, 출토 유물의 질과 양 같은 것을 기준으로 등급화하고 그것이 곧 대가야 권역 내 각지 수장층의 위계화, 나아가 그에서 추론되는 대가야의 국가성을 반영한다고 해석하였다.

그러나 이 경우 위계화 분석 대상이 된 고총들이 엄밀하게 말해 같은 시간대가 아니라는 점이 문제시된다. 더욱이 과연 고고학적 분류에 의한 등급이 그대로 당시의 사회적 위계를 반영한다는 보장이 있느냐 하는 결정적으로 풀기 어려운 문제가 개재되어 있다. 또 각 수장층 고총 사이에서 보이는 차이가 양적 우열을 반영하는 것인지 아니면 정말로 질적 차이를 나타내는지를 판정하기도 실질적으로 지극히 어렵다. 사실 국가로 편입된 각 지역 수장층 사이에 우열은 당연히 있었을 것이지만 그렇다고 해서 그들 사이에 반드시 위계가 있어야 하는 것은 아니라 하겠으며, 그런 까닭에 질적 의미에서의 위계를 설정하는 데는 엄밀하고 신중한 방법론이 요구된다.

....

24   金世基, 1995, 「大伽耶 墓制의 變遷」, 『加耶史研究―대가야의 政治와 文化―』, 慶尙北道, pp. 301~364.
   ; 朴天秀, 2000, 「考古學 資料를 통해 본 大加耶」, 『考古學을 통해 본 加耶』, 한국고고학회, pp. 91~128.

그에 반해 국가 형성을 정치체의 외형 확대라는 측면에서 추적하는 작업은 훨씬 명시적으로 이루어질 수 있다. 한반도 남부의 고대국가 형성이 청동기시대 촌락으로부터 형성된 읍락이라는 기초 정치체가 「국」으로 통합되고 그것들이 다시 앞에 말한 「국가」로 통합되는 과정을 밟았다는 것은 현재 학계에서 통설로 되어 있다.[25] 그러므로 그 틀에 준거해 고고학 자료의 통시적 변화와 공시적 변이에 대한 분석을 함으로써 어느 시점에서 어떤 양태로 그런 변화가 일어나는지를 객관적으로 확인하기가 한층 용이한 것이다. 특히 「국」에서 「국가」로의 변화 단계에 관련된 통시, 공시적 고고 자료는 비교적 많이 확보되어 있어서 구사하기가 한층 쉽다.

필자의 前稿에 의한 대가야국가론은 바로 이런 정치체 외형 확대의 측면에 착안하여 고령 지역 가야 「국」이 5세기 이후 인접하는 「국」(및 小別邑)들을 영역으로 통합한 과정을 고령토기 양식의 시공적 분포 확대 및 그와 맞물린 고총 축조의 성쇠에서 나타나는 정형성들을 근거로 추적한 것이었다. 다만, 그 절차와 과정을 따로 명확히 서술하지 않아 약간의 오해를 불러일으킨 감이 있어서 여기에 고고학 자료에 의한 대가야국가 형성론의 기본 틀을 언급해 두고자 한다.

첫째, 각 지역 정치체의 지리적 범위를 설정 또는 구분한다. 일단 중심 정치체인 고령 지역 「국」의 범위를 설정하고 그에 의해 통합된 다른 지역 정치체의 범위를 설정하는 일이 중요하다. 이미 앞 절의 논의에서 분명하게 드러났듯이 국가는 진·변한 단계의 「국」들이 하나로 통합됨으로써 비로소 성립하기 시작하는 것이므로 고고학적으로 그런 통합 과정을 추적하기에 앞서 각 「국」 또는 지역 정치체들의 권역을 구분하는 문제가 가장 중요한 전제가 된다.

....

25 이에 대해서는 李熙濬, 2000, 「삼한 소국 형성 과정에 대한 고고학적 접근의 틀─취락 분포 정형을 중심으로─」, 『韓國考古學報』 43, pp. 113~138을 참조. 다만, 모든 지역에서 반드시 「국」을 이룬 연후에 국가로 통합된다든지 한 것만은 아님은 물론이다. 『三國志』 위서 동이전에 나오듯이 小別邑 상태로 있다가 통합된 정치체도 적지 않을 것이지만 그것의 정치적 성격도 기본적으로 「국」과 다를 바 없으므로 대개는 「국」들이 어느 시기에 가서 상호간에 통합된 것으로 보아도 무방할 것이다.

진·변한부터 신라·가야 시대까지 영남 지방 각 지역에 자리 잡았던 정치체들의 권역을 설정하는 데는 신라·가야시대 중대형 고총군의 분포와 지형 및 지리적 구분을 근간으로 하고『三國史記』지리지의 군현 관계 기사를 참고하는 것이 바람직하다는 기본 틀은 이미 제시한 바 있다.[26] 이 틀의 근저에 있는 생각은 자연 지형과 그에 바탕을 둔 지리가 옛 사회 단위의 성장이나 변화에서 장기적 배경 역할을 하였고 또 중대형 고총군의 분포 양상은 그 지형 안에 존재한 사회의 통합 수준을 가리키는 지표라는 것이다. 그에 비해『三國史記』지리지의 군현 관계 기사는 특히 가야의 경우 신라에 통합되어 재편이 이루어진 이후의 상황을 반영할 가능성이 크므로 참고 자료로만 한정해서 쓰는 편이 낫다고 본다.

　　둘째, 중심 지역 정치체의 고고 자료가 나타내 보이는 통시적 변화를 기본 축으로 삼고 시간이 흐름에 따라 그 지역과 인접 지역 간에 통합이 일어남을 가시적으로 논증한다. 그 해석에서는 특히 고분에 부장되는 토기 양식에서 중심 정치체의 토기를 그대로 들여온다든가 그 양식을 전면적으로 따른다거나 하는 변화가 있는지를 검토함과 아울러 각 지역 고총군의 출현이 그런 양식 변화와 특히 시간적으로 어떻게 연관되어 있는지를 살핀다.

　　만약 고총 출현이 시간적으로 보아 토기 양식 변화와 동시이거나 그보다 늦다면 그것은 곧 중심 지역 정치체와 해당 지역 정치체 사이의 관계 변화, 즉 간접지배라는 새로운 정치적 관계의 성립에서 비롯된 것으로 해석한다. 그리고 고총군의 축조 중단이 중심 정치체의 그것보다 이른 시기에 일어난다면 그것 또한 前代의 변화에 후속하는 중대한 변화, 즉 지역 수장층의 실질적 소멸을 뜻한다고 보아 이 지역에 대한 중심 지역 정치체의 직접지배가 실시되었음을 시사한다고 해석한다.

....

26　李熙濬, 1997,「新羅考古學 方法論 序說」,『韓國考古學報』37, pp. 79~87.

III. 합천댐 수몰지구 고분 자료의 검토

낙동강 지류 중 하나인 황강의 중류역에 해당하는 합천댐 수몰지구는 다른 지역과 지리, 지형적으로 명확하게 구분되는 지역 단위로서 지역 정치체의 존재가 설정될 수 있는 필요조건을 갖추고 있다. 또 지리적으로 볼 때 고령 세력이 영역 확대를 위해서는 가장 먼저 진출할 수밖에 없는 지역이라는 점에서 과연 고령 지역 「국」이 다른 지역 「국」이나 소별읍과 같은 정치체를 정치적으로 통합하였는지를 판가름할 수 있는 시금석과 같은 역할을 할 수 있다. 더욱이 이 댐 수몰지구는 발굴이 아주 대대적으로 이루어져서 그 안에 존재했던 가야 사회의 변화를 다른 어떤 지역보다도 세밀하게 추적할 수 있는 자료가 축적되어 있다.

그래서 위에 말한 고고학적 접근을 통해 대가야의 정치적 성격 변화를 추론하는 데 가장 적합한 조건을 갖추었다 하겠다. 나아가 이에서 나타나는 양상을 기준으로 삼아 대가야 권역의 다른 지역에서 단계 또는 시기는 다르더라도 비슷한 상황이 전개되었으리라는 추론까지 할 수 있다. 이 글이 대가야의 국가성을 논증하는 데 이 지역을 대상으로 삼은 소이가 바로 여기에 있다.

각 고분군의 양상에 대해서는 前稿에서 비교적 자세히 검토하였으므로 여기서 특별히 새로운 분석을 할 이유는 없다고 생각된다. 그러므로 前稿의 내용을 본고의 필요에 맞게 요약한 후 위의 접근법에 필요한 사항들을 강조하거나 약간 부연하는 의미에서 그로부터 파악되는 중요한 정형성들을 열거하기로 한다. 이 정형성들은 다음 절에서 이 지역의 통시적 변화에 대한 고찰로 대가야가 국가 단계에 이르렀음을 논하는 데 토대가 될 것이다.

한편, 본고의 편년관은 필자의 고령양식 토기 출토 고분에 대한 편년[27]을 근거로 한 前稿와 동일함을 밝혀 둔다.

....

27   李熙濬, 1994, 「고령양식 토기 출토 고분의 편년」, 『嶺南考古學』 15, pp. 89~113([補註] 본서 제2장).

1. 고분군별 분석

먼저 고분군의 분포를 전체적으로 개관하면, 황강에 아주 가까운 지점에서 고령 쪽으로 흘러가는 묘산천의 발원지로부터 남쪽으로 4km 정도 떨어진 황강 좌안 산록부에 반계제고분군이 소재하고 그 맞은편 우안의 다소 넓은 강안대지에 봉계리고분군이 위치한다. 반계제고분군이 있는 강안 하류 약 1km 지점에 중반계고분군이 있으며 다시 거기서 아래로 1.5km 남짓 되는 곳에 저포리고분군이 있다. 그리고 다시 10km 하류에 창리고분군이 소재한다. 또 저포리고분군이 소재한 곳에서 동북쪽으로 2km 정도 들어간 계곡지에는 신라양식 토기가 출토된 계산리고분군이 있다(이상 그림 1 참조).

이하 고분군별로 발굴 결과를 요약하기로 한다.

1) 鳳溪里古墳群[28]

조사된 묘곽의 수만도 220여 기에 달하는 대고분군이다. 조영 기간이나 규모로 보아 이 지역 주요 취락의 고분군이다. 묘제는 크게 토광묘와 석곽묘(석관계 석곽묘 포함)로 나눌 수 있다. 전자는 다시 바닥에 栗石과 같은 냇돌을 깐 것(A형)과 아무런 시설을 하지 않은 것(B형)으로 나뉘며, 후자는 크게 보아 벽의 아래위에 별다른 차이를 두지 않고 대략 같은 크기의 냇돌로 구축한 것(C형)과 하단에 판석형 석재를 세우고 그 위는 냇돌을 눕혀 쌓아 구축한 것(D형)으로 나뉘는데, 대개 길이 350cm 이하의 소형묘들이다.

출토 토기를 참조하고 구조를 기준으로 대략의 출현 순서를 말하면 A형묘가 가장 먼저 출현하고 그 다음에 B형묘·C형묘 중 바닥에 栗石을 깐 것이 나타나며 그에 이어 C형묘 중 기타 바닥 시설을 한 것이 나타난 후 마지막으로 D형묘가 출현한 것으로 단계화가 가능하다. 고령양식 토기는 B형묘 단계에 처음으로 나타나는데 그 양상은 지역색을 보이는 토기가 주류이고 거기에

....

28　沈奉謹, 1986, 『陜川鳳溪里古墳群』, 東亞大學校博物館.

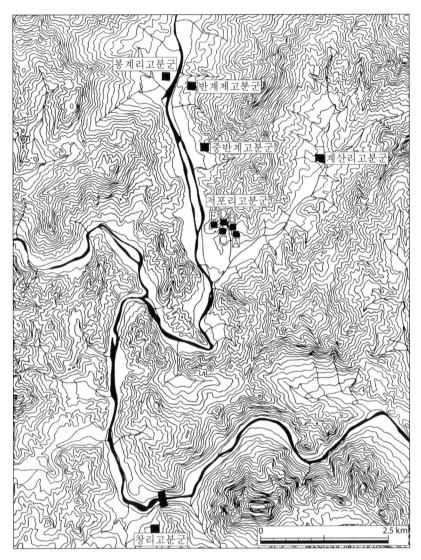

그림 1 합천댐 수몰지구 고분군 분포도

일부 고령양식 토기로 볼 수 있는 유형이 더해진 정도이다. 연대로는 늦어도 고령 지산동 34호분 단계(5세기 2/4분기)이나 아직 빈도는 현저하지 않다.

　그렇지만 다음의 C형 석곽묘 단계에 가서는 다소 빈도가 현저해지며 토기도 고령양식만의 조합이 나타나는 등 그 勢가 강해지는 느낌인데 그 연대는 대략 5세기 중기에서 3/4분기에 걸친다. 다시, 다음의 D형 석곽묘 출현 단계에서는 C, D 유형 석곽묘 모두의 토기가 고령양식 일색이 되는데[29] 그 연대는 대략 반계제고분군의 조영 개시기보다 약간 늦은 5세기의 4/4분기쯤이다.

2) 礒溪堤古墳群[30]

고총을 포함하는 이 지역의 중심 고분군이다. 조사된 고분군은 가, 나, 다의 세 지구로 나뉘는데, 묘곽 길이 5m 이상의 대형 수혈식석곽분은 4기(가A, 나A, 나B, 다A)이고 3.5~5m의 중형분은 십수 기, 그리고 그 이하 크기의 소형분은 80여 기이다. 정식 보고된 것은 가 지구와 다 지구로서 전체 39기이다. 현재 보고된 고분군에서 출토된 토기자료로 보건대 이 고분군의 토기는 고령양식 일색이라고 해야 할 것이다.[31] 묘제도 평면 세장방형의 전형적 고령식이다.

다A호분에서는 고령 지역을 분포의 중심으로 하는 축소모형 철기가 다량으로 출토되었다. 그리고 가B호분의 제사유지라 생각되는 곳에서 고령양식의 특징적 통형기대가 출토되었다. 고분군의 조영 기간은 5세기의 3/4분기에서 6세기의 2/4분기 초까지에 걸친 것으로 볼 수 있다. 한편 이곳 수장묘로 간주할 수 있는 대형 석곽묘인 가A호분이나 다A호분의 연대는 늦어도 5세기의 4/4분기를 넘지 않으며 중형묘인 가B호나 다B호도 지산동 45호보다 늦지 않다. 그런 점에서 이곳의 중대형 고총에 묻힌 수장들은 대략 5세기의 3/4분기에서 늦게 잡아야 6세기 초두까지의 짧은 기간 존재한 것으로 보아도 좋을 것이다.

....

29   단, 연질토기 발 내지는 옹은 고령양식이 거의 없고 재지의 기형이다.

30   김정완 외, 1987, 『陜川礒溪堤古墳群』, 慶尙南道·國立晋州博物館.

31   일부 무개식 장경호나 연질 옹에 지역색을 가진 것이 전혀 없는 것은 아니다. 그러나 규모가 큰 고분일수록 '완전히'라고 할 정도로 고령양식 토기만이 나오므로 거기에 큰 의미를 부여할 필요는 없다고 본다.

3) 中磻溪古墳群[32]

모두 20기의 소형 석곽묘로 이루어져 있다. 석곽 형태는 앞의 봉계리고분군 C형 석곽묘와 석관계 석곽묘인데 거의 모두 길이 2.5m 이하의 소형이다. 토기류는 일부 적갈색 연질옹 등에 재지계 기형이 보이나 전체적으로 고령양식 일색이라 할 수 있다. 고분군의 조영 기간은 대략 반계제고분군 조영 이후이거나 적어도 그 대형분 및 중형분의 축조가 중단된 이후로서 중심 연대는 6세기의 2/4분기로 잡을 수 있다.

4) 苧浦里古墳群[33]

발굴 결과로 보는 한 수몰지구에서 가장 일찍부터 고분이 축조되기 시작한 곳은 이 저포리 지구이다. 시기에 따라 고분 축조의 성쇠가 심하지만 전체적으로 볼 때 이 지역의 주요 취락 하나가 이 일대에 존재하였음을 나타낸다. A~E의 다섯 지구로 나누어 발굴조사를 하였던바, 크게 보아 동쪽의 A지구로부터 서쪽의 E지구로 가면서 순차적으로 고분이 축조되었음이 드러났다. 그리고 이른 시기인 A지구와 B지구 고분이 축조되고 나서 장기간의 단절이 있었다가 반계제고분군의 축조가 중단된 후 C지구로부터 다시 고분이 조성되고 있음도 밝혀졌다.

A지구와 B지구에는 대략 삼한 시기에서 가야의 비교적 이른 시기에 걸친 토광묘 60여 기[34]가 축조되고, 나중에 다시 B지구에 몇 기의 석곽묘가 추가로 축조되었다. 토광묘에서는 와질토기와 이른바 고식도질토기가 출토되고 있다. 석곽묘는 5기가 확인되었을 뿐인데, 그중에서 제일 늦다고 생각되는 34호 석곽묘에서만 고령양식 토기의 거의 말기 형태로 생각되는 호리박형

....

32 趙榮濟·朴升圭, 1987, 『陜川中磻溪墳墓群』, 慶尙南道·慶尙大學校博物館.

33 鄭永和·梁道榮·金龍星, 1987, 『陜川苧浦古墳A發掘調査報告』, 嶺南大博物館.; 朴東百·秋淵植, 1988, 『陜川 苧浦里B古墳群』, 昌原大學 博物館.; 李股昌, 1987, 『陜川苧浦里C.D地區遺蹟』, 慶尙南道·曉星女子大學校博物館.; 尹容鎭, 1987, 『陜川苧浦里D地區遺蹟』, 慶尙南道·慶北大學校考古人類學科.; 釜山大學校博物館, 1987, 『陜川苧浦里E地區遺蹟』.

34 [補註] 발굴보고 당시에는 이렇게 명명하였으나 지금은 목곽묘로 부르는 것들이다.

토기 등이 출토되었다. 이보다 조금 이른 나머지 석곽묘에서는 분명하게 고령양식으로 볼 수 있는 토기가 출토되지 않았다.

C, D지구의 고분군은 고령양식 토기로부터 신라양식 토기로 교체되는 단계의 횡구식, 횡혈식, 수혈식 고분으로 이루어져 있다. 먼저 D지구의 단독 수혈식석곽묘 중 고령식의 구조를 가진 것에서는 고령양식 일색의 토기상을 보이는 반면, 다소 폭이 넓어지고 築壁 방식도 고령양식과는 다른 석곽묘들에서는 신라양식의 토기류가 출토된다. C, D지구의 횡구식석곽묘와 횡혈식 석실묘는, 최초 매장 시 고령양식 토기가 부장되고 추가장 시에는 석실 안이나 수혈식 陪墓에 신라양식 토기가 부장되거나 아예 전부 신라토기만 부장된 것이 주류를 이룬다.

E지구의 고분은 대부분 횡구식 내지는 횡혈식 고분으로서 토기로 보아 이 지역이 신라 영역화하기 직전 단계부터 빨라도 7세기대 후반까지에 걸쳐 조영된 고분군이다. 남북으로 뻗은 두개의 구릉에 고분들이 축조되어 있는데 그중 C, D지구에 가까운 구릉(가 지구)에 있는 고분에서 일부 고령양식 토기와 함께 신라양식 토기가 출토되었고 나 지구에서는 신라양식 토기만이 출토되었다.

확실한 고령양식 토기가 출토된 E지구 4호분은 이 지구 전체에서 가장 먼저 축조된 고분이다. 이는 4-1호 횡구식[35]석곽묘를 먼저 축조하고 그 분구 범위 내에 다시 2기의 횡구식석곽묘(4-2, 4-3호)를 추가로 설치한 고분이다. 전체적으로 고령양식에서 신라양식으로 바뀌는 과정의 토기들이 출토되었는데, 이 4호분이 주목을 끄는 이유는 잘 알려져 있듯이 그 4-1호묘에서 "下部思利利"라는 銘文이 새겨진 고령양식 편구호가 출토된 때문이다. 이 토기는 보고서에 따르면 4-1호묘의 묘도 좌측에 1개만이 잔존한 上段 護石 옆에서 출토되었다고 하는데, 이 상단 호석이란 곧 석실 구축에 관련된 이른바 內

....

35 보고서에서는 횡혈식으로 보았으나 이 고분의 연도로 파악한 부위는 묘도로 보아야 할 것이라서 횡구식으로 하는 것이 타당하다고 본다.

護石이므로 이 토기는 그 출토 위치로 보아 4-1호묘의 축조 시 거행된 제사에 관련된 유물로서 4-1호묘의 주인공과 직접 관련이 있음에 틀림없다.

또 주목되는 것은 이 4-1호묘에서 옥전고분군 출토품과 같은 계통의 有刺利器가 출토된 점이다. 옥전고분군에서는 이른 시기의 고분에서 나오기 시작해 말기까지 줄곧 출토되는 것으로 마치 옥전고분군 조영 집단의 상징물같이 되어 있는 것이다. 그런데 더욱 흥미로운 점은 이 유물이 4호분만이 아니라 그에 이어지는 그와 같은 구릉의 연대상 후속하는 고분들(2, 3, 5-1호)에서 계속 출토되고 건너편 나 구역의 그에 이어지는 9호분에서도 출토된 것이다. 이는 4호분이 이 지구의 고분 중에서 가장 먼저 축조되었다는 점을 함께 고려할 때 그들의 出自에 관한 증거가 될 수 있어 아주 중요하다.

5) 倉里古墳群[36]

고분 축조 개시 시점이 5세기 후반이지만 모두 180여 기의 고분이 발굴된 것으로 보아 적어도 그 시점 이후로는 일대에 주요 취락이 있었음을 나타낸다. 고분군은 황강 남안에 있는 작은 평지의 동쪽에 북서-남동으로 자리 잡은 야산의 구릉에 조영되어 있는데 두 개의 群을 이루고 있어서 조사 시에 A지구(남동부)와 B지구(북서부)로 구분되었다. 이 고분군은 크게 보아 B지구 수혈식석곽묘군, A지구 수혈식석곽묘군, A지구 횡구식석곽묘군, B지구 횡구식석곽묘군의 순서로 영조된 것으로 판단된다.

토기상을 보면 A지구 수혈식석곽묘군은 고령양식 일색인 가운데 삼가 지역과의 관련성을 보여 주는 토기가 일부 있거나 극히 드물게 재지 기형이 보이는 정도이다. B지구도 사정은 거의 마찬가지이며 전체적으로 보아 재지형의 광구장경호 등이 약간 더 있을 뿐이다. B지구에서 묘곽이 가장 크고 연대적으로 제일 이를 가능성이 있는 1호분은 반계제 가B호분보다 약간 늦은 것으로 보이고 또 이 1호분 가까이에 위치한 78호분은 반계제 다A호분보다

....

36   沈奉謹, 1987, 『陜川倉里古墳群』, 東亞大學校博物館.

약간 늦은 것으로 보인다. 그래서 이 고분군의 축조 개시기는 반계제고분군의 그것보다 거슬러 올라갈 수는 없고 다소 늦어 5세기의 3/4분기의 늦은 시기나 4/4분기 초로 볼 수 있을 것 같다.[37] 고령양식 토기는 이곳이 신라화되면서 횡구식석곽묘와 더불어 신라양식 토기가 들어옴으로써 사라진다.

2. 고분 자료의 정형성

앞에서 고분군별로 대략 통시적인 분석을 하였지만 이들은 실은 상호 밀접하게 연계된 가운데 시간의 흐름에 따라 변동하고 있었다. 이제 수몰지구 고분군 전체를 대상으로 대가야국가론이라는 이 글의 논지에 관련해 통, 공시적으로 파악되는 정형성들을 열거해 보겠다.

첫째, 위에서 구체적으로 분석을 하지는 않았지만 고령양식 토기가 이 지역의 고분에 부장되기 전 단계의 토기는 고령 지역 토기와는 양식적으로 다르며 또한 황강 하류역에 있는 같은 합천군 소재의 옥전고분군 토기와도 다르다.

둘째, 고령양식 토기가 부장되기 시작하면서 일거에 토기 양식이 바뀌는 것이 아니라 5세기 2/4분기부터 3/4분기에 걸쳐 서서히 증가하는 양상을 띤다.

셋째, 부장 토기가 일단 고령양식 일색으로 된 이후에는 이전의 토기 양식으로 되돌아간다든지 다른 지역 양식의 토기로 바뀐다든지 하는 일은 없다.

넷째, 이 지역의 중심 고분군이자 고총군인 반계제고분군은 대략 5세기 3/4분기에 축조되기 시작하면서 고령양식 토기만을 일색으로 부장하며 그에 이어 일대의 주요 취락 대고분군으로 판단되는 봉계리고분군에 부장되는 토기도 고령양식 일색으로 바뀐다. 그리고 역시 주요 취락의 대고분군인 창리고분군은 반계제고분군에 이어서 고령양식 토기 일색 부장과 더불어 축조되

....
37   이렇게 볼 때 이 지구에 좀 더 이른 시기의 고분군이 어디에 있는지가 문제 되는데, 보고서에서 창리고분군의 서편에 下金里古墳群이 相對하고 있다고 하는바(보고서 p. 409 註4) 혹시 그것이 그에 해당할지도 모르겠다.

기 시작한다.

다섯째, 반계제고분군과 창리고분군은 5세기 후반에 갑자기 군을 이루고 조영되기 시작한다.

여섯째, 반계제고분군의 중대형 고총은 분명히 6세기 중엽 가야 멸망 이전에 축조가 중단되며 그 연대는 늦어도 6세기 전엽이다. 그리고 반계제고분군 전체의 축조 중단과 더불어 중반계고분군이 축조되며 또 장기간 고분 조영이 중단되어 있던 저포리에서도 뒤이어 C, D지구 고분군이 축조되는데 부장토기는 고령양식 토기였다가 곧바로 신라양식 토기로 바뀐다.

일곱째, 이 지역이 신라화됨과 동시에 저포리에 그 C, D지구와는 완전히 구분되는 E지구에 '下部' 銘文 토기가 출토된 4호분을 필두로 새로운 고분군이 조영되는데, 그 피장자 집단의 출자가 옥전 지역과 관련성이 깊음을 시사하는 유자이기가 여러 대에 걸쳐서 계속 부장된다.

IV. 대가야국가론

무엇보다도 먼저 합천댐 수몰지구가 원래 고령 지역의 권역에 들지 않은 별개 정치체의 권역이라는 점을 논증해야 하겠다. 그래야만 고령양식 토기 등이 보여 주듯이 5세기 초 이후 시간이 흐름에 따라 이 지역에서 일어난 변화가 고령에 소재한 정치체와 이 지역에 소재한 정치체 사이의 관계 변화, 즉 前稿에서 논했듯이 연맹 관계 → 간접지배 → 직접지배로 변화한 결과임을 논할 수 있기 때문이다. 이는 두 가지 방법으로 접근할 수가 있겠다. 한 가지는 고령 지역 정치체의 범위를 설정함으로써 두 지역이 구분됨을 논하는 것이고 또 한 가지는 수몰지구 자체가 고령 지역과는 별개 정치체의 지리적 단위임을 논증하는 것이다.

대가야 핵심 지역의 범위, 신라에 빗대어 말하자면 사로국의 최대 범위와 같은 것이 어디부터 어디까지였느냐에 대해서는 대체로 현재의 고령군을 중심으로 하였을 것이라는 데 이견이 없다. 좀 더 구체적으로는『三國史記』지리지의 기사를 근거로 그에다 서쪽의 합천군 야로면과 가야면을 더한 범위로 보기도 한다.[38] 그러나 그 기사는 큰 참고가 되기는 하지만 한편으로 가야가 신라에 통합된 후에 변화된 정치 상황에 따라 이루어진 지역 단위의 재획정 등을 반영할 가능성이 있는 점[39]이 문제가 된다.

그래서 앞에서 언급한 지역 구분의 원론에 더해 山城의 분포양상까지 고려해 보면 東으로는 물론 낙동강이 한계이고 北으로는 현 고령군의 北界에 성주군 수륜면의 남부를 더한 범위이며 南으로는 고령군의 南界까지이고 西로는 고령군의 西界에 합천군의 야로면과 가야면, 그리고 묘산면을 더한 범위이다.[40] 이로 보더라도 합천댐 수몰지구는 고령 지역의 「국」과 접하면서 그와는 완전히 구분되는 정치체를 이루고 있었던 것으로 보아도 안전하다(그림 2 참조). 더욱이 수몰지구의 고분에서 출토된 5세기 초를 전후한 토기들이 고령 지산동고분군의 초기 단계 고령양식 토기나 쾌빈동고분군에서 출토된 그 전 단계 토기류[41]와는 다르다는 점도 수몰지구가 고령 「국」과는 상호 구분되는 정치체의 무대였음을 뒷받침한다.

그런데 흔히 이 수몰지구를 포함한 현 합천군 일대를 합천 세력이라 부르면서 마치 한 단위의 지역 정치체가 있었던 듯이 보는 시각이 많으므로 그에 대해 언급해 둘 필요가 있다. 前稿에서 이미 논하였지만,[42] 우선 황강 하류의 옥전 지역도 현재의 행정 지명으로는 합천에 속하지만 이는 고분 자료로

....

38 　盧重國, 1995,「大伽耶의 政治·社會構造」,『加耶史研究—대가야의 政治와 文化—』, 慶尙北道, pp. 159~161.

39 　필자는 낙동강 이동의 신라에서 의성 지역이나 창녕 지역의 경우에 관련된『三國史記』지리지의 군현 관계 기사에 나타난 해당 지역 정치체의 범위가 고분 자료나 지리 지형 등으로 추정되는 범위와 다른 점이 그런 변동을 반영한 것이라고 본 바 있다(李熙濬, 1998,「4~5世紀 新羅의 考古學的 研究」, 서울大學校 大學院 文學博士學位論文). [補註] 이 논문은 이후 책(이희준, 2007,『신라고고학연구』, 사회평론)으로 출간되었다.

40 　상세한 설명은 金世基, 2000,「古墳資料로 본 大加耶」, 啓明大學校 大學院 歷史學科 博士學位 論文, pp. 65~72에 있으며 특히 그 내용이 요약된 p. 72의〈도II-3〉을 참조하기 바람.

41 　嶺南文化財研究院, 1996,『高靈快賓洞古墳群』.

42 　李熙濬, 1995, 앞의 논문, pp. 392~406.

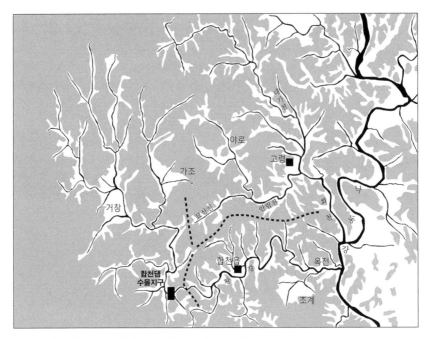

그림 2 수계와 지형으로 본 합천댐 수몰지구 인근 지역 구분

보거나 지형으로 보아 수몰지구와 전혀 별개의 정치체에 속함은 자명하다. 그리고 합천읍 남쪽의 삼가면 일대도 고분 양상으로나 지리, 지형적으로 보아 하나의 지역 정치체를 이루었음이 분명하다. 다만, 합천읍 일대가 그래도 수몰지구에 가까우므로 혹시 이 두 지역을 하나로 합쳐 한 지역 정치체로 볼 수도 있겠다. 실제로 이를 多羅로 설정하는 연구자도 있다.[43]

　　합천읍 일대는 고고학적으로 자세히 알려져 있지 않아 여기서 고분 자료로 두 지역의 관계를 논하기는 어렵다. 그러나 합천댐이 있는 곳 주변에서 황강이 일종의 작은 협곡처럼 되어 있어서(그림 2의 댐 표시 부분 부근과 앞의 그림 1 아래 부분의 창리고분군 오른쪽 지형 참조) 수몰지구와 합천읍 일대는 지형적으로 완전히 구분되며 양 지역 간 직접 교통은 거의 두절되어 있

....

43　　金泰植, 1993, 앞의 책, p. 158 및 한국고대사연구회, 2000, 『韓國古代史硏究』 17, 지정토론 p. 369 김태식의 발언.

다.[44] 그래서 두 지역이 하나의 정치체를 이루었던 것으로 설정할 수는 없으며 합천읍 일대는 오히려 그보다 하류의 옥전 지역과 한 정치체를 이루었을 가능성이 크다.[45]

이로써 가장 중요한 전제가 일단 충족된 셈이므로 수몰지구의 고분 자료에서 보이는 정형성들을 토대로 이 지역에서 5세기 초 이후에 일어난 변동을 살펴보아야 하겠는데, 그 정형성들이 주로 토기 양식과 관련되고 또 반계제 고총군의 의미가 해석의 주요 축을 이루므로 토기 양식과 고총의 의미에 대해 미리 잠깐 언급해 둘 필요가 있겠다.

동일한 토기 양식의 지속적 출토 권역이 단순히 동일 문화권을 나타내는 데 그치는 것이 아니라 동일한 경제권, 나아가서 정치권의 존재를 반영한다는 데 대해서는 前稿에서 논한 바 있으므로[46] 여기서 새삼 반복할 필요는 없을 것이다. 다만, 그보다 좀 진전된 관점에서 부연한다면, 어떤 지역에 다른 지역의 토기 양식이 등장할 때 그것이 출현한 시점부터 양 지역 간에 정치적 관계가 개시된다기보다는 오히려 그 이전의 정치적 관계를 포함한 모종의 관계를 기반으로 새로운 국면의 변화된 정치 경제적 관계가 성립한 결과로 그런 현상이 나타난다고 보는 편이 옳다는 것이다.

실은 그런 측면에서 고령양식 토기가 수몰지구에 일부 유입되는 단계에 연맹 관계가 성립하였으되 그 연맹은 일반적 의미의 연맹은 아니고 고령 맹주국과의 사이에 이미 어떤 종류의 정치적 상하관계를 내포하였을 것으로 보았다.[47] 더욱이 이 고령양식 토기의 유입은 낙동강 이동에서 신라양식 토기가

....

44 실제로 수몰지구 발굴 당시까지도 그 주민들은 직선거리로 더 먼 거창으로 시장 등의 볼일을 보러 나가지 합천읍으로는 가지 않는데 이는 곧 수몰지구가 지형상으로 거창 생활권임을 말해 준다.

45 朴天秀, 2000, 앞의 논문, pp. 116~119에서도 이런 정치체 권역 설정과 동일한 견해를 취하고 있다.

46 李熙濬, 1995, 앞의 논문, pp. 409~412.

47 필자는 신라의 경우 사로에 의한 비취 곡옥의 분여 가능성을 예로 들어 신라양식 토기가 각지에 출현하기 이전에 이미 그런 상하관계가 존재하였을 것으로 상정한 바 있다(李熙濬, 1998, 앞의 논문, pp. 151~152). 이와 비슷한 인식은 成正鏞, 2001, 「4~5세기 백제의 지방통치」, 『4-5세기 한국 고대사와 고고학의 만남—한국 고대 국가권력의 성장과 지방통치의 실현—』, 제3회 한국고대사학회 하계세미나, pp. 71~72에서 "삼국시대 토기 양식의 유사도가 높아지는 것은 기초적인 하부 생산체계가 통합되

확산되는 경우와는 다른 맥락에서 이루어졌을 가능성이 있다. 신라의 경우에는 3세기 후반에서 4세기 전반 사이에 이미 일차적 통합을 이룬 상태에서 4세기 중기 이후로 신라양식 토기의 각 지역 양식이 성립한다. 하지만, 대가야의 경우는 그와는 달리 고령토기가 다른 지역으로 바로 들어가는 경우가 많다는 점에서 신라의 경우보다 중심 지역 정치체와 해당 지역 정치체 사이에 오히려 더 급속한 관계 변화가 일어났을 가능성을 시사한다고 생각되는 것이다.

고총의 축조 개시와 중단 현상은 토기 양식보다 더 직접적인 정치적 의미를 내포하고 있다. 고총이 갖는 의미에 대해서는 신라의 경우를 예로 이미 논한 바 있지만,[48] 간단히 말하면 중앙이 아닌 각 지역의 고총은 해당 지역에 대한 신라국가의 간접지배 강화와 더불어 재지 수장층이 축조하기 시작한 것이었다. 가야의 경우도 그와 같은 연장선상에서 해석해도 전혀 문제는 없다고 본다.

사실 이 합천댐 수몰지구의 반계제고총군 자료는 영남 지방의 고총이 지닌 의미를 이해하는 데 신라와 가야를 통틀어 지금까지 발굴된 그 어떤 지역의 고총군 자료보다도 양호한 자료로서 오히려 위에 말한 해석 논리를 확증해 준다고 할 수 있다. 고총군 전체가 발굴되었다는 강점을 지니고 있는 데다가 그 하위에 있는 고분군들도 대부분 같이 발굴되어 이들을 상호 연계해 해석할 수 있기 때문이다.

이제 대략 앞서 열거한 정형성들의 순서에 따라 수몰지구에서 일어난 변화들을 설명해 나가기로 한다. 다만, 여기서 이 지역 가야 사회가 변화한 과정의 모든 국면을 자세히 논할 수는 없으므로 대가야국가론에 관련되는 사항으로만 한정하기로 하겠다.

먼저, 이 지역 토기 양식이 고령양식 토기 일색으로 바뀌기 전에 고령토기의 반입이 서서히 증가한 사실은 고령을 중심으로 하는 연맹 관계에 들어

....

어 나가는 과정을 반영하는 것이며, 중앙이 필요로 하거나 관심도가 높은 지역은 그 이전에 어떤 형태로든 관계를 맺었을 가능성이 있다"고 한 데서 역시 엿볼 수 있다.

48   李熙濬, 1997, 「新羅 高塚의 특성과 의의」, 『嶺南考古學』 20, pp. 1~25.

갔음을 말하는 것으로 해석한 바 있다. 그처럼 미미한 변화만으로 어떻게 그런 관계 설정이 가능한지를 반문할 수 있겠으며, 또 이 경우의 연맹이라는 것이 구체적으로 어떤 관계를 말하는지에 대해 규정을 하기도 쉽지 않다.

前稿에서 그런 관계를 설정한 것은 실은 그 이후 단계에 고령양식 일색으로 바뀌는 현상이 고령 세력에 의한 간접지배의 결과로 해석됨을 전제로 한 것이었다. 또 고령양식 토기의 확산 현상이 이곳으로만 국한되지 않고 이 경우보다 이른 시기에 옥전 지역에서 나타나고 멀리 남원의 월산리고총군에도 나타나는 등 나중에 대가야권을 이루는 지역들에 상당히 널리 퍼졌을 가능성이 있기 때문에 그것과도 상호 관련지어 일단 그리 본 것이었다. 다만, 이 연맹이라는 것은 물론 삼한 이래의 이른바 소국연맹체의 결합 수준을 말하는 것은 아니었고 그보다 한층 진전된 수준의 「국」 간 관계를 함축하는 것으로서 고령이 항상적으로 맹주권을 행사하는 연맹 관계에서 더 나아가 어떤 형태로든 상하관계가 어느 정도 수립된 수준이었을 것이다.

이런 연맹 개념은 모호한 측면이 없지 않으나 신라의 국가형성 과정에 대비해 본다면 삼한 단계의 연맹과는 달라질 수밖에 없는 역사적 상황을 담은 것으로 수긍할 수도 있지 않을까 싶다. 原新羅라 할 사로국은 일찌감치 진한연맹체의 맹주였다가 주변 「국」들을 복속함으로써 광역의 신라국가를 탄생시킨 것이지만, 고령 세력은 그보다 한참 늦은 시기의 변화된 국내외 상황 속에서 국가를 형성해 나감으로써 그런 과도기를 겪은 것이 아니었나 추정되는 것이다. 아무튼 앞으로 이런 「국」 간의 정치적 관계를 더 잘 나타낼 명쾌한 용어의 도입이나 개념 규정이 이루어지기를 기다리기로 하겠다.

다음으로, 반계제고총군은 5세기 3/4분기에 그때까지 고분이 축조되지 않았던 지점에 돌연히 조영되기 시작하는데 부장되는 토기는 고령양식 일색이다. 그에 그치지 않고 이 고총군의 조영 개시에 곧 이어 그 이전부터 고분이 축조되던 봉계리고분군에서도 토기 양식이 역시 고령양식 일색으로 바뀌며 이 현상은 이 지역 가야 사회가 멸망할 때까지 변함없이 지속된다. 그리고 하류 쪽에는 창리고분군이 새로이 고령양식 토기의 부장과 더불어 축조되기 시작한다.

우선 반계제고총군의 축조 개시는 고령 세력을 배경으로 한 새로운 수장층의 대두를 나타낸다 하겠다. 그런데 그들이 당시까지 고분이 축조되지 않던 곳에 돌연히 무덤을 조영한다는 점에서 아무래도 그들은 고령 세력에 의해 이 지역이 통합, 재편되는 과정에서 등장한 신흥 지배층인 듯하다.[49] 어떻든 이런 변화는 이 지역이 고령 대가야의 간접지배 하에 들면서 사회 전체가 재편되었음을 의미한다고 보아야 할 것이다.

그런 재편은 창리고분군의 축조 개시에서도 뒷받침된다. 이 고분군은 위치가 주목되는데, 그곳은 이 지역 사회가 합천 삼가를 거쳐 남강 하류나 중류 지역으로 나아갈 수 있는 통로의 길목이다. 이로 보아 前稿에서 논한 것처럼 그 즈음에 고령 세력이 황강 상류역과 남강 상류역을 연맹권 내지는 간접지배권으로 편입함[50]과 동시에 이 합천댐 수몰지구의 가야 사회를 간접 지배하면서 남강 중, 하류 쪽으로 세력을 뻗치기 위한 포석으로 창리 지구에 새로운 취락을 조성하였을 가능성조차 있다고 하겠다.[51] 이처럼 반계제고총군의 축조 개시와 그에 연동된 변화는 그 이전에 이 지역 정치체가 진화하는 동안 겪었을 변화들을 일단 제외하면 가장 획기적인 변화로서 제1차 지역 재편이라 할 수 있다.

이와 같이 반계제고총군의 축조 개시를 고령 세력의 이 지역에 대한 간접지배 및 세력 재편 개시의 결과로 이해한다면, 그 고총군의 축조가 가야사회의 멸망연대(562년)보다 훨씬 이전에 중단된다는 사실은 아주 크게 주목할 만한 현상이다. 그 주체들이 적어도 유명무실화하였음을 의미한다고 볼

....

49 아직 확실한 분석을 해 보지 않아서 단정할 수 없으나 시간의 관점에서 볼 때 저포리 지구에서 고분 축조가 중단되고 나서 이곳에 반계제고총군이 조영되는 점에서 이들의 출자가 혹시 저포리에 있을지도 모르겠다.
50 李熙濬, 1995, 앞의 논문, pp. 419~423.
51 창리고분군을 마주보는 곳에 있다는 하금리고분군의 존재(註37 참조)를 고려하면 그곳 인근에서 이곳으로 취락 중심의 이동 같은 것도 일어났을 가능성을 고려할 수 있겠다. 어떻든 그 경우에도 이 지구의 재편을 의미한다.

수밖에 없고, 그것은 곧 고령 세력이 지방관을 파견하는 등으로 이 지역을 직접 지배하기 시작한 결과라고 해석해도 무방할 것이다.[52] 그리고 그런 축조 중지와 때를 같이해 좀 더 하류 쪽으로 중반계고분군이 축조되기 시작하고 그에 이어 저포리의 C, D지구에 고분 축조가 재개되는 데서 보듯이 이 지역의 중심이 저포리 쪽으로 이동하는 현상 역시 이 지역 정치체 스스로의 변화가 아니라 고령 세력에 의해 초래되었을 것이다.

그에 관련해서는 530년을 전후해 낙동강 중, 하류의 금관가야를 비롯한 탁기탄과 탁순 등이 신라화한 사실이 주목된다. 탁순과 탁기탄은 의령 방면으로 비정되므로[53] 그들의 멸망에 따라 혹시 고령으로서는 서남부 방면의 외곽에 해당하는 이 지역의 방비를 강화하려는 의도가 담겨 있지 않았나 싶다. 이 저포리는 외부로부터 고령으로 바로 들어올 수 있는 몇 안 되는 통로 가운데 하나의 길목에 해당하기 때문이다. 어떻든 이러한 일련의 변화는 이 지역 정치체가 겪은 제2차 재편이라 하겠으며 그것은 제1차 재편보다 더 심대한 것이었다.

마지막으로, 저포리 E지구 고분군은 이 지역이 최후로 겪은 격변의 산물로 이해된다. 이런 해석의 근거는 C, D지구 고분군과의 대비에서 찾을 수 있다. C, D지구 고분군은 이 지역이 신라화되기 전부터 조영되기 시작해 그 이후로도 계속 축조되는 것으로 보아 원주 집단의 고분군으로 추정된다. 그에 반해 E지구 고분군은 별개의 지점에 신라화와 동시에 축조되기 시작하는 점으로 미루어 일단 C, D지구 고분군 축조 집단과는 구별되는 집단으로 판단된다. 그와 더불어 옥전 지역과 관련이 있다고 할 수밖에 없는 유자이기가 C, D지구 고분군에서는 전혀 출토되지 않고 E지구 고분군에서만 출토되는 점도

....

52 白承玉, 2001, 앞의 논문, p. 93의 註39에서는 필자의 前稿에서 직접지배에 대한 개념 규정이 되어 있지 않음을 지적하고 지방관의 존재가 확인되지 않은 상태에서 이 용어를 사용하는 데 신중해야 한다고 하였다. 그러나 문헌적으로 그런 기록이 없으므로 다른 식으로 해석해야 한다는 것은 지나친 신중론이 아닌가 싶다. 이웃하는 신라에서 문헌과 고고 자료를 통해 그것이 확인되므로 대가야의 경우에도 그에 준해 충분히 상정할 수 있다고 본다.

53 이에 대해서는 李熙濬, 1999, 「신라의 가야 服屬 過程에 대한 고고학적 검토」, 『嶺南考古學』 25, pp. 1~33을 참조.

그 피장자들을 전자의 피장자들과 출자를 달리하는 것으로 해석할 수 있는 근거이다.

이렇게 볼 때 E지구 고분군에서 가장 먼저 축조된 4-1호묘의 墓主로서 '하부'명 토기가 공헌된 인물 '사리리'는, 前稿에서 '억측'하였지만[54] 여기서 直說하자면, 이 지역이 신라화하면서 하류의 옥전 지역으로부터 徙民되어 왔을 것으로 추론되는 집단의 주요 인물 가운데 신라화 직후 최초로 사망한 자로 판단된다. 그러므로 '하부'라는 명문의 의미 해석이야 어찌되든 간에 묘주의 실제 출신지는 일단 이 수몰지구가 아니라 옥전의 多羅 세력과 연관시켜야 할 것으로 본다. 즉 '하부'는 '사리리'가 죽기 직전에 거주하였을 저포리가 아니라 생전에 주로 살았던 옥전 지역에 관련된 명칭인 것이다.

이와 관련해서는 후술할 것이나 대가야의 부 또는 부체제를 거론한 많은 연구자가 토기 출토 지점에만 주목해 하부를 이 수몰지구에 직접 관련짓거나 아니면 현재의 합천군 전역이 당시에 하나의 정치체로 통합되어 있었던 듯이 오해해 '합천 세력'에 관련짓거나 또 아니면 아예 백제, 심지어는 신라의 영향으로까지 관련짓기 때문에 고고학적 견지에서 이와 같이 사실 확인 및 해석이 된다는 점을 밝혀 두는 바이다.[55]

이상으로 합천댐 수몰지구 가야 사회가 멸망 전까지 두 차례의 큰 변동을 겪었음을 고분 자료로 알 수 있었는데, 그것은 스스로의 진화가 결코 아니며 고령양식 토기만으로 보아도[56] 고령 세력의 영향 또는 개입에 의한 것임이 분명하다. 이는 두 지역이 독립적 상태에서 맺은 연맹 관계 정도로는 도저히 설명될 수가 없다. 그런 변화는 이 지역이 고령「국」에 의해 통합되어 그 영역으로 편입되었음을 나타내며 그것은 곧 고령이 「국」 단계를 벗어나 「국가」 단계

....

54 李熙濬, 1995, 앞의 논문, p. 426 註76.

55 다만, 예외적으로 백승충만이『韓國古代史研究』17, 종합토론 장 p. 436에서 하부사리리의 명문은 저포에서 나왔지만 하부의 위치는 저포가 아니라 옥전 쪽으로 연결시키고자 한다고 하였으나 근거는 제시하지 않았다.

56 고령양식 토기 이외에도 반계제고총군의 묘곽 형태나 구조는 완전히 고령식이며, 축소모형 철기의 부장이나 筒形器臺의 공헌 등도 고령 지역 고총과 밀접한 관련이 있는 요소들이다.

로 진입하면서 그야말로 '대'가야를 이루기 시작했음을 말해 준다고 해석된다.

사실 이 합천댐 수몰지구의 경우는 고령 대가야가 이웃하는 지역들을 확실하게 자신의 영역으로 통합함으로써 국가로 도약했음을 논증하는 데 모델이 되는 사례라 할 수 있다. 앞에서 본 대로 그런 변동에 관련된 통, 공시적 고고 자료를 거의 완벽하게 갖추고 있기 때문이다.[57] 나머지 대가야권 지역의 고고 자료는 실은 아주 불충분한 발굴 및 지표 조사 자료뿐이어서 그것만으로 고령 지역과 해당 지역의 관계 변화를 이 지역만큼 체계적으로 분석하고 복원하기란 실질적으로 불가능할 정도이다.

그래서 前稿는 이처럼 양호한 수몰지구 자료의 변화상과 그에 대한 해석을 주축으로 삼고 토기 양식의 확산을 주된 근거로 해서 대가야의 영역 확대를 그려낸 것이었다. 다만, 대가야권 전역의 자료를 대상으로 한 데다가 여러 지역에 관한 논의가 지나치게 길어진 까닭에 토기 양식의 확산만을 근거로 한 논의인 듯한 오해를 불러일으키기도 하였다.

어떻든 이런 前稿의 대가야국가론에 대해서는 冒頭에 언급하였듯이 단일가야연맹론의 주창자가 "대부분 그대로 인정할 수 있을 만큼 타당한 연구 성과"라고 하면서도 필자가 전거한 간접지배 개념을 문제시함으로써 결과적으로 고고학에 의한 대가야국가론 자체를 부정 내지는 실질적으로 무력화하려는 반론을 제기하였다.[58] 그런데 이는 고고학적 연구 성과 자체에 대한 비판이 여의치 않기 때문에 과녁을 살짝 바꾸어 버린 듯한 느낌을 준다. 왜냐하면 그는 신라국가의 여러 간접지배 유형[59] 중 실은 한 가지 유형(피복속 지역의 자치는 허용하되 당해 지역의 유력 세력에 대해서는 중앙에 의해 일정한 재편 과정을 거친 유형)만이 간접지배로 인정되는데 이 유형조차도 그나마

....

57 이처럼 전면적으로 발굴된 고총군뿐만 아니라 그에 연계된 하위 고분군들의 자료까지 잘 갖추어진 덕분에 고총이 내포한 의미를 역동적으로 해석할 수 있는 점은 그에 비해 불비한 자료 여건에 있는 신라 각 지역의 지방 고총이 기본적으로 신라국가에 의한 간접지배의 산물이라는 것을 다른 측면에서 보완, 확증시켜 주는 절호의 사례 역할을 한다고 평가된다.

58 金泰植, 2000, 앞의 논문, pp. 181~190.

59 이에 대한 자세한 논의는 朱甫暾, 1996, 앞의 논문, pp. 28~32를 참조.

내용이 아주 불명확하므로 재지 세력의 자치성 정도에 따라 다시 여러 형태[60]로 세분해야 하며 그중 정도가 가장 약한 형태만을 겨우 간접지배로 인정할 수 있는바, 토기 양식의 확산이 그 어느 형태에 해당하는지를 가려낸다는 것은 至難하다고 보기 때문이다.

그의 논의에서 핵심은 결국 해당 지역이 대외적으로 국명을 쓰지 않았다는 적극적 논증이 되지 않는 이상 간접지배 하에 있었다는 주장이 불가능하다는 것이다. 과연 고령양식 토기가 확산된 지역이 그런 형태 중 어디에 해당하는지를 가려내는 일은 불가능에 가까울지도 모르겠으며 더욱이 국명 사용 여부는 고고학적으로는 원천적으로 입증 불가능하다.

그러나 그런 식으로 접근한다면 관련 문헌 자료가 남지 않은 가야의 「국」 간 관계에 대한 연구는 연맹이든 간접지배든 개념 규정은 문제가 되지 않고 논리적으로 세분된 유형을 규정하는 문제로 전락하고 말아 순전한 상상의 역을 결코 벗어날 수가 없을 것이다. 그리고 종국에는 고증이 안 되는 이상 확실성 있는 논의는 할 수가 없다는 식의 가야사 허무주의로 흐를 위험성마저 있다고 본다. 또 그것은 가야사에 대한 고고학적 접근을 원천적으로 봉쇄하는 태도이기도 해서 더욱 받아들이기 어렵다.

설령 지역 정치체 간 관계에 대한 그의 분류를 따르더라도 이 수몰지구의 예는 적어도 간접지배의 범주에 든다고 생각된다. 토기 양식, 묘곽의 구조, 고총의 등장과 소멸 등에서 나타나는 상호 연계되고 일관된 변화와 그에 연동된 역내 세력 중심의 이동 등으로 보면 사회 재편이 일어난 사실은 확실하며 그것도 유력 세력만이 아니라 지역 전역이 재편을 겪은 것으로 나타나기 때문이다. 그러므로 여태껏 성격이나 구조가 무엇인지 분명하게 규정되지 않은 연맹[61]을 포함한 지역 정치체 간 관계 유형론을 들먹이면서 그 어느 것에

----

60   金泰植, 2000, 앞의 논문, pp. 186~189에서는 朱甫暾, 위의 논문의 간접지배 유형들 가운데 자신이 간접지배로 인정한 것(제2유형)을 다시 세분해 2-1, 2-1유형 등으로 명명하였지만 설명의 편의상 양자를 구분하기 위해 세분된 유형은 '형태'로 표현한다.

61   앞에서 인용한 대로(註2 참조) 『加耶聯盟史』라는 저서에서조차 그의 연맹 개념이 구체적으로 의미하

해당하는지 알 수 없으므로 대가야의 국가성을 받아들이기 어렵다는 식으로 얼버무린다면 무책임하기까지 한 것이다.

　실은 그는 신라토기의 분포권을 근거로 신라의 영역을 다시금 확인시킨 연구 성과를 제시한 바 있다.[62] 그러면서도 이처럼 정밀하게 밝혀진 대가야토기의 공통 분포권 내지는 확산과 그에 따른 변화를 가야 전체에서 고령 세력이 맹주권을 가진 연맹의 존재를 나타낸다고 본 것은 그 자체가 모순되기도 하거니와[63] 신라와 가야에 대해 이중적 잣대를 적용하는 셈이 된다. 하기야 그는 신라의 경우에도 "이 시기[64]의 신라를 初期 領域國家라고 하지 않을 수는 없지만 그 범위는 그에 연합되어 있는 小國들을 포함하지 않으며, 그 신라 계열 소국들을 포함한다면 '新羅國 中心의 聯盟體'라고 표현하는 것이 정확하다"고 하므로[65] 적용 잣대는 일관성을 갖고 있다고도 할 수 있겠다.

　그러나 과연 그런 시각이 신라사 연구자 사이에서 어느 정도 수용될 수 있을지는 그들이 판단할 몫이지만 아무래도 자신의 가야사 인식에 맞추어 신라사회의 통합 수준까지 끌어내린다는 평가를 받지 않을까 싶다.

　한편, 만약 국명의 사용 여부가 판정 기준이 된다면 오히려 문제는 훨씬 쉬워진다.『日本書紀』欽明紀 23년조의 가야 멸망기사에 나오는 이른바 任那 10국 중에 이 합천댐 수몰지구에 비정되는 나라는 없기 때문이다. 다만, 그는 이 수몰지구를 포함한 합천읍 일대를 多羅에 비정한다. 그러나 대부분의 연구자가 옥전 지역을 多羅로 보고 있는 데다가 앞의 논의에서도 나왔지만 이 수몰지구는 합천읍 지역과는 분명하게 구분되는 지형 속에서 자체로서 완결

....

　　는 바가 무엇인지 전혀 제시되지 못했다는 신랄한 비판이 이미 나왔지만, 최근에 가야연맹체의 성격을 재론한다고 하면서도(金泰植, 2000, 위의 논문, pp. 149~193) 연맹체의 성격이 무엇인지는 아쉽게도 또 다시 조금도 구체적으로 논의되지 못하였다.

62　金泰植, 1993, 앞의 책, pp. 141~158.

63　朱甫暾, 1995,「序說―加耶史의 새로운 定立을 위하여―」,『加耶史研究―대가야의 政治와 文化―』, 慶尙北道, p. 33에서 고령양식 토기의 분포상에 입각해 단일가야연맹을 상정하려는 그의 시도가 스스로 모순된다는 지적을 이미 한 바 있다.

64　麻立干期를 의미한다.

65　金泰植, 2000, 앞의 논문, p. 188.

된 정치체를 이루었던 것이며, 합천읍 지역은 지리 및 지형과 거리로 보아 오히려 옥전 지역과 한 정치체를 이루었을 가능성이 크다.

물론 그는 옥전 지역이 강 건너의 草溪 지역과 함께 散半下(癸)國을 이루었을 것으로 보기 때문에 그 점을 받아들이기는 어려울 것이다. 하지만, 그것은 순전히 音似만을 근거로 한 지극히 정태적인 분석의 결과일 뿐이다. 굳이 音似로만 본다면 반계제고총군에서 가까운 마을 이름이 上磻溪이므로 그것이 산반해에 가깝다는 억지 주장도 가능하다. 더욱이 옥전 지역에는 희귀하게도 多羅里라는 지명이 남아 있는데 그처럼 지명 고증을 신봉하면서 그 점은 왜 외면하는지 쉽사리 납득이 되지 않는다.

굳이 수몰지구를 합천읍 지역과 합쳐 多羅로 설정할 경우에는 더욱 큰 문제가 발생한다. 전술하였듯이 수몰지구 고분 자료에서 추론되는 고령 세력에 의한 이 지역의 재편과 수장층의 소멸 등은 문헌적으로 나타나는 多羅의 독립성과는 완전히 배치되기 때문이다. 그런 점에서도 고분 자료로 보아 고령 세력과 관련성을 가지면서도 거의 멸망할 때까지 어느 정도 독립성을 유지하는 듯이 보이는 옥전고분군 일대를 多羅의 중심지로 보는 편이 훨씬 합당할 것이다.

반론이 좀 길어졌지만 요컨대 간접지배 개념을 문제 삼아 고고학에 의한 국가론에서 핵심을 이루는 고고 자료의 정형성 해석 문제를 비껴간 것은 온당하지 못하다. 더욱이 그의 간접지배 개념에 대한 이해 자체가 근본적 문제를 안고 있다. 간접지배란 유형이나 구체적 형태가 어떻게 나누어지든 간에 중앙정부에 의해 이전 각 「국」에 해당하는 지역 정치체의 대외적 군사권, 외교권, 교역권을 포함한 대외교섭권이 근본적 제약을 받거나 박탈되는 것을 대전제로 하는 개념이며[66] 그와 표리 관계에서 원래의 소국명도 사용하지 못한다[67]는 점을 간과한 것이다. 그의 유형 또는 형태 분류에 근거한 비판론은

....

66 朱甫暾, 1996, 앞의 논문, p. 35.
67 李熙濬, 1998, 앞의 논문, pp. 133~135.

이런 착종 속에서 나온 것이라 공허할 수밖에 없다. 그에 대한 본격적 논의는 본고의 범위를 벗어나는 것이므로 여기서 더 이상 언급하지는 않겠다.

다만, 국가론과는 달리 개념상으로 연맹 소속「국」들의 집단적 제약이 아닌 한「국」의 타국에 대한 일방적 대외교섭권 제약을 전혀 전제로 하지 않는 연맹론에 서면서도 강력한 연맹은 일시적으로, 또는 외형적으로 국가와 같은 행동을 할 수도 있고 맹주국이 대외적으로 연맹을 대표하는 역할을 오랫동안 반복하다 보면 그 사회 내부체제도 점차 중앙집권적으로 변모될 수 있다[68]는 식으로 문제의 초점을 흩뜨리려는 것은 이해할 수 없다. 이는 자신의 연맹 개념이 모호함을 호도하려는 데서 나온 것으로 볼 수밖에 없으며, 결국 과거 사회의 현실을 현대의 관점에서 교묘한 개념 분류의 유희나 논리로써 농단한다는 비판을 면하기 어려울 것이라는 느낌이 든다.

어떻든 그의 논의에 따르면 이제 국가 초기의 통합을 어떻게 성격 규정을 할 것인지가 문제시되는 것 같다. 이는 순전히 고고학적 논의를 벗어나는 것이라 여기서 더 이상 논급을 자제하지만 현재까지 제기된 간접지배와 연맹의 개념은 대외교섭권의 제약 여부로써 분명하게 계선이 그어진다는 점은 확실하다는 점만 언급해 둔다.

다음으로 '하부' 명 토기에 대해 보기로 하자. 이 토기가 누구를 위해 공헌된 것인지 혹은 '사리리'가 누구인지에 대해 논란이 있으나 그것은 유물 자체의 출토 정황을 고려하지 못한 해석에 불과하며, 앞에서 보았듯이 '사리리'는 저포리 E지구 4-1호묘의 묘주를 가리킨다. 다만 그의 원 출신지는 옥전 지역으로 추론되므로 이 하부는 옥전 지역과 관련이 되는 명칭이다.

대가야의 국가성을 인정하지 않으려는 단일가야연맹론자는 한때 이 토기가 발견된 합천댐 수몰지구는『日本書紀』에 나오듯이 독자적 외교권을 행사한 多羅國에 속하는 곳이므로 이곳을 대가야의 하부로 보게 되는 경우 부체제 관념과는 맞지 않는다고 해서 백제와 관련지은 바 있다.[69] 그러나 이미

....

68   金泰植, 2000, 앞의 논문, p. 190.
69   한국고대사연구회, 2000,『韓國古代史研究』17, 지정토론 p. 369 김태식의 발언.

말한 대로 수몰지구는 합천읍 일대와 동일한 정치체의 영역이 될 수 없으며 더구나 多羅國 영역에 속하지도 않으므로 이런 백제 관련 해석은 출발 자체가 잘못된 것이다. 어떻든 필자는 이 자료는 가능하면 가야에 관련지어 발전적으로 보려고 하는 쪽이 올바른 접근법임을 지적한 바 있다.[70]

그런데 이 문제를 새로이 검토하면서 가야 멸망 직후 들이닥친 "신라 계통 문물 또는 세력의 영향을 보이는 유물 증거"라고 하면서도 "하부 사리리라는 백제의 인명"이 쓰인 것이라 단정하고 "무리하게나마 추측을 해 본다면"이라는 단서를 달기는 했지만 "가야연맹 멸망 직전에 합천 저포리 지역에 밀려왔던 백제 계통 문물 또는 인물의 왕래, 또는 그에 대한 반감과 관련이 있다고 해야 할 것"으로 본 점[71]은 전혀 '발전적'인 시각에 선 것이 아니라 여겨진다.

하부가 옥전 지역과 관련이 된다는 데 대해서는 위에서 충분히 논의하였으므로 그의 이런 새 해석이 정말로 무리한 억측이라는 평가조차 할 필요를 느끼지 않지만, 문제는 그 해석이 '하부'명 자료를 어떻게 해서든지 가야에 연관 짓지 않으려는 선입견적 발상에서 비롯된 데 있는 듯하니[72] 이것이 과연 그의 표현대로 가야사에 대한 '공정한' 관점인지 되묻고 싶다.

V. 소결

여기서는 冒頭에 밝힌 이유로 합천댐 수몰지구만을 예로 대가야의 국가

....

70 위의 책, pp. 368~369 이희준의 발언.

71 金泰植, 2000, 앞의 논문, p. 184.

72 그처럼 하부 사리리를 가야에 관련짓지 않고 무리하게 백제에 관련지으려 하다 보니 위의 논문 p. 185의 註150에서처럼 4-1호묘 묘주를 신라의 촌주급 인물로 해석하고 그에게 공헌된 '하부'명 토기는 마치 殉葬 내지는 配葬(sic! 陪葬)의 의미가 있는 듯이 보아(이는 아무래도 그 토기가 깨어진 상태로 발견된 점을 애초에 깨뜨려서 놓은 것으로 오해한 데서 나온 억측인 듯함) "신라의 도움으로 저포리가 백제의 간섭을 물리치고 독립성을 회복하였다는 상징적 의미를 띠게 된다."는 창조적 상상력이 아닌 공상력 넘친 역사 해석마저 나오게 된 것이라 여겨진다.

성을 논의하였으나, 남은 과제는 이를 모델로 삼아 그 밖의 대가야 영역, 그리고 그 접경 지역에서 일어난 통, 공시적 변화를 고령양식 토기가 출토되기 이전 단계부터 정밀하게 추적해 내어 대가야의 발전 과정을 복원해 내는 일이 될 것이다. 그에 대한 밑그림은 前稿에서 제시한 바 있으나 그것만으로 대가야의 국가성이 충분하게 논의되었다고 할 수는 없다. 다만, 아직 그 이후로 새로운 고고 자료의 증가가 이루어지지 않아 좀 더 풍부한 그림은 특히 가야 각지의 고총 관련 자료가 지금보다 훨씬 더 축적될 때를 기다려야 할 것이다.

또 한 가지 중요한 문제는 대가야가 정치적으로 발전하면서 거쳤을 여러 단계를 어떻게 개념 규정하느냐 하는 것이다.[73] 이를테면 국가로의 전환 직전에 일단 삼한 소국 연맹보다는 훨씬 진전된 수준의 연맹과 같은 단계를 설정해 두었으나 과연 그처럼 점진적 변화를 상정하는 것이 타당한지는 아직 단정할 수 없다. 실은 그것은 신라의 경우에 각 지역을 일단 복속해 국가를 이룬 이후 지방 각지에서 거의 일률적으로 신라양식 토기가 나타나는 것과 달리 대가야권의 고령양식 토기 확산이 초기에는 점진적으로 보이는 데다가 또 고령 세력에 의한 갑작스런 정복의 증거를 대기가 어렵기 때문에 그리한 것일 뿐이었다. 그러나 고령양식 토기가 본격 확산되는 단계의 변화는 아주 급속하게 일어나기 때문에 달리 볼 여지가 많다. 아무튼 앞으로 그런 점이 고려되면서 개념화 작업이 이루어져야 할 것으로 본다.

대가야국가성 문제의 탐구를 비롯한 가야사 연구의 진전은 앞으로도 새로운 문헌 사료가 발견될 가능성이 거의 전무하기 때문에 감히 말하건대 고고학에 많은 부분이 달려 있다고 해도 과언이 아니다. 하지만, 고고 자료가 그냥 축적되기만 하면 저절로 그것이 이룩될 것으로 볼 수는 없다. 그것은 본고와 같은 고고 자료의 정형성 추출 작업과 그런 정형성들을 해석하는 적절한 방법론이 없이는 가능하지 않으며, 그 방법론은 바로 문헌사와의 접목에서

....

73   신라의 경우를 두고 한 발언이지만 앞에서 인용하였듯이 이성주(註17)와 김태식(註65)이 마립간기 신라의 정치발전 수준에 대해서 현실 인식은 아주 비슷하게 하면서도 개념적으로는 사뭇 다르게 표현한 점에서 이 문제의 어려움을 잘 알 수 있다.

도출될 수 있을 것이다.

그러므로 고고학과 문헌사 어느 쪽이든 상호의 연구 성과를 모른 체하거나 얼버무릴 수는 없으며 상호 인지하고 수용하는 가운데 협력 연구를 해 나가야 한다고 생각된다. 만약 서로를 무시하고 자기 분야의 특성만을 고집하게 되면 가야사의 진전은커녕 오히려 왜곡을 가져온다. 그런 측면에서도 대가야의 정치발전 단계를 객관적으로 이해하기 위해서는 본고처럼 가야사를 발전적으로 보는 관점에 서서 이를테면 연맹론자조차도 대가야의 국가성을 시사한다고 본 문헌 기록의 편린들[74]이 지닌 의미를 새롭게 되살려야 할 것이다.

출전: 李熙濬, 2003, 「합천댐 수몰지구 고분 자료에 의한 대가야 국가론」, 『가야고고학의 새로운 조명』, 혜안, pp. 199~235.

....

74 己汶을 두고 대가야와 백제가 다툰 것을 전하는 『日本書紀』 繼體 17년조 기사 등. 이를 비롯한 그 외의 기사에 관해서는 金泰植, 2000, 앞의 논문, pp. 189~190을 참조. [補註] 본서 제6장에서도 이에 관해 다루었다.

제5장

대가야 토기 양식 확산 재론

I. 머리말

이른바 대가야의 고분 문화는 토기와 묘제가 주된 구성 요소이다. 그중에서도 특히 토기문화는 아주 특징적이어서 하나의 양식을 이룬다고 말할 수 있고 그 명칭은 흔히 고령양식 토기 혹은 대가야양식 토기 등으로 불린다. 이에 대해서는 그간 편년에서부터 시공간적 분포 정형과 그 의미 해석에 이르기까지 상당한 연구들이 이루어졌으며[1] 그 결과로 대가야 토기문화가 대략 5세기 중엽 이후 본산인 고령 지역의 범위를 넘어 경남 북부 지역 및 전북 동부 지역으로 '확산'되었음은 이제 하나의 분명한 사실로 확립된 상태이다.

이는 실은 필자가 10여 년 전 고령양식 토기의 변천을 토대로 5세기 중기 전후부터 고령 지역에서 황강 및 남강 중·상류 지역을 향해 대가야 토기

----

1   이에 관해서는 박천수, 2007, 「고고학을 통해 본 대가야사」, 『역사 속의 고령과 고령 사람들』, 고령 문화사 학술대회, pp. 34~36의 참고문헌 항을 참조. 단, 대가야양식 토기의 확산과 그 의미에 대해서는 간략하기는 하지만 일찍이 定森秀夫, 1987, 「韓國慶尙北道高靈地域出土陶質土器の檢討」, 『東アジアの考古と歷史』(上), pp. 443~452에서 제일 먼저 논의된 바 있으나 이에 열거되지 않았다.

문화가 확산된 과정을 추적하고 그 의미를 나름대로 해석한 데[2]서 비롯되었다. 그에서는 대가야 토기문화 확산의 의미에 대해 당시 가야가 전적으로 연맹 단계에 머물렀다는 종래의 시각을 탈피해 특히 대가야가 국가 단계로 발전하였다는 새로운 관점을 추구한 가야사 연구자들과 인식을 공유하면서 새로운 해석을 시도하였다. 즉 그것이 단순한 문화 현상에 그치지 않고 고령 지역을 중심으로 광역의 정치 권역이 새로이 형성된 데 따른 결과이며 그 권역은 기왕에 문헌사에서 대가야연맹을 나타낸다고 본 것과 달리 대가야국가의 존재를 반영한다고 주장하였다.

그 후 이 대가야국가론이 고고 자료의 다양한 정형성들을 일정한 고고학적 방법론과 해석 틀을 근거로 해석해 낸 것이었는 데도 단지 고령 토기 양식의 확산만을 근거로 한 국가론인 듯 치부되었기 때문에 검토 대상 지역을 고령 토기 양식이 확산된 지역들 중 합천댐 수몰지구라는 한 지역으로 아주 좁혀 그곳의 고분 자료 변화를 근거로 대가야가 국가 단계에 도달하였음을 다시금 밝힌 바 있다.[3]

이 글에서도 이런 전고[4]의 편년관과 논지를 그대로 견지하지만 그 이후로 대가야국가론의 견지에 선 연구들이 다수 발표되었고 또 새로운 발굴 자료도 상당히 늘어났으므로 그간의 조사 및 연구 성과들을 통합해야 할 터이다. 하지만, 이 글은 원래 대가야 토기문화의 활용 방안 모색이라는 실용적 요청에 따라 기초한 것이라서 순전히 학술적인 목적만 추구할 것이 아니라 그런 목적에도 부합한다는 취지에서 우선 대가야 토기문화의 특징을 잘 요약하고 대가야 토기 양식의 성립과 확산 그리고 그 의미에 관련된 그간의 논의들[5]

....

2   李熙濬, 1994, 「고령양식 토기 출토 고분의 편년」, 『영남고고학』 15, pp. 89~113. ; 李熙濬, 1995, 「토기로 본 大伽耶의 圈域과 그 변천」, 『加耶史研究—대가야의 政治와 文化—』, 慶尙北道, pp. 365~444([補註] 본서 제2장과 제3장).

3   李熙濬, 2003, 「합천댐 수몰지구 고분 자료에 의한 대가야 국가론」, 『가야 고고학의 새로운 조명』, 혜안, pp. 199~235([補註] 본서 제4장).

4   이하에서 前稿란 李熙濬, 1995, 「토기로 본 大伽耶의 圈域과 그 변천」, 『加耶史研究—대가야의 政治와 文化』, 慶尙北道, pp. 365~444를 가리킨다.

5   특히 朴升圭, 2003, 「大加耶土器의 擴散과 관계망」, 『韓國考古學報』 49, pp. 81~117과 박천수, 2004,

을 정리하면서 전고를 일부 보완하는 쪽으로 논의를 펴기로 한다.

즉 무언가 새로운 사실을 해명하려 하기보다는 필자의 전고와 더불어 다른 연구자의 최근 논고들에서 핵심 되는 내용들을 취지에 맞게 잘 요약하는 데 중점을 두되, 특히 근래에 추가된 호남 동부 지역 자료들에 대한 그간의 해석에서 다소 문제시되는 부분에 대해서만 좀 자세히 언급하기로 한다. 한편 대부분의 연구가 대가야 토기문화의 확산 과정을 서술하고 해석하는 데 치중한 나머지 그에 관련된 몇 가지 정형성들을 명확하게 언명하지 않은 느낌이 들고 또 각 정형성을 해석하는 데 일관성이 결여되는 등 방법론적 고려를 상대적으로 소홀히 한 감이 없지 않다. 그러므로 이것들을 분명하게 드러내고 특히 쟁론의 소지가 될 만한 요소들을 부각시키기로 하겠다.

II. 대가야 토기 양식

1. 대가야의 의미와 토기 양식

여기서는 대가야 토기문화를 양식의 관점에서 형태적 특징을 중심으로 살펴보기로 하는데 우선 대가야의 의미에 대해 한번 짚어 두고자 한다. 어떤 이는 대가야라 하면 곧 옛 고령 지역 혹은 거기에 있었던 정치체를 뜻하는 말로 쓰는가 하면 또 어떤 이는 그보다 한층 넓은 지역을 차지하였던 정치체를 뜻하는 말로 써서 때로 약간의 혼란을 주기 때문이다.

대가야라는 용어는 잘 알다시피 『삼국유사』 5가야조와 『삼국사기』 지리지 고령군조에 나온다. 전자에서는 아라가야 등과 더불어 大伽耶를 거론하였고 후자에서는 "고령군은 본래 大加耶國이었는데 이진아시왕으로부터 도설지왕까지 모두 16세 520년이었다. 진흥대왕이 침공하여 멸망시키고 그 땅을

....
「토기로 본 대가야권의 형성과 전개」, 『大加耶의 遺蹟과 遺物』, 대가야박물관, pp. 219~249가 참고가 된다.

대가야군으로 삼았다. 경덕왕이 이름을 고쳤다. 지금(고려)도 그대로 쓴다."고 되어 있다. 이런 때문에 흔히 지금의 고령 지역을 가리켜 대가야의 고지라고 한다.

그런데 그를 중심으로 한 가야 세력이 당대에 정말 대가야라고 불렸는지가 문제인데 어떤 연구자는 이를 포함해 모모가야라는 명칭들이 당대에 존재하였을 가능성 자체를 아예 부정하지만 반드시 그렇게 보기는 어려울 듯하다.[6] 이를테면 창녕 지역이 비화가야로 불렸다고 단정하기는 어렵지만 비화라는 관칭은 분명히 비자발, 비사벌에서 보듯이 창녕 지역 정치체를 가리키는 데 쓰였음이 확실하기 때문이다. 더욱이 모모가야라는 이름의 경우는 그렇다손 치더라도 대가야의 경우는 이처럼 분리해서 생각할 수가 없는 명칭이기 때문에 달리 생각해야 할 여지가 더 크다.

그래서 대가야는 고유 명칭은 아니라 하더라도 별칭처럼 자칭, 타칭으로 당대에 일컬어졌을 가능성을 배제하기 어렵다. 대가야라는 명칭에다 소가야라는 명칭을 더해서 생각해 보면 소가야를 굳이 자칭하였다고는 보기 어렵기에 역시 당대에는 가야권 안에서 둘 다 大, 小 가야 세력으로 인식되는 가운데 존재했던 것이고 그 결과로 이런 이름이 남았을 가능성을 추정할 수 있을 것이다.

그렇다면 신라의 경우 그 말이 대개 광역의 신라를 의미하였지만 한편으로 울진봉평리신라비의 '신라 6부'라는 표현에서 보듯이 이 비의 건립연대인 524년 당시까지도 경주를 가리키는 이전의 사로라는 명칭을 대신하기도 했던 점을 참고해 대가야라는 명칭의 의미를 이해할 수 있을 듯하다. 즉 대가야라는 이름은 고령 지역 혹은 그곳의 정치체를 가리키기도 하였지만 아마도 그 뜻으로 보건대 원래 신라·가야 당대에는 그보다 훨씬 넓은 지역에 세력을 떨친 하나의 통일 세력을 가리키는 말이었다고 이해할 수 있다. 그러다가 이

....

6   가야 관련 용어의 의미에 관해서는 주보돈, 1998, 「가야와 가야사」, 『가야문화도록』, 경상북도, pp. 408~414를 참조.

대가야가 멸망한 후에는 고령만이 대가야군으로 편제된 탓에 『삼국사기』에 그렇게 기록되었을 터이다. 이와 같이 대가야는 좁은 의미와 넓은 의미의 두 가지로 구분할 수 있지만 본래는 후자 쪽을 주로 가리키는 용어였던 것으로 판단된다. 그러므로 대가야의 토기문화를 활용하는 데서는 특히 이런 이중의 의미가 잘 드러나도록 해야 하리라 생각된다.

다음으로 대가야의 토기문화를 운위할 때는 으레 하나의 통일된 양식으로 취급하고 또 흔히 대가야 토기의 확산이라고 표현한다. 하지만, 결론적으로 말하면 그것은 고령 지역의 토기가 직접 다른 지역으로 퍼져 나갔음을 뜻한다기보다는 대개 고령 지역 토기 양식을 따른 토기들이 다른 지역에서 널리 제작된 현상을 가리킨다. 그러므로 그런 확산의 의미를 제대로 이해하기 위해서라도 이 양식이라는 것이 어떤 것인지에 대해 약간 검토할 필요가 있다.

필자는 전고에서 양식이라는 용어가 현재의 쓰임으로 볼 때 통상적으로 영어권의 style[7]에 대응되는 의미를 가짐과 동시에 일본 고고학 특유의 양식[8] 개념을 포괄하고 있음을 감안해 "유사하거나 동일한 제작 전통 속에서 생산되어 공통된 양식적, 기술적, 형태적 특성을 가진 토기들의 형식 복합체 또는 형식 조합"이라고 다소 느슨하게나마 정의하였다. 또 이에 따라 한 지역 양식으로서의 대가야양식 토기라는 말은 고령 토기 양식에 속하는 한 기종(형식) 또는 다수 기종의 토기를 지칭하는 것으로 설정하였다. 여기서 어느 한 기종, 예컨대 고배를 일컫는 경우 실은 엄밀히 말해 고령 형식이라 해야 적확하다. 참고로 定森秀夫는 일본고고학에서 우리의 기종에 해당하는 것은 形式이라 하고 우리의 편년적 형식을 의미할 때는 반드시 型式이라 쓰는 점을 감안해

....

7   이에 관해서는 M. R. Mignon(김경택 역), 2006, 『고고학의 이론과 방법론―고고학의 주요 개념들―』, 주류성출판사, pp. 501~508 STYLE: 양식 항을 참조. 현대고고학 연구에서의 양식에 관한 논의를 전반적으로 이해하는 데는 이성주, 2003, 「양식과 사회―삼국시대 토기 양식에 대한 해석의 문제―」, 『강원고고학보』 2가 좋은 참고가 된다.
8   이 개념 및 그에 관한 논의는 伊丹 徹, 1990, 「樣式論と關東」, 『神奈川考古』 26, pp. 39~62와 松永幸男, 1993, 「繩文土器研究における「樣式」についての覺書―小林達雄氏の樣式概念をめぐって―」, 『九州文化史研究所紀要』 38, pp. 1~20을 참조.

이와 같이 총체적으로 양식이라 하는 대신 굳이 타이프(タイプ)라는 용어를 쓴 바 있다.[9]

이 문제가 나온 김에 김원용 선생이 미술사의 맥락에서 양식의 의미를 간결하게 논한[10] 중에 흥미롭고 유익한 참고가 되는 내용이 있어 인용해 두기로 하겠다. 그는 미술품을 제작하는 데는 반드시 재료·기술에 기인한 특색들이 생기게 되며 보편적으로 파악할 수 있는 표현 구조 등에서의 특징적 방식을 양식이라고 규정하였다. 즉 양식은 기술적인 성격을 지니며 '공통적인 형태'를 뜻하는 형식과는 다른 것으로 '형식이란 양식의 결과'라고 할 수 있으니 피카소양식으로 그려진 피카소형식 그림이라는 표현이 가능해진다고 하였다. 그리고 이에 덧붙여 형식은 보편적으로는 형태에 관련된 것이며, 따라서 피카소형식 그림보다는 피카소형 사람, 피카소형 집이라는 말처럼 형태에 나타나는 공통형을 가리킨다고 하였다.

이와 같이 엄밀하게는 각 고령 형식 기종들로 이루어진 고령 토기 양식이라 해야 할 터이지만 하나의 양식에 속하는 토기를 강조한다는 의미에서 그냥 이를테면 대가야양식 고배라는 용어를 쓰고자 한다. 한 양식은 당연한 일이지만 각 시점에서 일정한 지역적 분포권을 가지며 시간의 흐름에 따라 그 기종 조합의 구성이 다소 달라지기도 하고 각 기종의 형식 또한 변화한다. 그러므로 일반론적으로 말해서 양식을 설정할 때는 그것을 구성하는 기종별로 시간이 흘러도 변치 않는 속상상의 특징들을 기준으로 삼는 것이 바람직하다. 한편 공통된 양식적 특성들은 대개 기종별로 속성 차원에서 나타나지만[11] 때로 여러 기종에 걸쳐서도 (예컨대 공통된 문양 등으로) 나타나기도 한다.[12]

....

9   定森秀夫, 앞의 논문 및 1989,「日本出土の"高靈タイプ"系陶質土器(1)—日本列島朝鮮半島系遺物の研究—」,『京都文化博物館研究紀要』 2, pp. 25~41.

10   김원용, 1980,『한국고미술의 이해』, 서울대학교 출판부, pp. 6~7.

11   이 특성들 가운데 분류의 목적에 따라 적절한 것들을 선택하여 규정한 것이 곧 形式이다.

12   [補註] 이하 원 논문의 대가야 토기 양식 각 기종에 대한 설명은 李熙濬, 1995, 앞의 논문(본서 제3장)과 중복되므로 생략한다.

2. 대가야양식 토기 출토 고분군의 분포와 주요 고분의 편년

대가야양식 토기는 지금까지 군명 혹은 시명으로 말해 고령 이외에 경남 지방에서는 거창, 함양, 합천, 산청, 진주, 의령, 함안에서, 백두대간(소백산맥) 이서의 전북 지방에서는 남원, 장수, 임실, 진안에서 그리고 전남 지방에서는 구례, 곡성, 광양, 순천, 여수에서 출토되었다(그림 1). 이 중에서 함안은 아라가야의 고지로 물론 대가야 권역과 관련지어 볼 수는 없고 진주 역시 소가야양식권에 속하며 나머지 지역들은 일단 의미를 부여할 수 있는 대가야 토기 양식 분포권으로 설정할 수 있겠다. 전고 작성 시에는 전남 지방에서 아직 대가야양식 토기의 존재가 전혀 알려지지 않았고 또 전북의 장수, 진안에서도 제대로 알려지지 않았으니 이제 분포의 외연이 상당히 확대되었다고 하겠다. 다만, 새로이 대가야양식 토기 분포권으로 추가된 지역들 중 아직도 구체적 양상을 확실하게 알 수 있는 곳은 많지 않다. 각 지역의 해당 고분군을 들면 다음과 같다.[13]

거창	개봉동고분군·말흘리고분군·무릉리고분군·석강리고분군
함양	상백리고분군·백천리고분군
합천	옥전고분군·영창리고분군·반계제고분군·봉계리고분군·저포리고분군·창리고분군·월광리고분군
산청	생초리고분군·평촌리고분군·묵곡리고분군·옥산리고분군
의령	유곡리고분군·경산리고분군
남원	월산리고분군·두락리고분군·건지리고분군·행정리고분군·호경리고분군
장수	삼봉리고분군·삼고리고분군·봉서리척동고분군·동촌리고분군
임실	금성리고분군

....

13 이는 박천수, 2006, 「대가야권의 성립과정과 형성배경」, 『土器로 보는 大加耶』, 대가야박물관, pp. 90~91에 의한다.

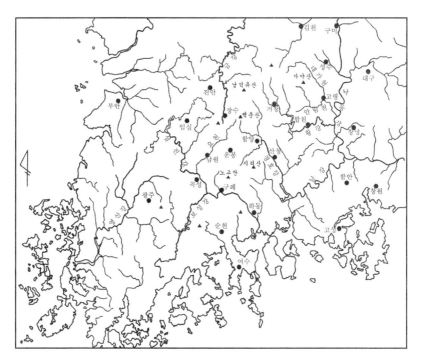

그림 1 대가야양식 토기 출토 지역 관련 수계 개념도

진안   황산리고분군

구례   용두리고분군

곡성   방송리고분군

광양   비평리고분군

순천   회룡리고분군 · 운평리고분군

여수   미평동고분군

　　　전고가 근거한 편년 연구[14]에서는 당시까지 발굴된 각지의 수장급묘에
해당하는 고총을 주된 편년 대상으로 하고 토기를 기준으로 삼되, 편년 방법
으로는 토기 각부의 속성에서 보이는 형태상 특성들이 각각 일정 기간 지속

....

14   李熙濬, 1994, 「고령양식 토기 출토 고분의 편년」, 『영남고고학』 15, pp. 89~113([補註] 본서 제2장).

적으로 유행하였음을 근거로 하는 발생순서배열법을 적용해 상대편년을 하였다. 그리고 절대연대는 한 세기를 사분한 연대를 비정하되 몇몇 고분에 대해 추론한 절대연대를 근거로 삼았다.

이처럼 세분해서 단계 구분을 한 이유는 다소 무리가 있을지라도 토기 분포권의 확대 양상을 좀 더 정밀하게 추적해 보려는 취지에서였다. 여기서는 그 편년 결과를 그대로 이용하기로 하는데, 다음과 같다.

상대편년:　지산동 35호분　　　　　　　　절대연대: 5세기 1/4분기

　　　　　　지산동 32호분, 33호분　　　　　　　　　2/4분기

　　　　　　지산동 34호분; 월산리 M1-A호분　　　　　　上同

　　　　　　옥전 70호, M3호분; 반계제 가A호분, 다A호분　3/4분기

　　　　　　옥전 M6호분; 백천리 1호분; 지산동 44호분　　4/4분기

　　　　　　지산동 45호분; 옥전 M4호분, M7호분　6세기 1/4분기

　　　　　　두락리 1호분　　　　　　　　　　　　　　2/4분기

이제 여기에다 전고 발표 이후 보고된 옥전 28호분,[15] 고령 지산동 30호분,[16] 산청 생초고분군,[17] 평촌리고분군[18] 그리고 전북 동부 지방 고분군 일부를 더해야 할 터이다. 먼저 옥전 28호분과 지산동 30호분[19]은 지산동 35호에서 33호로 가는 중간의 과도적 양상을 띠지만 일단 지산동 35호와 같은 5세기 1/4분기로 비정할 수 있다.

산청과 전북 동부 지방 고분군은 표지가 될 만한 고총 자료들이 별로 없

....

15　趙榮濟·柳昌煥·李瓊子, 1997, 『陜川玉田古墳群(23·28號墳)』, 慶尙大學校博物館.

16　嶺南埋藏文化財硏究院·高靈郡, 1998, 『高靈池山洞30號墳』.

17　趙榮濟·柳昌煥·張相甲·尹敏根, 2006, 『山淸生草古墳群』, 慶尙大學校博物館·山淸郡.

18　慶南發展硏究院 歷史文化센터, 2007, 『山淸 坪村里 遺蹟 II』.

19　전고, p. 400에서는 옥전 28호 토기를 아직 보고되기 전에 관찰한 결과를 토대로 지산동 33호 단계나 35호와 33호 사이쯤으로 추정하였으나 35호분 단계로 보아도 좋을 듯하다. 또 지산동 30호분은 보고서에서 33호분과 같은 단계로 보았으나 상대편년으로는 35호와 33호 사이로 생각되므로 35호와 같은 단계로 보아도 무방할 것이다.

고 또 이에 관한 본격 편년안도 제시된 바 없어서 구체적으로 연대를 비정하기가 쉬운 일은 아니다. 다만, 생초고분군의 경우 발굴된 수십 기의 소형 고분들이 시간적으로 고분군 전체를 대표한다고 상정할 때 그에서 출토된 토기들이 전반적으로 대가야양식 일색이며 보고서에서 제2단계로 설정한 9호분이 출토 왜계 유물로 보아 6세기 1/4분기로 비정되는 점을 근거로 한다면 고분군 전체가 대략 5세기 4/4분기부터는 대가야양식 일색의 토기를 부장하면서 축조되었다고 보아도 좋을 것이다. 이는 그 하위 고분군인 평촌리고분군에서 거의 대가야양식 일색의 토기들을 부장한 고분이 그즈음부터 축조되기 시작한 점이 방증한다.

전북 동부 지방의 가야계 고분군의 양상에 대해서는 장수 삼봉리·동촌리고분군 보고서에 종합되어 있어[20] 참고가 된다. 그에 따르면 북서쪽의 진안 지역에서는 중대형 고총이 확인되지 않고 또 지역색이 강한 다양한 양식의 가야토기가 출토된다고 해서 진안 전역을 무조건 대가야 토기 양식 분포 권역으로 할 수 있을지조차 주저된다. 다만, 진안 황산리고분군[21] 출토 토기로 보건대 어느 시기에 대가야양식 토기가 진안 내 일부 지점으로 유입되었을 가능성이 크다. 그 시기가 얼마나 거슬러 올라가며 그 부장 양상은 어떠한지가 문제인데 상한은 일러도 5세기 3/4분기를 넘어서지는 못하는 듯하다.

반면 장수 일대는 삼고리고분군 발굴 보고서[22]로 보건대 대가야양식 토기 일색인 듯한데 그에서 채집된 토기[23] 중에 지산동 30호분 출토품과 유사한 형태의 고령산 발형기대[24]가 확인될 뿐 발굴된 대가야양식 토기는 거의 모두 5세기 4/4분기 이후로 생각된다. 아래에서 말하듯이 고령에 바로 접한 합천 반계제 지역으로의 대가야 토기 양식 확산 양상을 보면 5세기 중기에 아

....

20   곽장근·조인진, 2005,『장수 삼봉리·동촌리 고분군』, 군산대학교박물관·장수군·문화재청, p. 160.

21   郭長根·韓修英·趙仁振·李恩廷, 2001,「III. 鎭安 黃山里 古墳群」,『鎭安 龍潭댐 水沒地區內 文化遺蹟 發掘調査 報告書IV』, 群山大學校博物館韓國水資源公社, pp. 35~190.

22   郭長根·韓修英, 1998,『長水 三顧里 古墳群』, 群山大學校博物館.

23   郭長根, 2004,「湖南東部地域의 加耶勢力과 그 成長過程」,『湖南考古學報』20, p. 99〈그림 4〉.

24   박천수, 2006,「대가야권의 성립과정과 형성배경」,『土器로 보는 大加耶』, 대가야박물관, p. 92.

직 재지 토기와 혼재하므로 일단 그 너머 멀리 떨어진 이 지역에서도 5세기 중기에는 그 이상은 아닐 것이며 대가야 토기 양식이 장수 지역으로 본격 확산된 시점은 아마 그 이후로 보아도 무방하리라 싶다.

III. 대가야 토기 양식의 성립과 확산

1. 양식의 성립

대가야 토기 양식의 성립 시기를 검토하는 데서는 한 양식으로서의 대가야토기가 원삼국시대 이래의 영남 지방 토기 변천사에서 어떤 위치에 있는지를 살펴볼 필요가 있다. 이에서는 신라토기의 경우와 대비하는 것이 좋을 것이다. 또 위의 대가야 의미 구분에 따라 지역 양식으로서의 고령양식과 대가야양식을 일단 구분해서 생각해야 한다.

잘 알다시피 원삼국시대에서 삼국시대에 걸친 시기의 영남 지방 토기는 와질토기 단계에서 고식도질토기 단계를 거쳐 신라·가야토기로 이행한 것으로 파악되어 있다. 이 중에서 고식도질토기에서 신라토기로의 이행은 4세기 중기 이후 경주에서 낙동강 이동 토기 양식의 원형이라 할 경주 토기 양식이 성립한 후 다른 지역으로 양식적 선택압이 작용하면서 이동 지방 각지에서 동일한 토기 양식, 즉 신라토기 양식이 형성된 것으로 밝혀진 데 비해 가야토기의 경우는 그 과정이 아직 명확하지 못하다.[25]

5세기 중기 이후로 가야 북부 지방에서 광역적 의미의 대가야 토기 양식이 성립하기 전에는 김해의 금관가야와 함안의 아라가야가 4세기대에 각기 독특한 토기문화를 형성하였음이 파악되어 있을 뿐 나머지 가야 지역의 양상은 불분명하다. 그런 상황에서 대략 5세기 이후로 각 가야 세력이 개별 양식

....

25 이에 관한 최신 논의는 朴升圭, 2006,「加耶土器의 轉換期 變動과 樣式構造」,『가야문화』19, pp. 143~186을 참조.

토기문화를 이루어 나간 것으로 상정될 뿐이다. 더욱이 신라의 경우는 4세기 중기 이래로 서술적 의미의 낙동강 이동 양식이자 해석적 의미로서의 신라양식이 형성되면서 그 안에 각 지역 정치체의 양식이 지역 양식으로 존재한 것[26]으로 상정되나, 가야의 경우는 이와 달리 낙동강 이서 양식이라는 것이 낙동강 이동 양식에 대비되는 의미를 가질 뿐 실은 통일된 하나의 양식이라고 설정하기는 어렵다.

그러므로 이미 대가야양식이라고는 하였지만 엄밀히 말하면 고령 지역 특유의 토기 양식, 즉 고령 토기 양식이 성립한 이후 고령 지역을 넘어 다른 지역의 고분에 동일 양식의 토기들이 지속적으로 부장되기 시작하는 시점부터 일단 넓은 의미의 대가야양식이 성립한다고 보아야 하겠다. 물론 앞에서 말한 대로 고식도질토기 단계에서 토기문화권이 각 가야의 권역에 따라 나뉘어 있었는지 아니면 몇 개 지역 정치체의 권역을 각각 한 단위로 한 양태였는지도 제대로 알지 못하는 데다 그로부터 5세기대 각 가야 토기 양식으로의 전환 과정에 불분명한 부분이 아직은 남아 있으므로 대가야양식의 구체적 성립 과정에 대해서는 앞으로 수정될 여지를 남겨 두어야 할 것이다.

고령 토기 양식의 성립 과정에 대해서는 그간 논의가 별반 이루어지지 않았으나 하나의 양식으로서 성립한 시기는 그 양식의 범주를 설정하는 기준에 따라 달라질 수 있다 하겠다. 그렇지만 어떤 기준에 의하든 양식의 구성 기종이나 각 기종의 형태가 시간의 흐름에 따라 계속 변한다는 점이 충분히 고려되어야 한다. 그래서 고령 지역의 토기류에 지역색이 "본격적으로 발현"하는 시기[27]를 기준으로 하기보다는 그 이전의 지역색 초현기를 기준으로 삼는 것이 바람직하다고 본다.

....

26 물론 이 각 지역 양식이라는 것의 실체에 대해서는 의문시되는 부분이 적지 않다. 그에 관해서는 李惠眞, 2006, 「5~6世紀 慶山·大邱地域 土器 樣式의 統計學的 硏究」, 慶北大學校 大學院 考古人類學科 碩士學位 論文을 참조.

27 定森秀夫, 1987, 「韓國慶尙北道高靈地域出土陶質土器の檢討」, 『東アジアの考古と歷史』(上), pp. 442~443.

그렇다면 일단 현재로서는 고총인 고령 지산동 35호분에서 출토된 토기가 대가야양식으로서 가장 이른 것으로 보고 5세기 초쯤에 성립한다고 해 두어도 좋을 것이다. 다만, 고령 토기 양식 성립 이전으로 여겨지는 고령 쾌빈동 1호 목곽묘[28]와 이 지산동 35호 사이에 약간 시차가 있으므로 4세기 말까지 소급될 가능성은 열어 두어야 하겠다.

2. 양식의 확산 과정

여기서 대가야양식 토기(또는 대가야토기)의 확산[29]이라고 하지 않고 굳이 대가야 토기 양식의 확산이라고 한 이유는 그냥 토기 확산이라고 하면 마치 고령 지역 토기가 직접 다른 지역으로 광범위하게 퍼져 나간 듯이 오해될 수 있기 때문이다. 물론 초기 단계에서 고령산 토기들이 다른 지역으로 직접 이동된 증거들이 없지는 않으며 또 고령 이외의 지역에서 대가야 토기 양식이 성립하는 데는 그렇게 반입된 고령산 토기들이 일정한 역할을 하였으리라고 생각된다.

하지만, 고령산 토기의 확산이 대대적이고 지속적으로 일어나지 않았음에도 고령 토기 양식의 확산이라는 현상이 생겨났다는 데 한층 넓고 깊은 의미가 숨겨져 있다고 생각되고 또 고고학에서 바로 이 점을 중시해 대가야 토기 양식의 분포권이 앞서 말한 광역적 의미의 대가야 혹은 대가야국가의 영역을 나타낸다고 해석하는 것이다. 그러므로 양자는 엄격히 구분되어야 한다.

대가야양식 토기가 처음으로 고령군 이외의 지역에서 나타나는 것은 현재까지의 공식 자료로는 남쪽 방면의 옥전고분군으로서 늦어도 28호 목곽묘 단계부터이다. 그 연대는 5세기 1/4분기로 여기서는 바로 고령산이 아닌가

....

28   朴升圭, 2003, 「大加耶土器의 擴散과 관계망」, 『韓國考古學報』 49, pp. 84~85에서는 본고와 마찬가지로 지산동 35호분 단계에 대가야 토기가 성립한다고 보면서도 고령 쾌빈동 1호분과 옥전 68호분에서 출토된 토기가 대가야 토기 始原期의 양상을 보여 준다고 하였다.

29   朴升圭, 위의 논문.

사진 1 장수 삼고리고분군 채집 고령산 발형기대

생각되는 장경호와 대형 발형기대가 짝을 이루며 출토되었다. 이런 토기류가 수적으로는 재지계 토기에 비해 적지만 고령권에서 수장묘에 한정 부장되는 사실을 감안할 때 고령 지역과 옥전 지역 수장층 사이의 새로운 관계를 상징하는 듯이 느껴진다. 그리고 이보다 상대연대로는 약간 늦을지 모르지만 역시 같은 단계로 볼 수 있는 고령산 발형기대(사진 1)가 앞에서 본 대로 멀리 장수 삼고리고분군에서도 채집되었다.

그러므로 이미 5세기 초부터 고령의 대가야 세력은 인접한 남쪽 합천 지역은 물론 서쪽 멀리 남강 상류 각지, 나아가서는 그 사이의 여러 지역 수장층과도 다양한 연계를 꾀하였던 것으로 볼 수 있다. 다만, 이런 연계는 해당 지역에 대한 다른 가야 세력의 연계를 허용하지 않는 배타적 성격을 띤 것은 아니었다.

그런 관계는 5세기의 2/4분기에 들어서도 지속되었던 듯하나 이 시기에 해당하는 발굴 자료가 없어서 그 사이의 변화는 추적하기 어렵다. 다만, 2/4분기의 늦은 시기가 되면 멀리 남원 운봉고원의 월산리고분군에서 대가야양식 토기가 본격적으로 나타난다. 거기서의 양상은 대가야양식 토기가 아직

사진 2 남원 월산리고분군 출토 토기류

완전한 주류를 이루지는 못하나, 여타 토기류에 '양식적으로' 상당한 영향을
미치는 양태이다(사진 2). 그런데 남강 상류의 이곳에 동떨어지듯 대가야 토
기 양식이 확산되는 점은 어떻게 이해해야 할 것인가? 이는 황강 수계와 남
강 상류 수계를 따라 대가야 토기 양식이 분포한 지역들이 자리 잡고 있다는
점을 고려할 때 돌연하다기보다는 아직 중간 지역의 조사가 미비한 때문에
그렇게 보일 뿐이라고 해야 할 것이다.

고령에서 남원 지역으로의 교통은 서쪽의 묘산 지역을 거쳐 황강 중·상
류로 나아가 거창 지역을 통해 남강 상류에 있는 함양 지역에 다다르고 다시
거기에서 남강 발원지인 남원의 운봉고원 일대에 도달하는 길 밖에 없다. 그
런데 묘하게도 이렇게 서쪽을 향해 나아가면서 요소마다 대가야양식 토기를
내는 고분군을 만날 수 있다. 그러므로 현재로서는 아직 충분한 조사가 이루
어지지 않았기 때문에 각 고분군에서 이른 단계의 대가야양식 토기가 확인
되지 않았을 뿐 그 고분군들에도 늦어도 남원 월산리고분군과 같은 시기에는
이미 대가야 토기 양식이 확산된 것으로 충분히 상정할 수 있다.

거창의 변두리 고분군인 말흘리고분군에서 비슷한 5세기 2/4분기의 늦
은 시기에 아주 소수이나마 대가야양식 토기가 나타나고 합천 봉계리고분군
에서도 대략 같은 양상이 인지되어서 이런 추정을 뒷받침한다. 한편 옥전고

사진 3 합천 반계제고분군 출토 토기류

분군의 목곽묘에서도 이 시기에 대가야양식 토기가 재지 토기에 비해 극히
적지만 나타난다.

이와 같이 5세기 중기에는 멀리 서쪽으로 남원에 이르기까지, 그리고 남
으로는 황강 입구의 옥전에 대가야 토기 양식이 확산됨을 보는데 이 단계가
현재로서는 광범한 대가야양식 확산의 제1단계라 할 수 있다. 그 특징은 대
가야양식 토기가 각 지역에서 완전히 주류를 이루지는 못하고 재지계 토기
혹은 다른 지역 양식 토기와 공반되는 양상을 보인다는 것이다.

5세기의 3/4분기가 되면 큰 변화가 일어난다. 남쪽의 옥전고분군에서는
앞 단계에 대가야양식 토기가 재지계 토기에 비해 극히 낮은 비율에 그친 데
반해 이 단계에는 재지계 토기가 여전히 같이 부장되기는 하지만 대가야양식
토기가 주류를 이루게 된다. 이는 목곽묘인 70호분에서도 그러하지만 고총인
M3호분에서도 마찬가지여서 의미심장하다. 이후 옥전고분군에서는 대가야
양식 토기의 주조가 견지된다. 서쪽으로는 합천 반계제고분군에서 고총군의
축조가 개시되면서 거의 대가야양식만으로 이루어진 토기들(사진 3)이 부장
되고 이후에도 그런 현상이 지속되어 흥미롭다.

이런 양상이 서쪽의 어디까지 미쳤는지는 현재 조사가 제대로 이루어지지 않아 알 수 없으나 5세기 4/4분기의 비교적 이른 시기에 함양 지역 백천리 고분군(사진 4)과 산청 지역 생초고분군(사진 5)에서 같은 현상이 나타나고 있음을 볼 때 아마도 합천 반계제 지역보다 상당히 서쪽으로까지 파급되었을 것으로 상정할 수가 있다.

그래서 5세기의 3/4분기에는 거창 지역까지가 대가야양식 토기 일색 지역이었던 것으로 해 둔다. 단, 그렇다 하더라도 함양과 남원 지역에서도 대가야양식 토기의 비율이 앞 시기보다는 한층 더 높아졌을 것으로 보아야 함은 당연하다. 그리고 운봉고원에서 멀리 섬진강을 따라 내려가 그 하구를 빠져나온 순천의 운평리고분군에서도 이즈음에 고총이 축조되면서 대가야양식 토기(사진 6, 단 이는 다음 단계인 운평리 1호분 출토품)가 일색으로는 아니더라도 일부 재지 토기와 더불어 부장되는 듯하다.[30]

5세기의 4/4분기가 되면 함양 백천리고분군의 토기상이 대가야양식 일색이 되는데, 이로 보아 고령과 함양 사이의 거창 지역 등은 물론 아마도 함양에 인접한 남원 지역에서도 양상은 마찬가지였을 가능성이 농후하다. 또 함양에서 남강을 따라 좀 더 남쪽으로 내려간 산청 생초고분군에서도 대가야양식 일색이다. 옥전고분군에서는 앞 단계처럼 재지계 토기와의 복합적 양상이 지속되며 대가야양식 토기의 비중이 약간 더 커지는 느낌이다. 남으로는 혹시 삼가 지역까지 대가야 토기 양식이 파급되었던 것이 아닌가 생각되나 확언할 수는 없다.

한편 이제 새로이 전북 동부 지방의 장수 지역에서도 대가야 토기 양식

....

30 운평리고분군에서 발굴된 M1호분의 토기(대가야박물관, 2006, 『土器로 보는 大加耶』, p. 61)는 5세기 4/4분기로 비정되나 2007년 말부터 2008년 2월 현재 발굴 중인 그보다 높은 위치의 M2호 등에서는 그보다 이른 토기가 있는 듯하므로(순천시·순천대학교박물관, 「순천 운평리 고분 2차발굴조사 현장 발표회 자료(2008. 2.18)」) 일단 이렇게 설정해 둔다. [補註] 이후 출간된 운평리고분군 발굴 보고서는 이동희·이순엽·최권호·이승혜, 2008, 『順天 雲坪里 遺蹟 I』, 順天市·順天大學校博物館.; 李東熙·崔權鎬·諫早直人·李曉貞, 2010, 『順天 雲坪里 遺蹟 II』, 順天市·順天大學校博物館.; 全羅南道·順天市·順天大學校博物館, 2014, 『順天 雲坪里 遺蹟 III』이 있다.

사진 4 함양 백천리고분군 출토 토기류

사진 5 산청 생초리고분군 출토 토기류

사진 6 순천 운평리 1호분 출토 토기류

일색의 고총이 축조되는 현상이 특히 주목된다. 그 이전 어느 시점부터 이런 대가야계 고총이 축조되기 시작하였으며 토기 부장 양상은 어떠하였는지는 앞에서 말했듯이 불명확한 점이 많아서 판단을 유보해 두며 앞으로의 본격 발굴조사를 기대하는 수밖에 없다. 다만, 섬진강 하구 가까운 순천 지역의 대가야양식 토기가 5세기 3/4분기까지 거슬러 올라갈 가능성이 커서 전북 동부 지방의 대가야 토기 양식 도입도 그즈음으로 소급할 수도 있을 듯하다. 한편 이 시기에 장수 북서쪽의 진안 지역으로도 대가야양식 토기가 확산되는 듯하나 고총은 확인되지 않았다.

6세기의 1/4분기로 들어가면 대가야 토기 양식 일색을 보이는 지역 중에서 합천 반계제고분군의 중대형 수장묘가 소멸되는 현상이 나타난다. 합천 삼가에서는 앞 단계의 양상은 불분명하나 이 단계에서 대가야양식 토기가 재지계 토기와 공존하는 양상을 띠며 나타난다. 옥전에서는 앞 단계의 경향이 지속되면서 대가야양식 토기의 비중은 더 커진다고 말할 수 있다.

마지막으로, 이 글에서 잠정적으로 6세기의 2/4분기로만 한정한 단계가 되면 지금까지의 분포권 이외의 지역에서 대가야양식 토기가 나타난다. 기존의 지역으로는 남원 지역의 두락리고분군(사진 7)에서 확실히 대가야양식 일색의 양상이 포착되며 그 하위 취락의 고분군인 건지리고분군도 거의 같은

사진 7 남원 두락리고분군 출토 토기

양상이다. 그리고 이런 대가야양식 일색 토기의 부장이 2/4분기의 이른 시기로만 한정되는 것이 아니라 이 분기의 말과 다음 분기의 초까지 계속 이어져 이윽고는 신라토기로 대체되는 현상을 보여서 흥미롭다. 이는 이 일대가 계속해서 대가야 권역이었다가 대가야 멸망과 더불어 바로 신라에 병합되었음을 강하게 시사한다. 합천 반계제고분군 일대의 지역도 대가야 토기 양식 일색인 것은 앞 단계와 마찬가지이다.

3. 양식 확산의 의미 해석에 고려해야 할 사항들

이상에서 보듯이 대가야 토기 양식은 5세기 1/4분기에 성립한 이후 점차 그 분포를 넓혀 가며 고령에 상대적으로 가까운 많은 지역에서 처음에는 일단 재지계 토기 또는 다른 지역 양식 토기와 공존하다가 얼마 지나지 않아 일색을 이루는 양상을 보인다. 이제 이를 어떻게 해석해야 할지를 검토할 차례이다.

토기 양식의 공통 분포권이 모종의 공통 문화권이라는 점은 두말할 필요가 없을 것이다. 다만, 그 이상의 의미는 없는 것인지에 대해서는 논란이 있다. 물론 이런 논의의 주된 대상은 한 가지 토기 양식 일색인 경우이다. 전고에서는 다소 추상적이기는 하지만 이런 토기 양식 분포권이 공통 문화권이자 경제권이며 나아가 정치권에 직결될 가능성이 크다는 점을 논한 바 있다.[31] 그 후 낙동강 이동 지방의 경우를 대상으로 공통 토기 양식 분포권의 의미에 대해 집중적으로 검토하였으며 이제 낙동강 이동 지방에 널리 분포하는 공통 토기 양식이 단순히 문화적인 현상이 아니라 정치적 의미를 띠며 낙동강 이동 지방이 마립간기에 들어 간접지배 권역으로 바뀌었음을 반영하는 현상이라는 점은 충분히 해명된 사실로 보아도 좋을 것이다.[32]

다만, 신라 토기 양식의 경우를 바로 대가야 토기 양식의 경우에 대입하는 데서는 두어 가지 사항이 서로 달라서 문제가 된다. 우선 대가야의 경우는 신라의 경우와 달리 다양한 금공 위세품이 반출되지 않는다. 그러나 이는 대가야권이 아직 신라와 같은 발달된 복식 위세품 체계[33]를 갖추지 못했기 때문일 뿐이다. 그래도 가장 기본적인 복식품이라 할 대가야 특유의 금동제 혹은 금제 귀걸이들의 분포권이 대가야 토기 양식 분포권과 겹치는 현상[34]은 대가야 토기 양식 분포권이 신라의 경우만큼 정형적으로는 아니더라도 문화적 의미 못지않은 정치적 성격을 띤다는 사실을 방증한다고 하겠다. 다른 한 가지 차이는 신라 토기 양식의 경우 경주를 중심으로 방면에 따라 어느 정도 시차는 있지만 그래도 각지에서 거의 큰 시차 없이 성립하는 한편 지역별 특색, 즉 지역색이 강한 데 반해 대가야양식은 지역색이라는 것을 말하기 어렵고 또 고령에서 대략 서쪽 방면으로 이어진 선형적 지형에 따라 시차를 지니고서 나타난다는 사실이다.

이에 관해서는 대가야 토기 양식의 각지 확산이 낙동강 이동 지방에서 신라 토기 양식이 확산되는 경우와는 다른 맥락에서 이루어졌을 가능성을 지

....

31 李熙濬, 1995, 「토기로 본 大伽耶의 圈域과 그 변천」, 『加耶史硏究—대가야의 政治와 文化』, 慶尙北道, pp. 409~412([補註] 본서 제3장).

32 이에 관한 논의는 이희준, 2007, 『신라고고학연구』, 사회평론을 참조.

33 이에 대해서는 李熙濬, 2002, 「4~5세기 新羅 고분 피장자의 服飾品 着裝 定型」, 『韓國考古學報』 47, pp. 63~92를 참조.

34 이한상, 2004, 「대가야의 장신구」, 『大加耶의 遺蹟과 遺物』, 대가야박물관, pp. 251~271.

적[35]한 바 있다. 즉 신라의 경우에는 3세기 후반에서 4세기 전반 사이에 이미 각지를 영역화하는 일차적 통합을 이룬 상태에서 4세기 중기 이후로 그런 정치경제적 관계가 새로이 강화되면서 신라 토기 양식의 각 지역 양식이 성립한 것으로 상정된다. 그에 반해 대가야의 경우는 고령 지역과 다른 지역 사이에 아직 확실한 상하 관계가 성립하기 전에 먼저 고령산 토기가 다른 지역들에 바로 들어가는 예가 상당수 관찰되기에 그 후 이와 더불어 각지에서 그런 토기를 모방 제작하는 형태로 토기 양식 확산이 이루어진 듯하다. 그래서 대가야 토기 양식의 경우는 각 지역 양식이라고 하는 것을 설정할 수 없을 정도로 각지 토기들 사이의 형태적 유사성이 아주 크다. 이로 미루어 보건대 대가야 토기 양식의 확산 현상은 중심 지역 정치체인 고령과 해당 지역 정치체 사이에 신라의 경우보다 오히려 더 급속한 관계 변화가 일어난 결과일 수 있다고 생각된다.

대가야 토기 양식의 분포에서 보이는 정형성들과 그 변화에 대한 해석을 하려면 이상과 같은 일반적 사항 이외에도 다음 몇 가지 구체적 사항들을 반드시 고려해야 한다고 본다.

첫째, 고령 토기 양식의 확산 문제를 다룰 때 가장 먼저 그리고 중요하게 고려해야 할 사항은 대가야권이 자리 잡은 경상남도 북부 지역을 비롯한 가야 각 지역이 선형적으로 연결되는 지형적 특성을 지녔다는 사실이다.[36] 이를테면 고령에서는 합천 황강 중류 일대, 즉 반계제고분군이 발굴된 지역과 그 북쪽 상류의 거창 지역을 거치지 않고서는 함양 지역으로 나아갈 수가 없다. 아직 발굴 자료 혹은 지표 조사 자료가 대가야 토기 양식 분포권 전역에서 고루 확보되지 않아 다소 불분명한 부분이 있기는 하지만 지금까지의 연구로 보건대 대가야 토기 양식의 확산은 실제로 이런 지형적 조건에 따라 고령에 가까운 지역은 일찍 이루어지고 먼 지역일수록 그만큼 단계적으로 늦은 양상

....

35   李熙濬, 2003, 「합천댐 수몰지구 고분 자료에 의한 대가야 국가론」, 『가야 고고학의 새로운 조명』, 혜안, p. 222([補註] 본서 제3장).

36   權鶴洙, 1993, 「伽耶의 複合社會 出現」, 『韓國上古史學報』 13, pp. 289~290.

을 띤다고 추정된다.

이는 두 가지 중요한 사실을 일러주는데, 한 가지는 그 자체로 대가야 토기 양식 확산이 단순한 문화적 전파 혹은 모방의 의미만을 띤 것이 아니라 무언가 거부할 수 없는 과정의 결과일 가능성을 시사한다는 것이다. 왜냐하면 단순한 문화적 전파 혹은 모방 사항이었다면 그것은 각지의 선택 사항이었기에 이런 결과가 반드시 나타나지는 않아도 될 터인데도 그처럼 통시적 원근 분포 정형을 띤다는 점은 선택의 여지가 없는 어떤 과정의 결과였음을 암시하기 때문이다. 다른 한 가지는 예컨대 함양 지역의 5세기 4/4분기 고분에서 대가야양식 일색의 토기 부장이 확인되었다면 그보다 고령에 가깝지만 조사가 제대로 안된 거창 지역의 경우도 이를 근거로 늦어도 그때에는 마찬가지 양상을 띠었을 것으로 추정해도 안전하다는 것이다.

한편 이와는 반대로 충분한 조사가 이루어진 합천 반계제고분군 지역 같은 곳에서 이를테면 5세기 중기에 아직 대가야양식 토기와 재지 토기가 혼재하는 양상이 확인되었다면 이는 그보다 고령에서 멀고 또 이 반계제고분군 지역을 반드시 거쳐야 도달할 수 있는 함양이라든지 전북 동부 지방의 같은 시기 양상에 대해 추정할 때 반드시 고려해야 한다. 다시 말하면 본고처럼 대가야 토기 양식의 지속적 분포권이 모종의 정치적 권역을 나타낸다고 본다면 아직 충분한 조사가 이루어지지 않은 상태에서 이런 지역들의 5세기 중기 양상을 추정할 때는 합천 반계제 지역의 양상이 일종의 '상한'처럼 작용한다는 사실을 유념해야 하며 전북 동부 지방이 5세기 중기에 이미 그 이상으로 대가야 토기 일색이라든지 하는 식으로 확대 추정할 수는 없다는 것이다.

물론 이는 대가야 토기 양식이 확산된 모든 지역이 비슷한 사회 진화 수준에 있었음을 전제로 하는 것이어서 약간 문제는 있다. 만약 그렇지 않고 지역 차가 심했다면 달리 나타날 수도 있기 때문이다. 이를테면 어떤 지역은 진화 수준이 낮아서 고령 세력이 확실하게 장악할 필요도 없이 건너뛰듯이 한 탓에 시간이 흐른 뒤에야 고령의 영향력이 토기 양식 등에 반영될 수도 있다. 하지만, 반계제 지역에서 먼 남원 운봉 지역에서 같은 시기에 비슷한 양상이 보이므로 일단 이처럼 상정해 둔다.

　다만, 선형적 지형과 그를 전제로 한 토기 양식 확산을 근거로 정치적 해석을 한다고 해서 이를테면 섬진강 하구의 하동 지역이 대가야의 간접지배 지역으로 설정되기만 하면 당연히 남원 운봉 지역과 그 사이의 섬진강 유역이 전적으로 고령 세력에 의해 面的 간접지배를 받았을 것으로 생각하는 것은 반드시 옳지는 않다. 어떤 지역, 이를테면 하동 지역은 중요 거점으로서 군사적 지배를 받았지만 고령에서 그에 이르는 도중의 다른 지역은 그냥 線的으로 연결된 지역이었을 수도 있기 때문이다. 특히 그 사이의 지역에서 아직 확실한 자료가 나오지 않은 현 단계에서는 앞으로의 자료 증가를 기다리면서 확실한 판단을 일단 유보해 두는 편이 낫다.

　지금 5~6세기 섬진강 유역의 향방을 둘러싸고는 아주 상충되는 두 견해가 나와 있는데 한쪽에서는 대가야 영역이었다고 주장[37]하는 반면 다른 한쪽에서는 백제 영역이었다고 본다.[38] 그런데 그 논의들을 보면 어느 쪽도 이런 선적 연계라는 것 자체를 무시하며 또한 아주 불비한 상태의 고고학 자료에 대한 해석 의욕이 너무 앞선 것은 아닌가 하는 느낌을 지울 수 없다. 어떤 면에서는 새로운 자료가 나온다 하더라도 자신도 모르게 기존의 자기 해석 틀에 끼워 맞추는 우를 범할 위험성조차 있다 하겠다. 그보다는 여러 가지 가능성을 염두에 둔 모델을 설정해서 다양한 새 자료들에 대해 유연하고 신축성 있게 대처할 수 있도록 하는 편이 나을 것이다.

　둘째, 고령 이외의 각지에서 대가야 토기 양식이 나타나는 양상에는 전고에서 이미 논하였듯이 통시간적으로 몇 가지 정형성이 있으며 각각은 다른 의미를 갖고 있다. 대가야 토기 양식 분포권을 근거로 대가야권을 운위하면서 그 권역 안의 모든 지역이 마치 획일적으로 같은 성격을 지닌 듯이 상정하거나 토기의 분포 자체만을 지나치게 강조한다든지 하는 것은 두말할 것도

....

37　朴天秀, 1996, 「大伽耶의 古代國家 形成」, 『碩晤尹容鎭教授停年退任紀念論叢』, pp. 377~402.

38　곽장근, 2007, 「대가야와 섬진강」, 『5~6세기 동아시아의 국제정세와 대가야』, 고령군 대가야박물관·계명대학교 한국학연구원, pp. 101~143.

없이 금물이다. 이를테면 시점을 특정하지 않고 몰시간적으로 분포만을 지도에 나타내면 대가야가 마치 시간의 흐름과 관계없이 처음부터 그런 권역을 가졌던 정치체인 듯한 오해를 불러일으킬 수 있다. 그리고 각지의 대가야 토기 양식 발현 양상은 중대형 고총을 관찰 대상으로 하느냐 아니면 그 하위의 소형 고분군을 대상으로 하느냐에 따라 세분될 수 있으나, 아직 두 부류의 고분에 대한 자료가 충분히 갖추어지지 않은 상태이므로 고총에서의 양상을 중심으로 보는 편이 유리하다.

중대형 고총에서는 대가야 토기 양식 일색인 경우와 그렇지 않고 다른 지역 토기 양식 혹은 재지 양식과 혼재하는 경우로 크게 나눌 수 있는데, 일색인 경우는 해당 지역의 고총 축조 단계와 고총 소멸 후 단계로 세분할 수 있다. 또 일색이 아닌 경우는 지역의 중대형 고총 아닌 소형분에서 대가야양식 토기와 재지 토기 혹은 다른 가야양식 토기가 혼재하는 사례, 재지산 대가야양식 토기가 아닌 고령산 토기만이 확인되는 사례와 그곳에서 대가야양식 토기가 생산된 것으로 추정되는 사례로 나뉜다. 다만, 그처럼 혼재하다가 일색으로 바뀌는 경우 으레 그에는 오랜 기간이 걸리지 않는다는 특징을 가진 점은 대가야양식 토기 일색의 의미를 생각하는 데 시사하는 바가 있다.

우선 대가야양식 토기가 일색을 이루고 나타나는 현상을 어떻게 보아야 할 것인지가 해석의 관건이 될 것이다. 그것은 이 토기들이 어떤 상황에서 제작 또는 유통되었는가와 직결되는 문제인데, 전고에서는 다음 세 가지 경우를 상정하였다. 첫 번째는 현지의 공인 집단이 고령 지역의 토기제작법을 모방하여 생산한 경우, 두 번째는 고령 지역에서 공급받은 경우, 세 번째는 고령 세력이 각 지역의 생산체계를 장악해 제작한 경우이다. 각 예에 따라 해당 지역이 고령 세력과의 관계에서 가지는 독립성의 정도가 다른데, 세 번째보다는 두 번째가, 두 번째보다는 첫 번째가 그 독립도가 높다고 말할 수 있다.

그런데 전고에서는 고령이 아닌 지역의 대가야양식 토기들이 기종 조합이나 형태에서 거의 고령과 동일하고 또 그런 현상이 시간이 흘러도 마찬가지라는 점을 고려할 때 첫 번째 경우는 입론하기 어렵다고 보았다. 하지만, 후술하듯이 이는 재고의 여지가 있는 듯하다. 나머지 두 경우는 사실상 생산의 자립도가 거의 없다는 점에서는 마찬가지이나 세 번째 경우는 토기뿐만 아니라 철기와 같은 더 중요한 물품의 생산도 고령 세력이 장악하였음을 어느 정도 함축하므로 해당 지역의 경제는 그에 완전히 예속되다시피 한 상태가 된다. 두 번째 경우는 장거리 수송에 따른 토기 파손 위험성이라는 문제 때문에 다소 개연성이 떨어질 수도 있으나 영남 지방의 여러 지역 고분군에서 다른 원거리 지역의 토기가 단발적으로나마 부장된 경우를 종종 보므로 장거리 수송이 이런 해석에 반드시 장애가 되는 것은 아니다.

또 대가야양식 일색이 아니고 재지 토기와의 혼합상을 보이는 경우에 그 대가야양식 토기들이 반드시 현지에서 제작되었다고만 보기는 어려우므로 반입 가능성을 점칠 수 있으니, 그 점도 대가야양식 일색의 단계에서 고령으로부터의 공급 가능성을 상정하는 데 간접적인 근거가 된다. 그래서 여기서는 두 가지 경우 중 꼭 어느 한 가지를 택하기보다는 둘 다 가능성이 있으며 각각의 경우가 지역의 상황에 따라 달리 적용되었다고 본다.

이 대목에서 고령 이외 지역의 고분에서 출토된 대가야양식 토기의 의미를 생각하는 데 크게 참고가 될 만한 관찰 결과가 최근 생초고분군 발굴보고서[39]에서 제시되었다. 그에서는 개배와 고배 내면의 회전 흔적이나 성형 흔적을 깨끗이 지운 것과 그렇지 않은 것, 유개식장경호 동부의 표면에 아무런 흔적이 남지 않은 것과 평행타날흔이 남은 것이 있음을 주목하고 그런 차이가 제작 공인의 차이에서 비롯된다고 해석하였다. 그리하여 고령 지역에서 출토된 고배, 개배, 유개식장경호에는 성형 혹은 정면 흔적을 깨끗이 지운 것이 절대 다수이기 때문에 생초고분군에서 출토된 대가야양식 고배, 개배, 유개식장경호 중 성형, 정면 흔적을 지운 것은 외래계 공인에 의해 제작되었을 가능성이 큰 반면 그렇지 않은 것들은 재지 공인들이 대가야식 토기를 모방하여

....

39   趙榮濟·柳昌煥·張相甲·尹敏根, 2006,『山淸 生草古墳群』, 慶尙大學校博物館·山淸郡, pp. 316~317.

제작하였을 가능성이 크다고 보았다.

그런데 재지 공인들이 제작한 것으로 추정한 토기들은 보고서에서 세 단계로 나눈 고분들 중 거의 모두 제2단계의 고분들에서 출토된 것들이라서 혹시 다른 가능성을 상정해야 하지 않을까 하는 생각도 든다. 이 관찰에서는 고령에서 직접 반입된 토기의 존재는 거론하지 않은 점이 좀 걸리는데 외래계 공인들이 제작하였다고 본 것들이 모두 그런 반입 토기는 아닐 터이라 혹시 세 단계 중 고분 수가 적은 제1단계의 것들은 고령산 토기들이고 수가 많은 제3단계의 것들은 외래계 공인들의 제품일 수는 없는지 싶다.

그것은 어떻든 만약 보고서의 이런 관찰 결과가 맞다고 하면 이는 대가야양식의 확산이 지닌 의미를 해석하는 데 중요한 시사를 준다. 즉 이는 고령 지역의 공인과 직, 간접으로 관련이 있는 이들이 해당 지역에서 대가야양식 토기를 제작하였을 가능성을 강하게 제기하며, 만약 그렇다면 고령 지역의 이 지역에 대한 통제 혹은 간섭이 지금껏 대가야 토기 일색인 경우에 상정한 것보다는 훨씬 강력하였음을 뜻하기 때문이다. 그리고 그간 대가야양식 일색을 이룬 각지의 토기들이 양식적으로 동일하기에 다소 막연하게 전 지역이 모두 동일한 위상을 지녔을 것으로 추정하였지만 그보다 한층 구체적으로 그 안에서도 재지 공인과 외래 공인 중 어느 쪽의 몫이 크냐에 따라 그 위상을 달리 볼 수 있는 소지도 생긴다. 그것은 앞으로의 연구에서 좀 더 심화해야 할 연구 주제이지만 일단 여기서는 어떤 지역의 토기가 대가야양식 일색이라면 그것은 해당 지역이 고령 세력에 경제적으로 예속된 상태에서 최소한 간접지배 하에 들어간 것을 나타낸다고 해 둔다.

지역 수장층의 존재를 나타내는 지표인 중대형 고총이 축조되다가 소멸한 상황에서 전대에 이어 소형분에서 대가야양식 일색의 토기 부장이 지속된다면 이는 아마도 위에서 말한 세 가지 경우 중 확실히 세 번째 경우로서 고령에 완전 복속되어 직접지배를 받았다고 보아야 할 터이다. 한편, 어떤 지역의 대가야양식 토기가 외부로부터 들여온 것으로 생각될 경우 반드시 고령으로부터 직접 반입되었다기보다는 고령 세력이 대가야 권역 안에 있는 몇 개

거점 지역의 생산 체계를 장악해 토기를 생산하고 그로부터 주변 지역에 공급하였을 가능성도 고려해 볼 수 있다. 예컨대 고령에서 아주 원거리에 있으며 대가야 권역 밖이라 생각되는 진주 수정봉·옥봉고분군이나 고성 율대리 고분군 또는 함안 지역 고분군 등지에서 재지계 토기와 함께 출토되는 대가야양식 토기는 굳이 고령으로부터 직접 반입되었다기보다는 이런 경우를 상정할 수도 있겠다.

셋째, 대가야양식과 재지 양식 혹은 다른 지역 양식이 혼재하는 경우 그 의미에 대한 해석에서 유념할 점은 그 이후에 불가역적으로 대가야양식 일색으로의 변화가 일어나는지의 여부에 따라 그 혼재 현상에 대한 해석이 달라질 수 있다는 것이다. 사실 대가야 토기 양식의 분포권이 그냥 고령을 중심으로 한 연맹권을 나타낼 뿐이라는 해석에서 주목하지 못한 점은 선형적 구조를 띤 지형을 따라 고령에 가까울수록 그만큼 일찍 대가야 토기 양식이 확산된다는 위의 첫 번째 분포 정형과 더불어 고령에 인접한 지역들에서 처음에는 그처럼 토기 양식이 혼재하다가 얼마 지나지 않아 대가야 일색으로 반드시 바뀐다는 사실이다. 그리고 이와 달리 고령에서 좀 멀리 떨어진 지역들에서는 그런 혼재 상태로 지속되다 그친다든지 하는 중요한 차이가 있는 점에 대해서도 대가야연맹체론에서는 결코 설명할 수가 없다.

한편 만약 혼재하다가 시간의 흐름과 더불어 대가야양식 일색으로 변화하는 현상이 관찰되지 않는다면 현재의 자료로써는 그에다 강한 정치적 의미를 부여하는 것 자체를 삼가야 할 터이다. 그래서 아직 지표 조사 자료 등으로만 대가야 토기 양식의 분포가 확인된 경우는 연구자 스스로 확대 해석을 경계해야 한다.

넷째, 어떤 지역에 대가야 토기 양식이 존재할 때 그것이 출현한 시점부터 고령과 이 지역 사이에 정치적 관계가 개시된다기보다는 그 이전의 정치적 관계를 포함한 모종의 관계를 기반으로 새로운 국면의 변화된 정치 경제적 관계가 성립한 결과로 그런 현상이 나타난다고 보는 편이 옳다. 전고에서는 실은 이런 견지에서 고령양식 토기가 합천댐 수몰지구에 일부 나타나는 단계에 고령과 그 지역 사이에 연맹 관계가 성립하였으되 그 연맹은 일반적의미의 연맹은 아니고 고령 맹주국과의 사이에 이미 어떤 종류의 정치적 상하 관계를 내포하였을 것으로 보았다.

다섯째, 대가야 토기 양식의 확산이 각지 고총의 축조 개시 및 중단 현상과 연계되어 있음이 확인된다면 이는 신라의 경우처럼 토기 양식이 확실하게 모종의 정치적 변화에 수반되는 현상임을 한층 직접적으로 나타낸다. 고총의 의미에 대해서는 신라의 경우를 예로 이미 논한 바 있지만[40] 간단히 말하면 신라의 중앙이 아닌 각 지역의 고총은 해당 지역에 대한 신라 국가의 간접지배 강화와 더불어 재지 수장층이 축조하기 시작한 것이었다. 대가야의 경우도 대부분의 경우 특히 토기 양식이 대가야양식 일색이 된 직후 혹은 그와 동시에 고총이 축조되는 경우가 확인된다면 이와 같은 관점에서 해석해도 별문제는 없다고 본다.

그래서 전고 발표 후 한 지역 단위 안에서 대표성을 띤 고분 자료들이 광범위하게 발굴된 합천댐 수몰지구를 예로 이 지역에서 반계제고총군이 축조됨과 동시에 토기 양식이 고령양식 토기 일색으로 바뀌기 전에 그 대안 봉계리고분군의 소형분에 부장된 고령 토기 양식의 비율이 서서히 증가한 현상은 그 지역이 고령을 중심으로 하는 상하의 연맹 관계에 들어갔음을 말한다고 해석한 바 있다.[41]

이에 대해 그런 미미한 변화만으로 어떻게 연맹 관계 설정이 가능한지를 반문할 수 있겠으며, 또 이 경우의 연맹이라는 것이 구체적으로 어떤 관계를 말하는지에 대해 규정하기도 쉽지 않다. 이에서 그런 관계를 설정한 것은 실은 그 이후 단계에 고령양식 일색으로 바뀌는 현상이 고령 세력에 의한 간접지배의 결과로 해석됨을 전제로 한 것이었다. 또 고령 토기 양식의 확산 현상이 이곳으로만 국한되지 않고 이보다 이른 시기에 옥전 지역에서 나타나고

....

40   李熙濬, 1997, 「新羅 高塚의 특성과 의의」, 『嶺南考古學』 20, pp. 1~25.
41   李熙濬, 2003, 「합천댐 수몰지구 고분 자료에 의한 대가야 국가론」, 『가야 고고학의 새로운 조명』, 혜안, pp. 199~235([補註] 본서 제4장).

멀리 남원의 월산리고총군에도 나타나는 등 나중에 대가야권을 이루는 지역들에까지 이미 상당히 널리 퍼졌을 가능성이 있기 때문에 그것과도 상호 관련지어 일단 그리 본 것이었다. 다만, 이 연맹이라는 것은 물론 삼한 이래의 이른바 소국연맹체의 결합 수준을 말하는 것은 아니었고 그보다 좀 더 진전된 수준의 지역 간 관계를 함축하는 것으로서 고령이 항상적으로 맹주권을 행사하는 연맹 관계보다 한층 진전되어 어떤 형태로든 상하 관계가 어느 정도 수립된 수준이었을 것이다.

이러한 연맹 개념은 모호한 측면이 없지 않으나 신라의 국가형성 과정에 대비하여 본다면 삼한 단계의 연맹과는 달라질 수밖에 없는 역사적 상황을 담은 것으로 수긍할 수도 있지 않을까 싶다. 원신라라 할 사로국은 일찌감치 진한연맹체의 맹주였다가 주변「국」들을 복속함으로써 광역의 신라국가를 탄생시켰지만 고령 세력은 그보다 한참 늦은 시기의 변화된 국내외 상황 속에서 국가를 형성하였기에 이런 과도기를 겪었던 것이 아닌지 추정된다. 아무튼 앞으로 이러한 지역 간 정치적 관계를 더 잘 나타낼 명쾌한 용어의 도입이나 개념 규정이 이루어지기를 기다리기로 하겠다.

4. 대가야 토기 양식의 확산과 대가야의 발전

이제 이상의 사항들을 바탕으로 토기 양식 분포 권역 전체의 변화상과 각 지역의 동향에 대한 봉시간석 해석을 함으로써 대가야의 발전에 대해 그려 보기로 한다.

먼저, 대가야 토기 양식이 5세기 중기에 1차적으로 광범하게 퍼지면서 서쪽으로는 남원 일대까지 미쳤음이 확인되어 고령으로부터 황강을 따라 거슬러 올라가 남강 상류에 이르는 지역까지가 하나의 권역으로 상정되는 단계를 주목할 수 있다. 이 단계에서는 대가야양식 토기가 재지계 토기 혹은 다른 가야양식 토기와 공반되는 특징을 나타낸다. 이 단계의 수장층 무덤이 조사된 남원의 월산리고총군에서는 고령으로부터 반입되었을 이 토기들과 함께 그를 '양식적으로' 모방한 토기들이 주류를 이룬다. 그리고 고령 이외의 다른 가야 지역에서는 보이지 않는 축소모형 철기가 부장된 점은 매장의례의 공통점으로서 두 지역 수장층 사이의 깊은 연계를 보여 주는 것으로 생각된다. 그래서 남원 이외에는 고령과 그 사이의 양상이 다소 불분명하기는 하지만 이시기쯤에 황강과 남강 상류의 일대가 긴밀한 교역권으로 연결되었고 그 이면을 정치적 연계가 뒷받침하고 있었다고 판단하며 그 연계는 흔히 말하는 연맹 관계였던 것으로 보고자 한다. 즉 아마도 가야 세력 중 선진 강국이었을 고령의 가라가 이때에 이르러 남원의 운봉고원 지역까지 연계되는 하나의 권역을 구성하여 그야말로 '대'가야연맹체를 이룬 것이다.

그런데 이 연맹의 성격은, 고령의 반파국(伴跛國)이 다만 대표의 역할만 담당했을 뿐 각 구성국이 독립적 상태에 있었던 것[42]으로 볼 수는 없고 가라, 즉 좁은 의미의 대가야가 맹주국이며 각 구성국은 독립성은 유지하되 고령과 어느 정도의 상하 관계 속에 놓여 있었던 것으로 파악할 수 있다. 그 상하 관계의 강약은 고령으로부터의 지리적 원근과 각 세력의 강약에 따라 결정되었을 것으로 추정된다. 그렇지 않고 이 연맹을 막연히 외부의 공통 위협에 대한 대처나 내부적 경제 교환의 필요 때문에 뭉친 일시적 결합체로 설정하기에는 그 이후 각지에서 대가야 토기 양식이 지속되면서 강화되는 현상은 물론이거니와 연맹의 계기 자체를 설명하기 어렵다. 그보다는 그처럼 지속적으로 상호 연계되지 않으면 안 되는 사정이 있었을 것으로 보아야 할 것이다.

여기서 연맹 구조를 낳은 요인을 한 가지로 보기는 어렵고 여러 가지 요인이 복합되어 있다고 보아야 할 터이나 특히 중요한 요인으로 경제적 교환을 들 수 있겠다. 각 지역이 황강과 남강의 강안을 주된 교통로로 하여 선형적으로 분포한 점은 경제 교환의 측면에서 상호 의존도를 특히 높이는 요인이었을 것이고, 가라는 이런 지리적 조건을 배경으로 아마도 전대에서부터 발전의 원동력 중 한 가지였을 철 및 여타 주요 전략물자의 공급을 주무기로

....

42   趙榮濟·朴升圭, 1990, 『陜川玉田古墳群Ⅱ —M3號墳—』, 慶尙大學校博物館, p. 224.

활용하였을 것이다. 즉 북부 가야 세력에 대한 일종의 관문 위치에 있는 고령의 반파는 그간 낙동강을 통한 남해안 쪽의 교통로를 이용해 자국 생산 철을 수출하고 그 대신에 왜 등지에서 필수물자인 소금 등을 수입하여 내륙 각지에 철과 함께 공급함으로써 얻은 막대한 이득을 바탕으로 일찍이 선진지로서 발돋움하였으며 또 그런 교역체계를 통해 내륙 지역에 대해 실제 우위권 또는 다소간의 통제권을 쥐고 있었으리라는 것은 충분히 상정할 수 있는 일이다.

그러나 서기 400년 고구려 남정을 계기로 낙동강 동안 지역에 대한 신라의 장악력이 강화되자 낙동강 교통로는 그만큼 위험부담이 커졌을 것이다. 그래서 가라의 주도하에 낙동강 쪽과 더불어 남해안으로의 교통로를 다원화하기 위해 기존에 개척되어 있었던 황강 – 남강 상류 – 섬진강 – 남해안의 교통로를 더욱 공고하게 확보하려는 목적에서 그런 결속 관계가 공식 결성되었을 것이다.

이 과정에서는 필요시 군사 활동(무력행사)도 벌였을 것인데 5세기 전반의 지산동 35호~32호분에서 수장급인 피장자의 부장품에 무적 성격이 강하게 나타나는 점은 이런 추정을 간접적으로나마 뒷받침한다고 볼 수 있다. 또 이와 관련하여 그 선형 교통로의 요소요소에 위치한 각 지역 고분군의 규모를 평면적으로 비교할 때, 최선단 지역인 남원 지역의 고분군이 가장 규모가 크고 다음이 함양 지역 등으로 해서 고령 쪽으로 오면서 축소되는 경향이 보이니, 이는 각 지역에 대한 가라의 기미력이 거리에 반비례한 점과 더불어 교역로상의 위치에 따라 각 지역이 얻은 이득이 상대적으로 달랐음을 시사한다.

그런데, 황강 하구에 위치한 덕에 역시 교역에 절대적으로 유리하였을 옥전의 다라가 이때 이런 연맹 구조 속에 편입되었는지 어떤지가 문제이다. 이 지역에는 다른 지역보다도 일찍이 가라의 접근 흔적이 나타나지만 5세기 중기까지 별다른 진전을 보지 못한 느낌이 있다. 오히려 5세기 전반의 M2호 및 M1호분에 부장된 창녕 양식 토기류와 M1호의 로만글라스 잔에서 보듯이 낙동강 이서에 교두보를 확보하려는 신라가 변경 창녕 세력을 통해 다라 지역 수장층에게 적극적 회유 공세를 펴는 가운데 가라의 영향력은 주춤해 버린 듯하다. 그래서 이 단계에서 다라는 아직 대가야연맹체 안에 포함된 것은 아니나 이른바 지산동형 등자[43] 등이 나타내듯이 상호 밀접한 관계는 있었다고 본다. 그러나 다음 단계인 5세기 3/4분기로 가면 이런 형세가 바뀌어 창녕계 토기는 사라지고 대가야양식 토기가 일부 재지계 토기와 함께 주류를 이룬다.

그런데도 이 지역에 대한 신라의 집요한 외교 공세는 지속되니, 그에서 출토되는 창녕 양식 귀걸이 등에서 그 점을 엿볼 수 있고 그러한 신라의 노력은 대체로 5세기 말 또는 6세기 초까지 계속되어 M6호분의 산자형 관류 등에 반영된 것이라고 생각된다. 또 이는 한편으로 다라가 5세기 3/4분기에 대가야연맹체의 구성원이 된 이후에도 여타 지역에 비해 상대적으로 높은 독자성을 간직하였음을 나타내는 증거라고 판단된다. 그러한 독자성은 이 지역 특유의 유자이기가 상징한다.

가라가 주도하는 대가야연맹체에 다라가 다른 지역보다 큰 독자성을 지니면서도 뒤늦게 합류한 데에는 나름대로의 이유가 있었을 것인데 그 원인 제공자는 아무래도 가라였을 것 같다. 즉 낙동강 지류인 황강 입구에 위치함으로써 북부 가야 세력에 대한 관문에 해당하였을 다라는 비슷한 입지의 가라와 경쟁하는 처지였을 터인데 이전부터 그런 입지의 이점을 활용하면서 강한 군사력[44]을 배경으로 그 지역을 통과하는 교역단으로부터 통과세 등 상당한 이득을 취했을 것이다. 하지만 가라가 5세기 중기에 대가야연맹체를 구성하면서 섬진강로를 확보함으로써 어느 정도 타격을 받았을 것이다. 그래도 다라가 신라와 낙동강 및 황강 하류를 통해 교섭하는 것을 가라가 직접 차단할 수는 없었을 것이다. 그러던 중 가라가 5세기 3/4분기에 황강 중류 쪽 반계제고분군 지역을 확실하게 장악하면서 황강 중·상류 지역과 다라가 교통하는 길목을 차단할 수 있게 되자 다라는 어쩔 수 없이 대가야연맹체 안에 들

....

43 申敬澈, 1989, 「伽耶의 武具와 馬具―甲冑와 鐙子를 중심으로―」, 『國史館論叢』 7, pp. 1~34. 단, 이런 등자가 이제 백제 계통임이 밝혀졌으므로 옥전고분군에서 출토된 그 등자들이 반드시 고령으로만 연결되는지는 확언할 수 없는 형편이다.

44 옥전고분군 출토 유물 전반에서 느껴지는 무기의 강세는 이를 뒷받침하는 것으로 해석할 수 있다.

어간 것이 아닌가 싶다.

또, 5세기의 3/4분기가 되면 대가야 권역 내의 지역 일부와 가라 사이의 관계에도 중요한 변화가 일어난 것으로 생각된다. 기존의 연맹 관계에서 간접지배로의 변화인데 그 예로 반계제고분군 지역을 들 수 있다. 거기서는 수장층의 중대형 고총이 처음으로 조영되면서 대가야양식 토기가 일색으로 부장되며 그 하위 집단의 고분군에서도 마찬가지 양상이 나타난다. 이런 고총은 가라가 이 지역을 간접 지배함으로써 주민의 계급화가 촉진되고 그 과정에서 성장한 수장층 집단이 축조한 무덤들로 해석된다. 이런 간접지배 영역의 범위는 거창 일대에까지 미쳤을 가능성이 있다. 이와 더불어 당연한 일이지만 대가야연맹체의 나머지 지역에 대한 가라의 통제력도 전보다 강해졌을 것이다. 그리고 섬진강 하구에 인접한 순천 지역에서 이 시기에 대가야 토기가 나타나는 것으로 보아 대가야는 늦어도 이 시기에는 이미 섬진강로를 따른 교통로를 자유롭게 이용하였던 것으로 추정할 수 있다. 가라 국왕 하지는 바로 이런 변화를 배경으로 다음 단계의 초두인 서기 479년 독자적으로 남제에 사신을 파견할 수 있었을 것임은 물론이다. 그리고 그 경로는 이 섬진강로를 이용한 교통로를 따른 것이었을 가능성이 아주 크다.

이 대목에서 전고 이후 추가된 전남 동부 지방의 대가야양식 토기에 대한 해석을 덧붙여야 하겠다. 전고에서는 대가야 대외교통로로서의 섬진강로를 중시하고 고령과 섬진강 수계 권역 사이의 깊은 연계를 상정하였으면서도 더 이상의 논의는 유보하였는데 그것은 물론 확실한 자료가 없었기 때문이다. 섬진강 하구의 하동 지역은 『일본서기』의 대사로 비정되므로 당연히 대가야의 흔적이 존재할 것으로 상정되지만 아직도 대가야 관련 고고 자료가 확인되지 않은 상태이며 섬진강 수계권의 나머지 지역들에서 드러난 대가야양식 토기들도 모두 지표 조사 자료들이다. 그러므로 지금도 논의는 조심스러울 수밖에 없다고 생각한다.[45]

....

45   박천수, 2006, 「대가야권의 성립과정과 형성배경」, 『土器로 보는 大加耶』, 대가야박물관, p. 86에서는

그런데도 최근 섬진강 하구 근처 순천 운평리고분군에서 대가야양식 토기가 출토된 점을 근거로 이를 합천 반계제고분군과 동렬에 놓고 대가야권을 운위하면서 그 일대는 대가야 권역의 최소단위인 國으로 파악된다는 견해가 제시되었다.[46] 여기서 대가야 권역이 國들로 이루어져 있다는 주장 자체가 평소 대가야가 국가 단계에 도달하였다는 그의 기본 입장과 바로 상충됨은 두말할 것도 없다. 또 운평리고분군에서 출토된 대가야양식 토기가 현지 생산된 점을 중시하고 이를 확대 해석해 순천을 포함한 남원, 구례, 광양, 여수 등지에서 대가야양식 토기가 출토된다는 사실만을 근거로 섬진강 수계 전역에 걸쳐 현지에서 대가야양식 토기가 제작된 것으로 볼 때 대가야가 토기 생산을 비롯한 권역 내의 생산 활동 전반에 관여하였음을 반영한다고 하였다.[47]

우선 지금의 자료로써는 대가야가 섬진강 수계 권역을 반드시 면적으로 간접 지배하였는지도 의문스러우므로 이런 주장은 논자가 의식하든 않았든 간접지배 수준을 넘어 직접지배에 가까운 통치를 달성한 것으로 해석될 여지가 커서 쉽게 받아들이기 어렵다. 이는 섬진강로가 대가야 교역로로서 지닌 역할을 중시하는 자설에 대해 섬진강 유역 일대에서 대가야의 영향이 별로 보이지 않는다는 비판[48]이 제기된 점을 지나치게 의식한 데서 나온 해석일 수는 있다. 하지만 위에서 말했듯이 아직 자료가 확실하지 않은 상태에서는 섬진강로의 중요성이 다시금 확인되었다는 정도만으로 충분하지 않을까 싶다.

5세기의 4/4분기가 되면 확실한 조사 예로서 함양 지역의 주 고총군인 백천리고분군의 토기가 대가야양식 일색이 되고 그 하위 취락의 고분군일 상백리고분군에서도 마찬가지 현상이 일어난다. 그리고 남원 지역도 함양과의

....

대가야 토기 양식의 확산에 대한 연구사 검토를 하면서 필자가 전고에서 그 확산 범위를 마치 의도적으로 남강 상류역까지로 한정한 듯이 파악해 그 점이 이후 연구에 적지 않은 (부정적?) 영향을 미친 듯이 기술하였으나 그것은 순전한 오해이며 이와 같은 취지에서 신중한 입장을 취했을 뿐이었다.

46 박천수, 위의 논문, p. 89.
47 박천수, 2007, 「고고학을 통해 본 대가야사」, 『역사 속의 고령과 고령 사람들』, 고령 문화사 학술대회, p. 5.
48 곽장근, 2007, 「대가야와 섬진강」, 『5~6세기 동아시아의 국제정세와 대가야』, 고령군 대가야박물관·계명대학교 한국학연구원, pp. 101~143.

밀접한 관계로 미루어 늦어도 5세기 말에는 마찬가지였을 것으로 추정된다. 그렇다면 5세기 말에는 대가야의 성격이 완전히 바뀌었다고 할 수가 있다. 즉 연맹체로서 시작했던 대가야가 급속한 변화를 거듭하여 이제 권역 안의 대부분 지역이 가라의 간접지배 하에 들어간 것이다. 이는 곧 대가야가 일종의 영역국가화하였음을 의미하며 이로써 가라의 역사 발전에서 실로 중대한 변화가 이루어진 것이다.[49] 사실 앞에서 상정한 대로 토기 양식에서의 변화가 이미 이룩된 정치경제적 변화를 반영하는 것이라고 한다면 아마도 5세기 3/4분기 중에 이미 그런 변화가 일어났을 가능성도 있다. 한편 다라는 이런 가운데서도 상당한 독자성을 계속 유지하였다고 생각되며, 그 점은 창녕을 통한 신라의 회유 공세가 어떤 의미에서는 극에 달한 듯한 느낌을 주는 신라식 관류의 부장(M6호분)에서 엿볼 수 있다.

한편 이 시기에는 전북 동부 지방, 특히 장수 지역에서 대가야 토기 양식 일색의 고총군 및 그 하위 고분군들이 축조됨이 확인되었다. 이 지역의 대가야 토기 양식 등장이 그 이전 언제까지 소급하며 이 이후 언제까지 일대를 관할하였는지는 앞으로의 조사 결과를 기다려야 하겠으나 일단 대가야가 기왕에 자신의 영역 하에 둔 남원 운봉 지역을 거점으로 활용하면서 이즈음에 꾸준히 세력 확대를 꾀한 모습을 보여 주는 좋은 증거라고 생각된다.

그런데 그 시점이 하필 백제가 일차 멸망하다시피 되어 웅진으로 남천(475년)하고 가라 국왕 하지가 남제에 사신을 파견한 때(479년)의 전후라는 것은 우연 같지는 않다. 사실 최근 확인된 자료까지 고려할 때 대가야는 늦어도 5세기 4/4분기에는 멀리 순천 지역까지를 포함한 황강-남강-섬진강 일대를 대부분 자신의 영역화하든지 강력한 영향 하에 둔 것으로 판단된다. 이는

....

49   대가야연맹체론은 이런 해석에 대한 반증으로 임나부흥회의 참가국의 독자성을 내세울 수가 있다. 그러나 그 참가국들 중 위치가 확실한 것은 얼마 되지 않으며 황강 - 남강 - 섬진강의 교통로 지역에 확실히 비정되는 것은 별로 없다. 또 그 회의 참가국이라 해서 반드시 모두가 독자성을 가졌다고만은 하기도 어렵다. 예컨대 「양직공도」에서 상기문, 하침라는 이미 백제에 조공하는 국인데도 주요 방국으로 열거되고 있는 것이다. 덧붙여, 여기서 개념상 일괄해서 간접지배라 부르기는 하지만 지배의 강도나 방식은 여러 가지였을 것이므로 그에 대한 구명이 앞으로의 과제임을 지적해 둔다.

가라가 5세기 중기에 일차 대가야연맹을 이룬 후 불과 한 세대 정도 만에 완전히 면모를 일신한 대가야국가로 발돋움하였음을 말한다. 그래서 479년 견사는 흔히 거론하듯이 대가야가 백제의 쇠퇴를 틈타 결행하였다고도 볼 여지가 없지 않지만 그 계기를 좀 더 적극적으로 해석할 수 있다고 생각된다.

여기서 문득 380년대 신라의 전진 견사가 떠오른다. 그때 신라 사신 위두가 전진 부견에게 해동의 사정이 예전과 같지 않다고 하면서 이를 중국의 시대변혁과 명호 개혁에 빗대어 자신 있게 얘기한 데[50]서 간접적으로 짐작할 수 있듯이 당시 막 낙동강 이동 지방 대부분을 아우른 참이었던 신라[51]는 그런 자신의 변화를 국제무대에 알려 위상을 더욱 공고히 하고자 하였던 것으로 여겨진다. 대가야의 경우도 이와 마찬가지로 대내적으로 영역국가를 달성한 시점에서 마침 백제가 쇠미한 기회를 이용해 대외적으로 자신의 위상을 알리고 드높이고자 그런 견사 활동을 벌였던 것으로 보아도 크게 틀리지 않으리라 싶다. 남제에서 하지에게 보국장군 본국왕의 작호를 내릴 때에는 그만한 근거가 있었을 터인데 기왕의 대가야연맹체설에서처럼 맹주에 불과한 이에게 그런 대접을 하였다고[52] 보는 것은 역시 무리이며 이와 같은 대가야의 실제적 발전이 그 배경에 있었다고 봄이 순리이다.

다음으로 6세기의 1/4분기가 되면 가라가 기왕의 간접지배 영역 가운데 중심지 고령에 가까운 지역을 직접 지배하기 시작한 증거가 나타난다.[53] 그 확실한 예로서 반계제고분군 지역을 들 수 있다. 여기서는 중대형 고총 수장묘가 이 분기의 어느 시점부터 축조되지 않으니, 이는 이 지역이 가라의 직접지배 하에 들어간 사실을 가리킨다고 해석된다. 이러한 직접지배의 범위가 어디까지였는지 현재의 자료로는 전혀 알 수가 없는데 유력한 후보지로는 거

....

50 『삼국사기』 권3, 新羅本紀 奈勿尼師今 26년(381년)條.

51 李熙濬, 2005, 「4~5세기 창녕 지역 정치체의 읍락 구성과 동향」, 『嶺南考古學』 37, p. 23.

52 김태식, 2006, 「중국 남제와의 외교교섭」, 『대가야 들여다보기』, 고령군 대가야박물관·계명대학교 한국학연구원, p. 126.

53 그 과정에 대한 자세한 논의는 李熙濬, 2003, 「합천댐 수몰지구 고분 자료에 의한 대가야 국가론」, 『가야 고고학의 새로운 조명』, 혜안, pp. 199~235([補註] 본서 제4장)를 참조.

창 지역이 될 수 있지만, 그 여부와 시기에 대한 판정은 앞으로의 조사 결과에 맡길 수밖에 없다.

한편 이 단계에 와서 대가야의 권역은 합천 삼가 지역도 포괄하게 되는 듯하나 삼가고분군에서 보이는 토기 조합으로 보아 연맹관계일 뿐 간접지배 하에 들어온 것 같지는 않다. 좀 더 확실한 것은 역시 앞으로의 체계적 조사에 달려 있다. 그리고 대가야의 영향력이 이 단계의 어느 시점에 의령 지역에도 미쳤을 가능성이 있지만 그 여부 또한 자료의 축척을 좀 더 기다려 검토해야 할 것이다. 나아가 대가야는 앞 시기에 간접지배 하에 넣은 장수 지역을 거점으로 삼아 그 복서부의 금강 상류인 진안 지역으로도 세력을 뻗치고자 노력하였던 것으로 여겨지는데 이는 그곳의 소형 고분군인 황산리고분군에서 대가야양식 일색의 토기 부장이 일시적으로나마 나타나는 현상을 그 방증으로 삼을 수 있겠다.

출전: 李熙濬, 2008, 「대가야 토기 양식 확산 재론」, 『嶺南學』 13, 경북대학교 영남문화연구원, pp. 111~164.

제6장

고고학으로 본 대가야국가론과 가야 관련 주요 문헌 기사, 가야의 멸망과정 및 그 이후

I. 고고학의 대가야국가론

고고학의 대가야국가론은 대가야의 정치 발전이 종래 상정하였듯이 연맹이 아니라 그를 넘어선 수준에 도달하였다는 새로운 시각에서 문헌 자료와 고고학 자료를 평가하기 위한 협동 연구 작업에서 비롯되었다. 다만, 그 구체적 연구는 고고학과 문헌사가 따로 제시하는 방법을 취하였다.[1] 고고학 부문에서는 고령 토기 양식의 확산과 각지 고총의 축조에 초점을 맞춘 연구[2]와 묘제의 확산에 초점을 맞춘 연구[3]가 이루어졌다.

....

1   1995년 경상북도에서 간행한 『加耶史研究—대가야의 政治와 文化』에 실린 관련 논문을 참조.
2   李熙濬, 1995, 「토기로 본 大伽耶의 圈域과 그 변천」, 『加耶史 研究—대가야의 政治와 文化—』, 慶尙北道, pp. 365~444([補註] 본서 제3장).
3   金世基, 1995, 「大伽耶 墓制의 變遷」, 『加耶史研究—대가야의 政治와 文化』, 慶尙北道, pp. 301~364.

1. 고령 토기 양식의 확산과 대가야국가

가야 북부 지역에 널리 분포하는 고령양식 토기를 시공적으로 분석해 보면 그 분포가 시간의 흐름에 따라 고령에 가까운 지역에서 먼 지역으로 확대되고 그와 더불어 각 지역의 고분군 축조에서도 변화가 일어나는 등 시간적, 공간적으로 정형성을 나타낸다. 이와 같이 어떤 지역의 고분 속에 유독 고령지역의 토기 양식을 따른 그릇들을 일색으로 부장하는 관습은 해당 지역이 고령 지역과 맺고 있었던 정치, 경제적 관계가 그 전과는 바뀌었음을 반영하는 상징적 현상으로, 마립간기 신라의 지방 고분들에서 나타나는 현상과 상당히 유사하다.

그래서 고령의 대가야가 시간이 흐름에 따라 영역을 점차 확대해 나간 사실을 나타낸다고 이해되며 5세기 후반 이후로 고령만을 영역으로 한 것이 아니라 당시 가야 북부를 아울렀고 한때는 멀리 하동 지역과 순천 지역에 대해서도 지배력을 행사했던 것으로 해석된다. 이는 결국 본서 제1장 서설 V절(고총, 토기로 본 가야 세력의 분포와 존재 양태)의 네 번째 부류에 해당하는 지역들(고총 축조 개시 시점은 5세기 초보다 조금 늦고 토기 양식은 고령 토기 양식인 지역들)이 당시 기본적으로 대가야의 지방이었음을 말한다. 즉 가야 북부 세력들이 고령을 중앙으로 하는 대가야국가를 이룬 상태였다는 것이다.

이처럼 고령 토기 양식 확산 연구[4]의 핵심은 양식 확산에 따라 대가야 권역 및 그 성격이 변화하는 과정을 통시적으로 추적한 데 있었다. 그에서는 양식 확산이 1차로 5세기 중기에 고령에서 서쪽으로 멀리 남원 운봉고원 일대까지 광범위하게 미치면서 고령과 그 사이의 지역들이 하나의 공통된 토기 양식 분포 권역으로 상정되는 단계를 주목하였다. 이는 황강 유역과 남강 상

....

4   여기서 '토기 양식의 확산'이라는 용어를 쓴 이유에 대해서는 李熙濬, 2008, 「대가야 토기 양식 확산 재론」, 『嶺南學』 13, pp. 111~164([補註] 본서 제5장)에서 거론한 바 있다. 고령양식 토기 확산이라는 표현의 본뜻이 고령 지역에서 제작된 토기가 다른 지역으로 확산되는 현상과 다른 지역에서 그를 모방해 같은 양식의 토기를 제작하는 현상 둘 다를 포함하는 데도 마치 전자만을 뜻하는 듯이 오해하는 연구자들이 적지 않아서이다.

류역 일대가 긴밀한 경제교역권으로 연결되고 그 이면을 정치적 연계가 뒷받침하는 대가야연맹체가 성립했음을 나타낸다고 보았다. 다만, 그 연맹의 성격은 고령 가라국이 대표로서의 역할만 담당하는 네트워크가 아니라 가라, 즉 좁은 의미의 대가야가 맹주국이며 각 구성국은 그에 대해 독립성은 유지하되 어느 정도 상하 관계 속에 놓였던 것으로 설정하였다.[5]

이런 해석을 한 주된 근거는 다음과 같다. 즉 고배와 장경호를 토기 양식 분포권 설정의 기준 요소로 볼 때 어떤 지역의 고분에 부장된 고령양식 토기가 다른 지역 양식 토기와 혼재하다가 그 다음 단계에 가서 고령양식 일색이 된다는 조건을 충족시키면 그 혼재한 시점의 고령 지역과 해당 지역 사이의 관계를 연맹 관계이면서도 일정 정도 상하의 관계로 상정할 수 있다고 설정한 것이다. 그런 맥락에서 이 단계는 실은 정치 형태로서의 연맹이 장차 국가로 진화하는 길을 갈 수도 있음을 염두에 두고 설정한 것이었다.

다음으로, 어떤 지역에서 고령 토기 양식 일색인 가운데 고총 축조가 개시되는 경우에는 해당 지역이 고령 지역의 간접지배 하에 든 것으로 설정하였다. 끝으로 이런 지역에서 그런 상태가 지속되다가 고총 축조가 중단되는 경우에는 해당 지역이 직접지배 하에 들어간 것으로 상정하였다. 즉 지배-피지배 관계의 여부를 판단하는 데서 지역 고총 축조 개시 시점의 고령 토기 양식 일색 부장 여부를 중요한 요건으로 삼았다. 이는 실은 낙동강 이동 지방, 즉 신라의 지역 고총 축조에서 보이는 정형성을 염두에 두고 나름대로 엄격한 기준을 세워 그렇게 설정하고 해석한 것이었다.

여기서 전고를 약간 보완할 부분이 있다. 고령 가라국이 이런 상하 관계의 연맹을 유지하다가 결국 지배까지 하는 그 지역들과 언제 처음으로 깊은 관계를 맺었는가 하는 점이다. 고고학 자료로 상당히 분명하게 나타나듯이 고령의 가라국은 과연 5세기 중기에야 비로소 갑작스럽게 멀리 서쪽 운봉고원 지역에 이르기까지의 지역들을 상하 관계의 연맹 속으로 편입하였는가?

....

5   李熙濬, 1995, 앞의 논문, pp. 419~420.

이와 관련해 앞에서 논의한 대등 정치체 연합체로서의 연맹 개념에 따르면 고 고학에서는 일단 전 지역 사이에 상호 연계가 있었음을 나타내는 아주 작은 물질적 증거가 있더라도 주목해 볼 수가 있다. 이를테면 5세기 초 옥전고분군 28호 목곽묘에 부장된 고령양식 기대와 장경호라는 조합을 들 수 있다.

전고에서는 그런 토기들이 고령 지역에서 수장묘로 한정 부장되는 점을 감안해 "고령 지역과 옥전 지역 수장층 사이의 관계를 상징하고 있는 듯이 느 껴진다."는 정도로만 모호하게 언급하였다. 그리고 대가야 토기 양식 확산 문 제를 재론하면서 같은 단계(5세기 1/4분기)로 볼 수 있는 고령산 고배형기대 가 장수 삼고리고분군에서도 채집되었으므로 "이미 5세기 초부터 고령의 대 가야 세력은 남쪽 합천 지역은 물론 서쪽 멀리 남강 상류 각지, 나아가서 그 사이의 여러 지역 수장층과도 다양한 연계를 꾀하였던 것으로 볼 수 있다. 다 만 이런 연계는 해당 지역에 대해 다른 가야 세력의 연계를 허용하지 않을 정 도로 배타적인 성격을 띠지는 않았다."[6]고 그에서 한 발자국 더 나아가 '연계' 를 거론하였다. 이제 이를 좀 더 구체화해 이 단계에 고령을 맹주로 한 연맹 관계가 성립한 것으로 해 둔다.

물론 이런 연맹 결성을 주도한 측이 굳이 고령이라는 해석은 이를테면 옥전 지역의 경우 나중의 5세기 후반 M3호분 이후 고령양식 토기로 일색화 하는 현상 등을 감안한 것이다. 그와 동시에 옥전 28호묘와 거의 같은 단계 및 다음 단계 고총인 M2호분과 M1호분에 신라토기와 유리그릇 등을 비롯한 신라계 유물을 다수 부장하는 점으로 보아 옥전 지역 세력이 당시에는 마음 대로 독자적 대외관계를 추구한 것으로 여겨져 그렇게 상정한 점도 있다.

이처럼 고령 지역이 주도적으로 연맹을 새로이 결성하고, 나아가 그 속 에서 맹주로서의 지위를 점차 굳혀 나간 배경은 무엇인가? 그에서는 연맹 관 계를 맺은 시점이 5세기 초로서 바로 고구려 남정 직후라는 점이 유의된다. 이제 신라국가가 낙동강 본류를 통한 대외 교통에 본격적으로 간섭을 해 오

....

6   李熙濬, 2008, 앞의 논문, pp. 136~137.

자 대가야는 그 대안 교통로를 확보하려는 목적에서 서쪽 운봉고원을 거쳐 섬진강 하구로 나아가는 경로의 세력들과 연맹을 맺은 것이다.

그런데 이처럼 고고학적 증거의 제시를 고집하면서 고령 세력이 과연 5세기 초에 이르러서야 처음으로 후일 자신의 지방으로 편입하는 이런 지역들과 연맹 같은 깊은 연계를 맺고 대안 교통로를 모색한 것으로 보아야 할 것인가? 이를 생각하는 데서는 『일본서기』 신공기 49년(369)조의 가야 7국 가운데 고령 세력이 가라라는 명칭으로 나오는 데 반해 김해 세력은 남가라라고 되어 있는 점이 유의된다. 그즈음에 벌써 고령 가라국이 가야의 대표 세력처럼 이름을 칭하고 있는 것이다. 즉 이 기사는 고령 세력이 당시 이미 상당히 강력한 세력으로 부상하였음을 암시한다. 그 배경은 물론 기왕에 널리 지적한 대로 야로의 철산 등을 바탕으로 이루어 낸 자체 발전에 있었을 가능성이 크다. 하지만, 한편으로 고령 지역의 지리를 고려하면 4세기 전반에서 중반에 걸쳐 형성된 신라와의 관계 때문에 생겨났을 변화 또한 무시할 수 없다고 본다.

본서 제1장의 지리 절에서 약간 언급하였지만 고령 지역은 낙동강을 사이에 두고 대구 지역과 마주한다. 그런데 이 대구 지역은 『삼국사기』 초기 기록의 이른바 소국 복속 기사 등을 보면 비교적 이른 시기에 신라에 복속된다. 신라는 아마도 4세기 전반에 이 대구 지역을 수중에 넣음으로써 낙동강 수로 교통에 본격적으로 개입할 수 있었을 것이다. 그 영향을 가장 직접적으로 받는 지역은 두말할 것도 없이 그 대안의 고령 지역이었다.

이와 같이 이전에 전혀 경험하지 못했던 엄청난 변화에 직면한 고령 가라국은 변한 시절 이래로 마한 및 백제와 교통하는 데서 이미 긴밀한 연계를 가졌을 황강 중·상류 및 남강 상류 지역들과 결속을 한층 강하게 다지면서 그 지역들에 대해 점차 영향력을 행사해 나갔을 것이다. 즉 일찍부터 신라에 자극 받아 이런 변신을 모색한 것이 고령의 가라가 4세기 후반이면 가야의 대표 세력으로 떠오르는 배경 요인 가운데 하나였다고 추측되는 것이다.

고고학 자료나 문헌 기록으로 추론해 낸 결과론이기는 하지만, 그러면 대가야는 왜 그렇게 고령에서 제일 먼 거리로 우회해 섬진강을 거쳐 남해안으로 나갈 수밖에 없었던 것인가? 그와 관련해 "대가야가 그렇게 쓸데없는 대원정을 해서 돈을 많이 지출할 필요가 없었으며 당시 대가야의 실력으로 보면 함양-운봉으로 해서 남원으로 해서 섬진강으로 쭉 내려와 남해안으로 그렇게 복잡하게 나아갈 필요가 없었다. 고령에서 가까운 삼가 쪽으로 나와 진주로 빠져서 광양이나 사천으로 혹은 아예 그럴 것도 없이 동쪽에 있는 고성 쪽으로 해서 얼마든지 남해안의 해안선, 소위 포구나 항구를 장악할 수 있었기에 소백산맥을 넘어서 섬진강을 상류에서 하류까지 가로지르고 그럴 필요가 없었는데 왜 그랬는가?"라는 의문을 실제 제기하기도 하였다.[7]

이 문제를 생각하는 데서 맨 먼저 고려해야 할 사항은 바로 5세기 초 이후로 낙동강 본류를 통해 남해안으로 나아가는 길이 신라의 개입으로 아주 어려워졌다는 점이다. 이는 5~6세기 가야의 대외 교통을 고찰하는 데서 대전제가 된다. 이처럼 낙동강 수로를 따라 남해안으로 나가는 통로가 막힘으로써 다른 식으로 남해안으로 나와야 할 필요성이 생겼을 당시 본서 제1장의 지리 절에서 언급한 대로 특히 남강 유역에서 남해안으로 나가는 주요 길목에는 이미 아라가야와 소가야라는 유력 세력이 굳건히 자리를 잡고 있었다.

사실 이 세력들은 그때 비로소 새로이 등장한 세력들이 아니라 이미 4세기 후반 혹은 그 이전부터 활발하게 인접 지역은 물론 먼 곳까지에 걸쳐 교역 및 교섭을 벌이고 있었다.[8] 즉 황강과 남강을 가로질러 남해안으로 나가기 위해 통과해야 하는 교통로의 곳곳, 즉 이 발언에서 거론된 삼가, 진주, 고성 그리고 구체적으로 거명되지 않았지만 산청의 남부 단성 지역에는 이미 가야의 유력 세력들이 자리 잡고 있었다.

....

7   김태식 편, 2009, 『악사 우륵과 의령지역의 가야사』, 홍익대학교 인문과학연구소·우륵문화발전연구 회)의 「樂師 于勒과 宜寧地域의 加耶史」 종합토론」, p. 384 종합토론 사회 이기동의 발언.

8   이와 관련된 소가야양식 토기의 분포에 대해서는 金奎運, 2009, 「考古資料로 본 5~6세기 小加耶의 變遷」, 慶北大學校 大學院 考古人類學科 文學碩士學位論文을, 아라가야양식 토기의 분포에 대해서는 이주헌, 2011, 「함안지역 도질토기의 연구와 토기문화」, 『고대 함안의 사회와 문화』, 2011년 아라가야역사 학술대토론회, 함안박물관·함안문화원, pp. 137~147과 정주희, 2009, 「咸安樣式 古式陶質土器의 分布定型과 意味」, 『韓國考古學報』 73, pp. 4~51을 참조.

그러므로 순전히 교통 비용의 관점에서만 본다면 이 지역들을 통과하는 데 드는 비용은 섬진강로로 우회하는 쪽보다 오히려 더 들었을 수가 있다. 후자의 교통로에 자리 잡은 세력들은 상대적으로 덜 강력했을 것으로 여겨지기 때문이다. 황강 하구가 아닌 상류 가까운 중류에서 바로 낙동강으로 나오는 교통로의 관문에 해당하는 고령 지역보다 내륙 쪽에 자리 잡은 황강 상류 거창, 남강 상류 함양 등지는 각각이 속한 수계로 보면 낙동강 본류에서 가장 먼 곳들에 해당한다. 그래서 진·변한 시기 이래로 다른 지역들에 비해 상대적으로 약체 세력이었을 수밖에 없다. 더욱이 고령 지역은 진·변한 시절부터 그 지역들이 낙동강 본류로 나오는 교통의 관문으로서 기능하고 있었을 터이다. 결국 고령으로서는 이런 지역들과 연계하는 데 드는 비용이 훨씬 덜했을 터이므로 비록 먼 거리이기는 하나 그리로 방향을 잡았던 것이다.

다음으로, 대가야 토기 양식 확산 문제를 재론하면서 지적한 대로 전고에서 충분한 조사가 이루어진 인근 합천 서부 반계제 지역을 기준으로 해서 더 먼 지역에서는 양식 확산의 때가 그보다 늦고 강도 또한 낮았을 것으로 상정한 것은 어디까지나 원론이라는 점이다. 즉 이는 대가야 토기 양식 분포권 안의 모든 지역이 비슷한 사회 발전 수준에 있었음을 전제로 한 추론일 뿐이다.

만약 그렇지 않고 지역차가 심했다면 달리 나타날 수 있다는 점을 유념해야 한다. 이를테면 어떤 지역은 사회 발전 수준이 낮아서 고령 세력이 확실하게 장악할 필요도 없이 건너뛰듯이 했다면 더 먼 지역보다 늦은 시기에 고령의 영향력이 토기 양식과 고총 등에 반영될 수도 있다는 것이다.[9] 이런 추론의 사실 여부는 앞으로 운봉고원 지역 두락리고분군 혹은 장수 지역 고분군에서 언제부터 고총이 축조되기 시작했으며 또 언제부터 고령양식 토기가 일색으로 부장되는지로 확인될 공산이 크므로 이른 시기 고총의 발굴 자료 증가를 기대해 본다.

간접지배와 직접지배를 행사하는 대가야국가의 성립과 전개는 가야의

....

9   李熙濬, 2008, 앞의 논문, p. 145.

역사에서는 이제까지 경험하지 못한 전대미문의 변화였다. 그러므로 가야사를 가야만으로 보는 현대의 역사학자 혹은 고고학자에게는 그 성격을 규정하기가 어려운 것이 당연할지도 모른다. 그리하여 고대국가 혹은 영역국가 개념의 모호함을 지적한다든지 아니면 영역국가란 고대국가의 완성 단계에 있는 중앙집권국가의 핵심 요소라고 하면서 대가야의 사례는 국지적으로 정치적 통합을 이룬 상태이니 그저 연맹체 개념을 확대해 그에 포함시키려는 시도를 하기도 한다.[10] 그러나 이는 결국 연맹 개념을 국가에 이르지 못한 사회 발전 단계를 나타내는 개념으로만 환원해 버리는 문제를 안고 있다.[11]

사실 이 문제는 가야사 밖으로 눈을 돌리면 간단하다면 간단하다. 이를테면 거의 같은 과정을 거쳐 4세기 중반에 국가 단계에 도달했던 것으로 추론되는 신라는 이미 먼저 경험한 일이었으니 말이다. 즉 5세기 후반 이후의 대가야를 고령 이외 지역들에 대해 흔히 말하는 공납지배 혹은 간접지배를 실시한 국가라고 한다면 아무런 문제가 없다. 이 대목에서 이런 지방지배 수준의 신라국가를 가리키면서도 적지 않은 오해 혹은 혼란을 불러일으키고 있는 개념을 굳이 지적하자면 연맹왕국 개념이 있다. 이는 분명히 이전 진·변한 소국들이 소재했던 지역들이 연맹한 상태의 왕국이라는 뜻이 아닌데도 그런 듯이 오해할 소지를 낳기 때문이다.

2. 신라와의 비교 관점에서 본 대가야 토기 양식 확산과 국가론

토기 양식 분포권의 정치적 의미 해석에 입각한 대가야국가론은 위에서 말했듯 신라국가의 지방 지배를 나타내는 고고학적 정형성을 감안한 설명이다. 고령 토기 양식 확산의 의미를 해석할 때 고려해야 할 사항들, 특히 연맹

....

10 백승충, 2005, 「加耶의 地域聯盟論」, 『지역과 역사』 17, 부경역사연구소, pp. 5~43.
11 사실 백승충, 2005, 위의 논문, pp. 8~17에서 종래의 연구 경향과 그 성과를 논의한 후 그를 〈표 1〉로 정리하면서 그 제목을 '가야의 발전단계에 대한 제 견해'라 붙인 데서 그의 이런 인식을 단적으로 엿볼 수 있다.

론으로는 설명할 수 없는 점들에 대해서는 상세히 논해 두었으므로[12] 여기서는 더 이상 언급하지 않는다. 다만, 대가야의 토기 양식 확산과 관련된 정형성들은 신라의 경우와 비교할 때 몇 가지 차이점을 지니고 있기에 그에 대해 간략히 논의하기로 한다.

첫째, 그야말로 확산이라는 표현에 걸맞게 시간의 흐름에 따라 점차적으로 고령 지역에서 더 먼 지역으로 양식 분포 권역이 확대되는 점은 신라의 경우와 다소 다르다. 이는 우선 아무래도 그 확산 권역들이 선형적으로 연결된 때문인 듯하다. 또 신라의 경우 4세기 중기면 이동 지방 각지를 영역화하는 일차적 통합을 이루어 내었고 그 이후 그런 정치경제적 관계가 새로이 강화되면서 신라 토기 양식의 지역별 양식이 성립한다. 반면에 대가야의 경우에는 고령 지역과 다른 지역 사이에 확실한 지배-피지배 관계가 성립하기 전인 5세기 전, 중반 동안에 연맹 단계를 거쳤기에 그때 이미 고령산 토기가 다른 지역으로 들어가 해당 지역에서 그를 모방 제작하는 형태로 양식 확산이 이루어졌다.

둘째, 대가야 토기 양식의 경우에는 각 지역 양식이라는 것을 설정할 수 없을 정도로 각지 토기들 사이에 양식적 유사성이 아주 크다. 이는 첫 번째 정형성과 연관된 현상인데 이 두 가지로 미루어 대가야 토기 양식의 확산 현상은 고령 지역과 해당 지역 사이에 신라의 경우보다 오히려 더 급속한 관계 변화가 일어난 때문일 수 있다. 그 구체적 과정에 대해서는 산청 생초고분군 발굴 보고서의 관찰 결과[13]를 토대로 언급한 바 있다. 즉 고령 지역 공인과 직, 간접으로 관련이 있는 이들이 해당 지역에서 대가야양식 토기를 제작하였을 가능성이 아주 크다고 보고 그로부터 어떤 지역의 토기가 대가야양식 일색이라면 해당 지역이 고령 세력에 경제적으로 완전히 예속되었음을 상징하는 현상으로서 최소한 간접지배 하에 들어갔음을 나타낸다고 보았다.[14]

....

12   李熙濬, 2008, 앞의 논문, pp. 142~152.
13   趙榮濟·柳昌煥·張相甲·尹敏根, 2006, 『山淸 生草古墳群』, 慶尙大學校博物館·山淸郡, pp. 316~317.
14   李熙濬, 2008, 앞의 논문, pp. 148~149.

셋째, 중대한 차이로 대가야권의 지방 고총에서는 뚜렷한 착장 위세품이 출토되지 않는다는 점을 들 수 있다. 하지만, 신라만큼 아주 잘 갖추어진 복식 체계는 아니더라도 그에서 가장 기본을 이루었다고 여겨지는 동일한 대가야 양식 금제 귀걸이의 분포가 대가야 토기 양식 분포권과 겹치는 현상을 보이므로[15] 초보적 사여체계가 있었을 것으로 추정할 수 있다.

넷째, 토기 양식과 공반된 대가야식 묘제의 확산을 들 수 있다. 이는 신라 지방 고총의 내부 구조가 경주 지역 적석목곽묘와 다를 뿐만 아니라 지역마다 서로 다른 점과 크게 차이가 나는 현상이다. 그에 초점을 맞추어 지방 지배의 수준을 가늠하기도 하지만 여기서 잊지 말아야 할 점은 그것은 어디까지나 토기 양식의 확산을 전제로 한 현상이라는 사실이다. 왜냐하면 토기 양식의 확산이 일어나더라도 묘제의 확산이 동반되지 않는 경우가 적지 않지만 토기 양식의 확산을 동반하지 않는 묘제의 확산은 없기 때문이다. 묘제와 토기 부장 둘 다 장송의례의 일부를 구성하는 현상이나 그러면서도 흔히 말하듯이 묘제가 지닌 보수적 성격을 감안하면 동일한 토기 양식에 동일한 묘제가 동반되는 경우에는 더 강력한 상호 관계를 상정할 수 있겠다.

대가야식 묘제의 확산에 아주 큰 비중을 두고 지배 형태를 논한 견해도 나온 바 있다. 그에서는 대가야 문물의 확산에서 보이는 몇 가지 유형 가운데 유구와 유물, 특히 토기가 모두 대가야식인 형(A형: 함양 백천리고분군, 합천 반계제고분군, 산청 생초고분군)과 토기만 대가야식인 형(B형: 합천 옥전고분군, 남원 두락리고분군) 등으로 나누고, A형은 대가야의 지방 세력이거나 대가야에 완전히 병합된 정치체가 존재한 지역에 형성된 고분군일 가능성이 크고 B형은 대상이 되는 정치체가 독립성을 유지한 채 대가야와 깊은 관계를 맺었을 가능성이 큰데 이때 관계란 연맹 또는 연합일 가능성이 있다고 보았다.[16] 그러면서 A형의 백천리, 반계제, 생초고분군을 축조한 집단은 대가야가

....

15   이한상, 2004, 「대가야의 장신구」, 『大加耶의 遺蹟과 遺物』, 대가야박물관, pp. 251~271.
16   조영제, 2007, 『옥전고분군과 다라국』, 혜안, pp. 326~327.

이 지역을 통치하기 위해 파견한 지방관들의 집단묘역일 가능성이 크다고 하였다.

한편 두락리고분군은 B형에 속하는 고분군이지만 월산리고분군에서 그리로 묘역 이동이 일어난 것으로 전제하고 그것은 함양, 산청 지역을 영역화한 대가야가 그에 이웃한 운봉고원에 진출해 그 지역 수장층을 재편하면서 생겨난 현상으로 해석하였다. 그러면서도 그곳에 B형고분군이 분포하니만큼 강력한 지배가 이루어지거나 대가야 영역으로 편입되었다고 단언하기는 어렵지만 그에 준하는 직접지배를 받은 지역으로 전환되었음을 의미한다고 하였다.

이 견해에서는 지방 지배의 개념을 적용하면서도 간접지배 개념을 굳이 쓰지 않는 점이 문제로 지적될 수 있다. 물론 동일한 대가야식 토기와 묘제 양자의 존재가 간접지배 이상의 강력한 관계를 나타내는 증거일 수도 있다. 그러나 반계제고분군이 축조된 합천댐 수몰지구에서 관찰된 통시적 정형성들을 보면 고령 토기 양식 일색인 상태에서 중대형 고총이 축조되기 시작해 이윽고 그런 고총 축조가 중단된 이후에도 토기 양식은 그대로 이어지기에, 이는 간접지배에서 직접지배로의 전환 양상을 나타낸다고 해석이 되었다.[17] 그러므로 고총이 존재하는 단계에 대해 직접지배나 그에 준하는 지배 관계를 설정할 수는 없다.

신라의 경우에는 중앙 묘제의 지방 확산이 기본적으로 없다. 대가야와 신라 사이에 이런 차이가 생겨난 배경은 신라는 4세기 중엽에 간접지배를 달성한 반면, 대가야는 그로부터 약 한 세기 뒤에야 그를 이루는 데서 찾을 수 있을 듯하다. 대가야의 지방 가운데 동일 양식 묘제가 토기와 복합된 지역들이 적지 않은 이유는 그만큼 간접지배의 강도가 세었다는 의미일 수 있다.

여기서 신라 각 지방의 묘제가 중앙의 묘제와 다를 뿐 아니라 서로 간에

....

17   李熙濬, 2003, 「합천댐 수몰지구 고분 자료에 의한 대가야 국가론」, 『가야 고고학의 새로운 조명』, 혜안, pp. 199~235([補註] 본서 제4장).

도 다른 점은 그것이 각지 피장자의 정체성을 나타내려는 이념적 장치로 기능한 점에서 비롯되었다는 해석[18]을 참고할 수 있겠다. 그래서 굳이 그를 지방지배 형태에까지 결부를 짓기보다는 토기 양식 공유에서 추론되는 정치 경제적 羈縻에 수반된 이념적 기미 현상 혹은 이념적 동승이라고 해석하면 될 듯하다. 매장 의례의 공유라는 측면에서 그에 더 큰 의미를 부여할 수 있기는 하지만 그렇다고 직접지배의 근거로 삼아 지방관 파견을 상정할 때는 그에서 각 지역 고총의 축조 의미가 문제시된다. 그리하면 신라는 물론 삼국 공통으로 지방지배에서 시간의 경과와 더불어 거친 것으로 상정하는 두 단계, 즉 간접지배와 직접지배 가운데 전자의 해석 틀이 가진 논리 자체를 자칫 부정할 수 있기 때문이다.

최근에 이런 대가야국가론을 뒷받침하는 중요한 발굴 성과가 발표되었다. 2014년 장수군 관내 봉수유적 2개소(영취산 봉수유적과 봉화산 봉수유적)(위치는 앞 제1장의 그림 2 참조)에 대해 시·발굴조사를 실시한 결과 당시의 봉수 관련 유구는 거의 없어졌지만 고령양식 토기편을 비롯한 유물들이 출토됨으로써 가야시대에 이 두 곳이 동시에 봉수로 쓰였을 가능성이 아주 크다는 사실이 밝혀진 것이다.[19]

이 두 곳의 봉수는 현재는 모두 장수군에 속하지만 그중에서 봉화산 봉수 유적은 실은 장수군을 동·서·남에서 둘러싼 산지 위에 위치한 것이 아니라 그에서 남쪽으로 떨어진 운봉고원 지역의 산지에 위치한다. 따라서 가야 당대에는 성격을 달리 하는 두 지역, 즉 장수와 운봉 지역 세력에 각각 속한 봉수들이 상호 연계되어 있었음을 알 수 있다. 아마도 대가야의 가장 변경이었던 장수군에서 일어난 큰 사건, 이를테면 백제군의 침입과 같은 사건을 북쪽 영취산 봉수에서 남쪽 봉화산 봉수로 전달해 다시 그 봉수 바로 남쪽에 소재한 저 유명한 아막성으로 알렸을 터이다.

....

18 이희준, 2007, 『신라고고학연구』, 사회평론, pp. 87~90.
19 군산대학교박물관, 2014, 「장수군 관내 봉수 2개소 시·발굴조사 학술자문위원회 및 현장설명회 자료 (2014.04)」.

이는 고령 토기 양식 분포권인 장수 지역과 운봉고원 지역이라는 두 지역 세력을 상위에서 통할하는 세력의 존재, 즉 고령 대가야 중앙 세력의 존재를 무언으로 입증하는 증거라 하겠다. 그와 더불어 『일본서기』 계체 8년 (514)에 나오듯 대가야가 성을 쌓고 烽候, 邸閣을 두어 일본(실은 백제)에 대비하였다는 기사를 실증하는 것이기도 하다. 또 대가야의 지방 지배에서 남강 상류와 섬진강 상류를 연결하는 고리에 해당하는 지역인 운봉고원 지역의 세력이 그 북쪽 금강 유역과 남쪽 섬진강 유역 및 하구 부근 해안 세력에 대해 지렛대와 같은 중요한 역할을 맡았음을 방증하는 자료이기도 하다.

이상과 같은 대가야국가론을 받아들이기 주저하면서 연맹 개념을 확대해 해당 현상을 설명하려 함으로써 갖가지 오해가 생겨나고 있다.[20] 즉 연맹이라는 개념을 하나의 스펙트럼처럼 설정함으로써 마치 그 한쪽 끝에 고대국가가 존재하는 듯이 설정하고 있는데 이는 문제의 핵심을 흐리는 개념 설정이다. 물론 상하의 연맹 상태에서 자연스럽게 고대국가로 전화하였을 수는 있다. 그러나 국가로의 발전 과정이 그렇다고 해서 그 결과를 대상으로 연구를 해야 하는 현 시점의 역사학자 혹은 고고학자가 그렇게 모호하게 개념 설정을 할 수는 없다고 본다.

이 대목에서 지역 간 관계사의 관점에 서서 그간의 변화를 통시적으로 보면 연맹과 국가는 각각 구성 지역들이 대등한 독립적 관계와 상하의 지배—예속 관계인 만큼 그 사이에 명확하게 계선이 그어진다. 그러면 부체제가 고대국가 단계에서 중앙의 정치 운영 원리에 중심을 둔 개념인데도 굳이 이를 '연맹체'적 속성을 가진 것[21]으로 그 의미를 잘못 파악한다[22]든지 하는 불필요

....

20 대표적 예들로 金泰植, 2000, 「加耶聯盟體의 性格 再論」, 『韓國古代史論叢』 10. ; 백승충, 2005, 앞의 논문을 들 수 있다. 이런 논의들, 특히 전자의 치명적 결함이 연맹의 개념 정의와 구조 등에 대한 설명이 전혀 이루어지지 않은 데에 있음은 백승옥, 2014, 「加耶諸國의 존재형태와 '加耶地域國家論'」, 『지역과 역사』 34, 부경역사연구소, p. 76과 李熙濬, 2003, 앞의 논문을 참조.

21 백승충, 2006, 「'下部思利利' 명문과 가야의 部」, 『역사와 경계』 58, 부산경남사학회, p. 95. 이는 실은 노태돈, 2000, 「삼국시대의 部와 부체제—부체제론 비판에 대한 재검토—」, 『韓國古代史論叢』 10, p. 145에서 부체제론이 일종의 연맹체론이라고 한 구절을 오해한 데서 비롯된 것이다.

22 단적으로 백승충, 2006, 위의 논문, p. 96에서 연맹론을 견지하더라도 부체제는 얼마든지 논의의 대상

한 오해가 생겨나지 않을 것으로 본다.

II. 고고학으로 본 가야 관련 주요 문헌 기사 몇 가지

고고학으로 본다고 하였지만 순수 고고학적 고찰은 아니고 앞(제1장)의 토기 양식 및 고총군 분포와 지리적 배경 등을 함께 고려한 검토이다. 겸하여 전고[23]를 작성할 당시에는 아직 관련 자료가 없어서 대가야 권역에 포함시켜 다루지 못한 섬진강 유역 및 인근 남해안지대와 운봉고원 지역을 대상으로 약간의 고찰을 하려고 한다.

1. 『일본서기』 신공기 49년조의 가야 7국 평정 기사

가장 먼저 머리에 떠오르는 가야 관련 문헌 기사는 『일본서기』 신공기 49년(369)조의 이른바 가야 7국 평정기사이다. 물론 이 기사는 그 평정의 주체를 왜가 아닌 백제로 바꾸어 보는 소위 주체교체론의 입장에 설 때 비로소 가야와 관련해 의미를 갖게 되므로 여기서도 그에 따른다. 그럴 때 크게 두 가지 정도가 관련이 된다. 첫째, 적어도 초기 가야의 유력 세력들이었던 7국 가운데 탁순 및 탁기탄의 위치와 관련된 고고학적 증거의 문제이다. 둘째, 이 기사의 역사성을 인정할 때 369년 이후 가야나 왜에서 그와 관련해 나타나는 고고학적 현상의 문제이다. 이 둘째 문제는 구체적으로 일본의 스에키 생산 개시 문제와 가야 지역 내 백제의 영향을 나타내는 고고학적 증거의 認知 문제로 나누어 볼 수 있다.

평정 대상이 된 가야 7국 가운데 가라는 고령, 남가라는 김해, 안라는 함

....

이 될 수 있다고 한 구절을 들 수 있다.

23 [補註] 李熙濬, 1995, 「토기 로 본 大伽耶의 圈域과 그 변천」, 『加耶史硏究—대가야의 政治와 文化—』, 慶尙北道, pp. 365~444(본서 제3장).

안, 다라는 합천 옥전, 비자발은 창녕이라는 데 대해서는 거의 의견의 일치를 보고 있다. 다만, 탁순과 탁기탄의 위치에 관해서는 의견이 크게 엇갈린다. 그런데 이 위치 비정에서 대전제가 되는 사항은 그것들을 김해 지역, 함안 지역, 합천 지역을 제외한 낙동강 서안에 비정해야 한다는 점이다. 첫째 이유는 당시 낙동강 동안은 창녕 지역에 비자발이 있다가 얼마 뒤 신라화하면서 전역이 신라 영역이 되었기 때문이다. 둘째 이유는 만약 낙동강 서안이 아닌 그 서쪽 내륙이라면 신라가 서안 지역의 또 다른 가야국들을 그전에 복속시킨 후 그들을 정복한 셈이 되는데 그것은 문헌 기록으로 전혀 확인이 안 되기 때문이다.

탁기탄보다 약간 늦게 540년대 초까지는 신라에 복속된 탁순의 위치에 대해 현재 창원으로 비정한 설이 널리 받아들여지는 편이다. 이 비정안에 대해서는 이미 전고에서 몇 가지 측면에서 비판을 가하고 별다른 근거는 제시하기 어려워도 고고지리학적 관점에서 의령 서남부로 비정할 수 있다는 견해를 제시하였다. 또 그와 더불어 탁기탄의 위치는 의령 동북부로 비정하였다.[24] 여기서 우선 이런 비정을 뒷받침하는 것으로 볼 수도 있는 지리 정황적 증거를 한 가지 덧붙이기로 한다.

탁순은 366년 이후 백제가 대왜 통교를 하는 데 중개 역할을 한 가야국으로 나온다. 이 사실은 위치 비정에서도 참고가 되는 사항이다. 그 2년 전 백제 사신이 탁순에 왔다고 되어 있는데 그 일차 목적은 왜와의 통교였겠지만 가야 정세 탐색이라는 부차적 목적도 지니고 있었을 가능성이 있다. 그렇다면 만약 탁순이 창원일 경우 남해안 쪽으로 접근해야 했을 터라서 그런 목적에는 적합하지 못하다. 한성백제 쪽에서 가야로 오면서 도중에 정세 탐색도 하고 또 가장 빨리 올 수 있는 길은 아무래도 금강 상류나 남원 쪽에서 남강을 따라 내려오는 길이었을 것으로 생각된다. 이런 측면에서 남강 입구에 있는

....

24 그 이후 이에 대해 제기된 비판들과 그에 대한 반론 및 진전된 논의는 이희준, 2007, 앞의 책, pp. 351~362을 참조.

의령 서남부 지역에 탁순을 비정하면 그에 또한 걸맞지 않은가 하는 것이다.

탁순=창원설 제기자는 전고의 비정안에 대해 530년대 이후 의령 지역 고분 출토 유물이 같은 시기에 멸망한 김해 지역처럼 완전히 신라계통의 유물로 전환해야 하는데 그렇지 못하다고 하면서 오히려 중동리고분군과 부림면 경산리고분군의 유물은 6세기 중엽까지 이 지역 고분군 축조 집단이 대가야의 영향 아래 있었음을 말하므로 부림면 일대를 탁기탄으로 볼 수 없다고 하였다.[25] 또 고고학자 가운데서도 고고학적으로 뒷받침이 되지 못한다는 견해[26]를 내기도 하였다.

그러나 이들의 견해는 6세기 중엽을 전후한 신라토기의 변천을 제대로 이해하지 못한 결과일 뿐 그동안의 발굴 성과는 그와 반대로 의령 지역이 대략 6세기 중엽 이후로 신라화하였음을 잘 보여 준다고 해석할 수 있다. 문헌 기록에 의할 때 두 나라가 멸망한 후 가야 전체가 멸망하기까지는 불과 20~30년이므로 사실 그 사이의 고고학 자료 변화 양상을 통시적으로 추적하기는 결코 쉽지 않다. 하지만, 이와 관련해서는 운곡리유적 보고서의 고찰에서 신라토기가 의령 지역으로 확산되는 과정을 특히 의령 북부의 경산리고분군과 남부의 운곡리고분군에 초점을 두어 잘 설명해 놓아[27] 크게 참고가 된다.

이 고찰은 본고의 연대관보다는 약간 늦추어 보는 입장에 서 있기는 하지만 5~6세기 의령 지역 고분에 신라토기가 부장되는 양상을 세 단계로 나누고 제1단계는 5세기 후엽~6세기 전엽 전반, 제2단계는 6세기 전엽 후반~6세기 중엽 가야 멸망 직전, 제3단계는 6세기 후엽으로 설정하였다. 제2단계에는 경산리 38호·41호·42호·44호분, 운곡리 1호분·2호분과 더불어 합천 저포리 D지구 I-1호 석실과 4기의 배장곽을 포함시켰다. 이 가운데 경산리

....

25   金泰植, 2009, 「대가야의 발전과 우륵 12곡」, 『악사 우륵과 의령지역의 가야사』, 홍익대학교 인문과학
      연구소·우륵문화발전연구회, p. 113.

26   김상철, 2009, 「宜寧地域의 加耶文化」, 『악사 우륵과 의령지역의 가야사』, 홍익대학교 인문과학연구
      소·우륵문화발전연구회, pp. 309~312.

27   河承哲, 2007, 「IV. 考察―宜寧 雲谷里古墳群을 통해 본 終末期의 加耶―」, 『宜寧 雲谷里遺蹟』, 慶南發
      展研究院 歷史文化센터, pp. 62~79.

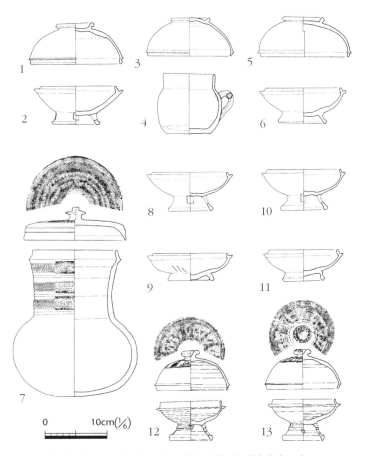

그림 1 의령 경산리 및 운곡리고분군 출토 6세기 중엽 가야 멸망 이전 토기

1·2. 경산리 38호, 3·4. 경산리 41호, 5·6. 경산리 42호, 7. 경산리 43호, 8·9·10·11. 경산리 44호, 12·13. 운곡리 22-4호

38호·41호·42호에서는 신라토기만 출토되었으며 44호에서는 대가야토기와 공반되었고 44호보다 늦게 축조된 43호에서는 대가야토기만 출토되었다 (그림 1).

이 분석은 그간 낙동강 이서에서 출토된 신라토기의 연대를 무심코 모두 가야 멸망 이후로만 비정한 데서 벗어나 그 이전에 이미 신라토기가 본격 확산됨을 인식하고 6세기 중엽 신라토기의 변화상을 아주 정확하게 잘 파악하였다고 평가된다.

다만, 운곡리 27~29호 석실분 등을 저포리 DI-1호 석실 계통, 즉 대가야 계통으로 보았으나 그것은 오해이다. 이들은 고령 지산동 대가야 역사관 신축부지 내 고분군 가운데 반출 토기로 보건대 가야 멸망 이후 횡혈(횡구)식 석실묘로 판단되는 사례들[28]에서 보듯이 모두 신라식 횡구 혹은 횡혈식 석실이다. 또 제3단계에 소속시킨 일부 고분, 이를테면 운곡리 22-4호 석곽에서 출토된 신라토기(그림 1의 ⑫⑬)는 6세기 중엽의 이른 시기에 해당한다고 보아도 좋을 토기들이다.

그리고 발굴된 석실 가운데 층서로 보아 제일 늦은 29호분 출토 신라토기(그림 2의 ①~④)도 단각고배로 보건대 그 형식으로는 드물게 투창이 있는 이른 형태로 제2단계에 포함시켜야 한다. 역시 가야 멸망 이전으로 본 저포리 D지구 I-1호 석실의 동시 축조 배장곽인 I-1호 석곽 및 I-4호 석곽에서 출토된 토기들(동 ⑤~⑩)과 비교해도 굳이 늦은 시기로 볼 이유가 없기 때문이다.

이렇게 보면 결국 운곡리고분군은 그에서 가장 먼저 축조된 1호분 이후로 모든 고분에서 신라적 특징들이 연속으로 나타나는 셈이다. 그러므로 의령 서남부 운곡리고분군의 축조 자체가 바로 이 지역의 신라화를 그대로 뒷받침하는 증거라고 할 수 있다. 또 동북부 경산리고분군의 신라토기 출토 고분들도 그런 변화 과정을 나타낸다고 여겨진다.

탁순=창원설은 몇 가지 근거를 제시하였지만 실은 그 가운데 탁순과 탁기탄이 가까이 위치했을 것으로 여겨지는 점을 중요하게 고려하였다. 이 때문에 탁기탄을 창녕 영산으로 비정하고 그 낙동강 대안인 창원에 탁순을 비정한 것은 아닌지 추정된다. 그러나 낙동강 이동의 영산은 창녕 지역 정치체를 구성한 여러 지구 가운데 한 지구로서, 그 동리고분군에서 출토된 유물의 양상은 앞에서 보았듯 계남리고분군 같은 다른 지구의 고분군과 마찬가지로 4세기 말이면 그곳이 신라 영역화하였음을 나타낸다. 그러므로 적어도 520

....

28   慶尙北道文化財研究院·高靈郡, 2000, 『大伽耶 歷史館 新築敷地內 高靈池山洞古墳群—本文II:横穴 (口)式石室墓—』.

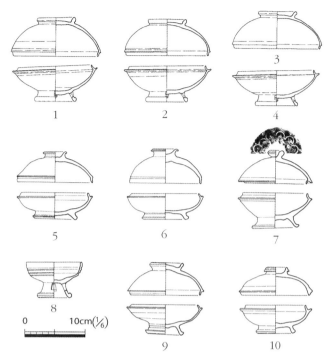

그림 2 의령 운곡리 29호분 및 합천 저포리 DI-1호분 석곽 출토 가야 멸망 이전 신라토기
1~4. 운곡리 29호분   5~7. 저포리 DI-1호 석곽   8~10. 저포리 DI-4호 석곽

년대까지 존속하였던 초기 가야 유력국인 탁기탄을 도저히 그에 비정할 수는 없다.

이는 결국 탁순을 창원으로 비정한 설에도 일정하게 약점으로 작용한다. 그렇다고 탁기탄을 창녕 영산이 아닌 창원 근처의 낙동강 이서 지역에 비정하려고 해도 동쪽은 김해 권역이고 서쪽은 함안 권역으로 달리 비정할 곳이 없다. 그리고 앞에서 보았듯이 창원 지역은 낙동강 본류를 끼지 않아서 다른 지역들로부터 고립된 곳인 데다 고총군 또한 없어서 그 정도로 유력한 세력이 존재한 곳으로는 볼 수 없다.

반면 의령군 동북부는 탁순이 비정되는 의령군 서남부와 지리적으로 분리되어 있어서 다른 세력 하나를 비정할 수 있는 조건을 갖추고 있다. 그래서 전고에서 그에다 탁기탄을 비정한 것인데, 이렇게 보면 신공기의 가야 7국이 모두 낙동강 본류를 바로 끼거나 그에 가까운 주요 지류의 하구에 입지[29]한 셈이 된다. 이는 낙동강 수로의 관문 지역으로서 초기 가야의 주축국이 된 김해 지역 금관국의 예로 보듯이 초기 가야 각국의 성립과 발전에서 낙동강 본류를 통한 교통 교역이 지대한 몫을 차지한 점을 웅변해 준다. 369년 이 지역에 대한 근초고왕의 남정은 그런 점을 십분 고려한 전략적 견지에서 기획되었을 것이다.

이런 가야 7국에 대한 근초고왕의 군사적 공격은 막 형성되기 시작한 가야 사회에 커다란 충격을 주었을 터이다. 따라서 고고학의 입장에서는 그 영향이 물질문화로 반영되기 시작하였으리라 상정할 수 있는 4세기 후엽 초라는 시점을 당연히 주목했어야 하지만 기왕에는 그러지 못하였다. 그 이유는 다름 아니라 신라·가야토기의 등장을 서기 400년의 고구려 남정 이후로 늦추어 보는 연대관에 섰기 때문이었다. 이와 관련해서는 그보다 50년 정도 이르게 보는 본고의 연대관에 서서 두 가지 정도만 지적해 두기로 한다. 한 가지는 일본 내 스에키 제작 개시의 연대 및 그 계기이고 다른 한 가지는 가야 고분에서 보이는 백제계 유물에 대한 새로운 이해이다.

이제 초기 스에키와 연관된 연륜연대 자료에 의거할 때 일본 스에키의 개시 연대는 서기 400년 이전으로 보는 편[30]이 합리적이다. 다만, 오바데라[大庭寺] TG232호 출토 초기 스에키가 복천동 21·22호분보다는 10·11호분 출토 토기에 더 가깝다고 보는 편년관[31]이 옳다고 하면 그에다 우지시가이[宇治市街]연륜연대(389년)를 개입시킨 교차편년은 본고의 연대관처럼 황남대총 남분을 나물왕릉으로 보고 복천동 10·11호분을 4세기 4/4분기로 설정한 편년[32]에 잘 부합한다. 어떻든 스에키의 개시 시점을 4세기로 올려 본다면 그 계기는 더 이상 고구려 남정이 아닌 다른 데서 찾아야 한다.

....

29 다라국의 중심고분군으로 비정되는 합천 옥전고분군이 소재한 다라리 일대도 그 동쪽으로 별다른 세력의 존재를 상정할 수 없어서 사실상 낙동강 본류를 긴 것이나 마찬가지라 할 수 있다.

30 박천수, 2010, 『가야토기: 가야의 역사와 문화』, 진인진, pp. 105~116.

31 김두철, 2011, 「加耶·新羅 古墳의 年代觀」, 『考古廣場』 9, 부산고고학연구회, pp. 91~93.

32 이희준 2007, 앞의 책, pp. 131~132.

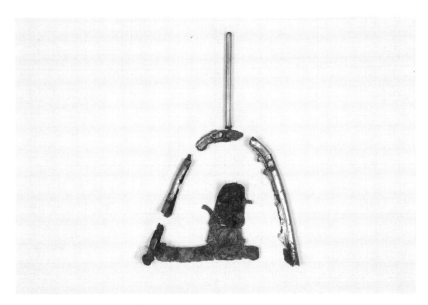

그림 3 옥전 23호 목곽묘 출토 관모

　　그런데 신라토기의 등장을 고구려 남정 이후로 보는 연대관에 입각한 분석과 해석이기는 하지만 초기 스에키의 계보 속에 영남 지방 여러 지역의 토기뿐만 아니라 영산강 유역의 토기도 있다는 분석[33]이 제기된 바 있다. 만약 이 관찰이 맞다고 하면 그 계기, 즉 왜로의 도질토기 공인 이주를 생각하는 데서 중요한 의미를 갖는다. 문헌사에서 369년 당시 근초고왕의 남정이 가야와 영산강 유역 두 지역을 동시에 대상으로 삼았던 것으로 보기 때문이다. 그래서 초기 스에키의 생산 개시가 근초고왕의 가야 7국에 대한 군사적 행동에 바로 유발되지 않았다고 하더라도 어떻든 그에 의해 촉발된 공인 이주에서 비롯되었을 가능성이 크다는 점을 지적해 두기로 한다.

　　신공기 49년조 기사의 역사성과 관련해 그 시점 이후 가야에서 백제의 영향을 분명하게 나타내는 대표적 유물의 한 예로 옥전 23호 목곽묘 출토 금동제 관모(그림 3)를 들 수 있다. 이 유물은 그간 백제계로 추정되었는데 실

....

33　　신경철, 2000, 「금관가야의 성립과 연맹의 형성」, 『가야 각국사의 재구성』, 혜안, pp. 78~83.

그림 4 화성 요리 1호 목곽묘 출토 관모

제로 최근 한성백제 당시 영역 안의 화성 요리 1호 목곽묘에서 기본적으로 동일한 유형의 관모(그림 4)가 출토[34]됨으로써 그것이 입증되었다고 할 수 있다. 옥전 23호묘에서 출토된 백제계 관모라는 착장형 위세품은 단순한 물품이 아니라 사회적 지위를 나타내는 중요한 상징물이다. 그런데 기왕의 연대관에 따른다면 5세기 2/4분기에 불쑥 가야에 출현한 셈이어서 사실 그 계기가 잘 설명되지 않거니와 백제 지역 출토품과 연대적으로 정합하지 않는다.

　　그러나 이를 본고처럼 4세기 말로 편년한다면 백제 지역과의 계보 관계로 보거나 연대적으로도 정합하며, 그 의미가 한층 분명하고 크게 다가온다. 즉 369년의 사건을 계기로 백제왕과 가야 지역 수장 사이에 맺어진 새로운 관계를 표현하는 한 물품으로 평가된다.[35] 백제가 이를 가야국 수장에게 준

....

34　(재)한국문화유산연구원·LH경기지역본부, 2014, 「화성 향남2지구 동서간선도로(H지점) 문화유적발굴조사―3차 학술자문회의 자료―」, 2014.5.27.

35　최병현, 2014, 「신라·가야·백제 고고학자료의 교차편년―제11회 매산기념강좌 〈쟁점, 중부지역 원삼국시대~한성백제기 물질문화 편년〉 토론자료 I―」, 『쟁점, 중부지역 원삼국시대~한성백제기 물질문화 편년』, 숭실대학교 한국기독교박물관, p. 119에서 "최근 조사된 화성 요리 1호분과 합천 옥전 23호분의 금동관, 식리는 백제에서 지방세력에 대한 금공품 사여가 4세기 후엽부터 시작된 것을 말해 줌. 또한 옥전 23호분의 백제유물은 백제가 가야세력을 후원하여 이때부터 낙동강을 사이에 두고 신라와

배경을 자신의 지방처럼 인식한 때문이라고는 결코 말할 수 없지만 적어도 의제적 상하 관계를 맺은 때문이라고 볼 수도 있을 것이다.[36] 어떻든 이는 옥전 지역 세력이 백제와의 관계에서 중요한 위치에 있음을 물질적으로 나타내는 것이기도 하다. 현재로서는 이런 단편적 사례에 불과하지만 각지에서 이 단계의 조사가 진전된다면 양자의 관계에 관한 더 나은 그림을 그려 낼 수 있을 것으로 기대된다.

2. 『일본서기』 계체 6년~23년조 기사와 「양직공도」 백제 방소국 기사

두 번째로 검토할 가야 관련 문헌 기사는 『일본서기』에 나오는 6세기 초 백제의 호남 동부 진출 과정과 관련된 일련의 기사[37]와 「양직공도」 백제국사전의 이른바 방소국 기사[38]이다. 이것들과 관련된 지역들의 이 시기 전후 고고학 자료의 정황을 보면, 우선 남해안 지역 여수·순천·광양 일대의 고분 등에 5세기 4/4분기에서 6세기 1/4분기보다 늦은 시기까지의 대가야양식 토기들이 집중 부장되며 그 가운데 중대형 고총군은 순천 지역에만 조영된 점을 주목할 수 있다. 다음으로 섬진강 유역권에서는 현재까지 가야식 중대형 고총군은 확인되지 않았으며 심지어 문헌 기록의 대가야 대외 항구 帶沙로 비정되는 섬진강 하구의 하동 지역도 그것은 마찬가지이다. 다만, 최근에 하동 지역에서는 소규모 분묘군인 흥룡리고분군에 대가야양식 토기가 일색으로 부장된 사실이 밝혀졌다.[39]

....

대치함 …"이라 해서 참고가 된다.

36 이는 『일본서기』 흠명 2년(541) 및 5년(544) 조에 나오듯 백제 성왕이 두 차례의 임나부흥회의에서 가야를 가리켜 옛적(근초고왕 때)부터 (백제의) 子弟가 되었다거나 그렇게 되기로 약속했다는 말을 한 데서 추측할 수 있겠다.

37 『일본서기』 계체 6년(512)조~23년(529)조.

38 百濟旁小國 有叛波·卓·多羅·前羅·斯羅·止迷·麻連·上己文·下枕羅.

39 신용민·권종호·김미경·정서안, 2012, 『河東 興龍里古墳群』, 東亞細亞文化財研究院·부산지방국토관리청. 다만, 이 보고서에서는 대가야 토기를 하동 지역에서 모방 제작함으로써 동일한 양식을 이룬

섬진강 중류의 구례, 곡성 등지에서는 대가야적 특성을 가진 금제 귀걸이와 대가야양식 토기 등이 출토되었지만 그것들이 일정한 기간 동안 일색을 이루었는지 여부는 조사가 제대로 이루어지지 않아 불분명하다. 남원 서부와 임실 등지에서도 대가야 토기가 출토되기는 하였지만 그것이 일색을 이루었던 것 같지는 않다.[40] 반면에 섬진강 유역이 아닌 남강 상류의 운봉고원 지역에서는 대가야 토기 양식이 일색을 이룬 고총들이 조사되었다. 그런 가운데 이곳 월산리고분군과 두락리고분군에서는 각각 중국산 자기와 동경 등이 출토되기도 하였다.

이 지역의 지리에서 염두에 두어야 할 점은 섬진강 상류역 및 남강 상류역의 지형 구조이다. 앞 제1장의 〈그림 2〉와 이 장의 〈그림 5〉[41]에서 보듯 섬진강 상류의 지류들 가운데 제일 동쪽에 있는 요천의 상류 장수군 번암면은 원래 남원시에 속했던 지구이다. 그리고 산줄기와 섬진강 상류 지류들의 흐름으로 보면 요천 일대와 임실 지역은 결코 한데 묶을 수가 없다. 번암면은 오히려 운봉고원 지역에 접속되어 있다. 만약 대가야가 남원 동부 운봉고원 지역을 발판으로 삼아 남원 서부와 임실 지역에 영향을 미치려고 한다면 일단 치재를 넘어 요천을 따라 내려가 현 남원 시내 쪽으로 진출한 다음 거기서 다시 섬진강의 상류 지류 가운데 제일 서쪽의 지류역으로 거슬러 올라가야 한다. 이런 점으로 보면 임실 지역에서 나오는 대가야 토기 등은 오히려 운봉고원 지역보다는 동북쪽 장수 지역에서 그리로 확산되었을 가능성을 점쳐 볼

....

토기를 재지토기라 명명해 대가야양식 토기와 구분하였고, 홍룡리고분군의 토기 가운데 전자가 30%이고 후자가 60%라고 분석하였다. 그러나 이는 토기 양식의 의미를 적확하게 이해하지 못한 때문에 생긴 오류이며 대가야양식 토기에는 당연히 그런 토기가 포함된다. 그러므로 이 고분군의 토기는 대가야양식 일색이라 할 수 있으며, 그런 의도적 구분에 따라 대가야 토기 양식 일색이 아니라서 이 고분군 축조집단의 정치적 정체성을 대가야권에서 제외할 수 있는 듯이 본 것(특히 302쪽) 또한 잘못된 해석이다.

40 섬진강 유역 중상류, 특히 남원 서부 지역 일대에 대한 현 단계의 고고학적 조사 현황에 대해서는 2014년 10월 24일 남원시·호남고고학회 주최로 개최된 학술대회의 발표 자료집인 『가야와 백제, 그 조우(遭遇)의 땅 '남원'』에 실린 여러 글이 참고가 된다.

41 곽장근, 2004, 「호남 동부지역의 가야세력과 그 성장과정」, 『大加耶의 遺蹟과 遺物』, 대가야박물관, p. 274.

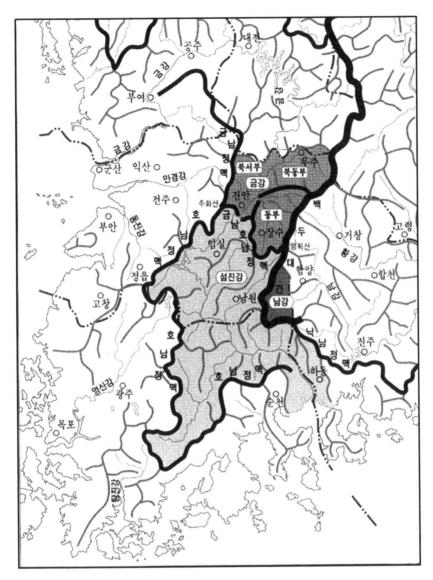

그림 5 호남 동부 금강·섬진강·남강 수계와 산줄기 지도

수 있다.

백제의 호남 동부 지역 진출에 관한『일본서기』계체기의 기사들을 보면 백제의 가장 중요한 목표가 대사의 장악에 있었음을 알 수 있다. 대가야에게 유일한 이 대외 항구를 장악함으로써 그에 직접 압박을 가할 수 있기 때문이

다. 백제는 제일 먼저 계체 6년(512)에 소위 임나 4현을 차지한 것으로 나오는데 이 임나 4현의 위치는 현재 많은 지지를 얻고 있는 설처럼 순천·광양·여수 일대로 비정할 수 있다. 이 지역의 고분들에는 5세기 4/4분기 정도부터 대가야양식 토기들이 일색으로 부장되기 시작하며, 그 현상은 6세기 전반의 어느 시기까지 이어진다. 더욱이 순천 지역에는 대가야양식 토기를 일색으로 부장한 중대형 고총군인 운평리고분군[42]이 조영된다.

왜 이런 현상이 나타나는가? 대가야는 섬진강 하구의 하동을 통해 남해안으로 나아갈 수 있으면 그만인데도 왜 굳이 그 주변의 이곳들을 장악하려고 했던 것인가? 그 이유는 우선 하동 지역을 위한 완충지대를 형성하려 했던 데 있는 듯하다. 대가야가 순천, 광양, 여수 일대의 해안지대를 장악하거나 그에 영향을 미칠 수 있으면 섬진강 하구로부터 남해로 나아가는 해로는 안전성이 한층 커진다.

특히 순천 지역은 앞 제1장의 〈그림 2〉에서 보듯이 해안 지역으로서는 서쪽 고흥에 바로 접속한 지역이다. 고흥 지역은 안동고분으로 보건대 늦어도 5세기 전반에는 백제 세력권이었다. 그러므로 대가야가 만약 순천 지역을 자기 세력으로 끌어들이지 않으면 하동 지역은 바로 백제에 노출됨으로써 거의 무방비 상태에 빠져 버린다. 즉 순천 지역은 하동 지역에 대한 백제의 공세를 대가야가 일차적으로 차단하려 할 때 가장 역점을 두어야 하는 지역이라 할 수 있다. 또 순천 지역은 구례 등 섬진강 중류역에서 하동을 거치지 않고 도달해 바로 바다로 나갈 수 있는 지역이기도 하다. 이런 까닭에 대가야는 특히 순천 지역에 비중을 두고 일대의 지역들을 어떤 형태로든 장악해서 자신의 영향 하에 두려 했던 것이고 그 점은 주변의 다른 지역과 달리 중대형 고총군이 축조된 데 반영되어 있다고 여겨진다.

한편 순천을 비롯한 일대의 지역을 장악하면 백제가 연안을 통해 가야

....

42 이동희·이순엽·최권호·이승혜, 2008, 『順天 雲坪里 遺蹟 I』, 順天市·順天大學校博物館. ; 李東熙·崔
    權鎬·諫早直人·李曉貞, 2010, 『順天 雲坪里 遺蹟 II』, 順天市·順天大學校博物館. ; 全羅南道·順天市·
    順天大學校博物館, 2014, 『順天 雲坪里 遺蹟 III』.

의 다른 세력, 이를테면 함안 안라국으로 가는 길이라든지 반대로 고성의 가야 세력이 백제와 교섭하는 길에도 간여할 수 있으므로 그 이점은 결코 적지 않다. 대가야는 이런 이점과 더불어 배후지가 거의 없는 하동 지역의 대외 항구를 유지하는 데 필요한 인적, 물적 자원을 이런 주변 지역들에 대한 지배를 통해 보충하기도 했을 것이다. 이것이 이 일대를 장악하려 한 또 한 가지 이유였던 것으로 추정할 수 있겠다.

그런 지정학적 배경을 가진 이 지역들과 고령 가라국과의 관계는 어떠하였다고 해석해야 할 것인가? 그에서는 섬진강 중·하류역이 좁고 길게 연결되는 지역들이라서 정치적 성장 잠재력은 그다지 크지 않았으리라는 점을 염두에 두어야 한다. 다음으로 하동 지역에 중대형 고총군이 없다는 점을 고려해야 한다. 또 이 지역들에 백제의 직접적 영향이 미치는 때가 여수 고락산성[43] 같은 감시 시설의 축조와 백제계 토기의 유입 등으로 볼 때, 6세기 2/4분기 이후라는 점을 주목해야 한다.

우선, 대가야의 영향이 순천 지역으로 미치기 시작한 때는 고분에 대가야계 유물이 집중 부장되기 시작하는 때(5세기 4/4분기)보다는 이르게 그 무덤 주인공의 생시로 잡더라도 5세기 3/4분기를 소급하기는 어렵다. 이처럼 그 영향이 다소 늦은 시기에 나타나는 이유는 무엇일까?

대가야가 섬진강 유역 및 그 하구 일대에 영향을 미쳤음을 직접 전하는 5세기 중반 이전의 고고학 자료가 아직 없어 그에 대한 추론은 상상의 범위를 넘기는 어렵다. 추정컨대 대가야가 대외 항구로서의 하동 지역을 안정적으로 확보한 때는 현재로서는 5세기 중반 이전으로 보기 어렵지 않은가 싶다. 물론 5세기 전반에는 장수 삼고리고분군의 채집 토기로 짐작할 수 있듯이 대가야가 5세기 초에 이미 그곳까지 연맹권으로 편입했다고 추정할 수도 있는 만큼 당연히 가장 중요한 대외 출구인 이곳 하동 지역도 그리했을 것으로 여겨진다. 그러다가 대가야권이 상하의 연맹관계로 전화한 5세기 중반 이후로 아

....

43   崔仁善·朴泰洪·宋美珍, 2004, 『麗水 鼓樂山城 II』.

라가야, 소가야 등 여러 가야 세력과의 경쟁이 격화되는 가운데 하동 지역을 자신의 대외 교역항으로서 확보한 것이 아닌지 추측된다.

그 후 앞에서 상정했던 대로 이에 대한 완충지대이자 배후지대를 확보해야 할 필요성 또한 점차 커지면서 순천 지역을 비롯한 일대의 해안 지역으로 영향력을 확대한 결과 순천 지역에서 5세기 4/4분기에 고총군이 등장한 것으로 여겨진다. 여수, 광양 일대와 달리 순천에만 고총군이 조영될 수 있던 배경은 그곳이 백제와 직접 접하고 있어서 이를 자기 권역으로 끌어들이기 위한 대가야의 지원이 상대적으로 더 컸던 데 있었을 것이다. 그러면서도 고총의 기수가 10기 정도인 점은 대가야와 연관된 세력의 존속기간이 짧았음과 동시에 원래 그 지역 세력이 강대하지는 않았음을 시사한다. 다만, 한 고분군 안에서 같은 시기에 축조된 고총들의 내부 구조가 대가야식과 소가야식으로 다소 다양한 점은 그 지배층을 구성한 내부 집단들 사이의 성격 차이를 반영하는 것이지 그 때문에 순천 지역의 독자성을 상정할 수는 없다.

순천 지역이 독자 세력으로서 대가야와 연맹 관계에 있었다고 보려면 무엇보다 고총이 등장하면서 고령양식 토기 일색을 이룬다는 사실을 간접지배의 결과[44]로서가 아닌 다른 식으로 설명할 수 있어야 한다. 순천 지역은 대가야권으로서는 고령에서 가장 멀리 떨어진 데다가 백제와 바로 접하였기에 사실상 아주 유동성이 큰 지역이었다. 그렇더라도 앞서 말한 대로 대가야양식 토기가 5세기 4/4분기부터 축조된 고총에 부장되는 기간 동안에는 백제의 영향이 바로 보이지 않는다. 그러므로 그에 앞선 3/4분기의 어느 시점에 대가야가 이 지역을 간접 지배하려 한 시도는 성공을 거두었던 것으로 여겨진다. 아마도 그에서는 하동 지역이 기지와 같은 역할을 하였을 것이다. 다만, 하동 지역은 지리적으로 협소해서 원래 사회 발전의 잠재력이 크지 않았던 데다가, 대가야가 이곳의 대외 항구를 직접 운영해야 했을 터라 군사적 거점 같은 곳으로 삼았을 것이다. 그것이 고총이 나타나지 않는 이유라고 생각된다.

....

44   이동희, 2008, 「5세기 후반 백제와 가야의 국경선」, 『한국 고대 사국의 국경선』, 서경문화사, p. 145.

『일본서기』 계체기 기사를 그대로 따르면 백제는 512년 순천 등 해안 지역을 자신의 세력권으로 끌어들인 다음 바로 대사로 나아가지 않고 기문에 진출하려 한 듯하다. 이듬해인 513년 『일본서기』 기사(계체 7년 6월 조)에서 백제가 왜에 대해 반파국(가라국)이 차지한 기문의 땅을 자신에게 되돌려 줄 것을 청하고, 같은 해 11월에 왜가 백제에게 기문·대사를 주었으며 반파가 이를 달라고 했는데도 들어주지 않았다고 한다.

그러나 반파가 514년에 대사에 축성을 하였으며 또 515년에는 대사강, 즉 하동 방면의 섬진강 하구에 머무르던 모노노베노무라지[物部連] 일행이 대가야군의 공격을 받아 혼비백산하며 도망친 사건이 기록된 점으로 보건대 이때 백제의 대사 영유화는 이루어지지 않은 것으로 이해된다. 대가야는 522년 신라와 결혼동맹을 맺음으로써 백제의 압박에 외교적으로 맞대응을 한다. 그리고 529년(계체 23)에 가서 다사진을 백제에 주었다고 한 이후 기문·대사 관련 기사가 더 이상 나오지 않는다. 그러므로 이때에 비로소 백제가 하동 지역을 최종적으로 수중에 넣은 것으로 보인다. 마침 바로 그때 신라와 대가야의 결혼동맹은 결렬된다.

여기서 『일본서기』를 그대로 따르면 513년에 백제가 기문을 영역화한 듯이 되어 있는데도, 521년 현재의 사실을 전하는 「양직공도」 백제국사조에는 그 지역이 백제 옆의 독립 소국인 듯이 나와서 문제가 된다. 『일본서기』의 기문 관련 기사에 대해서는 그를 그대로 따라 소백산맥 서쪽 남원·임실 일대의 기문이 원래 백제 땅이었는데 잠시 대가야에게 빼앗겼다가 도로 회복한 것으로 보기도 한다.[45]

그리고 『일본서기』의 빼앗았다는 표현은 그저 명분에 지나지 않으며 실은 왜와의 교역을 빙자해 가야연맹의 소속국인 기문, 즉 남원·번암·임실 지방을 잠식해 들어간 백제의 외교 방식을 나타낸다고 앞의 견해를 수정하면서, 왜와 기문국은 선진 문물 면에서 반파국, 즉 대가야보다 우월한 백제의 유

....

45   金泰植, 1993, 『加耶聯盟史』, 一潮閣, pp. 114~125.

인에 따르지 않을 수 없었을 것이며, 그 결과로 가야와 백제는 소백산맥을 자연적 경계로 삼게 되었다고 하였다.[46] 그리하여 기문의 백제화는 516년(계체 10)에 이루어진 것으로 보았다.[47]

그러나 이런 기문 위치 비정과 백제화 시점 해석은 당장 「양직공도」 백제 방소국 기사에서 521년 당시 상기문을 백제의 영역이 아닌 옆의 소국이라 한 기사와 상충되어 문제가 된다. 사실 이 논자는 방소국 기사에 대해서는 논급을 전혀 하지 않았다. 어떻든 그에 따르면 결국 소백산맥 이동의 운봉고원 지역은 변함없이 대가야 권역이었다는 뜻이 된다. 그리고 남원·번암·임실을 섬진강 상류역이라는 점에서 한데 묶어 기문으로 설정했지만 앞에서 말했듯이 번암과 임실 사이는 높은 산지로 가로막혀 있어서 한 지역 단위로 간단히 묶을 수 있을지는 의문스럽다.

『일본서기』와 「양직공도」의 기문 관련 기사에서 상충되는 듯이 보이는 점을 순조롭게 이해하는 한 가지 길로는 『일본서기』의 관련 기사가 백제 계통의 사료를 바탕으로 했다고 여겨지는 만큼 대가야가 백제에 대응해 기문을 바로 회복한 사실이 그에서 누락된 것으로 보는 방법이 있다. 즉 백제가 『일본서기』 기사대로 513년 아니면 위의 해석처럼 516년에 일시 기문을 차지하였으나 바로 대가야가 반격을 가해 이를 도로 빼앗았기에 「양직공도」에 그처럼 표현되었다고 이해하는 것이다.

이는 나중에 말하듯이 만약 기문이 운봉고원 지역이라면 대가야에게 그 자체로 더없이 중요한 지역이고 또 하동 지역을 직접 후원할 수 있는 지역인 만큼 곧바로 회복하려고 갖은 노력을 기울였을 터라서 그럴 가능성이 크다고 하겠다. 또 이런 해석은 백제가 512년 임나 4현을 빼앗았지만 하동 지역으로 곧바로 나아가지 못하고 그에서 먼 기문을 공략한 이유를 이해하는 데서도 유리하다. 즉 대가야의 반격으로 임나 4현이 곧바로 대가야에게 넘어갔기에

....

46   金泰植, 2009, 앞의 논문, p. 85.
47   金泰植, 2009, 위의 논문, p. 92.

작전을 바꾸어 그 후방 기지 격인 기문을 노렸다고 이해하는 것이다.

만약 이렇지 않았다면『일본서기』와「양직공도」의 기문 관련 기사를 양립시키는 문제는 간단하지 않다. 그래서 기문을 남원 운봉고원 지역에 비정함으로써 이 문제를 해결하려 한 연구가 있다.[48] 이는 방소국 기사를 중심으로 좀 미묘한 논리를 편다. 우선 문헌 기사의 基汶河를 기왕의 통설과 달리 섬진강으로 보지 않고 남강으로 해석하였다. 이를 전제로 고고 자료를 참고해 문헌에 언급된 기문 지역을 남원시 동부 지역, 함양군, 산청군 북부 지역 등에 비정(기문 A)하는 한편 그 가운데 상기문은 남원 동부 운봉고원 지역으로 보았다. 그리고 운봉 지역의 두락리를 비롯한 기문 A에 지역적 기반을 둔 가야 세력이 백제가 정정불안에 빠지는 5세기 말엽 이후 서쪽 소백산맥을 넘어 섬진강 수계권으로 진출해 영역화하는 데 성공한 지역을 기문 B라고 하면서 그 지역을 남원시 서부 지역, 임실 남동부 지역, 장수군 산서면·번암면 일대로 보았다.

그리하여『일본서기』에서 백제와 고령 세력이 영유권을 두고 싸움을 벌였던 己汶을 이 기문 B로 설정하는 한편 기문 A 가운데 특히 운봉고원 지역은 6세기 중엽까지 백제나 대가야에 속하지 않고 독립을 유지한 가야 세력이었다고 보았다. 그러면서도 운봉고원의 남원 건지리고분군에서 출토된 6세기 초엽의 백제계 병형 토기와 두락리 2호분을 들어 궁륭상 천정에 연도가 서쪽에 편재되어 남원 초촌리 백제고분과 밀접한 관련성을 보인다고 하면서 6세기 초엽에는 섬진강 유역에 진출해 있던 백제와 두락리를 비롯한 남강 수계권의 가야 세력 사이에 다소간 교류 관계가 있었던 것으로 상정하였다.[49]

이처럼 임시 기문인 남원 서부 지역 등은 가야 세력이 백제로부터 빼앗았다가 6세기 초에 다시 내준 지역이고 本 기문인 운봉고원 지역은 6세기 중엽까지 가야였으므로『일본서기』와「양직공도」의 기문 관련 사료 모두에 합치된다는 것이다. 이 설은 기문하를 문헌 기록의 流路 설명 등에 주목해 남강

....

48   郭長根, 1999,『湖南 東部地域 石槨墓 研究』, 書景文化社, pp. 273~290.
49   郭長根, 1999, 위의 책, pp. 276~277.

에 비정한 점이 강한 설득력을 가진다. 다만, 일대의 지리와 관련해 지적해 둘 사항 한 가지는 요천 상류의 번암면 일대가 운봉고원 지역에서 장수로 통하려면 거쳐야 하는 지역이고 비록 소백산맥 서쪽이지만 운봉고원에 접속되어 있으므로 운봉고원 지역 집단이 이를 줄곧 장악하였든지 아니면 장수 지역이 백제 수중에 들어간 이후로는 양자 사이의 완충지대와 같았으리라는 점이다.

또 두락리 2호분이 6세기 초엽에 축조되었으면서 백제의 영향을 나타내는 듯이 보았지만 이는 6세기 중엽 대가야 멸망기 고분으로 대가야 횡혈식 석실이라는 점을 지적할 수 있다. 신라토기가 출토된 횡혈식 석실인 이 고분을 보면 그 구조가 가야 멸망 직전에 축조되었음에 틀림없는 합천댐 수몰지구 저포리 D지구 I-1호 석실분과 아주 유사하다. 따라서 동일 유형으로 설정할 수 있다.[50] 이로 보건대 운봉고원 지역은 대가야가 멸망할 때까지 그대로 그 영역으로 존속하였다고 추정된다. 운봉면 북천리고분군에서 6세기 후반에 속하는 신라토기가 부장된 횡구식석곽묘가 발굴된 점[51]은 이런 추정에 방증이 된다. 또 봉대리 2호분에서 나온 신라토기 단각고배[52]도 그렇다. 신라가 6세기 중엽 이 대가야 영역을 그대로 접수한 뒤 그곳에 직접 영향을 미쳤음을 나타내기 때문이다.

사실 기왕에 무심코 비정한 것처럼 기문하를 섬진강으로, 그 중·상류역을 기문으로 설정하면 남원 이서의 고고학적 조사가 부족해 정황이 불확실하기는 하지만 그 지역들이 고고학적으로 보건대 6세기 초를 전후해 대가야적 양상이었다가 백제적 양상으로 바뀌는 점이 그에 어느 정도 부합된다. 하지만, 그렇다고 해도 「양직공도」의 방소국 기사는 전혀 설명이 안 되는 것이 사실이다. 그런 측면에서 기문하를 남강으로, 상기문을 운봉고원 지역으로 본

....

50 金俊植, 2013, 「가야 횡혈식석실의 성립과 전개」, 경북대학교 대학원 고고인류학과 석사학위논문, pp. 94~101에서는 저포리 D-1호분과 두락리 2호분을 고아동벽화고분을 조형으로 한 동일 유형의 대가야석실로 분류하였다.

51 김미란·고금님·박춘규, 2014, 「남원 북천리유적」, 『가야와 백제, 그 조우(遭遇)의 땅 '남원'』, 남원시·湖南考古學會, pp. 45~60.

52 장명엽·윤세나, 2013, 『南原 奉大里古墳群』, 湖南文化財研究院.

이 설은 방소국 기사를 설명하는 데 아주 유리하다.

그런데 기문의 위치 등을 논하는 데서 한 가지 분명한 사실로 대전제가 되어야 하는 점은 운봉고원 지역이 늦어도 대략 5세기 후엽에는 대가야의 간접지배 영역이었다는 것이다. 만약 그렇지 않고 이를 비롯한 남강 상류역을 독립된 '기문가야'처럼 본다면 고령 토기 양식 공통 분포권을 결국 대가야연맹이라고 할 수밖에 없는데, 그것은 본서 제1장 서설의 방법론 절과 이 장의 대가야 국가론 절에서 논한 대로 입론할 수 없다.

한편 백제가 대가야로부터 빼앗은 『일본서기』의 기문을 원래의 기문(운봉고원)으로부터 일시 확대된 남원 서부, 임실 등지라고 설정한 점은 기문이 기문하라는 강 이름과 불가분의 관계라는 점을 감안할 때 남원 서부가 운봉고원에 접속되어 있기는 하지만 섬진강 수계라서 다소 어색하고, 그래서 궁색한 설명이 되고 마는 듯하다. 사실 남원 서부가 일시적으로라도 대가야 영역이 되었다면 당시 백제의 영역은 이런 호남 서부 쪽도 제대로 장악하지 못한 셈이 되어 아무리 웅진기의 혼란스런 상황이라지만 과연 그랬을까 싶다.

그렇다면 백제와 대가야 사이의 쟁탈 대상이었던 기문을 운봉고원 지역으로 보면서도 「양직공도」의 기사와 합치시킬 수 있는 여지는 없는가? 여기서 방소국 기사가 앞부분에서 유력 가야국인 가라·탁순·다라·안라를 열거하고 신라를 든 후 지미·마련·상기문·하침라를 거명한 점에 유의하면 지미이하 '소국'들을 신라 앞의 나라들과 무언가 다른 부류로 인식한 듯한 느낌을 주는 점과 굳이 '상'기문 '하'침라라고 대응시켜 거론한 점을 주목할 수 있다. 우선 전자는 어쩌면 지미 등이 문자 그대로 소국이라기보다는 다소 다른 성격을 띤 지명일 가능성을 나타낸다고 할 수도 있겠다.

이를 염두에 두고 후자를 생각해 볼 때 그 이전 동성왕대부터 이미 조공을 받은 침라(제주도)를 방소국이라 거론한 이유는 당시 백제의 수도로부터 멀리 바다 건너 있어 직접지배가 아닌 공납지배를 하는 상태로서 의례적 복속 지역일 뿐 실효적 지배를 하지 못하는 지역이라는 점을 의식한 때문이 아닌지 싶다. 그렇다면 그와 병기된 기문에 대해서도 똑같은 인식에서 비슷한 현실임을 표현한 것으로 볼 수 있을 터이다. 따라서 운봉고원 지역이 521년 현재 거의 자치 상태에서 백제에 공납을 바치는 정도였다고 생각할 수 있다. 만약 그랬다면 기왕의 생산 체계 등이 바뀌지 않는 상태에서 대가야적 물질 문화가 그전처럼 그대로 이어졌다고 해도 하등 이상할 이유가 없다.

이와 연관된 사실로 앞에 거론한 순천 지역의 고고학적 정황을 들 수 있다. 『일본서기』 기사대로라면 510년대 초에 백제의 영역이 되었다고 보아야 할 순천 지역의 운평리고분군에서 발굴된 고총 가운데 제일 늦은 M4호의 축조 연대는 지산동 45호 단계이되 6세기 1/4분기의 늦은 시기로 추정된다.[53] 그래서 대사(하동) 지역을 백제가 영유하게 되는 6세기 2/4분기 초까지는 일대의 해안지대에도 대가야의 영향이 줄곧 미치고 있었던 것으로 보아야 할 듯하다.[54]

실은 순천 등지가 『일본서기』 기사대로 510년대 초에 백제의 영역이 되었다면 바로 대사로 나아가지 않고 그 배후지에 해당했을 기문으로 방향을 돌린 이유가 설명이 되지 않는다. 그런 맥락에서 516년에 백제 영역화되었다는 기문이 남원 서부 등 섬진강 상류역이었다면 그것은 하류의 하동 지역 대가야 세력에 대해 적지 않은 압박이기는 해도 그 때문에 하동 지역이 고립무원이 되지는 않는다. 운봉고원 지역에서 험로기는 하나 육로로 바로 구례로 가는 길이 열려 있기 때문이다. 하지만, 만약 운봉고원 지역이 기문이었다면 그곳이 백제의 지배하에 들어가는 경우 하동 지역은 그야말로 그런 처지에 놓인다. 그런데 하동 지역이 529년에 가서야 비로소 백제의 수중에 떨어지는 점을 고려하면 방소국 기사를 위처럼 이해하더라도 그 10여 년 사이에 백제와 대가야는 기문 지역을 두고 계속 공방전과 외교적 타협 또는 절충 같은 것도 벌였을 법하다.

....

53   全羅南道·順天市·順天大學校博物館, 2014, 『順天 雲坪里 遺蹟 III』.
54   한편으로 운평리고분군의 대가야양식 토기가 나타내는 이런 연대는 황남대총 남분을 눌지왕릉으로 보면서 지산동 45호분을 6세기 2/4분기로 보는 연대관이 실제보다 연대를 너무 늦추어 잡음으로써 문헌 기사와도 정합을 이루지 못함을 간접적으로 방증한다 하겠다.

백제는 그 이전부터 운봉고원 지역을 자기편으로 끌어들이기 위해 공을 들였던 듯하다. 5세기 4/4분기에 조영된 이곳 월산리 5호분에서는 중국 자기가 출토되었고[55] 또 역시 비슷한 때에 조영된 두락리 32호분에서는 중국 거울 등이 출토되었다.[56] 이런 유물을 479년 남제에 다녀온 사신을 통해 입수한 대가야 왕이 자신의 간접지배 영역인 이 지역의 수장에게 하사한 것으로 본다면 그것으로 그 존재 이유가 설명이 될 수 있다. 다른 한편으로 백제가 운봉고원 세력을 회유하기 위해 준 것으로 볼 수도 있다.[57]

현재로서는 어느 쪽인지 정하기 어렵다. 만약 후자라면 이 지역이 기본적으로 대가야 영역이었다 하더라도 언제든 원심력이 작용해 백제 쪽으로 넘어갈 수도 있었음을 말해 준다고 하겠다. 설사 전자라 하더라도 그 역시 그럴 가능성이 다분하기에 대가야 왕이 하사한 것일 터이다. 이는 운봉 지역이 앞서 말한 순천 지역에 못지않게 정치적으로 유동성을 많이 지니고 있었기 때문이다.

이 대목에서 방소국 기사가 관련된 해 바로 다음 해인 522년에 대가야가 신라와 맺은 결혼동맹이 주목된다. 이는 이미 지적했듯이 막연히 기문, 대사를 둘러싼 백제와의 관계 악화 때문에 친신라로 선회한 결과가 아니라 구체적으로 섬진강의 통행이 여의치 못하게 된 상황에서 신라로부터 낙동강 수로이용의 편의를 얻기 위한 외교적 조치였다.[58] 즉 그 근본 목적은 대가야가 대외 교통로를 다원화하려는 데 있었다. 결혼동맹을 통한 대가야의 신라 접근

....

55   金奎正·梁英珠·金祥奎·丁在永, 2012, 『南原 月山里古墳群—M4·M5·M6號墳—』, 전북문화재 연구원·한국도로공사 함양성산건설사업단.

56   변희섭, 2014, 「남원 두락리 및 유곡리 고분군(32호분) 발굴조사 성과」, 『가야와 백제, 그 조우(遭遇)의 땅 '남원'』, 남원시·湖南考古學會, pp. 27~44. [補註] 이후 보고서(김승옥·천선행·변희섭·박서현·정다운, 2015, 『南原 酉谷里 및 斗락里 32號墳』, 全北大學校博物館·남원시)가 발간되었다.

57   박순발, 2012, 「계수호(鷄首壺)와 초두(鐎斗)를 통해 본 남원 월산리 고분군」, 『남원 월산리 발굴유물 특별전 운봉고원에 묻힌 가야 무사』, 국립전주박물관·전북문화재연구원, p. 120에서는 월산리 5호분 출토 중국자기 계수호와 초두는 한성시기 말 백제의 중앙 정권이 대가야의 정치적 영향 아래에 있던 남원 지역의 수장에게 사여한 것으로 보면서 그 피장자를 당시 남원 지역을 지배하던 지역 수장이면서 동시에 백제 중앙정권의 우대를 받았던 인물이었을 것으로 추정하였다.

58   이희준, 2007, 앞의 책, pp. 347~348.

은 한편으로 백제에 대한 외교적 압박이기도 하였다. 그리하여 백제가 기문 지역의 대가야 영유권을 인정하는 등과 더불어 대사 지역에 대한 공세를 일시 중지하였을 수도 있다. 그러나 최종적으로 529년에는 하동 지역이 백제의 수중에 떨어지는데 마침 그해에 결혼동맹이 파탄이 난다. 어느 사건이 먼저인지 알 수 없으나 양자가 관련이 있음은 분명한 듯하다.

「양직공도」의 방소국 기사는 당시 백제 위주의 천하관을 반영한 것이라 할 수 있다. 그런데 만약 방소국 기사의 麻連이 『일본서기』의 임나 4현 중의 牟婁이자 우륵 12곡의 勿慧로서 광양 지역이라는 비정[59]이 맞다면 그에서도 「양직공도」의 방소국 기사와 『일본서기』의 임나 4현 기사는 상호 충돌이 된다고 할 수 있다. 앞에서 언급했듯 이 모루는 『일본서기』 계체 6년(512)조에서 백제가 다른 3현과 함께 자기편으로 끌어들인 듯이 기술하였는데 「양직공도」의 백제국사전에서 역시 방소국으로 나오기 때문이다.

그러나 이 지역도 백제가 512년부터 공납지배를 하기 시작했기에 521년에 방소국으로 나온다[60]고 하거나 아니면 대가야가 곧바로 이 지역을 회복했지만 그 사실이 기록에서 빠진 때문이라고 이해할 수도 있겠다. 여기서 만약모루가 계체 8년(514)조에 기록되었듯이 대가야가 자탄, 대사에 축성해 연결하였다는 滿奚라고 하는 비정[61]이 맞다면 『일본서기』 계체기의 기록 스스로 후자를 간접적으로 말하는 셈이다. 다만, 같은 계체기에서 모루를 만해로 달리 표기한 이유는 쉽게 설명이 안 됨이 사실이다. 어떻든 후자라고 하면 백제가 임나 4현을 차지한 후 바로 대사로 나아가지 않은 이유를 설명하는 데 상대적으로 더 유리하다.

....

59 김태식, 2002, 『미완의 문명 7백년 가야사 3권』, 푸른역사, pp. 262~264. 단, 이를 광양읍에 비정한 데 대해 이동희, 2008, 앞의 논문, pp. 143~144에서는 광양시 비평리 일대로 지구를 약간 달리 비정하였다.

60 여기서 한 걸음 더 나아가 「양직공도」의 방소국 기사에 나오는 止迷가 음사로 볼 때 혹시 3세기 말 『진서』의 新彌, 4세기 『일본서기』 신공기의 忱彌와 같은 지역으로서 해남 지역을 가리킨다면 방소국 기사의 후반부에 열거된 지역들이 지미(해남) 지역으로부터 침라(제주)-마련(광양)-기문(운봉)으로 이어지는 백제 영역 및 그 접속지역의 외곽선을 나타낸 셈이 되어서 흥미롭다. 신미·침미·지미에 관한 논의는 양기석 외, 2013, 『전남지역 마한 소국과 백제』, 학연문화사에 실린 여러 논문을 참조.

61 김태식, 2002, 앞의 책, pp. 262~264.

「양직공도」의 방소국 기사가 백제 위주의 천하관을 반영한 것으로 봄과 비슷한 방식의 이해는 거의 같은 시기 혹은 그보다 나중의 사실을 담고 있다고 여겨지는 우륵 12곡 곡명에 대해서도 적용할 수 있겠다. 즉 그것이 대가야의 천하관을 반영하면서 일정한 역사적 사실을 담고 있다고 보는 것이다. 우륵 12곡의 작곡 혹은 정리 시기와 그를 지시한 대가야국왕, 그 역사적 배경 그리고 각 곡명의 위치 비정 등에 대해서는 여러 가지 의견으로 나뉘어 있어서[62] 어느 쪽을 선뜻 택하기가 쉽지 않다. 각각을 어떻게 보느냐에 따라 커다란 해석 차이가 생겨나지만, 만약 그에 나오는 상기물이 상기문이 맞다면 그 또한 당시 대가야가 이를 자신의 영역으로 생각하였음을 나타낸다.

결국 두 문헌 기록은 백제와 대가야 두 나라가 각각 자기중심적으로 해당 지역의 정치적 귀속을 인식하고 있었음을 말해 줄 뿐이라고 평가할 수 있다. 다만, 기문을 자기 옆의 나라라고 한 백제에 비해 어떻든 자기 권역 안으로 본 듯한 대가야 쪽이 그에 대해 귀속 인식이 더 강했던 것은 아닌가 하는 온도차 같은 것을 느낄 수 있다. 어떻든 현재로서는 고분 자료가 보여 주는 바를 따라 현실에서의 귀속 문제를 추정할 수밖에 없다. 그렇다면 운봉고원 지역은 5세기 말 이후로 대가야가 멸망할 때까지 줄곧 그 간접지배 권역이었다고 볼 수 있겠다.

한편 운봉고원 지역에서 하동 지역에 이르는 섬진강 유역 전체를 面的으로 연결된 대가야의 영역이었다고 보기도 하지만 일대에 대해 조사가 거의 이루어지지 않았으므로 너무 앞서가서는 곤란하다. 대가야계 고총군은 고령 지역에서 남원 운봉고원 지역까지 수계를 따라 곳곳에 축조되어 있는 반면 운봉고원 지역에서 섬진강 상, 중류역으로는 이어지지 않고 돌연히 섬진

....

62 이에 대한 여러 설과 정리는 노중국 외, 『악성 우륵의 생애와 대가야의 문화』, 2006, 고령군 대가야박물관·계명대학교 한국학연구원. ; 김태식 편, 『악사 우륵과 의령지역의 가야사』, 2009, 홍익대학교 인문과학연구소·우륵문화발전연구회의 발표문과 토론문 및 종합토론문을 참조. 그 외 이형기, 2014, 「합천·의령지역의 가야세력」, 『합천지역 고분 축조세력과 그 이웃』, 국립가야문화재연구소 2014년 가야고분 조사·연구 발표자료집, pp. 83~87도 참조.

강 하구에 가까운 남해안의 순천 지역에서 나타난다. 이는 섬진강 일대 세력의 향방을 들여다보는 데서 주목해야 할 부분이다.

남원 서부 지역에서 대가야 세력이 그리로 진출해 세력을 확립한 분명한 증거를 확인하지 못한다면 그곳과 그보다 하류 쪽의 곡성, 구례 등지에서 대가야 유물 등이 나온 사례들이 있다고 해도 그곳들을 통해 섬진강 유역으로 진출했다고 단정하는 것은 유보할 수밖에 없다. 차라리 운봉고원 지역에서 구례 쪽으로 바로 진출해 하동으로 나아가는 통로를 상정하는 편이 나을 듯하다. 사실 남원 서부 지역 등 섬진강 유역 대부분을 대가야 영역이었다고 보면 그를 포함한 하동 지역에 고총군이 없는 이유가 쉽게 설명이 되지 않는다. 하동 등은 대가야의 군사적 거점 형태로 운영되었을 가능성을 생각하는 편이 좋을 듯하다. 사실 하동 지역의 성격이 군사적 기지와 같은 곳이었음은 앞서 언급한『일본서기』계체 9년(515)조의 기사가 방증한다.

III. 가야의 멸망 과정과 그 이후

1. 고고학으로 본 가야의 멸망 과정

『일본서기』흠명 23년(562)조의 임나 멸망 기사에 열거된 가야 10국[63]은 반드시 모두 그 해에 일거에 멸망하였다고 보기는 어렵다. 당장 함안의 안라국은 흠명 22년(561)조에 나오는 신라의 阿羅波斯山 축성 기사로 보면 늦어도 561년에는 멸망한 상태였다. 그 직전 해인 흠명 21년(560)조에 나오는 신라와 왜의 외교 기사와 더불어 임나 멸망 기사의 세주에서 어떤 책에 흠명 21년 멸망했다고 한 기사를 참고하면서 559년에 안라를 포함한 가야 남부 일부 지역이 멸망한 것은 아닌가 하고, 안라국 멸망 과정에서 별다른 전쟁기사

....

63   가라국, 안라국, 사이기국, 다라국, 졸마국, 고차국, 자타국, 산반하국, 결찬국, 임례국이다.

가 보이지 않으므로 안라는 신라가 한강 유역 경영을 일단 끝낸 558년 이후로 일련의 강압과 회유를 시도하자 저항 없이 그에 응함으로써 병합된 것으로 추정한 견해[64]가 제시되었다. 반면 세주의 그 기사는 분명히 가라 멸망의 이설로서 단순한 기년 착오 기사일 것으로 보아 안라 멸망년을 560년으로 보기도 한다.[65]

한편 다른 나라들이 혹시 562년 이전에 멸망했다고 하면 그 상한은 이른바 2차 임나부흥회의 개최년(544)이 될 것이다. 그렇게 보지 않고 임나부흥회의에는 국명이 나오지 않는 반면 임나 멸망 기사에 나오는 乞飡國과 稔禮國을 각각 산청 단성과 함양에 비정하면서 이들이 6세기 초에 이미 대사(하동)와 함께 백제의 군령 성주가 파견되어 지배된 지역들이었다가 562년에 신라의 수중에 들어간 것으로 보기도 한다.[66] 그러나 이 견해는 아직 함양과 단성 지역의 고고학적 정황을 잘 모르던 시절에 제시된 것이라 앞에서 논의한 바를 참고하면 그 자체로 성립하기 어렵다. 또 운봉고원 지역이 줄곧 대가야 권역이었다는 해석에도 반하므로 음사에만 의한 위치 비정이 지닌 함정을 잘 보여 준다 하겠다.[67]

이외에 문헌사에서는 540년대까지 일어났던 금관가야, 탁기탄, 탁순의 멸망을 중심으로 한 논의가 있었을 뿐 나머지 가야 혹은 대가야의 멸망은 562년 즈음 신라에 의한 단기간의 정복 사건으로서 다루었다. 또 멸망 이후 가야 지역의 상황에 대해서도 문헌에 거의 전하는 바가 없어서 관심 대상이 되지 못하였다. 이 두 가지 주제에 대해서는 고고학에서도 거의 관심을 기울이지 않았다. 다만, 필자가 전고에서 제기한 의령=탁순·탁기탄 설을 토대로

....

64   金泰植, 1992, 「6세기 중엽 加耶의 멸망에 대한 연구」, 『韓國古代史論叢』 4, p. 266.

65   白承忠, 1997, 「安羅·加羅의 멸망과정에 대한 검토」, 『지역과 역사』 4, 부산경남역사연구소, pp. 151~152.

66   金泰植, 1992, 앞의 논문, p. 216.

67   임례국의 위치에 대해서는 나중에 그 스스로 의령 남부로 비정하였고(김태식, 2002, 앞의 책, pp. 165~171) 또 다른 음사 분석을 해서 동일한 결론을 낸 견해(白承忠, 2009, 「의령지역 가야소국 斯二岐國과 稔禮國」, 『악사 우륵과 의령지역의 가야사』, 홍익대학교 인문과학연구소·우륵문화발전연구회, pp. 213~261)도 있다.

가야 전체의 멸망 과정이 얼마간 점진적인 과정이었다는 시각에서 약간 다룬 바 있다.[68] 또 옥전고분군의 고총 축조 양상을 두고 그 지역의 멸망 이후 상황에 관련된 언급을 한 사례[69]가 있는 정도이다.

그런데 함안 안라국의 멸망 과정이 위에서 추정한 것처럼 자진 항복이었다면 몰라도 그렇지 않고 만약 군대에 의해 강제 복속되었다고 하면 한 가지 의문을 제기할 수 있다. 신라가 가야를 군사적으로 복속하는 과정에서 전략상 과연 바로 서안의 의령 지역은 그대로 두고 굳이 창녕에서 좀 더 거리가 떨어지고 강력했으리라 추정되는 안라국을 먼저 복속하였겠느냐는 것이다. 안라국을 무력으로 복속시켰을 가능성에 대해서는 나중에 언급하거니와 이 대목에서도 의령 지역에 안라국보다 훨씬 앞서 신라에 복속된 탁순, 탁기탄이 있었다는 설은 힘을 더 받을 수도 있겠다. 적어도 함안의 남강 대안인 의령 남부와 창녕 혹은 그 전에 복속된 창원 지역에서 동시 공격을 한다면 훨씬 효과적일 터이기 때문이다.

540년에는 이미 복속시킨 것으로 보이는 탁순과 탁기탄이라는 두 가야국이 만약 낙동강 중류역 서안의 의령 지역에 있었다면 이는 오랫동안 가야 진출을 도모해 온 신라에게 커다란 의미를 지닌 것이었다. 그러면 그곳을 교두보로 삼아 서쪽을 향해 진출함으로써 가야 세력을 남북으로 갈라놓을 수 있기 때문이다. 의령 동북부 지역은 서쪽으로 초계분지와 등을 맞대고 있고 또 북쪽으로 황강 너머 옥전 지역과도 마주한다. 그러므로 합천 지역으로의 진출도 꾀할 수 있다. 이런 전략적 의미를 가진 의령 지역의 복속은 그 자체로 낙동강 이서 가야 제 세력의 멸망 과정이 결코 562년을 전후한 단기간에 일어난 사건이 아니었을 가능성을 시사한다.

이와 관련해 신라의 의령 지역 진출에 관해 앞서 인용한 증거 자료가 확보되기 훨씬 전에 조사된 그 서북쪽 내륙의 합천 삼가고분군에서 제작 연대

....

68   이희준, 2007, 앞의 책, pp. 365~371.
69   김두철, 2014, 「多羅國의 武裝」, 『多羅國: 그 위상과 역할』, 합천군·경상대학교박물관, p. 178.

가 분명히 562년 이전 시점으로 추정되는 신라토기가 뜬금없이 부장되기 시작해 그 이후의 것들도 이어지는 점을 들어 그곳이 가야 전체 멸망 시점 이전에 신라에 복속되었을 것으로 추정한 바 있다.[70] 삼가 지역은 의령 서남부로부터 서북쪽으로 접근할 수 있고 다른 한편으로는 의령 동북부로부터 서쪽으로 접근할 수 있는 지역이니 그런 변화는 지리적으로도 쉽게 이해가 된다. 또 이 삼가 지역에서는 남강 중류의 단성 지역은 물론 북서쪽에 인접한 황강변의 창리고분군 지구 및 그 상류 쪽 저포리고분군 지구를 거쳐 거창 지역으로도 나아갈 수 있다.

이제 한 걸음 더 나아가 저포리고분군의 양상을 통해 그곳은 물론 옥전 지역 또한 562년 이전에 복속되었을 가능성을 거론하기로 하겠다. 옥전 지역의 멸망 과정을 알 수 있는 직접적 고고학 자료는 아직 없다. 다만, 전고에서 하부 사리리 토기가 6세기 2/4분기 말 또는 3/4분기 초의 연대를 가지는데, 그 토기가 출토된 E지구 4-1호분뿐만 아니라 그와 같은 구릉의 연대상 후속하는 고분들(4-2호, 4-3호, 5-1호)과 건너편 '나' 구역의 후속 고분(9호분)에서 옥전고분군 집단의 상징과 같은 유자이기가 연이어 부장된 점을 들어 억측이라는 단서를 붙이기는 하였지만 옥전의 다라인들이 이 지역의 신라화와 더불어 사민되어 온 때문은 아닌가 추측하였다.[71] 그리고 후고에서 좀 더 직설적으로 이 지역이 신라화하면서 하류의 옥전 지역으로부터 사민되어 왔을 것으로 추론되는 집단의 주요 인물 가운데 신라화 직후 최초로 사망한 자로 판단된다고 하였다.[72]

앞에서 논의한 것처럼 고고학에서 이주를 논증하기는 무척 어렵다. 그래서 주저되는 바가 많지만 저포리고분군에 유별나게도 옥전고분군 집단의 상징처럼 여겨지는 형태의 유자이기가 계속 부장되는 점을 참고한다면 '하부 사리리'명 토기가 출토된 지점 자체는 원래 하부와 직접 관련이 있는 곳이 아

....

70   李熙濬, 1995, 앞의 글, pp. 428~431. ; 이희준, 2007, 앞의 책, pp. 366~371.

71   李熙濬, 1995, 앞의 논문, p. 426 주76.

72   李熙濬, 2003, 앞의 논문, p. 226.

니며 앞의 추정을 전제로 할 때 오히려 옥전고분군 지역과 관련이 있게 된다. 이에 대해 역시 '하부'를 옥전 지역에 연결시킨 견해에서는 필자가 분묘 조성 시기를 신라화 직후로 본 것은 재검토의 여지가 있다고 하였다.[73] 그러나 분명히 언급했듯이 이 토기의 연대는 6세기 2/4분기 말 또는 3/4분기 초이며 '신라화'라는 표현은 대가야 멸망 이후라는 뜻은 아니었다. 실은 이는 저포리 지역이 562년 이전에 이미 신라화되었을 가능성을 염두에 둔 표현이었다.

이렇게 본다면 옥전 지역 또한 550년을 전후한 시기, 아마도 6세기 후반 초에 신라화되었을 가능성이 있다. 다만, 이 지역들을 비롯해 삼가 지역이 모두 신라의 군사적 행동에 의해 복속되었다고만 볼 필요는 없을 듯하다. 그 이전에 복속된 금관가야(남가라) 및 탁순과 탁기탄이 모두 군사적 정복이 아닌 자진 항복 형식을 취한 점을 참고한다면 지역에 따라서는 오히려 외교적 압박과 회유를 우선시했을 수가 있다고 하겠다. 이 대목에서 특히 삼가고분군에서 대가야양식 토기를 부장한 묘에 이어 대가야 멸망 이전의 연대를 가진 신라토기를 부장한 묘들이 축조되고 그에 이어 그보다 늦은 신라토기를 부장한 묘가 합쳐져 한 봉분을 이룬 사례들이 주목된다. 이런 연속성이 혹시 군사적 정복이 아닌 자진 항복의 결과로 재지 세력이 지위를 어느 정도 인정받은 결과일 수 있기 때문이다.

어떻든 이처럼 합천 서부 및 남부 지역이 562년 이전에 신라로 편입되었다면 이는 고령 대가야에게는 엄청난 압박이 될 수 있고 신라로서는 대가야를 복속시키는 데 아주 유리한 상황이 된다. 고령 지역을 거창, 함양 등 그 서쪽 지방들로부터 분리할 수 있을 뿐만 아니라 남쪽에서 에워싼 형국이 되기 때문이다. 건립 연대가 대가야 멸망 직전 561년인 창녕비의 명문에 사방군주 가운데 김천 지역 감문군주가 나오는데 김천 지역은 거창 지역의 대가야 세력을 북쪽으로부터 공격할 수 있는 곳이다. 그래서 562년 대가야의 낙동강 대안인 창녕 지역이 최전방 지휘 본부로서 기능하는 가운데 고령의 동과 북,

....

73   백승충, 2006, 「'下部思利利' 명문과 가야의 部」, 『역사와 경계』 58, 부산경남사학회, p. 105.

남쪽 그리고 어쩌면 서쪽으로부터 이 대가야 본령을 향해 진격해 들어간 신라군을 상상해 볼 수 있다.

2. 멸망 이후 가야 각지의 향방

가야 멸망 이후 각 지역의 향방은 순전히 신라의 입장에서 복속 과정이 얼마나 순조로웠는지와 가야권이 멸망한 이후 그를 포함한 신라의 영역이 백제와 바로 접한 상태에서 각 지역이 어떤 전략적 위치를 차지하였는가에 좌우되었을 것이다. 물론 둘 가운데 어느 한쪽에만 달린 것은 아니었을 테지만 그에서 전자도 일정하게 중요한 몫을 차지했으리라 싶다. 고고학으로써 각 지역의 향방을 탐색하는 데서는 멸망 전 각지의 중심고분군이었던 곳에서 고분 축조에 어떤 변화가 있는지를 중요한 실마리로 삼을 수 있다.

현재로서는 크게 보아 신라토기가 부장된 고분이 기존 고분군의 범위 안에서 이어지는 사례와 그와 달리 고분 축조가 단절되는 사례로 나뉘는 듯하다. 전자의 대표로는 고령 지산동고분군을 들 수 있고 후자의 대표로는 함안 말이산고분군을 들 수 있다. 여기서는 이 문제에 관한 연구 방법의 틀을 제시하는 데 목적이 있으므로 이 두 지역 가야 세력의 멸망 후 향방을 중심으로 간략히 논의하기로 한다.

고령 지산동고분군에서는 73호분과 그 주변에 자리 잡은 고분들의 배치에서 축조의 연속성이 잘 드러난다(그림 6). 즉 73호분 → 74호분 → 4호묘의 순으로 수혈식석곽분들이 축조되고 이어서 횡구식석실 8호묘 → 횡구식설실 9호묘의 순으로 축조되었는데 전체적으로 시계 방향으로 돌아가면서 순차적으로 축조됨으로써 그 피장자들이 상호 일정한 관련을 가진 인물들이었음을 그대로 보여 준다. 그런데 보고서의 고찰에서도 언급하였듯이 8호묘는 6세기 중기의 대가야 최말기에, 그것과 거의 같은 구조이지만 관 없는 직장용 신라식 시대가 추가된 9호묘는 공반된 신라토기로 보건대 6세기 3/4분기 중에서 신라로 병합된 뒤의 시점에 축조된 것이다. 이런 고분 축조의 연속성은 대

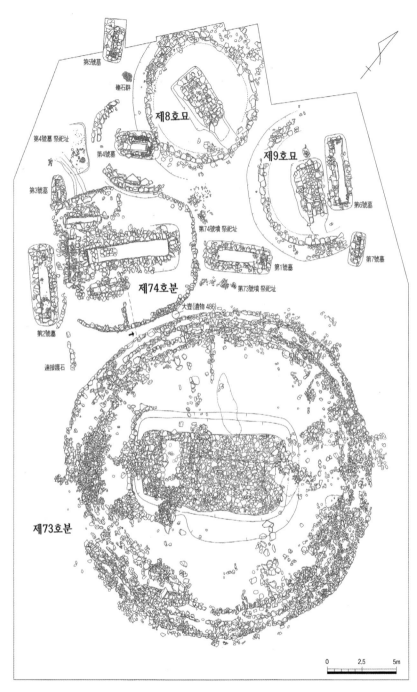

第5號墓

礫石群

第4號墓 祭祀址

第4號墓

제8호묘

제9호묘

第6號墓

第3號墓

第74號墳 祭祀址

第1號墓

제74호분

第7號墓

第73號墳 祭祀址

大壺(遺物 486)

第2號墓

連接護石

제73호분

0   2.5   5m

그림 6 고령 지산동 73호분 및 주변 고분 배치도

가야박물관 부지 발굴[74]에서도 확인된 바 있다.

대가야 멸망 후 고령 지산동의 기존 고분군에 신라토기를 부장한 고분이 연속해서 축조되는 현상은 그 신라토기를 부장한 무덤의 주인공이 대가야 멸망 후 들어온 신라인이 아니라 재지의 유력층이었음을 말해 준다. 횡구식 혹은 횡혈식인 그 무덤 가운데 일부에서 애초 매장 시에는 대가야 토기가 부장되고 추가장 시에는 신라토기가 부장된 사례는 그것을 단적으로 일러준다고 하겠다. 즉 그 지역 지배층이 대가야가 멸망한 후에도 지역 집단으로서 일정하게 존속하고 있었음을 의미한다. 다시 말해 신라국가가 그들을 일정하게 대우했음을 가리킨다. 그를 방증하는 중요한 사실로는 고령 지역이 신라에 의해 대가야군이라는 명칭 아래 편제되었던 점을 들 수 있다. 이는 만약 백제가 대구를 통해 경주를 바로 공격하려는 계획을 세운다면 고령 지역이 금강 상류로부터 그리로 가장 단거리로 접근하는 통로의 길목에 해당하는 점을 생각해 보면 어쩌면 당연시된다.

한편 위에서 언급했듯이 옥전고분군에서 M11호 횡혈식 석실분 아래 구릉 남쪽 사면부에 있는 고총들(그림 7 참조)이 대개 횡혈식석실을 주체로 하는 무덤들로서 그 대부분이 대가야 멸망 이후 축조되었을 가능성이 크다고 본 견해가 제시되었다. 이는 옥전고분군의 무적인 측면 및 특성을 강조한 끝에 간단히 덧붙인 견해이다. 다만, 이 장의 논지대로라면 대단히 중요한 증거를 거론한 셈이라서 이런 추정 및 해석을 그처럼 간단히 시도하기 쉽지 않다는 점을 지적하는 차원에서 좀 검토하기로 한다.

만약 그 견해가 사실이라면 옥전고분군은 지산동고분군처럼 재지 세력이 가야 멸망 후에도 거의 그대로 이어졌음을 말하는 사례이다. 그래서 이는 일단 앞의 사민 추정과는 배치되는 셈이다. 그런데 이 견해에서는 그런 현상은 그만큼 신라가 이 지역을 중시하고 직접 관리 하에 두고 있었음을 말한다고 하였다. 그러면서 그 이유가 교통 입지 등 많은 전략 요소도 고려했겠지만

....

74　慶尙北道文化財研究院·高靈郡, 2000, 앞의 책.

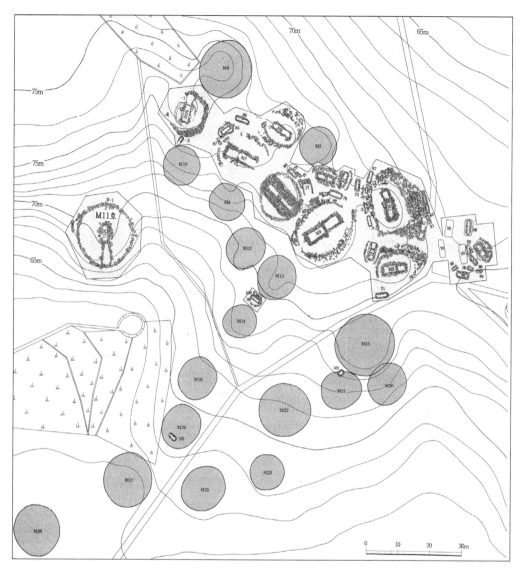

그림 7 옥전고총군 분포도

다라국이 항복하였어도 가장 강력했던 세력을 신라가 견제하기에는 그에 버금가는 이웃 차상위 세력의 힘을 이용하는 것이 상책인데 그 점에서 새로 설치된 대야주와 점령 이후에도 계속 조영된 옥전고분군은 불가분의 관계에 있었다고 추론하였다. 또 그와 더불어 이때까지도 세력을 유지하였던 옥전 집단의 역량을 제대로 평가해야 하는바, 그 근간을 이룬 저력은 그들이 성립 당초부터 지녔던 崇武的 전통이 아니었던가 하였다.[75]

여기서 우선 발굴되지 않은 이 고분들이 과연 이 지역이 신라화된 이후 축조된 것인가 하는 문제가 있다. 고령 지산동고분군의 정밀분포조사 결과 확인된 대가야 멸망 후 고분들의 양상[76]과 비교할 때 그 입지나 봉분 잔존 상태 등으로 보건대 가야 멸망 후 축조된 고분들이라고 보기는 어렵지 않은가 싶다. 굳이 그렇다고 하면 이 견해에서도 추정하였듯이 멸망 전에 축조된 고총은 능선부에서 거의 일렬로 이어지는 것들[77]뿐인 셈이다. 그러면 이곳을 다라국의 중심지로 비정하는 견해를 따를 경우 2차 임나부흥회의에 다라국 대표로 나간 인물이 二首位라는 직을 지니고 있음을 감안할 때 540년대이기는 하지만 그 지배층이 상당히 다원화되어 있었던 사실과 이런 멸망 전 고분 분포 양상은 부합하지 않는다고 여겨진다.

그러므로 구릉 남쪽 사면부의 고총들은 거의 모두 멸망 전에 축조된 고총들로 추정하는 편이 낫지 않은가 싶다. 만약 그렇다면 입지가 가장 탁월한 능선부를 차지한 고총의 주인공들이 지배층 안에서 가장 강력한 집단 출신인 반면 이 고총들은 능선부 고총들과 시기적으로 병행하면서 축조되었고 그 피장자들은 능선부 집단에 버금가는 집단에 속했던 것이 아닌지 상상해 볼 수 있다.

또 이처럼 발굴되지 않은 고분들이 옥전 지역 가야 세력 멸망 후 고분이라는 확실하지 않은 전제 아래 언급한 대야주와 옥전고분군의 관계 같은 문제에 대해 생각하는 데서는 옥전 지역이 멸망 전에 가야 세력으로서 지녔던 지정학적 유리점과 멸망 후에 그것이 신라 영역 안에서 차지한 전략적 위상은 전혀 다를 수 있음을 염두에 두어야 한다.

사실 대야주의 중심이 현 합천읍 쪽이라는 일반적 이해를 참고하면 그

....

75   김두철, 2014, 앞의 논문, p. 178.

76   대동문화재연구원, 2010, 『고령 지산동고분군 종합정비계획수립을 위한 정밀지표조사 결과보고서』.

77   김두철, 2014, 앞의 논문, pp. 177~178.

곳이 남강 쪽과 황강 상류 쪽에서 오는 백제군을 모두 방어할 수 있는 전략적 위치라는 점에서 이제 옥전 지역의 전략적 가치는 거의 없어졌다고 할 수 있다. 그래서 좀 모호한 표현이기는 하나 옥전 지역 집단이 멸망 이후에도 세력을 제법 잘 유지한 듯한 뉘앙스로 말한 것은 설령 그 고총들이 가야 멸망 후 축조된 것들이라 하더라도 6세기 중엽 율령제 신라국가의 권력에 대한 이해가 지나치게 낭만적이 아닌가 싶고 그 또한 문헌사에 대한 과문에서 빚어진 결과로 여겨진다.

여하튼 지산동고분군처럼 가야 멸망 후 현지에서 고분 축조가 이어졌다고 여겨지는 다른 사례로는 앞서 562년 이전에 신라화하였다고 추정한 삼가고분군과 저포리고분군을 들 수 있다. 특히 전자에서는 시간 흐름에 따라 그런 변화 과정을 보여 주는 다수의 묘곽들이 추가되면서 한 봉분을 이루었다는 점이 신라화한 이후에도 재지 지배층이 일정하게 존속하였음을 명확하게 말해 준다.

이와 같은 사례들과는 달리 함안 말이산고분군에서는 지금까지 지산동고분군처럼 신라식 고분이 이어서 축조되는 현상이 관찰되지 않았다. 앞에서 인용하였듯 안라국의 자진 항복을 상정한 견해도 있었지만 말이산고분군에서 신라식 고분이 아직 확인되지 않은 이유는 오히려 560년 혹은 561년에 멸망하면서 격렬한 저항 등을 한[78] 때문에 그곳 재지 세력이 큰 변동을 겪음으로써 그들의 무덤이 계속 조영되지 않은 탓이 아닌가 싶기도 하다.

다수의 신라 목간이 출토되어 저명한 함안 성산산성 바로 인근에는 왜에 대비해 축성되었다는 아라파사산성의 파사와 거의 같은 음인 파수라는 지명을 가진 곳이 있어서 성산산성이 그 성이 아닌가 추정된다. 이는 결국 안라국이 멸망한 후에도 이 지역의 전략적 가치는 중시되고 있었음을 말해 준다. 그런데도 고분 축조가 단절되었다고 추정되는 점은 무언가 별다른 사정이 있었

....

78 『삼국사기』 지리지의 함안군조에는 멸망 연대를 법흥왕대로 기록해서 신빙성이 다소 떨어지기는 하지만 법흥왕이 大兵으로써 아시량국을 멸하고 그곳을 군으로 삼았다고 하는 기사가 있다.

을 가능성을 시사한다.

　이런 양상을 보이는 이유는 어쩌면 멸망 과정에서 격렬하게 저항함과 더불어 많은 세력이 줄곧 가까웠던 왜 혹은 백제로 이주한 때문은 아닌지 추측할 수 있다.[79] 그와 관련해서는 안라국이 멸망하고 나서 불과 한 세대 정도 지난 시기의 그곳 사정을 전하는 금석문을 참고할 수 있다. 바로 591년 제작된 남산신성비 제1비이다. 여기에는 함안을 가리키는 阿良村이 등장하고 그곳 촌주의 외위 관등이 기록되어 있다. 그런데 그 관등이 악간-술간-귀간-고간-찬간-상간으로 이어지는 외위 관등 가운데 유독 아주 낮은 쪽인 찬간-상간뿐인 점이 주목된다.[80] 이는 당시 함안 지역이 비등한 중요성을 가진 다른 지역에 비해 홀대를 받았음을 가리킨다. 그렇다면 이는 앞에서 상정한 멸망 과정의 결과가 그때까지 이어진 탓으로 추측해 볼 수도 있다고 하겠다.

출전: 이희준, 2014, 「고고학으로 본 가야」, 『가야문화권 실체 규명을 위한 학술연구』, 가야문화권 지역발전 시장·군수협의회, pp. 135~196 중 pp. 167~195.

....

79　이런 멸망 과정에 대한 이해는 주보돈, 2004, 「가야인, 신라에서 빛나다」, 『가야, 잊혀진 이름 빛나는 유산』, 혜안, p. 199를 참조.

80　이에 관해서는 朱甫暾, 1998, 『新羅 地方統治體制의 整備過程과 村落』, 신서원, pp. 183~188 및 pp. 204~209를 참조.

제7장

고령 지산동고분군의 입지와 분포로 본 특징과 그 의미

I. 서언

고령 지산동고분군은 가야를 대표하는 고총군이다. 근년의 정밀지표조사로 모두 704기의 봉토분이 고령의 진산인 주산의 남쪽 척릉과 동쪽 읍내 방향의 지맥들, 그리고 거창행 국도가 지나가는 덕곡재의 남쪽으로 고아동에 이르는 구릉의 지맥들 위에 분포하는 사실이 밝혀졌다.[1] 그 분포 범위는 길이 2.4km, 너비 1km에 이른다. 멀리서 보면 대형분들이 주로 능선의 정선부와 각가지 능선의 말단에 위치한 점이 뚜렷하게 드러난다. 그에 비해 중형분은 읍내 쪽으로 뻗어 내린 여러 가지 능선의 척릉 위에 많이 분포하고 소형분과 소형 석곽묘들은 중·대형분의 주위를 비롯해 고분군 전역에 분포한다. 이런 대소 고분들이 전체적으로 지산동고분군을 이루고 있다.

이 지산동고분군은 현재까지의 발굴조사 성과로 보면 대가야가 고대국

....
1   대동문화재연구원, 2010,『고령 지산동고분군 종합정비계획수립을 위한 정밀지표조사 결과보고서』.

가를 형성하는 중이던 5세기 초부터 고대국가를 이룬 5세기 후반을 거쳐[2] 6세기 중엽 신라에 멸망당할 때까지 주로 축조된 고분군이다. 그래서 그간의 관련 연구에서는 이 고분군에 대해 주로 대가야의 정치적 성장과 발전의 맥락에서 많이 논의를 하였다. 그러다 보니 이 고분군 자체가 전체적으로 지닌 특징들과 그 의미에 대해서는 거의 논의가 없었다. 이를테면 다른 가야의 중대형 고총군과 마찬가지로 왜 그처럼 구릉에만 고분군이 집중 조영되어 있으며 또 당시 취락과 멀리 떨어지지 않고 바로 접속한 구릉에 축조되어 있는가 하는 등의 의문은 제기되지 않았다.

여기서는 이런 점들을 포함해 그동안 그저 당연한 현상 정도로 치부한 몇 가지 특징을 특히 고분군의 입지와 분포라는 경관의 측면에 초점을 맞추어 추출해 보고 그 의미를 과연 어떻게 이해해 볼 수 있는가 하는 문제에 접근해 보고자 한다. 이런 접근은 아무래도 엄밀한 논증 혹은 설명을 하기보다는 현상학적 해석으로 흐를 위험성이 없지는 않다. 하지만, 이런 유적이 으레 지닌 복합적 성격의 일면을 엿보기 위해서는 기왕처럼 정치적 차원만을 추구할 것이 아니라 그 경관 자체에 대한 연구도 꼭 필요한 작업이라서 감히 시도해 볼 만하다고 생각된다. 특히 오늘날의 고고학 연구가 중요 분야 혹은 관점으로 여기는 '유산으로서의 과거'[3]라는 측면을 추구하는 데서는 꼭 필요한 작업이다. 예컨대 최근 들어 고고학 유적을 중심으로 불고 있는 세계유산 등재 추진 열풍에서 핵심을 이루는 유적의 의미 혹은 유산 가치 같은 것을 제대로 평가하기 위해서도 반드시 필요한 작업이라 하겠다.

....

2   5세기 후반 이후의 대가야를 이처럼 고대국가로 파악하는 관점은 필자의 논고(李熙濬, 1995, 「土器로 본 大伽耶의 圈域과 그 變遷」, 『加耶史硏究—大伽耶의 政治와 文化』, 慶尙北道, pp. 365~444([補註] 본서 제3장)를 비롯해서 같은 책에 실린 여러 논고를 참조. 그 외에 여러 논저(이희준, 2003, 「합천 댐 수몰지구 고분 자료에 의한 대가야 국가론」, 『가야고고학의 새로운 조명』, 혜안([補註] 본서 제4장).; 김세기, 2003, 『고분 자료로 본 대가야 연구』, 학연문화사.; 이희준, 2008, 「대가야토기 양식 확산 재론」, 『嶺南學』 13, 경북대학교 영남문화연구원, pp. 111~164([補註] 본서 제5장).; 朴天秀, 2009, 「5~6세기 大伽耶의 發展과 그 歷史的 意義」, 『高靈 池山洞44號墳—大伽耶王陵』, 慶北大學校博物館·慶北大學校考古人類學科·高靈郡大加耶博物館, pp. 577~641)가 같은 관점을 취하고 있다.

3   T. 더글러스 프라이스(이희준 옮김), 2013, 『고고학의 방법과 실제』, 사회평론, pp. 557~560.

먼저, 지산동고분군에 대해 기왕의 조사로 알려진 봉토분 분포 현황과 주요 고분의 발굴 내용 가운데 이 글의 논의를 위해 필요한 사항들을 요약하고, 이 글의 관점과 관련된 그간의 연구를 간단히 소개한다. 다음으로, 지산동고분군의 입지와 분포로 본 특징을 추출하고 분석해 보기로 한다. 그 주된 목적이 유적을 포함한 경관이 지닌 의미를 주출하는 데 있으므로 되도록 다른 유사 유적과 비교를 할 것이다. 끝으로, 이런 경관 요소의 특징들에 대해 나름대로 해석을 시도해 보기로 한다.

지산동고분군의 편년 혹은 축조 연대 문제는 사실 본 논의와 직접적으로는 관련이 없기는 하나 그래도 편년의 큰 틀은 이 고분군의 축조 과정에 대한 해석과 관련해서 필요하다. 그래서 본고의 편년관을 미리 언급해 두기로 하는데 오래전이기는 하지만 필자가 대가야 토기를 기준으로 제시한 상대편년과 절대연대,[4] 즉 지산동 35호: 5세기 1/4분기, 지산동 32-34호: 5세기 2/4분기, 지산동 44호: 5세기 4/4분기, 지산동 45호: 6세기 1/4분기로 설정한 데에 따르기로 한다.

II. 지산동고분군의 개요와 관련 연구

지산동고분군 내 봉토분의 분포에 대한 조사는 일제강점기 초기인 1917년 이래로 여러 차례 실시되었으며 앞서 말한 2010년의 체계적 조사로 봉토분 수가 704기에 이름이 파악되었다. 이로써 지산동고분군은 대가야 최대의 중심 고분군일 뿐만 아니라 가야 전역에서도 봉토분의 규모가 가장 큰 것들을 포함하며 또 그 숫자도 압도적으로 많은 고분군임이 확인되었다. 그 외에 원래 봉분이 없거나 남지 않은 소형 석곽묘 등을 포함한다면 전체 고분의 수는 수만 기에 달할 것으로 추산되고 있다[5](그림 1 및 2).

....

4   李熙濬, 1994, 「고령양식 토기 출토 고분의 편년」, 『嶺南考古學』 15, 嶺南考古學會, pp. 89~113([補註] 본서 제2장).
5   대동문화재연구원, 2010, 앞의 책.

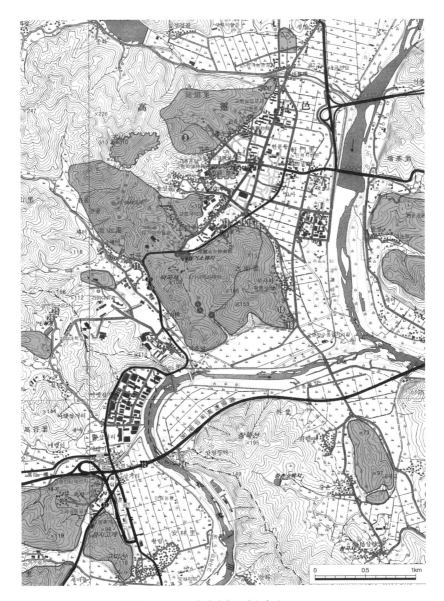

그림 1 2006년 지형도에서의 지산동고분군의 위치와 주변유적 분포도

1. 쾌빈리선사유적(한빛연), 2. 연조리고분군, 3. 연조리토기요지, 4. 연조리왕정(계명대), 5. 쾌빈리생활유적(영문연), 6. 연조리추정궁성지(경북대), 7. 지산리당간지주, 8. 주산성, 9. 지산동고분군·무문토기산포지 I, 10. 지산리무문토기산포지 II, 11. 지산리우물, 12. 지산유적(경북연), 13. 고령도시계획도로 소2-2, 3-4호선유적(대동연), 14. 고령도시계획도로 소2-32호선유적(대동연), 15. 고령도시계획도로 소1-9호선유적(대동연), 16. 고령소방서부지내유적(대동연), 17. 고아리고분군 및 유물산포지, 18. 고아동벽화고분(계명대), 19. 고아리암각유적, 20. 장기리고분군 II, 21. 양전리고분군, 22. 내곡리유물산포지, 23. 내곡리토기가마, 24. 김면장군유적, 25. 김면묘, 26. 고곡리고분군, 27. 안화리암각화, 28. 안림리고분군 I, 29. 안림리고분군 II, 30. 안림리고분군 III

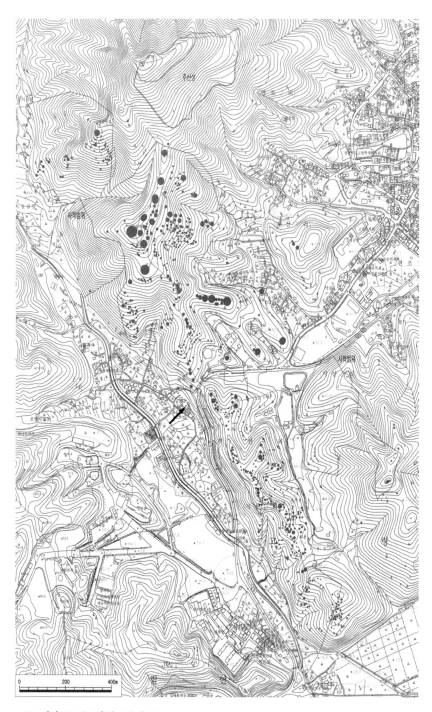

그림 2 지산동고분군의 봉토분 분포도

지산동고분군에 대한 발굴조사는 일제 강점기인 1910년대부터 몇 차례 실시되었으나 그 내용은 크게 참고할 만한 것이 없다. 1977년 이래 44·45호분을 필두로 본격 발굴이 실시되었는데, 그간의 발굴은 꼭이 일관된 계획 아래 추진되지는 않았지만 우연찮게도 대략 늦은 시기부터 이른 시기의 고분 순으로 이루어졌다. 지산동고분군 중에서 발굴되어 보고된 대표적 고총을 발굴 순서대로 보면 44·45호분, 32호~35호분, 30호분, 73~75호분이 있다.

44·45호분의 발굴은 지산동고분군의 정화사업에 따른 조사로 실시되었다.[6] 주산 남쪽으로 뻗은 주능선 등마루에 고령 및 가야 지역 최대의 봉토분 5기가 자리 잡고 있는데 이 능선은 맨 아래 봉토분(전 금림왕릉)을 지나 방향을 약간 동쪽으로 틀면서 경사져 내려온다. 이 완만한 경사면 맨 위 부위에 45호분이 자리 잡았고, 그 아래 평탄면에 44호분이 위치한다.

44호분은 묘역 중앙에 주곽과 부장 석곽 2기로 이루어진 대형 석곽들[7]을 축조하고, 주위에 소형 석곽 32기를 순장곽으로 배치한 다음 타원형 호석으로 이 모두를 둘러싼 다곽분이다. 고분의 규모는 호석을 기준으로 장경 27m, 단경 25m이다. 주곽은 길이 9.4m, 너비 1.75m, 깊이 2.1m이다. 주곽보다 약간 작은 2기의 부장품용 석곽 중 남석곽은 주곽과 나란히 배치하고, 서석곽은 주곽과 직교되게 배치하였다. 32기의 순장 석곽은 3기의 주·부곽을 중심으로 원주상과 부챗살 모양으로 배치되어 있으며, 판석으로 짠 석관, 할석으로 쌓은 석곽, 판석과 할석을 혼용한 것이 섞여 있다. 이 44호분은 대가야의 왕릉으로 추정되었다.[8]

45호분은 남북으로 경사진 묘역의 중앙에 장축방향을 동북-서남으로 둔 주곽과 부곽을 나란히 설치하고, 그 주변에 11기의 순장 석곽을 도열하듯

....

6   尹容鎭·金鍾徹, 1979, 『大伽耶古墳發掘調査報告書』, 高靈郡.

7   보고서에서는 이 대형 석곽의 크기를 기준으로 삼아 '주실'과 '부장석실' 등으로 부르고 일부 학자는 이를 따르지만 여기서는 학계의 일반 관행대로 '석곽' 등으로 부르기로 한다.

8   朴天秀 외, 2009, 『高靈 池山洞44號墳―大伽耶王陵―』, 慶北大學校博物館·慶北大學校考古人類學科·高靈郡大加耶博物館.

이 배치한 다곽분이다. 주곽은 암반을 깊게 파고 네 벽을 큼직한 할석으로 고르게 쌓았으며, 길이 7.15m, 너비 1.64m, 깊이 1.85m이다.

1978년에는 제32~35호분과 주변 무덤들이 발굴되었는데, 이런 중형의 봉토분에서도 순장묘가 재확인되었다.[9] 능선 정상부의 대형분이 소재하는 주능선이 급경사로 내려와 중턱에 길게 대지상을 이루는 비교적 낮은 구릉 위에 위치하며, 지산동고분군의 중위에 해당한다. 이 4기의 고분은 모두 봉토직경 10~15m의 중형분인데, 34, 35호는 봉분이 상호 연접한 쌍분이다. 일대에는 소형 봉토분과 석곽묘들이 다수 자리 잡았는데, 32~35호분 묘역에서도 15기의 소형석곽이 함께 발굴되었다. 이 고분들 중 대표적인 32호분은 묘역 중앙에 주석곽 1기와 순장곽 1기를 나란히 배치한 다곽분이다.

1994~5년에는 대가야왕릉전시관 부지에 대한 발굴조사의 일환으로 지산동 30호분이 조사되었다. 이 고분은 지산동고분군이 자리 잡은 가지 능선 하나의 가장 낮은 곳에 약간 볼록하게 솟은 구릉 정상부를 이용해 축조한 장경 18m, 단경 15m의 평면 타원형 봉토분이다. 중앙에 주곽을 배치하고 주곽의 남쪽 단벽에 직교하게 한 개의 부곽을 배치하였다. 그리고 순장 석곽을 주곽의 북쪽 단벽과 직교되는 방향에 2기와 주곽의 좌우에 각 1기씩 배치하였다. 주곽의 바닥에도 순장곽을 1기 배치해 순장곽은 모두 5기이다.[10] 또 이 30호분 일대에서는 대가야시대의 중·소형 수혈식 석곽묘 211기, 횡구·횡혈식 석실분 35기가 발굴되어 봉토분 주위에 원래 봉분이 없거나 없어진 대가야시대의 소형 분묘들이 밀집 형성되어 있음을 알 수 있었다.[11]

2007~8년에는 73·74·75호분이 발굴 조사되었는데[12] 이 고분들은 대가야박물관 동편에 바로 붙은 능선의 말단부와 그 동쪽 옆 가지능선에 위치한

....

9   金鍾徹, 1981, 『高靈池山洞古墳群』, 啓明大學校博物館.

10   嶺南埋藏文化財研究院, 1998, 『高靈 池山洞30號墳』.

11   嶺南文化財研究院, 2004, 『高靈 池山洞古墳群 I』. ; 嶺南文化財研究院, 2006, 『高靈 池山洞古墳群 II~V』.

12   曹永鉉, 2012, 『高靈 池山洞 第73~75號墳』, 高靈郡 大加耶博物館·大東文化財研究院.

그림 3 지산동고분군 내 주요 발굴 고분의 위치

다. 73호분은 목곽묘이면서 대형 봉분과 호석을 갖춘 이례적 무덤으로 지름 23×21m, 높이 6~7m 정도이며, 지산동고분군에서 가장 이른 대략 400년대 초반에 지어진 무덤이다. 크고 깊게 묘광을 파고 그 속에 주곽과 부곽을 T자 모양으로 배치한 다음 두 목곽 둘레에 깬 돌을 채워 쌓았다. 이렇게 돌을 채우면서 그 속에 3기의 순장곽을 만들었다. 이외에 주곽과 부곽 내, 봉토 중 순장 석곽 1기에 모두 합쳐 최소 8명 정도를 순장하였다. 75호분은 73호분보다 약간 커서 지름 25×22m 정도인데 석곽으로 된 주곽과 부곽을 별개 구덩이에 T자 모양으로 배치하였다. 주곽 가장자리를 따라 묘광 안에 7기의 순장곽을 배치하였으며 봉토 중에도 3기의 순장곽이 있었다.

이상의 분포조사와 발굴조사 결과에서 보듯이 지산동고분군에서는 고총 축조 초기 단계에는 내부 주체가 목곽묘인 것도 존재함이 확인되었다. 하지만, 주된 묘제는 수혈식석곽분이며 늦은 시기의 일부 무덤은 횡구식석실분과 횡혈식석실분이다. 지금까지 발굴된 고분 가운데서는 6세기 전반의 중반

즈음에 백제의 영향 아래 축조되어 매장 주체부가 횡혈식석실인 고아동 벽화고분을 제외하고는 거의 모두 내부 주체가 수혈식석곽이다. 다만, 고분군 축조 초기인 5세기 초의 73호분은 목곽묘의 모습을 보인다. 또 74호분 옆에서는 대가야 말기의 횡구식석실이 발굴되었다. 대가야박물관 부지 발굴에서도 이처럼 대가야식 횡구식석실로부터 대가야 멸망 직후 신라식으로 구조가 바뀐 횡구식석실들이 다수 확인되었다.[13]

그러므로 지산동고분군의 묘제는 고분군 조성의 아주 초기 단계인 5세기 초 즈음에는 일부가 목곽묘이되 순수 목곽묘는 아니고 목곽과 묘광 사이를 일정 높이까지 보강석처럼 채운 형태였다가 곧 수혈식석곽묘로 바뀌고 그 것이 주류 묘제로서 6세기 전엽 정도까지 이어지다가 6세기 중엽에는 횡구식석실과 횡혈식석실 등이 축조되었다고 말할 수 있다.

수혈식석곽분은 내부 구조가 대개 주곽과 부곽, 그리고 다수의 순장곽으로 구성된 多槨墳이다. 주곽과 부곽의 평면 배치는 주곽의 발치 쪽에 부곽이 가로 놓인 'T'자 모양이 주류이며 주곽의 양쪽과 머리 쪽에 순장 석곽을 두는 형태가 비교적 이른 시기의 기본형이다. 그리고 늦은 시기에는 차츰 무덤 규모가 더욱 커지고 순장자가 늘어나면서 부곽이 주곽과 나란히 배치되고 봉토 내에 순장곽이 많아져 44호분처럼 32기에 달하는 순장 석곽을 주곽 둘레에 원주상 및 방사상으로 배치하는 형태로 발전하였다.

고분군은 시간상으로 크게 보아 낮은 곳에서 높은 곳으로 올라가면서 형성되었음을 알 수 있는데 지금까지 발굴된 봉토분의 연대를 고려하면 지산동고분군이 형성되기 시작한 5세기 초에는 각 구릉의 말단부에 고총들이 축조되기 시작한 것으로 판단된다. 73호분과 75호분 그리고 30호분은 이를 잘 말해 주는 예들이다.[14] 그 다음으로 시간이 흐르면서 대체로 높은 곳을 향해 올라가면서 축조가 이루어지는데, 이는 5세기 전, 중반에 축조된 32~34호분

....

13   慶尙北道文化財研究院·高靈郡, 2000,『大伽耶 歷史館 新築敷地內 高靈池山洞古墳群』.
14   다만, 35호분은 능선 중턱에 자리 잡았으며 나중에 32~34호분이 그에 이어 근처에 축조되었다.

의 위치가 척릉의 중위이고 그보다 늦은 5세기 후엽~6세기 초로 비정되는 44~45호가 더 높은 지점으로 주 척릉이 내려오기 시작하는 곳에 자리 잡은 점이 암시한다.

시기상으로 늦은 대가야 말기와 신라 병합 이후로 판단되는 횡구·횡혈식석실분의 분포 상황을 보면, 거창행 국도 북쪽 군의 서북 사면 하부에 군집되어 있거나 그 인근에 단독으로 위치하고, 남쪽 군의 주변부, 특히 그 남측에서도 확인되었다. 그런데 그 어느 것도 규모가 대형인 예는 볼 수 없으며, 대개 고아동의 대형 횡혈식석실분 2기의 배후에 분포하는 배총군이라고 판단되는 것들과 비슷한 중소형 규모이다.[15]

이상과 같은 조사 성과를 참고로 하면서 그간 이루어진 지산동고분군의 분포에 관한 연구를 보면 모두 기본적으로 시간 흐름에 따른 고분군 축조의 추이를 주안점으로 한 것들이다. 아직 73~75호분이 발굴되지 않은 시점이자 분포에 관한 정밀 지표조사 성과가 나오기 전에 지산동고분군의 분포에 대해 최초로 분석을 한 연구[16]에서는 지산동고분군을 남북으로 크게 세 지구, 즉 주산성 아래 44호분까지를 포함하는 지구(C), 그 아래 거창행 국도가 지나는 鞍部 부위(즉 덕곡재: 그림 2의 화살표 부분)까지의 지구(B), 그 남쪽 지구(A)로 나누어 대형분의 축조 추이를 상정하였다.

B지구가 최초의 대형분에 의해 가장 먼저 점유되어 5세기 중엽부터 후엽까지 채워졌을 것[17]이고 6세기 전반에는 C지구와 A지구로 확대되었을 것인데 최대형분은 C지구로 몰리고 A구역은 중대형분의 축조가 이어졌을 것이라 보았다. 그리고 이런 대형분의 축조가 이어지면서 그 피장자들과 혈연적으로 가깝거나 특별한 관계가 있지만 낮은 등급 피장자의 무덤들이 주능선

....

15   대동문화재연구원, 2010, 앞의 책.

16   이성주, 2007, 「고령 池山洞古墳群의 性格」, 『5~6세기 동아시아의 국제정세와 대가야』, 고령군 대가야박물관·계명대학교 한국학연구원, pp. 147~189.

17   이하 관련 연구의 검토 내용은 세 연구자의 고분 연대관이 때로는 상당한 차이를, 때로는 미묘한 차이를 갖기에 그를 감안하고 읽어야 함을 일러둔다.

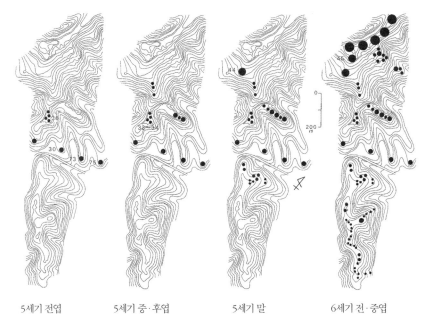

| 5세기 전엽 | 5세기 중·후엽 | 5세기 말 | 6세기 전·중엽 |

그림 4 지산동고분군의 형성과정 모식도

의 대형분들 사이에 채워지고 능선의 가파른 동쪽 사면과 지맥에는 중소형 분과 소형 석곽들이 채워졌을 것이라 하였다. 이 연구에서는 지산동고분군이 전체적으로 저소에서 고소로 가면서 축조되었다고 보기는 하였지만 73~75 호분이 아직 발굴되지 않은 시점에 이루어진 연구라서 구체적으로 B지구 가지 능선 말단부의 고분들이 맨 먼저 축조된 점은 지적하지 못하였다.

　다음으로, 44호분 재보고서의 고찰들 가운데 한 연구[18]는 73~75호분이 발굴되었으나 고분군 분포에 관한 정밀 지표조사 성과가 나오기 전의 시점에 역시 고분군 축조 추이에 대해 언급하였다. 이에서는 위의 B지구 가지 능선 말단부 고분들이 먼저 축조되었음을 특정해 지적하였고 전체 고분군의 축조 추이는 〈그림 4〉와 같이 상정하였다. 이에서는 앞의 연구와 약간 달리 A지구 가운데 북쪽에 위치한 작은 구릉의 고분들은 5세기 말(44호분 단계)에 축조

....

18　朴天秀, 2009, 앞의 논문, p. 610.

된 것으로 상정하였지만 나머지는 역시 모두 6세기에 축조된 것으로 보았다.

가장 최근에 이루어진 연구[19]는 특히 대가야왕릉전시관 부지 발굴에서 조사된 30호분과 주변 석곽 사이의 관계를 치밀하게 분석한 결과와 그에 대한 해석을 단서로 해서 고분군 전체의 형성 추이와 더불어 당시 사회 구조에 대한 접근을 시도하였다. 본고와 거의 같은 연대관을 지닌 이 연구의 지산동 고분군 축조 추이에 관한 골자는 다음과 같다.

먼저, 왕묘·왕족묘가 저위 구릉에 조영되기 시작하였다. 그보다 약간 늦게 위계 분화의 결과로 중·하위 위계 집단이 왕묘·왕족묘 주변에 자신들의 묘를 조영하였다. 이들은 지배층으로부터 묘역을 할당받아 여러 가지 규제를 받는 가운데 무덤을 조영한 것이다. 이들은 할석석곽묘와 판석석곽묘 집단으로 위계가 분화되어 있었으며 상위 지배층에 각각 개별적으로 장악되어 있었다. 상위 지배자 집단 자체는 자신들의 묘를 고총화함으로써 시각적으로 우월한 위치를 점하였다. 그러나 근접해서 석곽묘들도 조영되었으므로 상위에서 중·하위에 이르는 계층이 동일 공간(묘역)을 공유하였다.

이윽고 5세기 말 즈음부터 왕·왕족으로의 정치권력 집중·일원화가 강화되었다. 그 결과로 32~35분으로 대표되는 상위 계층조차 한정된 공간 내부에 조영되지 않을 수 없었고, 왕·왕족의 묘는 석곽묘군 혹은 소형분(지름 10m 이하)들로부터 격리되어 나갔다. 이 소형분과 더불어 석곽묘의 축조가 5세기 중엽부터 급격히 증가하는 현상은 지산동고분군이 지닌 특징 가운데 한 가지인데 소형분은 그 전개 공간이 남쪽(앞의 A지구)으로 확대되었고 수도 급격히 증가하였다.

그리하여 6세기를 맞이하는데 이제 왕·왕족의 묘는 주산성 가까운 북쪽 척릉 쪽으로 조영된 반면 규모가 작은 고총의 피장자 집단은 그 반대 방향인 남쪽(A지구)으로 조영을 하였다. 이는 왕·왕족으로의 권력 집중(일원화)이 생겨나면서 계층 사이의 골이 깊어지는 계층 간 격리 현상이 강해졌음을 나

········

19   木村光一, 2012, 「韓國慶尙北道 高靈池山洞古墳群の研究」, 『古代文化』 第64卷 第3號, pp. 55~75.

타낸다. 이 시점에서 대가야의 왕을 정점으로 하는 지배 집단은 ① 대형분(지름 20m 이상)에 묻힌 왕·왕족, ② 중형분(지름 10~20m)에 묻힌 왕족 혹은 상위 계층, ③ 30호분이라는 왕족묘를 포함한 중형분의 주변에 그것과 강한 관계성을 지니고서 조영된 석곽묘의 피장자, ④ 아마도 고분군 남반부(A지구)에 조영되게 된 소형분의 피장자, ⑤ 중대형분 봉분 밑 석곽묘의 피장자라는 계층(즉 위계) 구조를 갖추었다고 보았다.

그런데 이 연구를 포함해 기왕에 이루어진 연구들은 크게 보면 지산동고분군의 분포 구조에만 초점을 맞추었다. 그와 더불어 고분군 전체의 입지 자체에도 주목을 해야 할 것으로 생각된다. 또 고분군의 축조 추이를 분석하는 데서는 사회 혹은 지배 계층 내의 종적 구성 집단에만 초점을 맞추었다. 하지만, 그와 더불어 횡적 구성 집단[20]에도 관심을 두어야 할 것이다. 사회 안의 그런 횡적 구성 집단의 좋은 예로는 바로 신라의 6부를 들 수 있다. 사실 고대사학계에서는 대가야양식 혹은 고령양식 토기에 '下部'라는 명문이 새겨진 예를 직접 증거로 삼고 또 '대왕'명 토기를 간접 증거로 삼아 아마도 6세기경에는 대가야 역시 신라나 백제와 마찬가지로 이른바 부체제로 돌입했다고 보는 것이 대체로 통설에 가깝다.

그러므로 5세기 후반 이후 고령 지역 대가야가 고령양식 토기가 출토되는 고령 이외 각지를 간접 지배하기 시작하였다는 진전된 이해[21]를 바탕으로 지산동고분군의 구조를 분석하는 데 이런 고령 지역 지배층 내부의 횡적 구성에 대해서도 고려를 해야 한다. 그리하여 이를테면 지배층 가운데 세력 면에서 엇비슷하거나 약간의 차이만 있었을 뿐인 여러 집단이 가지 능선별로 각기 자신들의 무덤을 축조해 나가는 상황을 상정할 수 있겠다.

어떻든 지산동고분군은 가야 지역의 다른 고총군들과 마찬가지로 대체로 구릉의 낮은 곳에서 시작해 높은 곳으로 가면서 형성되는 공통된 정형성

....

20   R. Chapman, and Klavs Ransborg, 1981, "Approaches to the archaeology of death," *The Archaeology of Death*, eds., Robert Chapman, Ian Kinnes and Klavs Ransborg, Cambridge, pp. 1~24.
21   李熙濬, 1995, 앞의 논문.

을 띠고 있는 듯하다. 그러면서도 30호, 73호, 75호가 시사하듯이 가지 능선 별로 그런 축조가 이루어졌을 가능성이 크며 35호분 등이 보여 주듯이 때로 는 한 지점에 일정한 군집들을 이루면서 축조되었을 가능성도 있다. 한편 아 직 조사가 거의 이루어지지 않은 A지구, 즉 남쪽 군이 과연 모두 그처럼 늦은 시기에만 축조된 것인지는 앞으로의 조사를 더 기다려 보아야 할 것이다.

III. 지산동고분군의 입지와 분포로 본 특징

지산동고분군은 멀리서 보거나 가까이서 보거나 하나의 장관으로서 다 가온다. 그 이유는 무엇인가? 무엇보다도 길이 2.4km, 너비 1km 범위의 구릉 위에 크고 작은 봉토분이 704기에 이를 정도로 많이 자리 잡되 다른 구조물은 전혀 섞이지 않은 채 군집한 데 있을 터이다. 또 오늘날의 공동묘지가 대개 사 람들이 사는 데서 멀리 떨어진 외진 곳에 위치한 것과는 반대로 당시 사람들 의 취락 자리이자 지금의 읍 중심지에 바로 인접한 곳에 자리 잡았다는 입지 의 측면도 크게 작용할 것이다. 이런 지산동고분군의 입지 및 분포가 지닌 구 체적 특징들은 아직 발굴된 고분의 수가 적어서 단정할 수 없는 측면도 있지 만 여러 가지 정황으로 보건대 다음과 같이 몇 가지 항목으로 정리될 수 있다.

첫째, 정밀한 지표조사와 발굴조사로 밝혀졌듯이 대략 5세기 초에서 6세 기 중엽에 걸쳐 축조된 704기라는 대단히 많은 수의 대소 봉토분으로 이루어 진 대고분군이라는 점을 가장 큰 특징으로 꼽을 수 있다. 이런 특징은 비슷한 시기의 유사 유적들과 비교해 보면 금방 분명해진다. 대략 같은 시기에 조성 되어 경주 중심가에 자리 잡은 마립간기 신라 지배층의 중대형 봉토분은 모 두 155기,[22] 같은 시기에 고령 대가야와 마찬가지로 가야에 속했던 함안 아라

....

22 물론 이는 지산동고분군과 경주 고분군의 봉토분이 현재 지표상으로 나타내어 보이는 숫자만을 단순 비교한 결과이기는 하다. 뒤에서 언급하듯이 경주시내 고분 가운데 그간 봉분이 삭평된 탓에 발굴을 해야만 존재가 드러나는 봉토분들까지 합치면 전체 숫자는 이보다 훨씬 많아 지산동고분군에 못지않

가야의 지배층 고총군인 말이산고분군(사적 515호)은 모두 50여 기,[23] 멀리 일본 오사카의 모즈·후루이치고분군은 모두 91기라는 사실과 잘 대비되기 때문이다. 물론 지산동고총군이 개별 고분의 크기에 있어서는 경주의 고분군 이나 모즈·후루이치고분군의 대형분들에 크게 못 미치는 바가 있다. 그러나 전체적으로 이렇게 많은 수의 봉토분이 한데 모여 있다는 점은 유례가 드문 지산동고분군의 뚜렷한 특징으로 꼽을 수 있다.

둘째, 같은 시기의 다른 가야 지역에 비하면 대형분의 수도 많은 편이지 만 그러면서도 중, 소형분이 고분군에서 다수를 차지한다는 점 또한 중요한 특징이다. 지산동고분군에 자리 잡은 봉토분의 크기 등급별 구성 숫자를 보 면 직경 30m 이상(6기), 30~20m(13기), 20~15m(18기), 15~10m(85기), 10~7m(271기), 7m 미만(311기)으로 크기가 여러 등급으로 구분될 뿐더러 중형급(15~10m)과 소형급(10m 이하)이 절대 다수를 차지하고 있다. 이는 봉토분이 전체적으로 수가 많다는 특징과 더불어 지산동고분군만이 가진 특 징이라고 할 수 있다.

셋째, 고령 지역 안에서 탁월한 숫자의 고총이 군집한 유일한 지점이라 는 점이 또 한 가지 특징이다. 이는 당시 신라 지역의 고총군 분포 정형과 비 교해 보면 잘 드러난다. 당시 신라를 구성하였던 지역들인 대구, 경산, 창녕 등 각지의 고총군이 해당 지역 안의 여러 개소에 분포한 점과 뚜렷이 대비되 는 것이다. 반면 경주 지역과는 유사한 편인데 이곳에는 신라의 각 지방, 이를 테면 위에 든 지역들처럼 대개 서너 개소인 것과 달리 고총군이 두 군데만 분 포한다. 이런 유사성이 나타난 배경으로는 역시 경주 지역이 당시 신라라는 광역 정치체, 즉 영역국가의 중심지였던 점을 염두에 둘 때 고령 지역이 그와 마찬가지로 광역 정치체로서의 대가야의 중심지였던 데 기인한다고 보인다.

넷째, 구릉 위에 같은 시대의 다른 구조물이 전혀 없이 고분들만 분포하

....

을 것이다.

23 [補註] 이후 정밀 지표조사로 200여 기임이 밝혀졌다.

고 있는 점 또한 특징이다. 물론 가야시대 이후의 다른 구조물도 없다. 이는 가야 각지의 중대형 고총군이 모두 공통적으로 지닌 특징이다. 또 경주 시내의 평지 고총군도 그러하다. 하지만, 집안의 고구려 고분군이 분포한 전체 범위 안에 국내성 등 다른 구조물이 있는 점과는 대비된다. 또 모즈·후루이치 고분군이 분포한 범위 안에서 고분 축조 당시의 다른 생산 시설 등이 확인된 점과는 분명히 대조되는 현상이다.

이런 고분군 단독 분포 현상은 이 고분군과 그것이 소재한 경관 전체를 죽은 자들의 전용 공간으로 의식한 데서 비롯된 결과로 해석된다. 즉 고분의 축조가 시작되어 종료될 때까지 이 고분군 구역은 당시 사람들에게 줄곧 망자들의 전용 공간으로서 인식되었음을 말해 준다. 이런 공간 인식은 더 이른 시기부터 있었던 것으로 추정된다. 즉 신라·가야를 구성한 대부분의 지역에서 서기전 1세기 초의 목관묘 단계 이래로 삼국시대까지 줄곧 분묘들이 한 지점에 군을 이루면서 연속 축조되고 또 그 상호간에 파괴가 거의 없는 점[24] 이 암시하는 것이다. 다만, 지산동고분군은 현재의 조사 성과로 보건대 고총군 이전의 분묘들이 확인되지 않아 5세기 이래로 대가야 지배층의 망자들을 위한 전용 공간으로서 그런 군집을 이룬 것으로 여겨지는 점이 독특하다 하겠다.

다섯째, 이 절의 첫머리에서 말했듯이 지산동고분군은 전체적으로 대가야 당시의 궁전을 비롯한 도읍 취락이 있는 동쪽 평지 취락 공간을 둘러싸듯이 자리 잡은 구릉에 전면적으로 분포한 점이 아주 큰 특징이다. 사실 지산동고분군과 방향을 달리해 주산에서 동쪽으로 뻗어 내린 구릉에는 지산동고분군에 포함되지 않고 따로 연조리고분군이라 불리는 고분군이 자리 잡고 있다. 그래서 이와 함께 보면 그 고분군들이 현재의 고령 읍내를 완전하게 둘러싸고 있는 형국이다(그림 1 참조). 그러면서도 고분들이 전체적으로 그 평지가 잘 내려다보이는 척릉과 동쪽 사면에 집중적으로 분포하며 그렇지 않은

....

24   다만, 김해 지역에서는 예외적으로 상호 파괴가 현저하다.

서사면 등에 축조된 일부 고분은 대개 더 이상 그럴 자리가 없어진 시점 혹은 대가야 멸망 후 축조된 고분들이다.

이런 입지 지향 때문에 대가야 당시 평지의 취락과 구릉 위 지배층의 공동묘지는 상호 가시권 속에 놓여 있었을 뿐만 아니라 실제로 연접되어 하나의 경관을 이루었다. 이는 현재도 이 고분군이 위치한 지대를 멀리서 조망할 때 바로 느낄 수 있는 점이다. 그리하여 당시에 산 사람들은 항상 이 무덤들의 존재를 의식하면서 살았을 터이다.

여섯째, 고분들 가운데 특히 대형의 봉토분들은 이 도읍을 감싸고 주산 정상에서 뻗은 구릉에서 당시 궁전 등 취락과 평야가 가장 잘 내려다보이는 능선의 주 척릉과 주능선이 뻗어 내린 여러 등줄기의 돌출부들에 자리 잡은 특징을 지닌다. 이런 입지는 당연히 아래의 취락에서 올려다보았을 때도 가장 잘 보이는 위치이다. 대형분들의 이런 탁월한 입지 선정의 이유는 물론 봉분의 규모가 훨씬 커 보이는 효과를 겨냥한 것이고, 그로써 해당 무덤 피장자의 생전 권력을 과시하려 한 때문이라고 이해할 수 있다.

또 이와 더불어 그 무덤들은 각 무덤의 주인공을 이어 권력을 잡은 현실 지배자의 정치적 정당성을 뒷받침하는 기념물로서 기능하도록 하기 위해 그런 자리에 지어졌을 터이다. 그러면서도 당시에 계세사상이 지배하였을 것임[25]을 염두에 두고 보면 이는 죽은 왕을 비롯한 권력자들이 실제로 그곳에서 산 사람들의 세계를 항상 지켜보고 있음을 강조하는 효과를 또한 낳았을 것으로 추정할 수 있다.

일곱째, 발굴 성과에서 어느 정도 확인되었듯이 대체로 구릉 아래에서 위를 향해 가지 능선별로 고분을 동시다발적으로, 때로는 군집을 이루면서 축조해 올라갔다는 특징을 갖고 있다. 즉 이곳저곳의 탁월한 입지에 어느 시기건 경쟁적으로 고분을 조영한 것이 아니었다. 가장 탁월한 입지의 척릉에

....

25 邊太燮, 1958, 「韓國古代의 繼世思想과 祖上崇拜信仰」, 『歷史敎育』 3, pp. 55~69. ; 邊太燮, 1959, 「韓國古代의 繼世思想과 祖上崇拜信仰(下)」, 『歷史敎育』 4, pp. 73~95.

그림 5 주 척릉 및 능선의 고분들

는 가장 늦은 시기의 고분들만 축조되었다고 추정되는 점(그림 5 및 6)이 이를 잘 말해 준다. 이런 사실은 지배층 전체가 5세기 초부터 6세기 중엽까지 누대에 걸쳐 줄곧 이 구릉 전체를 망자들의 전용 공간으로 인식하고 모종의 상호 규제 속에서 의도적 배치 계획에 따라 무덤들을 조영해 나갔음을 일러 준다.

　　이는 물론 아직 발굴된 고분의 수가 적어서 단정할 수는 없다. 하지만, 일단 적어도 가지 능선별로 혹은 그 가운데 부위별로 고분군을 축조한 집단이 상호 구분되었을 것으로 추정된다. 다시 말해 당시 대가야 지배층을 구성한 여러 집단별로 각기 다른 위치에 누대에 걸쳐 무덤들을 축조하였다는 것이다. 이는 우리가 고분군의 분포를 분석하고 해석할 때에 흔히 전제로 삼는 가정이며 이 가정은 실제로 어떤 고분군 전체를 편년하고 그에 입각해 분포 정형을 살펴볼 때 흔히 충족되는 가정이기도 하다.

　　그래서 만약 이렇게 볼 수 있다면 이런 군별 고분군 축조 양상은 마치 각 군집의 주인공들이 생전에 살았던 현실 공간의 구분 혹은 각 집단들 사이의

그림 6 주 척릉의 대형분(2~5호분)

성격 차이를 상징하듯이 반영한다고 해석할 수 있다. 즉 각 무덤 집단의 주인 공들이 생전에 살았던 도읍지 안 구역이 상호 다르고 또 소속 사회 집단의 성 격이 달랐듯이 그들이 죽어서 묻힌 구역도 상호 구분되었던 것으로, 이는 결 국 구릉의 망자 전용 공간을 또한 현실세계의 연장선에 있는 공간처럼 인식 한 데서 비롯된 결과라고 추정해 볼 수 있다.

여덟째, 지산동고분군에 인접해 대가야 산성인 주산성이 자리 잡고 있다 는 점이 중요한 특징이다. 주산성은 아직 과연 대가야시대의 것인가 하는 의 문을 제기하기도 하지만[26] 성벽 자체의 축조 기법 등으로 볼 때 대가야 산성 으로 보아도 큰 문제는 없을 것이다.[27] 다만, 이 주산성은 흔히 산성의 고유 기

....

26 박종익, 2013, 「'발굴 성과로 본 대가야 주산성'에 대한 토론」, 『대가야의 고분과 산성』, 제9회 대가야사 학술회의, (재)大東文化財研究院([補註] 배성혁 외, 2014, 『대가야의 고분과 산성』, 고령군 대가야박물 관·(재)대동문화재연구원, pp. 298~301).

27 최재현, 2013, 「발굴 성과로 본 대가야 주산성」, 『대가야의 고분과 산성』, 제9회 대가야사 학술회의, (재)大東文化財研究院([補註] 배성혁 외, 2014, 『대가야의 고분과 산성』, 고령군 대가야박물관·(재)대 동문화재연구원, pp. 187~222).

능으로 보는 대피용의 성이기도 하지만 그런 기능과 더불어 그 일대가 대개 5세기 초 이래로 대가야의 국가 제사 등을 거행한 신성 구역이었던 것으로 볼 수 있다고 생각된다. 그렇기에 그 위치에 6세기에 들어 경계표시를 겸해 성벽이 축조된 것이 아닌가 추정되는 것이다.

성벽이라는 것이 사실 충분한 방어의 기능을 할 정도가 아닐 뿐더러 현재 그 성으로 올라가는 추정 남문지 아래 전면에 고분을 축조할 수 있는 공간이 충분히 있는데도 그렇게 하지 않은 점이 이를 방증한다. 즉 고분군 축조가 5세기 초에 시작되었고 성벽을 쌓은 것은 6세기 전반이므로 그 사이의 기간에 지금의 성벽 아래쪽으로도 고분군을 조성할 수 있는 가지 능선이 있기에 축조를 할 수 있었는데도 그리 하지 않은 것은 아무래도 처음부터 그 지역을 아예 고분군 구역으로 생각하지 않았다는 반증이 아닐까 싶다.

특히 주산성 가운데 현재 내성으로 되어 있는 구역은 전체적으로 주산에서 가장 높은 구역인데 그곳에서는 고령 읍내로는 유일하게 대가야의 시조 신화와 연관된 가야산이 바라다보인다. 그렇기에 취락에서 바라볼 때 하늘에 맞닿은 곳인 가장 높은 그곳에서 천신 제사와 시조 제사 등 국가의 중요 제사를 거행하였을 것이라고 추정해도 크게 무리는 아니리라 싶다. 이런 만큼 당연히 주산성 일대는 대가야에서 제일 중요한 신성 구역이었을 것이다. 그리하여 나중에 보듯이 역시 신성 구역시하였을 지산동고분군과 더불어 유기적으로 연결된, 즉 전체적으로 구조화된 하나의 신성 공간을 이루었다고 볼 수 있다.

IV. 입지 및 분포상 특징들의 의미

전 세계로 볼 때 고대국가의 형성기나 그 성립 초기 단계에서 왕과 귀족을 비롯한 지배층의 무덤은 대규모 군집을 이루고 조영되는 것이 보편적 현상이다. 특히 그 최고 지배자의 권력이 아직 전제적 왕권에 이르지 못하였을 때 그런 현상이 두드러진다. 경주 시내 평지에 군집한 고분들은 이제 잘 알려져 있듯이 신라의 왕이 고대국가 초기 단계의 지배자이기는 하지만 아직 전제 군주에 이르지 못한 단계인 마립간시기의 무덤이다. 또 고구려 왕도인 집안 지역 내 여러 지점에 군재한 왕릉과 귀족들의 무덤 역시 그런 단계의 사정을 반영하는 좋은 예이다. 일본 모즈·후루이치[百舌鳥·古市]고분군은 일부 고분이 그처럼 거대해도 그 군집 역시 전체적으로 이런 정치적 발전 단계의 산물이라고 평가할 수 있다.

반면, 전제 왕권이 확립된 단계에서는 최고 지배자의 무덤이 다른 무덤들로부터 독립하는 현상을 보이니, 가까운 예로 통일신라 시기의 왕릉들을 들 수 있고 또 중국 최초의 황제인 진시황의 능 또한 이를 웅변한다.

고령 지산동고분군은 고령 지역의 가라국이 고대국가를 달성하기 직전인 5세기 초부터 고대국가로 막 발돋움한 5세기 후반 이후 6세기 중엽까지 축조된 무덤들이다. 즉 지산동고분군의 기본 성격은 대가야의 고대국가 성립기 및 발전 초기 지배층의 고분군이라고 규정할 수 있다. 이런 점에서 지산동고분군은 전 세계 곳곳의 고대국가 형성기 혹은 고대국가 성립 초기 단계의 지배층 무덤들이 보편적으로 지닌 특성인 군집성을 공유하고 있다 하겠다.

이런 점을 염두에 두고서 앞에 든 지산동고분군의 여러 특징들이 의미하는 바에 대해 논의하기로 한다. 이 특징들은 크게 보아 상호 연관된 두 무리로 묶어 이해할 수 있으니 첫 번째부터 세 번째까지의 한 묶음과 그 나머지로 된 한 묶음이다. 전자는 봉토분 704기의 대고분군으로 소형분이 절대 다수를 차지하며 고령 지역 안에서 유일하게 탁월한 숫자의 중대형 고총군이라는 특징으로 요약된다. 후자는 구릉에 고분군만 단독으로 분포하며, 그럼으로써 대가야 당시의 평지 취락과 구릉 위의 이 지배층 공동묘지가 상호가시권 속에서 동일 경관을 이루었고, 당시 지배층 안에서 구별되는 여러 집단별로 고분군 또한 서로 다른 지점에 소군집을 이루고 축조된 특징을 가지며 그에 더해 신성 공간인 주산성과 상호 연관된다고 요약된다.

지산동고분군에는 왜 그처럼 유달리 많은 수의 봉토분이 주산 구릉이라는 한 곳에 모여 있고 또 그중에서 중, 소형분이 다수를 차지하고 있는 것인가? 아직 그에 대해 구체적으로 연구된 바는 없다. 다만, 그 배경을 생각하는 데서는 현재 지산동고분군에서 눈으로 확인되는 이런 봉토분들 이외에도 고분군 분포 범위 전면에 걸쳐 각 봉토분 주위 및 작은 군집들 사이사이에 지금은 봉분이 사라진 소형묘들이 이루 셀 수 없이 많이 밀집 분포하고 있다는 점[28]을 함께 고려해야 할 터이다.

지산동고분군이 지닌 이런 봉토분 및 소형묘 군집 특징은 비슷한 시기의 유사 유적 가운데 집안의 고구려 고분군과는 큰 차이가 있으며 일본의 모즈·후루이치고분군과도 현격한 차이를 보인다. 또 함안 말이산고분군과도 다르다. 그러나 그간 발굴조사가 꾸준히 이루어져 고분군의 분포와 구성 및 그 성격에 대한 연구가 상당히 진전된 상태인 경주 시내 평지 고분군과 비교해 보면 서로 아주 흡사하다. 역시 155기의 현존 봉토분 이외에도 주변 지하에 무수히 많은 소형묘들이 존재함이 밝혀져 있는 것이다.[29] 그러므로 지산동고분군의 이런 특징을 이해하는 데서는 경주 평지 고분군에 대한 고고학적 연구 성과와 그것들이 축조된 시기인 신라 마립간기의 정치 및 사회 구조에 대한 문헌 연구 성과를 크게 참조할 수 있을 것이다.

경주 시내 평지의 고분군에 대한 문헌 연구와 고고학적 연구 성과를 종합하면 그 고분군의 주인공들은 한마디로 신라 6부 체제를 이끌던 지배층이라고 할 수 있다. 6부 체제라는 이 독특한 마립간시대 지배체제는 아직 초월적 지위에 이르지 못한 왕 1인의 의사 결정이 아닌 6부 지배자들의 합의에 의한 지배 형태를 말한다. 그런 만큼 당시 지배층의 구조는 다원적 위계로 이루어져 있었고 그 점이 바로 대소 고분들이 한편으로 군을 이루면서 또 한편으로는 흩어져 축조된 경주 시내 평지 고분군의 분포 양상에 나타나는 것으

....

28   이는 대가야 왕릉 전시관을 짓기 위해 실시한 30호분 주변 고분군 발굴(嶺南文化財硏究院, 2004 및 2006, 앞의 책)에서 246기의 석곽 및 석실이 확인된 사실을 주요 근거로 들 수 있을 것이다.

29   다만, 경주 고분군 분포 범위 안에는 고총군 이전 단계의 무덤들도 존재하는데, 이는 현재로서는 그런 무덤이 확인되지 않은 지산동고분군과 다른 점이다.

로 볼 수 있다. 이 경주 고분들에서 출토된 장신구들을 대상으로 착용 정형을 분석해 본 결과 그 주인공들이 여러 계서의 집단으로 분류됨을 알 수 있었는데,[30] 이 또한 신라 중앙 지배층의 구조가 다원적이었음을 뒷받침한다 하겠다.

대가야는 5세기 후반 이후가 되면 그 고유의 토기 양식, 즉 고령 토기 양식이 분포하는 범위가 고령 지역으로만 한정되지 않고 서쪽의 황강 중류 및 상류(합천, 거창)와 남강 상류 지역(산청, 함양, 남원 동부), 전북 동부의 금강 상류역 일부(장수) 그리고 섬진강 유역권까지 넓게 자리 잡는다. 이는 대가야가 이제 그런 지역들을 아우르거나 그에 영향을 크게 미치는 고대 영역국가의 문턱으로 들어섰음을 가리킨다고 해석된다.[31] 즉 고령 지역이 광역 정치체인 대가야의 중앙이 된 것이다.

그리고 그 대가야의 중심지인 고령 지역 가라국의 지배체제가 아마도 5세기 말 즈음부터 6세기에는 역시 부체제로 운영되었을 가능성이 큼을 가리키는 6세기 중엽의 문자 기록을 담은 토기[32]가 출토된 바 있다. 또 그러한 지배층 내부의 중층 구조를 일부 엿볼 수 있는 『일본서기』의 기록[33]도 있다. 이런 만큼 당시 대가야의 지배층 또한 신라 마립간 시기 사회의 경주 지역 지배층과 일정 정도 유사한 지배체제와 구조를 가지고 있었을 것으로 추정해도 큰 무리는 없을 것이다. 즉 고령 지산동고분군을 조성한 대가야 지배층 또한 신라의 경주 평지 고분군을 조영한 지배층처럼 다원적 구조를 갖고 다양한 위계로 구성되었다고 이해된다.

그런 한편으로 봉분 크기를 기준으로 상호 비교를 한다면 경주 평지 고분군은 지산동고분군에서의 대형급 봉토분 이상의 것들이 전체 봉토분 가운

....

30 李熙濬, 2002, 「4~5세기 신라 고분 피장자의 服飾品 着裝 定型」, 『韓國考古學報』 47, pp. 63~92.
31 李熙濬, 1995, 앞의 논문. ; 김세기, 2003, 앞의 책. ; 이희준, 2008, 앞의 논문. ; 朴天秀, 2009, 앞의 논문.
32 합천 저포리의 한 무덤에서 출토된 '하부사리리'의 글자가 새겨진 단지(釜山大學校 博物館, 1987, 『陜川苧浦里E地區遺蹟』)를 말한다. 대가야의 부체제에 관한 여러 논의에 대해서는 李炯基, 2009, 『大加耶의 形成과 發展 硏究』, 景仁文化社, pp. 137~149를 참조.
33 흠명기 2년조 및 5년조의 이른바 '임나부흥회의' 관련 기사에 나오는 가라(국) 上首位라는 직명이 참고가 된다.

데 상당 부분을 차지한다. 반면 지산동고분군은 봉토분 전체 숫자가 경주 평지 고분군의 몇 배나 되면서도 소형분이 압도적 다수인 셈이다. 이는 결국 고령 지역 지배층 안의 분화가 신라 6부 지배층보다 진전되지 못한 때문이라고 볼 수밖에 없다. 그래서 대가야 지배층의 통치는 말하자면 집단 지배 체제의 성격을 아주 강하게 지니고 있었을 것으로 추측할 수 있다. 바로 이런 맥락에서 봉토분의 주인공들은 막연히 지배층이라고 하기보다는 당시 지배층의 상층을 이룬 왕과 귀족이라고 특정함이 낫다고 여겨진다. 다시 말해 지산동고분군은 대가야 왕과 귀족의 무덤들인 것이다.

그러면 이제 후자의 특징 묶음에 관해 논의하기로 한다. 우선, 경주 시내 평지의 신라 고분군과 상당히 유사한 사회적 배경을 가진 고령의 지산동고분군은 왜 그 입지가 평지인 경주 고분군과 아주 달리 당시 취락을 감싼 구릉인가? 그것은 물론 고령 지역의 평지가 경주 지역과 달리 그다지 넓지 않다는 지리적 환경 차이 때문일 수도 있다. 하지만, 오히려 당시 가야 지역의 여러 지역이 모두 이런 주변 구릉지대를 지배층 무덤의 입지로 선택한 점을 주목해야 한다. 사실 경주의 경우에도 마립간기 고분들이 자리 잡은 구역은 평지 속에서도 아주 미미하나마 상대적으로 높은 구역임은 잘 알려져 있다. 그리고 당연히 궁성을 비롯한 거주구역과 접하고 있었다.

이런 공통된 입지 선정은 당시 신라·가야 사람들이 그처럼 구분된 무덤 구역을 지배층 망자들을 묻는 전용 공간이자 신성 공간으로 인식하였기 때문으로 볼 수 있다. 그와 더불어, 결론을 미리 말하자면, 계세사상을 가졌던 그들이 산 사람의 생활공간과 연접한 공간을 굳이 공동묘지로 선택한 점에서 그곳을 단순히 망자의 시신을 처리하는 장소 정도가 아니라 그 망자들의 내세 공간 자체로 인식한 때문으로 풀이된다.

당시 사람들이 지산동고분군이 자리 잡은 구릉을 전체적으로 신성 공간이자 내세 공간으로 인식하였음을 암시하는 단서로는 앞에 든 분포상의 정형들이 있다. 무엇보다도 먼저 그 공간 안에는 그 시대의 다른 구조물이 전혀 없다. 오로지 무덤들만 분포하고 있다. 무덤들이 150여 년에 걸쳐 구릉 아래

부분에서 위쪽으로 순차적으로 조성되어 나가는 동안 상당한 기간에 걸쳐 계속 빈 상태였을 구릉 위쪽에 때로 다른 구조물이 들어서거나 하지 않고 결국 가장 높은 곳까지 고분들로만 들어찼다. 이런 사실은 고분 축조의 시작부터 끝까지 줄곧 구릉 위를 죽은 자들의 배타적 전용 공간이자 신성 공간으로 인식하였음을 말한다.

앞의 여덟 번째 특징 항에서 언급한 대로 주산성의 주요 기능 한 가지를 신성 공간으로서의 제사 공간 등으로 볼 수 있다면 도읍을 감싼 듯이 위치한 주산 꼭대기 일대 및 그에서 좌우로 뻗어 지산동고분군 및 연조리고분군이 축조된 구릉 전체를 신성 공간으로 볼 수 있을 터이다.

다음으로, 각 고분의 입지가 전체적으로 동쪽 평지의 취락 공간을 지향하였고 또 그 가운데서 대형 봉토분들은 당시 궁전을 비롯한 취락과 평야 등산 사람들의 공간이 가장 잘 내려다보이는 능선의 주 척릉과 주능선이 뻗어 내린 여러 등줄기의 돌출부들에 자리 잡았다는 특징이 주목된다. 이런 위치는 당연히 아래의 취락에서 올려다보았을 때 가장 잘 보이는 입지이다. 고분들의 이런 입지 지향성은 당시 사람들이 각 무덤을 망자의 처리 장소 혹은 권력 상징 기념물로만 인식해서는 생겨날 수 없는 현상이다. 이는 죽은 왕을 비롯한 귀족 등 권력자들이 실제로 그곳에서 산 사람들의 세계를 언제나 지켜보고 있는 듯이 여겼기 때문일 것이다.

더욱이 고대 한국의 내세관이 이승과 저승이 둘이 아닌 하나라는 繼世思想[34]을 근간으로 한다는 점을 고려하면 당시 대가야 도읍의 산 사람들은 단순히 이런 무덤의 존재를 의식하면서 산 데 그치지 않고 그 속에서 죽은 사람들이 말하자면 '살고 있다'고 여겼을 뿐만 아니라 또한 그 망자들이 자신들을 항상 보호해 준다고 생각하였을 것으로 추정할 수 있다.

이는 맨 마지막에 언급하듯이 무덤 속에 순장자의 공간으로서 순장 석곽을 별도로 설치하였다는 대가야만의 특징에서도 뒷받침된다. 그리고 고분군

....

34   邊太燮, 1958, 앞의 논문 및 1959, 앞의 논문 참조.

들이 당시 지배층 내의 상호 구분되는 집단별로 가지 능선을 따르든지 혹은 다른 방식으로 군집을 이루었다고 추정되는 점 또한 이를 간접적으로 뒷받침하는 분포상 특징이다. 이는 말하자면 죽은 자들이 차지한 '사후 삶'의 공간이 지닌 구조를 볼 때 그 사람들이 살았을 때처럼 같은 집단 성원끼리 그리고 각 집단의 누대 성원들이 가까이 자리 잡았다는 뜻이다. 좀 어려운 말로 표현하면 무덤들의 공간 배치가 망자들의 생전 정치적(혹은 실제 사회적) 삶의 지리 구조를 반영한다고 여겨진다.

그런데 이런 고분 집단 구분은 그저 각 집단 출신 망자들의 정체성을 구분하기 위한 의도에서 비롯된 데 지나지 않는다고 보기는 어렵다. 그들이 실제로 그곳에서 '사후 삶'을 산다고 믿고 있었던 데 기인한다고 봄이 가장 합리적인 해석이라고 여겨진다. 즉 계세사상에 따라 이승과 저승이 하나로 연결된다고 믿은 대가야인의 정신세계를 구체적으로 반영한다고 추정할 수 있다. 이렇게 본다면 지산동고분군이 자리 잡은 구릉 전체는 바로 그런 죽은 왕과 귀족의 내세 공간이었던 것이다.

대가야인의 이런 내세 공간 인식은 당시 대형분 내부에 축조된 석곽들의 배치와 순장 현상을 들여다보면 더욱 선명하게 느낄 수 있다. 특히 순장곽들의 배치가 그런 믿음을 드러내는 것으로 보인다. 무덤 중앙에는 주인공의 사후 거처인 주곽이 설치되고 그에 가장 가까운 곳에 부곽이 주곽과 직교하거나 나란하게 설치되었는데 이 부곽은 생전의 창고와 같은 기능을 한 시설이다. 그곳에 순장된 이가 창고지기임을 즉물적으로 보여 준 예로는 경산 임당지구 고분군의 사례를 들 수 있다. 경산은 신라의 지방에 해당하는 곳이지만 그 고총 몇 기의 부곽에 순장된 인골이 그대로 누운 상태로 출토되었음[35]은 아주 잘 알려진 사실이다. 지산동 44호분의 남부곽에서 곡물인 기장이 출토된 점 역시 부곽이 창고로서의 기능을 가졌음을 암시한다.

....

35 이를테면 조영 CI-1호와 2호의 예를 들 수 있다(嶺南大學校博物館·韓國土地公社, 1999, 『慶山 林堂地域 古墳群 IV—造永 C I · II호분—』).

주·부곽의 둘레에는 순장 석곽들이 배치되었는데, 이처럼 각 순장자의 공간을 석곽으로 명확하게 만들어 준 것은 아마도 세계적으로도 거의 유례가 없는 대가야 문화권 특유의 관습이 아닌가 싶다.[36] 순장 석곽은 지산동 30호처럼 주곽 좌우와 머리 쪽에 그 주인공들이 무덤 주인공을 가까이서 모시듯 배지되거나 44호나 45호처럼 전(후)면이나 둘레를 호위하듯이 배치되었다. 44호분과 45호분의 순장 석곽 평면 배치는 그런 의식을 잘 보여 준다. 그런데 그에 묻힌 사람들은 금귀걸이를 착용한 점 등으로 보아 결코 단순한 노예 정도의 신분에 속한 사람들이 희생 제물로 바쳐진 것은 아니다. 그들은 순장된 노비를 포함해 비첩, 시녀, 시종 무사 등 근시자(近侍者) 혹은 가신들[37]로 추정된다.[38] 그런 점에서 이 순장 석곽들의 배치는 그들이 생전에 주인공을 가까이 모시고 살던 그대로를 무덤 속에 의미 있게 상징적으로 구조화하였을 가능성이 있다고 하겠다.

앞에서 보았듯 대가야 무덤들에서는 다양한 순장 양상이 나타난다. 그런 순장 양상의 차이가 나타나는 원인은 무엇일까? 그것은 아무래도 각 고분의 지배층 내 위계 차이와 그것이 축조된 시기의 정치적 발전 수준 차이 등과 관련이 있을 터이다. 지산동 73호와 75호 같은 무덤의 주인공은 대가야가 아직 국가 단계에 진입하지 못한 시기의 왕급 인물들로 추정된다. 이 무덤들의 순장 혹은 순장묘곽이 거의 주곽 안으로 한정되는 점은 아직 목곽묘 단계이거나 목곽묘적 전통을 강하게 지닌 시기라는 점과 물론 관련이 있다. 하지만, 한편으로는 주인공의 생시 생활에서 시중을 드는 등 근시를 한 사람들을 순장하였더라도 아직 당시의 정치적 발전 수준이나 이념 체계의 정교화 수준이

....

36 삼국시대의 다른 사례로는 성주 성산동 38호분에서 순장곽으로 추정되는 한 기의 석곽이 주곽과 부곽 사이에 설치된 예 정도가 있을 뿐이다. 그러나 1기의 순장곽뿐이어서 대가야권의 다곽 순장과는 차이가 있다.

37 이성준, 2009, 「한반도 고대사회에서 순장의 사상적 배경과 그 성격」, 『대가야의 정신세계』, 고령군 대가야박물관·계명대학교 한국학연구원, pp. 234~240.

38 중국고고학에서는 전자처럼 매장시에 희생 제물로 바친 자를 인생(人牲), 후자 같은 순장자를 인순(人殉)이라는 용어로 구분한다(高崇文, 2009, 「은주시대의 순장과 사상」, 『대가야의 정신세계』, 고령군 대가야박물관·계명대학교 한국학연구원, p. 277).

그런 생시의 역할이나 지위를 봉분 안에 구체적으로 표현할 정도에는 이르지 못한 때문으로 볼 수 있다.

그러나 바로 그 다음에 축조되었다고 여겨지는 30호분에서는 석곽인 주곽의 둘레에 별도의 순장곽을 여러 기 배치하는 식으로 그런 인식이 서서히 구체화된다. 그 이후의 5세기 중반 대형묘를 아직 발굴해 보지 않아서 분명하지 않으나 5세기 후반 대가야가 국가 단계로 진입하고 5세기 말에 44호분이 축조되는 단계에서는 그것이 명확하게 구체화된다고 보인다.

44호를 당시의 왕릉이라 할 때 그 순장곽들의 배치를 보면(그림 7) 그 가운데 전면에 부채꼴 모양으로 자리 잡은 것들이 있는가 하면 그와 방향을 달리해 주부곽 둘레를 감싸듯이 위치한 것들도 있는 등 어떤 배치 원칙이 있는 듯이 보인다. 그 배치의 원리를 지금 당장 알아내기는 쉽지 않지만[39] 이를테면 11호 순장 석곽은 주곽에 가장 가까운 전(혹은 후)면에 위치한 석곽인데 소형일지라도 그에서만 유일하게 철제 대도 등의 무기류가 나온 점을 감안한다면 그 주인공은 필시 호위 무사였을 가능성이 크다.

그래서 44호분의 순장 석곽들에는 무덤 주인공인 왕의 궁궐 궁중생활을 근시하면서 호위, 음식 준비 등 갖가지 직능을 맡았던 이들 가운데 대표격 인물들을 사후 궁궐에 해당하는 무덤 안에 그를 방불케 하는 일정한 배치 원칙에 따라 석곽별로 매장하였던 것으로 추정해 볼 수 있다.

44호 바로 옆에 그를 이어서 축조된 45호분에서 순장곽 배치가 이와는 상당히 다른 모습을 보이는 점(그림 8)이 역으로 이런 추정을 상호 뒷받침한다고 할 수 있다. 45호는 왕릉이라고 보기는 어렵다. 그 주인공은 왕급에 조금 못 미치는 인물이라서 생시에 차지했던 사회, 정치적 위격에 따른 거주 공간의 구조와 근시자의 숫자 및 그 직능의 수 등이 왕과는 달랐을 터이다. 그래서 순장된 근시자들의 석곽들이 그에 걸맞은 형태로 도열하듯 배치되었으

....

[39] 최근 인골과 부장품의 위치 관계를 중심으로 이를 다룬 논문(신석원, 2013, 「고령 지산동 44호분 순장 곽의 매장패턴 연구―인골과 부장품의 위치관계를 중심으로―」, 『한국고고학보』 88, pp. 120~156)이 나왔다.

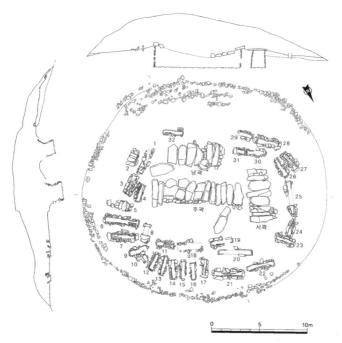

그림 7 지산동 44호분 석곽 배치도

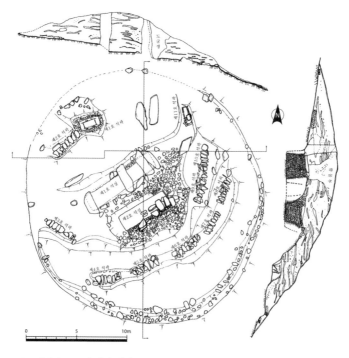

그림 8 지산동 45호분 석곽 배치도

되 숫자가 적은 것이 아닌가 하는 것이다.

이상과 같이 지산동고분군이 자리 잡은 구릉 전체가 대가야 사람들의 사후 내세 공간인 가운데 그 안에 축조된 각 대가야 고총의 내부 매장 시설 또한 그저 죽은 자의 매장 공간에 그친 것이 아니라 그 속에 매장된 사람들이 죽어서 실제로 居하는 공간으로 인식되었을 가능성이 아주 큼을 엿볼 수 있다. 즉 무덤 내부의 석곽, 특히 순장곽의 독특한 배치 양태는 바로 그 무덤 자리 자체를 이승을 이으면서 또한 그를 반영한 저승, 곧 내세라고 여겼던 데서 비롯된 현상이라고 추정할 수 있는 것이다.

V. 후언

고고학을 한 줄로 정의하라면 유적·유물·유구가 지닌 정형성(patterns) 혹은 규칙성들(regularities)을 찾아내고 그 의미를 탐구하는 학문이라고도 할 수 있다. 그런 정형성들은 여러 분야 혹은 차원에서 인지해 낼 수 있는데 이를테면 유물에서는 흔히 형식분류라는 작업으로써 설정해 보기도 하고 범위가 더 넓은 유적 같은 경우에는 공간 구조 등을 초점에 두고 그것이 지닌 어떤 특징들을 요약해 내기도 한다. 통상으로는 유물의 형식분류로써 인지한 미시적 정형성들은 토대로 때로는 지나치게 거시적인 차원의 해석을 시도하기도 한다.

본고는 그와 달리 어떻게 말하면 지산동고분군 자체와 그것이 자리 잡은 구릉 전체가 현대의 우리에게 하나의 인공 경관으로서 나타내 보인다고 여겨지는 특징들이 과거 대가야 당시에 무엇을 '의미'하였는지 '이해'하려는 차원에서 접근하였다. 그러다 보니 자연히 서구의 과정주의 고고학처럼 과거를 설명하려는 쪽보다는 그것을 이해하려는 탈과정주의적 접근[40]과 상통하고

....

40   R. J. Sharer, and Wendy Ashmore, 1987, *Archaeology: Discovering Our Past*, 2nd edition,

또 그 가운데 한 부류인 현상학적 경관학[41]의 접근법을 연상하게 하는 측면이 있다. 물론 과문한 필자가 미리부터 그런 접근법을 의식하고 지산동고분군의 분포와 입지를 분석하고 그 의미를 따져 보기로 한 것은 아니었다. 다만, 경관이라는 좀 거시적인 측면에 초점을 맞추다 보니 자연히 비슷한 경향성을 띠게 된 것은 아닌가 싶다.

어떻든 본고의 접근법이 앞으로 고고학 자료를 보는 축척[42]을 미시적인 데만 둘 것이 아니라 유적 간 상호 관계는 물론 그 경관으로까지 크게 확대 조정해 보는 것도 무의미하지는 않음을 일러주는 한 사례가 된다면 다행이라 하겠다.

끝으로, 이 논문은 2013년 10월 10일~11일 고령군 대가야박물관 강당에서 경상북도·계명대학교 한국학연구원 주최·주관으로 개최된 '대가야 고분군의 세계문화유산 등재를 위한 국제학술대회'에서 같은 제목으로 발표한 글을 논문 체재에 맞추어 일부 수정하였음을 밝혀 둔다.

출전: 李熙濬, 2014, 「고령 지산동고분군의 입지와 분포로 본 특징과 그 의미」, 『嶺南考古學』 68, 嶺南考古學會, pp. 52~72.

....

Mayfield, pp. 92~104.

41   Tilley, C., 1994, *A Phenomenology of Landscape*, Berg.

42   T. 더글러스 프라이스, 2013, 앞의 책, pp. 136~138.

제8장

지산동고분군과 대가야

I. 머리말

신라·가야 고분의 편년 혹은 절대 연대관은 거의 누구나 신라 마립간의 능으로 간주하는 경주 황남대총 남분의 피장자를 누구로 보느냐에 따라 크게 엇갈린다. 근년까지 402년 사망한 나물마립간으로 보는 견해와 458년 사망한 눌지마립간으로 보는 견해가 맞선 가운데 417년 사망한 실성마립간으로 보는 견해도 새로이 제기되었다. 세 가지 설의 근거 등에 대해서는 2010년 국립박물관이 개최한 황남대총 특별전의 도록에 특별논고로 실려 있거니와[1] 최근에 이 문제를 다시 집중 거론한 연구[2]도 나왔다.

....

1   李熙濬, 2010, 「皇南大塚 南墳 奈勿王陵說의 提起 背景과 槪要 그리고 意義」, 『황금의 나라 신라의 왕릉 황남대총』, pp. 192~206. ; 金龍星, 2010, 「新羅 麻立干時期의 王陵 皇南大塚 南墳」, 『황금의 나라 신라의 왕릉 황남대총』, pp. 207~225. ; 咸舜燮, 2010, 「皇南大塚을 둘러싼 論爭, 또 하나의 可能性」, 『황금의 나라 신라의 왕릉 황남대총』, pp. 226~245.
2   최병현, 2014a, 「경주 월성북고분군의 형성과정과 신라 마립간시기 왕릉의 배치」, 『한국고고학보』 90, pp. 120~163.

황남대총 남분의 주인공을 나물마립간으로, 즉 그 축조 연대를 5세기 극초로 보는 연대관[3]에 따를 때 신라와 가야의 지리적 범위는 그것을 명료하게 나타내는 고고학적 증거인 낙동강 이동양식 토기와 이서양식 토기의 분포로 보건대 늦어도 서기 400년 이후로는 금호강 이남에서 낙동강을 경계로 하였다. 그리고 이즈음을 전후해 신라와 가야의 각지에는 고총으로 불리는 중대형 봉토분이 군집을 이루고 조영되기 시작하였다.

낙동강 이서 가야 지역의 주요 고총군들을 들어 보면 고령의 지산동고분군을 필두로 함안의 말이산고분군, 합천 동부의 옥전고분군, 서부의 반계제고분군, 남부의 삼가고분군, 함양의 백천리고분군, 산청 북부의 생초리고분군, 남부의 중촌리고분군, 고성의 송학동고분군이 있다. 그리고 남원 운봉고원의 월산리고분군과 두락리고분군, 장수의 삼봉리·호덕리고분군, 순천의 운평리고분군도 가야 고총군이다.

이런 고총군들은 가야 당시 각 지역 정치체의 중심지나 각 지역을 구성했던 여러 지구의 중심지들에 조영되어 있다. 이 가운데서 고령의 중심 지구 고분군인 지산동고분군에 조영된 대소 고총의 수는 모두 704기로 알려져 있다. 지산동고분군을 제외하면 최대 숫자인 함안 말이산고분군의 경우 모두 200여 기로서 그에 크게 미치지 못한다. 나머지 고총군의 경우는 많다고 해야 그저 수십 기에 지나지 않을 뿐이다. 또 고총의 규모를 보면 지산동고분군에는 다른 지역에는 없는 지름 40m가 넘는 것이 있을 뿐더러 다른 지역에서 최대급으로 대개 1~2기가 조영된 30m급도 여러 기 있다. 이처럼 지산동고분군의 고총 숫자와 규모는 가야 지역 안에서 타의 추종을 불허하며 압도적이다.

왜 이런 차이랄까 불균형이 생겨난 것일까? 고총은 진·변한 시기 이래 영남 지방에 축조된 분묘들을 통시적으로 볼 때 지배층 개개인에게 사회 내

....

3   李熙濬, 1995b,「경주 皇南大塚의 연대」,『嶺南考古學』17, pp. 33~67. ; 최병현, 2014a, 위의 논문. ; 최병현, 2014b,「5세기 신라 전기양식토기의 편년과 신라토기 전개의 정치적 함의」,『고고학』13-3, pp. 159~229.

의 정치, 경제적 권력이 이전보다 획기적으로 집중[4]되는 한편 그들이 이끈 정치체가 크게 발전하였음을 말하는 증거로 해석된다. 그러므로 4세기 중에 가야국들이 성립한 이후 6세기에 멸망할 때까지 서로 엇비슷하게 발전했을 것으로 상정해서는 그런 차이를 이해할 수가 없다. 고령 지역 대가야국이 다른 지역 가야국에 비해 크게 앞서감으로써 아주 우세했던 때문이라고 풀이할 수밖에 없다.

그러면 지산동고분군은 순전히 고령 지역 대가야만의 인적, 물적 역량이 집중된 결과로 그렇게 압도적인 모습을 띠게 되었을까? 고령 지역이 특별히 다른 지역보다 경작 가능 면적이 아주 넓어 인구가 월등하게 많았을 것으로 추정된다면 그렇게 생각해 볼 수도 있다. 하지만, 그렇지는 않기 때문에 고령 지역만이 아닌 다른 지역의 자원까지 그에 직, 간접으로 관련이 되었을 가능성을 점쳐 볼 수 있다. 이 대목에서 대가야양식 혹은 고령양식이라고 불리는 토기의 분포권이 고령에서 서쪽으로 멀리 남원 동부 및 장수까지, 또 섬진강을 따라 순천 지역까지 미친 사실을 떠올릴 수 있다.

이 현상을 두고는 두 가지 해석이 있다. 한 가지는 고령을 맹주로 하는 대가야연맹의 존재를 뜻한다는 해석이다. 다른 한 가지는 대가야의 세력 확산을 나타내는 동시에 그 분포권이 기본적으로 대가야의 영역이었다는 해석이다.[5]

두 해석 모두 동일하게 대가야라는 용어를 쓰고는 있지만 그것이 지칭하는 지리적 범위에는 실로 큰 차이가 있다. 대가야연맹론에서는 기본적으로 고령만을 가리켜 대가야라 한다. 그래서 대가야연맹이란 대가야국가론에서 말하는 넓은 영역 전체가 대가야로 불리는 연맹이었다는 것이 아니라 어디까지나 고령만이 대가야로서 그것이 일정 범위의 다른 가야국들에 대해 맹주권

....

4   이희준, 2007, 『신라고고학연구』, 사회평론.

5   李熙濬, 1995a, 「토기로 본 大伽耶의 圈域과 그 변천」, 『加耶史 研究─대가야의 政治와 文化─』, 慶尙北道, pp. 365~444([補註] 본서 제3장). ; 이희준, 2014b, 「고고학으로 본 가야」, 『가야 문화권 실체 규명을 위한 학술연구』, 가야문화권 지역발전 시장·군수협의회, pp. 135~196([補註] 본서 제1장 서설 및 제6장).

을 행사하는 관계였다는 것이다. 반면 대가야국가론에서는 고령 지역의 가야 세력이 대가야이기도 하지만 이와 동시에 그것이 복속한 지역들까지 모두 포괄하는 광역의 지리적 범위 전체가 또한 대가야이기도 하다. 아니 대가야를 국가라고 할 때 이는 오히려 후자 쪽에 비중을 둔 표현이다. 이제는 이 대가야국가론이 폭넓은 지지를 얻고 있다.

『일본서기』 등 역사 기록에서 고령 지역 가야국의 이름은 반파라는 蔑稱으로 나오기도 하나 정식으로는 가라로 나온다. 그래서 가라가 본래의 국명이었고 대가야는 별칭 같은 것이었다고 여겨지는데, 가라가 대가야로 불리기 시작한 시점에 대해서는 4세기 후반부터 그랬을 가능성을 타진하기도 한다.[6] 만약 그렇게 본다면 대가야는 애초에는 고령 지역에 자리 잡은 강력한 가라라는 뜻이었던 셈이며, 그래서 그것은 자칭이었을 가능성이 한층 크다. 그러다가 그것이 타칭으로까지 확대되면서 일반화한 것은 아무래도 고령 지역이 5세기 중엽경부터 다른 지역과 대등한 관계가 아닌 상하 관계의 대가야연맹을 이룬 이후 곧 대가야국가로 발전[7]하면서부터가 아니었을까 싶다. 그렇다면 지산동고분군은 대가야국가가 성립하기 직전부터 형성되기 시작해 국가로서 발전한 1세기 정도의 기간 동안 본격 조영된 셈이다.

이 글의 목적은 가야 지역 최대 고총군인 지산동고분군의 성격을 이처럼 이중의 의미를 지닌 대가야에 관련지어 탐색하고 그 조영 집단의 구성을 추론해 보고자 하는 데 있다. 그래서 먼저 지산동고분군 조영의 대가야국가적 배경을 살피고자 한다. 이에서는 그 영역 내 다른 지역의 고분군들과 비교를 해서 지산동고분군이 지닌 압도적 우위를 확인하는 한편 영역 내에서 출토되는 공통 토기 양식과 금제 귀걸이 등 위세품이 간접지배 속의 공납제 시행을 나타내는 단서로 해석되므로 각종 공납으로 지방의 자원이 왕도 고령 지역으로 집중됨을 배경으로 해서 지산동고분군이 그와 같은 모습을 띠

....

6   주보돈, 2014, 「가야사 새로 읽기」, 『가야 문화권 실체 규명을 위한 학술연구』, 가야문화권 지역 발전 시장·군수협의회, pp. 67~113.
7   李熙濬, 1995a, 앞의 논문. ; 이희준, 2014b, 앞의 논문.

었다고 풀이한다.

다음으로, 『삼국사기』에서 대가야국을 멸망시켜 대가야군으로 삼았다고 한 경우의 지리적 범위를 가진 대가야 안에서 지산동고분군이 역내의 다른 고총군과 비교할 때 어떤 위상을 지닌 고분군이었는지를 평가하고 그를 바탕으로 대가야 왕도의 구조를 추론해 본다. 마지막으로, 지산동고분군 자체의 시공적 구조와 관련된 정형성들을 추출하고 이를 근거로 대가야 지배층의 구성, 특히 횡적 구성에 대한 시론을 해 보기로 한다.

II. 지산동고분군 조영의 대가야국가적 배경

가야 각지의 고총군 및 그 하위 고분군들에서는 전체적으로 가야토기로 일괄되면서도 다시 크게 세 가지 양식으로 나뉘는 토기들이 출토된다. 이 세 가지 양식은 고령, 함안, 고성·산청남부를 각각 중심지로 하는 분포를 나타내면서 흔히 대가야양식, 아라가야양식, 소가야양식으로 불린다. 이 양식들의 분포 권역은 각각 당시 가야 諸國 가운데 유력했던 세 세력의 범위를 나타낸다.[8]

5세기 전반 이후로 고령 이외 가야 지역 가운데 고분군에 대가야양식 토기가 일정 기간 지속적이되 일색으로 부장되는 지역들로는 합천 서부와 거창, 함양, 산청 북부(생초 지역), 그 서쪽의 남원 동부 운봉고원 지역, 장수 지역, 섬진강 하구의 하동 지역과 그 인근 해안 지역인 순천 등지가 있다. 〈그림 1〉에서 보듯이 이 토기 양식의 분포권은 기본적으로 고령에서 황강 수계를 거슬러 올라가 다시 남강의 상류를 거슬러 올라간 후 그에서 북으로 금강 상류로, 또 남으로 방향을 틀어 섬진강 하구 및 남해안 지역으로 나아가는 교통로에 위치한 지역들로 구성된다.

....

8   이희준, 2014b, 위의 논문.

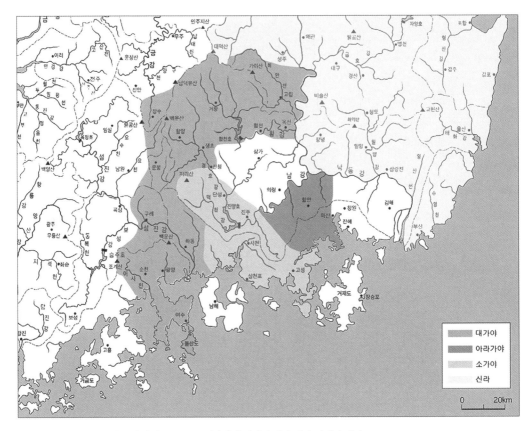

그림 1 5세기 말 토기 양식 분포로 본 대가야의 영역과 여타 가야 세력의 권역

　　이 지역들은 늦어도 5세기 말이면 대가야의 지방으로서 고령을 중앙으로 하는 영역국가의 일원이었다고 해석되고 있다.[9] 즉 이 지역들은 낙동강 이동에서 4세기 후반 이후 신라양식 일색의 토기들이 지속적으로 출토되는 고총들이 축조된 지역들, 이를테면 경산, 대구, 창녕, 성주 등지가 신라의 지방이었던 것과 아주 유사하게 대가야의 간접지배와 더불어 고령 토기 양식이 도입되고 고총군이 축조되기 시작한 대가야국가의 지방이었다고 풀이된다.

　　그런데 이처럼 고령 토기 양식 분포권이 대가야 영역이라고는 하지만 그 안의 고령 지역과 다른 지역 사이의 구체적 관계는 그저 중앙인 전자가 지방

....

9　　이희준, 2014b, 위의 논문.

인 후자를 간접 지배한 관계 정도로만 설정된 상태이다. 그 실상은 문헌 기록을 통해서는 거의 알기가 어렵고, 다만 고분 자료로써 추정할 수밖에 없는 형편이다. 여기서는 고분 자료 가운데 고총군의 규모와 출토 토기의 양식 문제를 중심으로 이 문제를 약간 살핌으로써 지산동고분군 조영의 대가야국가적 배경을 엿보기로 한다.

이미 말했듯이 지산동고분군을 구성하는 대소 고총은 모두 704기로 가야의 다른 지역 고총군에 비해 압도적인 숫자이다. 정밀 지표조사 결과를 토대로 하면 지름 40m 이상 1기, 40~30m급 5기, 30~20m급 12기, 20~15m급 18기, 15~10m급 87기, 10m 미만 581기로 나뉘어서 다른 가야 지역에는 없는 지름 40m를 넘는 초대형분이 있는 한편으로 30m급 대형분도 여러 기이다.[10]

이런 고총의 숫자와 규모가 지닌 의미를 구체적으로 실감하는 데는 동일한 대가야 토기 양식 분포권 안의 다른 고총군과 비교해 보는 방법이 가장 손쉬운 길이 되리라 싶다. 이를테면 함양의 백천리고분군을 보면 모두 20여 기, 산청의 생초리고분군은 24기로 알려져 있다. 후자의 경우 구체적으로 분포도가 작성되어 있는데 봉토분 가운데 발굴된 M13호분의 규모가 23.3×22.6m인 점[11]을 참고로 해서 분포도에 표시된 각 봉토분의 크기를 대략 추산하면 40~30m급 1기, 30~20m급 4기, 20~15m급 2기, 15m 이하 17기이다. 지산동고분군과는 비교가 안 되는 열세이다.

한편, 정밀분포도가 작성된 남원 두락리고분군(현재는 공식 명칭을 두락리 및 유곡리고분군이라 함)에서는 모두 40기의 봉토분이 확인됨으로써 고령양식 토기 분포권 안에서는 가장 많은 수의 고총이 축조된 사례로 꼽힌다. 그 가운데 지름 40~30m급 1기, 30~20m급 11기, 20~15m급 12기, 15~10m급 13기, 10m 미만 3기로 대형급이 비교적 많은 편이다.[12]

....

10 대동문화재연구원, 2010, 『고령 지산동고분군 종합정비계획수립을 위한 정밀지표조사 결과보고서』. 단,
    보고서의 총괄 통계와 실제 현황표의 통계 사이에 고분 등급별로 약간의 상이가 있어서 후자를 따랐다.

11 조영제·류창환·김승신·정지선, 2009, 『山淸 生草 M12·M13號墳』, 慶尙大學校博物館·山淸郡.

12 남원시·군산대학교박물관, 2011, 『남원 두락리 및 유곡리 고분군 정밀지표조사 보고서』.

이처럼 지산동고분군은 고총 총수만으로도 생초리고분군의 약 30배, 두락리고분군의 17~18배로 엄청난 차이를 보인다. 물론 이는 지산동고분군의 주요 특징 가운데 하나로 꼽히듯이 지름 10m 미만인 소형분이 많은 점[13]도 일정하게 작용한 탓이다. 하지만, 그 점을 제외하고 지름 15~10m급 중형분 및 지름 15m 이상인 대형분의 숫사에서도 현격한 차이가 있음은 분녕하다. 생초리고분군은 전체적으로 워낙 차이가 심하니 제쳐 놓고 지산동고분군을 대가야 영역 내 지방 고분군 가운데 최대 규모인 두락리고분군과 비교해 보면 중형분의 숫자는 5배 이상, 대형분은 1.5배이다.

다만, 두락리고분군은 입지가 거의 평지성 구릉이라 정밀지표조사에서는 32호분이 지름 29.6m로 측량되었으나 2013년 발굴 결과 21×17.4m로 확인된 데[14]서 보듯이 원래 봉분 기저부 주변을 삭평해 규모가 더 커 보이게 한 사례들이 다수일 가능성이 크다. 이를 감안할 때 각 고분의 실제 크기는 다소 줄어들 소지가 있으므로 지산동고분군과의 격차는 좀 더 커질 수가 있다. 또 현재 진행 중인 정밀지표조사에서 대형분을 포함해 모두 60여 기의 봉토분이 확인되었다는 고령 연조리고분군도 실은 지산동고분군과 하나의 군을 이룬 고분군이라서 그 차이는 더 벌어진다.

더욱이 다음 절에서 보듯이 고령 지역의 중심 고분군에는 지산동고분군 이외에 중대형분 70여 기가 조영된 쾌빈리·본관리고분군이 더 있다는 점도 지역 간 세력 차이를 고분군 규모를 상호 비교함으로써 이해하려는 데서 반드시 감안해야 할 것이다.

요컨대 지산동고분군에 축조된 고총의 숫자와 규모는 대가야 영역 내의 다른 지역 고분군을 압도하며 실은 합천, 거창, 함양, 산청북부, 남원 운봉, 순천 등 영역 전체에 축조되어 있는 고총 모두를 합친 것보다 많다. 이런 점만

----

13   李熙濬, 2014a, 「고령 지산동고분군의 입지와 분포로 본 특징과 그 의미」, 『嶺南考古學』 68, pp. 52~72
     ([補註] 본서 제7장).
14   변희섭, 2014, 「남원 두락리 및 유곡리 고분군(32호분) 발굴조사 성과」, 『가야와 백제, 그 조우(遭遇)의
     땅 '남원'』, 남원시·호남고고학회 학술대회, pp. 27~44.

보더라도 대가야양식 토기 분포권 안에서 고령 지역이 지닌 중심성은 너무나 분명해서 그런 토기 양식 분포권의 의미를 연맹 관계 정도로 해석할 수 없음을 알 수 있다. 사실 연맹이 뜻하듯 기본적으로 대등한 상호 관계라면 해당 지역에서 군이 고령양식 토기가 나올 이유 자체가 없다.

그래서 이런 공통된 토기 양식의 분포는 적어도 고령 지역이 상하 관계 연맹의 맹주로서 강한 영향력을 행사한 5세기 중엽 이후로 그 영향력이 확대됨에 따라 토기 양식이 일방적으로 확산된 결과라 해야 할 터이다. 그리고 늦어도 5세기 4/4분기 단계부터는 위에서 열거한 지역들로 이루어진 지방에 대응되는 왕도로서의 고령을 상정할 수 있으며 당시 대가야의 그 지방에 대한 통치는 간접지배였다고 해석된다.[15]

간접지배란 무엇인가? 이는 피복속 세력이 지닌 기존의 기반을 그대로 온존시킨 상태에서 통치를 하는 방식이다. 이에 관해서는 문헌 기록과 고고학의 연구로 어느 정도 실상이 드러난 마립간기 신라의 경우를 크게 참고할 수 있다. 물론, 신라와 대가야가 간접지배를 개시한 시점을 보면 약 1세기 정도의 차이가 있어서 그 구체적 과정이나 내용이 똑같을 수 없었음은 감안해야 하겠다.

마립간기 신라의 경우 간접지배란 사로에 의해 복속된 지역이 공납이라는 복속의례를 매개로 해서 상당한 정도의 자치를 보장받았음을 말한다. 즉 마립간기 신라의 지방지배 형태는 크게 보아 공납제에 의한 간접지배라고 규정한다. 다만, 이를 좀 더 깊이 들여다보면 몇 가지 유형으로 나뉜다고 한다.[16]

첫째, 의례적 공납 등의 형식으로 신속을 표하는 대가로 거의 완전한 자치를 허용하는 경우가 있고, 둘째, 피복속 지역의 자치는 그대로 허용하되 당해 지역의 유력 세력에 대해 중앙이 일정한 재편을 하는 경우가 있으며, 셋째, 피복속 지역의 유력 세력을 중앙으로 이주시켜 귀족화시키고 원래 지역은 재

....

15   李熙濬, 1995a, 앞의 논문. ; 이희준, 2014b, 앞의 논문.
16   朱甫暾, 1996a, 「麻立干時代 新羅의 地方統治」, 『嶺南考古學』 19, pp. 28~35.

편해 그에게 식읍과 유사한 형태로 지급하는 경우도 있고, 넷째, 피복속지 가운데 중요한 군사요충지에는 중앙에서 직접 파견한 군관을 상주시킨 경우가 있다는 것이다.

간접지배에서는 이에 더해 원심성을 갖고 언제든지 이탈하려고 했을 지방 세력들을 감시, 통제하는 여러 가지 장치를 또한 갖고 있었는데 왕의 지방 巡狩, 임시 감찰관의 파견, 필요시 재지 세력의 중앙 소환 등을 들 수 있다고 한다. 이런 감시 통제책은 물론 지방 세력이 가진 자치권을 제약하려는 목적을 지닌 것이었다.

이처럼 간접지배는 다양한 형태를 띠었으며 그와 더불어 여러 가지 통제책도 갖고 있었으나 그 근간을 이룬 경제적 체계는 공납제였다. 즉 간접지배는 경제적 측면에서는 공납제를 바탕으로 하였다. 이 공납제는 흔히 대상 지방에 대한 물적 수탈의 측면만 강조되는 경향이 있으나 실은 인적 수탈, 즉 노동력의 징발 또한 그에 못지않은 중요한 요소였다.

대가야의 경우에는 위와 같은 신라 마립간기의 지방 통제나 공납제 시행과 같은 추론을 할 수 있는 관련 문헌 기록이 거의 없으나『일본서기』계체기에는 가라가 6세기 초에 섬진강 및 남강 상류 방면에 있었던 대사와 기문[17]을 둘러싸고 백제와 쟁투를 벌이는 가운데 그 일대에 축성을 하였다는 기사가 나온다. 이는 대가야가 늦어도 그즈음에는 이와 같은 지역의 노동력을 징발해 국가에 필요한 작업을 수행하는 간접지배 수준의 지방 통치를 실시한 대표적 문헌 증거로 꼽을 수 있다.

그래서 대가야가 고대국가 단계에 들어선 5세기 후반 이후로 마립간기 신라처럼 공납제를 근간으로 하는 간접지배를 실시하였다고 보고 그와 관련된 고고학적 실마리를 찾아보아도 좋을 것이다. 이 경우 토기에서 각 지역 양식이라는 것을 볼 수 없는 수준으로 통일된 고령 토기 양식이 지방 각지로 확산된 현상을 주목할 수 있다. 그리고 그 영역 안의 고총들에서 대가야식 금제

....

17   이희준, 2014b, 앞의 논문.

귀걸이가 적지 않게 확인되는 점도 유의된다.

산청 생초고분군 발굴보고서에서는 그 고분군에서 출토된 대가야양식 토기를 두 가지 종류로 나누고 한 가지는 외래계 공인, 즉 고령 지역에서 그리로 이주한 공인이 제작한 것이며 다른 한 가지는 재지 공인이 그를 모방해 만든 것으로 보았다.[18] 이는 실은 고령 지역이 그 지역의 토기 생산체계를 장악하였음을 인정하는 견해이다. 즉 그 지역에 대한 고령 지역의 지배를 적어도 간접지배보다는 훨씬 강력한 수준이었다고 상정한 것이었다. 그에 일리가 없는 것은 아니나 고령 지역이 이런 식으로 각지의 생산체계를 장악한 듯이 해석할 수 있는 이론적 근거는 부족하다. 일단 고총이 축조되고 있다는 점을 염두에 두면 피지배 지역의 경제 기반에는 손을 대지 않는 공납제[19]를 바탕으로 하는 간접지배의 선상에서 이를 이해해야 할 듯하다.

이렇게 볼 때 외래계 공인이 제작하였다고 규정한 토기들은 흔히 고령산 토기라고들 하듯이 실은 고령에서 생산된 제품들이 각지로 반입된 것들일 가능성에 무게를 더 둘 수 있을 것이다. 고령 지역에서 지속적으로 공인들이 해당 지역으로 이주하지 않는 한 그처럼 고령 지역 생산품과 똑같은 토기가 매 시기 만들어지기는 어려운데, 그러했을 가능성은 거의 없기 때문이다. 그렇다면 문제는 이런 고령산 토기들이 어떤 맥락에서 대가야의 지방 각지로 반입되었는가 하는 것이다.

우선 그 토기들이 고총 주인공의 생시에 그리로 반입되어 유통된 일반 물품 가운데 하나로서 그의 장례용으로 사용된 것으로 생각해 볼 수 있다. 그렇지 않으면 고총 주인공의 장례에 즈음해 고령 지역에서 보내온 물품으로 볼 수도 있다. 지금 어느 쪽이라고 단정하기는 어렵다. 만약 전자라면 고령 지역이 해당 지역의 경제에 깊숙이 개입하고 있었음을 나타낸다고 볼 수 있겠다. 그렇지 않고 후자라면 그 토기들이 술 등 제수용품을 담은 용기로서 부의

....

18 趙榮濟·柳昌煥·張相甲·尹敏根, 2006, 『山淸 生草古墳群』, 慶尙大學校博物館·山淸郡.

19 A. I. Pershits, 1979, "Tribute relations", *Political Anthropology: The State of the Art*, eds., S. Lee Seaton and Henri J. M. Claessen, Mouton Publishers, pp. 149~156.

물품과 같은 성격을 띠었던 것으로 이해할 수 있다. 여기서 무덤마다 대체로 고령산 토기와 그것들을 모방한 지역산 토기가 섞인 상태로 부장된 정황과 특히 고총에 부장된 토기들이 대개 장경호와 기대 같은 기종을 중심으로 하는 점을 보면 아무래도 후자일 가능성에 무게가 더 실린다.

만약 이처럼 대가야 지방 각지의 고총에서 출토되는 고령산 토기가 고령 지역에서 장례에 즈음해 보내온 부의물품 가운데 하나였다면 그 행위의 주체는 당연히 고령 지역의 지배층이었을 터이다. 그런데 고령 지역의 대가야 중앙 지배층은 각지 수장층의 장례에 그런 부의물품을 보냈을 뿐만 아니라 그들의 생전에는 대가야식 귀걸이 또한 사여하였던 것으로 추정된다. 대가야식 장신구의 종류로는 대관, 모관(관모), 귀걸이, 팔찌, 대장식구 등이 있지만 고령 지역을 벗어난 대가야 영역 안에서 비교적 광범위한 분포를 보이는 물품은 역시 귀걸이라서[20] 그것이 이른바 대가야식 위세품의 주요 요소였던 것으로 추정할 수 있다.

이런 위세품 수수 관계에 입각한 지배-피지배 관계를 위세품 사여체계(prestige goods system)라고도 부르는데 이는 전 세계 고대국가 형성기 및 초기 단계의 복속 지역 지배에 널리 쓰인 방식이었다. 다만, 이런 위세품의 사여 행위 혹은 체계에는 흔히 지배-피지배라는 정치적 측면만을 관련짓기 쉬우나 실은 그와 짝해서 경제적 수탈이 이루어졌다는 사실을 간과해서는 안된다. 위세품 혹은 복식품의 사여는 그것을 받는 사람의 정치적 지위를 인정해 주는 데 그치는 것이 결코 아니다. 으레 그것을 받는 이 혹은 집단에게 되갚아야 할 책무를 유발한다. 그래서 그런 사여품의 기본 성격은 본질적으로 선물이라고 보아야 한다. 고령 지역에서 대가야 영역 내 각지 수장의 장례에 보낸 부의물품 또한 선물의 성격을 띠고 있다. 즉 대가야 영역 내 지방 고총들에서 출토되는 생전의 위세품과 사후의 부의물품은 모두 고령의 지배층이 지방 수장층에게 내린 선물의 차원에서 이해할 수 있다.

....

20   이한상, 2004,「대가야의 장신구」,『大加耶의 遺蹟과 遺物』, 대가야박물관, pp. 251~271.

인간 혹은 인간 집단 사이의 관계에서 이 선물이 지닌 갖가지 기능에 대해서는 포괄적 민족지 연구[21]가 있거니와 소위 '초기국가'에서 선물은 공납과 더불어 중앙과 지방 사이 혹은 지배자와 피지배자 사이의 관계를 유지하는 데 근간을 이루었다고 한다. 고고학계에서는 고대사학계가 오래전부터 진·변한 시기의 지역 정치체를 가리켜 초기국가라는 용어를 써 온 것과 달리 흔히 서구학계의 early state를 번역해 '초기국가'라고 쓰는데, 그것은 어떻든 징세가 본격화되기 이전 고대 아스텍 세계의 지방 지배에서 선물과 공납이 두 가지 중요 요소였으며 전자가 주로 중앙의 지배층으로부터 지방의 지배층으로 내려간 반면 후자는 그 반대로 올라간 흐름을 띠었음을 지적한다.[22] 이런 '초기국가'에 해당하는 대가야의 경우는 지방 각지의 수장들이 정기적 공납 이외에 이를테면 대가야 왕의 상장의례 기간 중에 조문을 하면서도 공납물과 본질적으로 다를 바 없는 막대한 부의물품을 고령 지역으로 보냈으리라 여겨진다.[23]

결론적으로 대가야 영역 내 지방의 고총들에서 출토되는 대가야식 귀걸이와 고령산 토기들은 공납제 지배가 실시되었음을 암시하는 간접적 증거라 할 수 있다. 그리하여 지금은 우리가 물질 증거로 확인할 수 없는 식량 등을 비롯한 엄청난 양의 공납물이 고령 지역으로 대대적으로 흘러 들어갔을 것이다. 바로 이런 경제 물품의 대대적 상향 흐름이 고령 지역 지배 집단의 정치 경제적 기반이 되었던 것이고 그것은 지산동고분군이라는 대규모 고분군이 조영되는 배경이 되었을 터이다. 결국 왕도의 중심 고분군인 지산동고분군은 대가야 지방의 인적, 물적 자원이 왕도로 집중된 경제 체계를 바탕으로 한 것이었다고 이해할 수 있다. 즉 지산동고분군의 압도적 우세는 바로 이런 고령 지역의 정치, 경제적 중심성을 직, 간접적으로 반영하는 현상인 것이다.

....

21　마르셀 모스(이상률 옮김), 2002, 『증여론』, 한길사.

22　F. Hicks, 1991, "Gift and Tribute: Relations of Dependency in Aztec Mexico", *Early State Economics*, eds., Henri J. M. Claessen and Pieter van de Velde, Transaction Publishers, pp. 199~213.

23　[補註] 최근에 한성백제박물관에서는 백제 한성시기 지방 수장들의 무덤에서 출토된 관모, 중국자기 등을 백제 왕이 그들에게 준 선물의 관점에서 해석한 특별전시회를 개최한 바 있다. 한성백제박물관, 2015, 『백제왕의 선물 사여품』, 2015 특별전시회 도록을 참조.

III. 고령 지역 고총군의 분포로 본 대가야 왕도의 구조

신라·가야 시기에 고령 지역에 있었던 정치체, 즉 가라국의 구체적 범위는 영남 지방 각지를 자연적으로 구분해 주는 산지와 하천 같은 지형 요소를 중심으로 하되 그에다 고령양식 토기가 지속적으로 일색을 이루며 출토되는 고분군의 분포를 함께 고려해 추정해 보는 수밖에 없다. 그러면 현재의 고령군 범위에다 안림천 상류로서 합천군에 소속되어 있는 야로면·가야면을 포함시키고 또 대가천 상류역으로 성주군에 소속된 지구 가운데 적어도 대가천의 서안을 포함시켜야 한다.

이런 범위에 걸친 대가야국가의 중앙, 즉 왕도의 구조를 엿보기 위해서는 역시 지형과 역내 곳곳에 축조된 고분군의 분포를 참고로 할 수 있는데, 이런 사항들을 잘 표시한 그림을 빌려 오면 〈그림 2〉[24]와 같다(단, 합천 쪽 야로면의 고분군 등은 빠져 있다). 이를 참고하면서 그간 대가야 중심부의 권역구분을 유일하게 시도한 연구의 가설[25]을 실마리로 논의를 해 보기로 한다.

이 가설에서는 청동기~원삼국시대와 대가야시대에 고령 지역에 자리 잡았던 집단의 분포를 지형과 각 시대의 고고학 유적 분포 등을 토대로 해서 구분하였는데, 청동기~원삼국시대에는 5개 권역, 대가야시대에는 4개 권역으로 나뉘어 있었다고 보았다. 청동기~원삼국시대의 5개 권역은 고령읍에 해당하는 내륙 분지권, 대가천 중류역의 운수면이 중심이 되는 대가천 유역권, 안림천 중하류역의 쌍림면 안림리가 중심이 되는 안림천 유역권, 대가천과 안림천이 합류함으로써 시작되는 회천의 상류에 해당하는 개진면 양전리, 반운리가 중심이 되는 회천 유역권, 성산면을 중심으로 하는 낙동강 유역권이다.

이러했던 5개 권역은 대가야시대에 가서는 수계와 방어용 산성, 고총(봉토분)군의 분포로 보건대 4개 권역으로 줄어들고 앞 시대에 비해 상호간의

....

24   曺永鉉, 2012, 『高靈 池山洞 第73~75號墳』(本文), 高靈郡 大加耶博物館·大東文化財研究院, p. 19
25   김세기, 2003, 『고분 자료로 본 대가야 연구』, 학연문화사, pp. 85~99.

그림 2 고령군 지역의 지형과 고분군 분포도

1. 快賓里古墳群, 2. 古衙里古墳群, 3. 場基里古墳群①, 4. 場基里古墳群②, 5. 延詔里古墳群, 6. 池山洞古墳群, 7. 本館里古墳群, 8. 中化里古墳群①, 9. 中化里古墳群②, 10. 內谷里遺物散布地(推定古墳群), 11. 禮里古墳群, 12. 星州溪亭里古墳群①, 13. 星州溪亭里古墳群②, 14. 白里古墳群①, 15. 白里古墳群②, 16. 星州吾川里木槨墓群, 17. 本里里遺物散布地(推定古墳群), 18. 盤城里遺物散布地②(推定古墳群), 19. 後岩里古墳群, 20. 大坪里古墳群, 21. 花岩里古墳群, 22. 法里遺物散布地(推定古墳群), 23. 月山里古墳群①, 24. 月山里古墳群②, 25. 月山里古墳群③, 26. 月山里古墳群④, 27. 江亭里遺物散布地①(推定古墳群), 28. 江亭里遺物散布地②(推定古墳群), 29. 朴谷里古墳群, 30. 箕山里古墳群, 31. 藿村里遺物散布地(推定古墳群), 32. 蘆谷里古墳群①, 33. 高靈蘆谷里古墳群②, 34. 蘆谷里古墳群③, 35. 蘆谷里古墳群④, 36. 開浦里古墳群, 37. 九谷里石槨墓(群), 38. 良田里古墳群, 39. 盤雲里瓦質土器遺蹟, 40. 盤雲里古墳群, 41. 新安里土器散布地(推定古墳群), 42. 桃津里古墳群①, 43. 桃津里古墳群②, 44. 大谷里遺物散布地①(推定古墳群), 45. 大谷里遺物散布地②(推定古墳群), 46. 蓮里遺物散布地(推定古墳群), 47. 高靈野亭里遺物散布地(推定古墳群), 48. 貴院里古墳群, 49. 松林里古墳群①, 50. 松林里古墳群②, 51. 山塘里遺物散布地(推定古墳群), 52. 下車里遺物散布地①(推定古墳群), 53. 下車里古墳群, 54. 山州里古墳群, 55. 合加里遺物散布地①(推定古墳群), 56. 新谷里古墳群①, 57. 新谷里古墳群②, 58. 安林里古墳群①, 59. 安林里古墳群②, 60. 安林里古墳群③, 61. 高谷里古墳群, 62. 龍里古墳群

위계 차가 분명해진다고 한다. 그때 봉토분이 포함되지 않는 고분군을 조영한 취락들은 그를 포함한 고분군을 조영한 취락의 예하에 소속되었다고 한다. 그 4개 권역은 연조리 중심권, 즉 대가야 왕경, (운수면 및 덕곡면을 중심으로 하고 월산리로 대표되는) 북부 지역권, (성산면 및 다산면을 중심으로 하고 박곡리로 대표되는) 동부 지역권, (개진면 및 우곡면을 중심으로 하고 반운리로 대표되는) 남부 지역권이다. 이는 결국 대가야시대에 이르러 앞 시대의 안림천 유역권이 고령읍의 연조리 중심권으로 통합되었다는 설정이다.

한편 중심권을 대가야 왕경 구역으로 규정하면서 고령읍과 쌍림면, 합천 야로면 및 가야면으로 구성되되 그 내부는 국도의 핵심인 연조리 궁성지와 주산성 및 지산동고분군으로 대표되는 王京地, 본관리산성과 쾌빈리·본관리고분군으로 대표되는 근교지, 내곡리 토기요지와 벽화고분이 있는 고아리고분군 및 쌍림면 평야를 중심으로 한 배후지, 야로를 중심으로 한 철산지로 구성되었다고 하였다.

이상과 같이 본고에서의 용어로 하면 중심 지구, 북부 지구, 동부 지구, 남부 지구로 고쳐 부를 수 있는 네 지구가 '原대가야'의 모습을 보여 준다고 하였는데[26] 이 말은 대가야 영역 속 중앙을 뜻하는 의미로 쓴 듯하다. 현재로서는 이런 구분을 유력한 가설로 보아야 하겠다.

이를 전제로 하면서 고령 지역에서 중형급 이상의 봉토분이 조영된 지점의 구체적 양상을 살펴보기로 하자. 지산동고분군에서는 중형급 이상이 123기이다. 그런데 이미 언급하였듯이 이 지산동고분군과 같은 주산 산지에 자리잡되 그 동쪽 척릉의 북쪽 사면에 조영된 연조리고분군도 실제로는 지산동고분군과 거의 하나의 고분군을 이루므로 그곳에 있는 중형분 혹은 대형분의 수도 더해야 할 터이다. 다만, 대형분을 포함해서 모두 60여 기라고만 전해졌을 뿐 아직 자세한 사항은 공식적으로 발표되지 않은 상황이다. 그래서 여기서는 지산동고분군의 중대형급 고총 숫자는 123기 이상이라고만 해 둔다. 지산

....

26   김세기, 2003, 위의 책, p. 97.

읍면 이름	고분군 번호	고분군 이름	고총 숫자	읍면 이름	고분군 번호	고분군 이름	고총 숫자
고령읍	1	쾌빈리	중형분 30여 기	운수면	23	월산리①	중형분 10여 기
					25	월산리③	중형분 15기
	6	지산동	중대형분 123기 이상	성산면	29	박곡리	중형분 20여 기
	7	본관리	중대형분 40여 기				
덕곡면	19	후암리	중형분 2기	우곡면	42	도진리①	중형분 10여 기
운수면	20	대평리	중대형분 10여 기	쌍림면	57	신곡리②	중형분 10여 기
	21	화암리	중형분 5-6기		62	용리	중형분 10여 기

동고분군과 더불어 고령 역내의 각지에 조영된 고분군들 가운데 내부 구조가 횡혈식석실분임이 명확하게 확인된 예를 제외하고 중형분 이상의 봉토분이 포함된 고분군과 그 숫자를 보면[27] 위의 표와 같다(여기서 고분군 번호는 그림 2의 고분군 번호를 가리킨다).

　이 표와 앞의 〈그림 2〉에서 다음과 같은 몇 가지 특징을 알아볼 수 있다. 첫째, 고령읍의 고분군들을 제외한 각 면의 고분군은 중형분의 숫자가 대개 10여 기인 가운데 월산리고분군과 박곡리고분군이 두드러지는데 전자는 모두 25기 이상으로 되어 있고 후자는 20여 기이다. 둘째, 고총을 포함하는 고분군이 성산면과 우곡면에 한 지점씩 조영된 반면에 운수면은 네 지점에, 쌍림면은 두 지점에 조영되었다. 그리고 덕곡면에는 2기가 조영된 후암리고분군밖에 없다. 셋째, 각 면을 대표하는 고총 포함 주요 고분군인 월산리고분군, 박곡리고분군, 도진리고분군, 신곡리고분군 등은 서로 8~10km 또는 그 이상 떨어진 반면 고령읍의 지산동고분군과 쾌빈리고분군, 본관리고분군은 3~4km 거리 안에 분포한다. 지산동고분군과 월산리고분군 사이의 거리는 다른 주요 고분군보다는 다소 가까워서 약 5km 정도이다. 넷째, 쾌빈리고분군과 본관리고분군은 지근거리에 있어서 거의 한 고분군을 구성하는데 이 경

....

27　경상북도, 2013, 『경북지역 가야역사문화유적 유네스코 세계문화유산 등재추진 학술연구』, pp. 78~99. ; 김세기, 2003, 위의 책, pp. 62~71.

우 그 고분군은 중대형분 70기라는 대규모 고분군이 된다.

이상의 분포상 특징들을 종합하면 다음과 같이 이해해 볼 수 있다. 첫째, 고령 지역 전체는 고총군의 분포 및 상호 거리를 기준으로 고령읍·운수면·성산면·우곡면·쌍림면의 5개 지구로 나눌 수 있으며 그 가운데 고령읍 지구는 여러 모로 다른 지구를 압도한다. 둘째, 운수면의 여러 지점에 봉토분이 포함된 고분군이 조영된 점과 그 가운데 월산리고분군이 다른 지점보다 우세한 점, 그리고 성산면 박곡리고분군 또한 다른 지점보다 우세한 점은 운수면의 여러 지점이 성주 지역의 신라 세력에 접한 사실과 성산면 지구가 북단으로는 성주 세력을 방어해야 하고 동쪽 낙동강 너머로는 대안의 대구 지역 신라 세력을 바로 마주하는 사실과 일정한 관련이 있을 것[28]이다.

셋째, 월산리고분군은 지산동고분군과 비교적 가까운 거리이면서 또한 본관리고분군에 인접한 위치에 있기는 하나 후자와는 소가천을 사이에 두고 마주한 점을 중시한다면 각각을 별개 지구에 소속시켜도 무방할 것이다. 넷째, 지산동고분군과 쾌빈리고분군 및 본관리고분군은 서로 가까운데다 그 사이를 구분하는 지형적 장애가 전혀 없어서 아무래도 같은 지구 안에서 상호 구분되는 집단의 소산으로 볼 수밖에 없다. 이런 고령읍 지구의 구성에 대해서는 다음 절에서 논의하기로 한다.

이처럼 고총 포함 고분군의 분포를 근거로 할 때 모두 다섯 개 지구로 나뉘는데도 앞의 가설에서 지산동 일대의 중심 지구에다 쌍림면의 안림천 유역권을 포함시킴으로써 모두 네 개 지구로 구분한 점은 어떻게 이해해야 할까? 이는 앞 시대에서 대가야시대로 들어오면서 형성된 왕도 내 핵심 지구의 생산 배후지 등을 감안한 설정이다. 그래서 어떤 측면에서는 그림직하다고 여겨진다. 그러면서도 별다른 근거가 있다고는 할 수 없다. 또 쌍림면에 다른 지구의 고총 포함 고분군과 마찬가지로 지산동고분군에서 일정한 거리(8~10km)에 용리고분군과 신곡리고분군이 조영된 점이 걸린다. 쌍림면 안

....

28 김세기, 2003, 위의 책, p. 95.

림천 유역권이 왕경 지구에 직접 소속된 배후지라면 중대형 고총군이 없는 등 무언가 다른 지구와 달라야 할 터인데 그렇지 못한 것이다.

그러므로 그런 통합 지구 설정은 결국 소위 왕경 지구의 존재를 지나치게 의식한 데서 비롯된 것은 아닐까 싶다. 고령읍 지구가 왕경이라면 왕도 내의 나머지 지구들이 그 직할지가 되는 것이므로 굳이 그렇게 배후지를 따로 설정할 이유가 없을 것이다. 이 대목에서 우선 대가야 시기의 지구 구분을 어느 정도 반영하고 있으리라 여겨지는 『삼국사기』 지리지의 고령군조 등 문헌 기록을 참고할 필요가 있을 듯하다.

『삼국사기』 34 지리지 강주 고령군조에는 원래 대가야국이었는데 진흥왕이 멸망을 시키고 대가야군으로 삼았으며 경덕왕이 이름을 고령군으로 고쳤고 영현이 둘로서 야로현과 신복현이라고 되어 있다. 이 가운데 야로현은 지금도 명칭이 그대로 남은 합천군 야로면을 포함하는 안림천 유역의 어느 지점까지일 것이다. 신복현은 본래 명칭이 加尸兮縣이라고 나오는데 이는 우곡면에 비정한다.[29]

한편 『삼국사기』 32 잡지 樂條에는 우륵의 출신지로 성열현이 나오는데 기왕에 그 현이 곧 '국' 수준에 해당하는 것으로 보고 그 위치를 대개 의령 등 고령 바깥 지역에 비정하였다. 그러나 이는 대가야에서 형식적으로나마 현제가 시행되었음을 말함이 분명하다고 하면서 성열현을 대가야의 직할 현이라 보고 현재의 고령군 관내 지역(본고의 지리적 구분 용법에 따른다면 지구 정도에 해당)으로 본 견해[30]가 주목된다. 다만, 이에서는 성열현의 위치를 특정하지 않고 그와 관련시켜 볼 수 있는 문헌 기록(『삼국사기』 41 열전 김유신전 상)의 성열성과 병기된 다른 지명인 가혜성이 우곡면 및 개진면에 비정될 수 있고 또 다른 지명인 동화성이 성주 방면이라면, 성열성은 고령읍과 멀리 떨어지지 않은 지구라고만 하였다. 여기서 부연해서 굳이 그에 해당하는 지구

....

29   田中俊明, 1992, 『大加耶連盟の興亡と「任那」:加耶琴だけが殘った』, 吉川弘文館, p. 64.

30   朱甫暾, 2006, 「于勒의 삶과 가야금」, 『악성 우륵의 생애와 대가야의 문화』, 고령군 대가야박물관·계명대학교 한국학연구원, pp. 56~60.

를 비정한다면 성산면 정도가 될 수 있을 것이다.

이와 같이 문헌 기록을 참고할 때 대가야의 왕도에서 안림천 중·상류역은 우곡면 지구 및 성산면 지구와 별개의 단위 지구였음이 분명하다. 고령군 조에 두 영현 이외에 다른 영현이 없는 이유는 아마도 대가야를 멸망시킨 후 그 수도인 고령 지역을 대가야군으로 편제하되 세력을 약화시키기 위해 성주 같은 다른 지역에 그것의 원래 북부 지구들을 떼어 붙인 결과일 것이다. 그런 중에도 안림천 상류에 해당하는 야로현이 대가야군의 영현으로 나오는 점을 감안하면 크게 보아 쌍림면 지구가 대가야 시절에 고령읍 지구에 합쳐져 하나의 중심부를 이루었던 것이 아니라 별개로 존재했다고 보아야 할 것이다. 그래서 고총 군집의 분포가 보여 주는 대로 대가야 시절에는 모두 다섯 개 지구로 나뉘어 있었다고 보는 편이 나을 듯하다. 이런 지구는 아마도 변한 시기에 이 지역의 정치체였던 미오야마국 혹은 반로국[31]의 읍락에 상응하는 단위들이었을 터이다.

그러면 대가야 시절의 각 지구는 어떤 성격을 지니고 있었을까? 앞 시대의 읍락과 동일한 것이었을까? 사실 이에 관한 추론을 하는 데 필요한 자료 중 변한 시기 분묘 자료가 반운리유적밖에 없어서 변한 시기에서 대가야 시기로 가면서 일어난 변화에 관해서는 전혀 알 수가 없는 형편이다. 그래서 대가야 시기의 자료로써 접근해 볼 수 있을 뿐이다. 이때 낙동강 이동 지방 신라의 경우를 참고한다면 대구, 창녕 같은 지방 각지의 여러 지점에 축조된 고총군들, 즉 대구 지역의 달성고총군, 구암동고총군, 대명동고총군, 성산동고총군, 문산리고총군이나 창녕 지역의 교동·송현동고총군, 계성고총군, 동리고총군, 현풍 양리고총군이 그 존재를 대변하는 각 지구, 즉 촌과 유사한 성격을 지니고 있었을까? 아니면 이런 지방들과는 달리 두 개의 고총군, 즉 월성 북고총군[32]과 금척리고총군만이 7.5km 거리에 축조된 경주 지역을 구성한

....

31   주보돈, 2014, 앞의 논문, p. 82.
32   최병현, 2014a, 앞의 논문.

단위들과 비슷하였을까?

진·변한 시기 각국을 구성한 읍락들은 『삼국지』 위서 동이전의 기록을 참고하건대 독자성이 강했던 것으로 여겨진다. 그리고 낙동강 이동 신라 권역의 지방 각지에서 그를 대체로 계승했다고 생각되는 촌들도 독자성이 강고해서 6세기 초의 냉수리비 단계에서 상호간의 통제가 아직 제대로 이루어지지 못했던 것으로 보고 있다.[33] 각 지역의 고총군이 몇 개 지구로 나뉘어 축조된 점이나 출토 토기가 때로 지구별로 구분되는 특색을 지닌 점 등 역시 그러한 독자성을 강하게 뒷받침한다. 즉 지역 중심지의 통합력이 그다지 강하지 못했음을 뜻한다. 반면에 경주 지역에서는 마립간기에 들어서 지방 각지와는 딴판으로 앞 사로국 시기 각 읍락의 중심지로 추정되는 지점에 고총군이 축조되지 않고 앞에 말한 두 지점에만 고총군이 조영된다. 이는 마립간기로 들어가면서 무언가 중대한 재편이 일어나 중심지의 통합력이 크게 증대되었음을 말하는 현상으로 여겨진다.

이런 신라의 사례를 참고로 해서 고령 대가야의 각 지구가 어떤 성격을 지녔는지의 문제를 생각하는 데서는 지산동고분군의 중대형 고총 숫자가 고령읍 이외 각 면의 고분군에 축조된 고총의 숫자 각각을 압도할 뿐더러 전체를 합친 것보다 훨씬 많다는 점을 유념해야 한다. 또 지산동고분군에는 다른 지점에는 거의 없는 대형분이 36기나 있다는 점도 감안해야 한다. 더욱이 4세기 말에서 5세기 초에 걸친 시기에 축조된 고총으로 고령 지역 전체에서 가장 먼저 조영된 고분에 속할 지산동 73호분과 75호분의 크기가 각각 지름 23×21m와 27×25m로 대단히 크고 특히 후자는 후기의 대형 고분, 이를테면 44호분(27×26m)에 필적할 정도라는 점이 유의된다.

역내의 다른 고분군에서는 이런 규모의 고총 자체가 본관리고분군 정도를 제외하고는 없다. 그런 고분이 4세기 말 5세기 초에 돌연히 지산동고분군에 조영된 것이어서 그 전에 무언가 급격하고도 근본적인 변화가 일어났음을

....

33   朱甫暾, 1996b, 「6세기 新羅의 村落支配 强化 過程」, 『慶北史學』 19.

일러준다. 즉 가라국 역내의 강력한 통합과 재편이 그 전에 이미 일어났음을 말해 준다고 하겠다. 이는 신라의 지방 각지 고총군 축조 양상과는 다소 다르며 차라리 왕도 경주의 그것과 비슷한 편이다.

경주 지역의 평지 고총군들이 어떤 과정을 거쳐 출현하였는지에 대해서는 아직 구체적으로 연구된 바 없다. 그렇더라도 마립간기에 들어 이전 사로국 권역이 이제 신라의 중앙이 된 상황에서 6부의 구성원들이 사로 지역뿐만 아니라 낙동강 이동 지방 전체를 또한 다스리는 지배층으로서 남긴 무덤들임에는 틀림이 없다. 이전 사로국을 구성했던 여러 읍락의 지배층들이 재편이 되어 새로이 部들을 이루면서 시내 중심부 등지로 집결함으로써 나타난 현상으로 이해된다.

그 분포지가 앞 시기 주변 읍락 수 개의 중심지들이 아니라 중심 읍락의 중심지와 그에 인접한 지점(금척리)만으로 한정된 점은 지방 각지의 고총들이 보여 주는 촌들 사이의 관계와는 달리 이제 왕도 내 중심 지구와 나머지 지구 사이의 관계가 상호 위계 등이 문제가 되지 않을 정도로 강력히 통합된 양상을 나타낸다. 그런 통합에 따라 이전 읍락에 해당하는 지구들은 왕도의 직할지로서 기능하였을 것이다.

이런 경주 고총군의 경우에 비추어 볼 때 고령 지산동고분군 또한 그와 아주 유사한 배경을 지닌 것으로 추정할 수 있다. 다만, 이전 시기의 각 지구로 추정되는 구역들에 뚜렷한 중대형분이 없는 경주 지역의 경우와 달리 고령 지역에는 중형 혹은 대형 고총군이 다소나마 있는 점에 유의하면 역내 통합이 경주 지역 정도로 강력하지는 않았음을 말하는 듯하다. 그렇더라도 대가야 당시에 현제를 시행한 것으로 본 견해[34]가 있는 만큼 고령읍 지구는 왕도의 분명한 중심지로서의 위상을 지녔을 것이며, 지산동고분군은 이런 배경 속에서 왕도의 인적, 물적 자원이 집중된 결과로 조영되었던 것이다.

지산동고분군이 축조되기 시작한 계기에 관해서는 신라·가야 고분 연

....

34   朱甫暾, 2006, 앞의 논문.

대를 본고보다 약 반세기 늦추어 보는 관점에 서서 이른바 고구려 남정의 결과로 김해 지역에서 도망 온 세력이 5세기 중엽 이후 축조한 것으로 본 견해[35]가 있다. 그러나 이 연대관에 따를 때 우선 남정과 고분군 축조 개시 시점 사이에 약 50년의 시차가 있는 점이 문제가 된다. 또 이처럼 이주 혹은 정복에 의한 결과라고 하려면 그 본향인 김해 지역에도 없었던 규모의 봉분을 가진 고총이 어떻게 갑자기 새로 옮겨간 곳에서 축조될 수 있었는지 설명해야 한다.

그러므로 그 계기는 지역 세력의 자체 발전이라는 사회 진화적 관점에서 찾아보아야 할 것이다.[36] 즉 고령 지역이 4세기 후반 『일본서기』의 기록(신공기 49년조)에 가라라고 나오고 그와 더불어 김해 지역은 남가라라고 칭하고 있는 점으로 미루어 당시에 이미 김해 지역 세력에 비해 우위를 점한 고령 지역 세력[37]이 성장, 발전한 차원에서 보아야 한다.

고령의 가라국이 이처럼 4세기 후반이면 가야의 대표 세력으로 떠오른 배경 요인은 무엇일까? 그것은 낙동강 대안에서 신라가 성립한 사실과 불가분의 관계에 있었던 것이 아닌가 싶다. 신라는 아마도 마립간기가 성립하기 전에 대구 지역을 수중에 넣음으로써 낙동강 수로 교통에 본격적으로 개입하기 시작하였을 것이며, 그 영향을 가장 직접적으로 받은 지역은 두말할 것도 없이 그 대안의 고령 지역이었다. 물론 낙동강 하구의 김해 지역도 마찬가지로 큰 타격을 받았을 터이다.

이런 전대미문의 엄청난 변화에 직면한 고령 가라국의 지배층은 역내의 통합을 가속화하는 변신을 통해 국력을 키워 나갔을 것이다. 또 이를 바탕으로 삼아 변한 시절 이래로 마한 및 백제와 교통하는 데서 이미 긴밀한 연계를 가졌을 황강 중·상류 및 남강 상류 지역들과 결속을 한층 강하게 다지면서 그 지역들에 대해 점차 영향력을 행사해 나갔을 것이다. 이처럼 낙동강 대안에서 신라가 성립한 데에 자극 받아 가라가 일찍부터 적극적 대응을 모색한

....

35   조영제, 2000, 「多羅國의 成立에 대한 硏究」, 『가야 각국사의 재구성』, 혜안, pp. 341~370.
36   이희준, 2014b, 앞의 논문.
37   주보돈, 2014, 앞의 논문.

점이 강국으로 떠오른 주된 배경 요인 가운데 한 가지였다고 추측된다.

가라국이 그런 결속 관계를 더욱 강화해 5세기 초 이후 대가야연맹을 결성하고, 나아가 5세기 중반이면 상하 관계의 대가야연맹을, 그리고 후반에는 대가야국가를 이루는 가운데[38] 고령 지역이 그 중심지, 즉 왕도로 변모함에 따라 고령 역내의 통합은 더욱 가속화되었을 것이다. 지산동고분군은 대가야의 이런 변모와 더불어 그 지방의 인적, 물적 자원은 물론이거니와 고령 역내의 그것들 또한 왕도의 중심 지구로 집중된 현상을 배경으로 해서 조영된 것이다.

IV. 지산동고분군의 시공적 구조로 본 대가야 지배층

지산동고분군의 시공적 구조에 대한 기왕의 연구들[39]은 주로 그 축조 추이를 분석하는 데 초점을 맞추는 한편으로 고분의 크기 및 내용 분류를 바탕으로 해서 사회 혹은 지배 계층의 종적 구성을 추론하기도 하였다.[40] 여기서는 축조 추이를 좀 더 세밀히 분석함으로써 시공적 구조에 관련된 몇 가지 정형성을 새로이 추출하고 그것들을 특히 대가야 지배층의 횡적 구성과 연관 지어 이해해 보고자 한다. 이는 삼국시대 무덤 연구에서 통상 주목하는 지배층의 수직적, 종적 위계 구조에 못지않게 수평적, 횡적 구성 혹은 구조 또한 중요하다는 인식에서 시도하는 것이다. 사실 어떤 면에서는 이 횡적 구성을 먼저 가려내어야 비로소 종적 구성에 대한 이해가 가능하다고

....

38 이희준, 2014b, 앞의 논문.

39 이성주, 2007, 「고령 池山洞古墳群의 性格」, 『5~6세기 동아시아의 국제정세와 대가야』, 고령군 대가야박물관·계명대학교 한국학연구원, pp. 147~189. ; 朴天秀, 2009, 「5~6세기 大伽耶의 發展과 그 歷史的 意義」, 『高靈 池山洞44號墳—大伽耶王陵—』, 慶北大學校博物館·慶北大學校考古人類學科·高靈郡 大加耶博物館, pp. 577~641. ; 木村光一, 2012, 「韓國慶尙北道 高靈池山洞古墳群の研究」, 『古代文化』 第64卷 第3號, pp. 55~75.

40 木村光一, 2012, 위의 논문.

볼 수도 있다.

　지산동고분군은 고령 읍내에서 거창으로 가는 국도의 덕곡재(그림 3의 화살표 표시)를 기준으로 해서 북군과 남군으로 양분하기도 한다. 이런 구분은 1차적으로 고분들이 자리 잡은 지형의 차이를 중시한 편의적 구분이기는 하다. 하지만, 기왕의 연구에서는 단순히 그에 그치지 않고 특히 축조의 시간적 선후를 나타내는 구분으로 여기고 있다. 즉 북군이 먼저 축조되다가 일정 시점 이후 남군이 그와 병행하면서 축조되었다는 것이다. 다만, 두 군의 구분 기준점을 덕곡재로 하지[41] 않고 남군의 북단 구릉까지를 북군에 포함시키는 관점에서 시간적 선후를 설정하기도 하였다.[42]

　그런데 남군은 실은 그 가운데 5세기 말에서 6세기 초에 축조된 것으로 알려진 518호분(이하 고분 번호는 대동문화재연구원, 2010에서 새로이 부여한 데에 따름) 1기밖에 발굴되지 않아 전체 군의 형성 과정을 제대로 알 수 없다고 해야 올바르다. 반면 북군에 대해서는 그간 발굴과 연구가 어느 정도 이루어진 덕에 대체적 형성 과정을 추정할 수 있다(그림 3 참조).

　구릉 중위에 자리 잡은 35호분을 제외하면 구릉 말단부에 자리 잡은 30호분, 73호분, 75호분이 대략 4세기 말에서 5세기 초에 최초로 조영된 고분들 가운데 든다. 중위에서는 5세기 초에 축조된 35호분에 이어 5세기의 2/4분기 동안에 32, 33, 34호분이 그에 인접해 축조되어 하나의 작은 군을 형성하였다. 그리고 이들이 자리 잡은 곳보다 높은 지점인 구릉 척릉부 바로 아래의 44호분이 5세기 4/4분기에 축조되고 그보다 약간 위의 45호분과 척릉부 끝의 5호분(전금림왕릉)이 그에 바로 이어 6세기 초에 축조되었다.

　이렇게 볼 때 지산동고분군의 시공적 구조에 관해 기왕에 알려진 정형성들 가운데 첫 번째로 꼽을 수 있는 것은 그 북군이 크게 보아 구릉의 낮은 지점에서 시작해 높은 곳으로 가면서 형성되었다는 점이다. 그런 가운데 구릉

....

41　이성주, 2007, 앞의 논문. ; 木村光一, 2012, 위의 논문.
42　朴天秀, 2009, 앞의 논문.

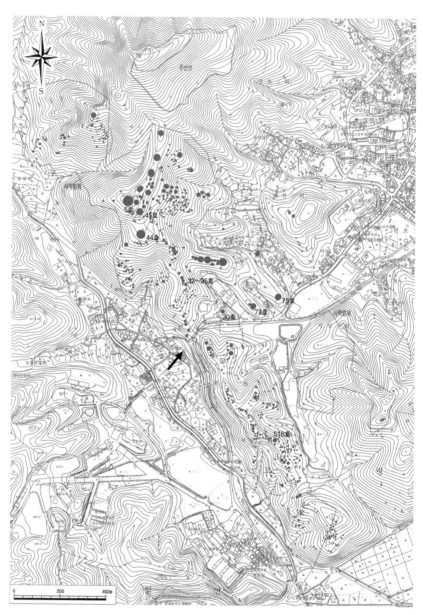

그림 3 지산동고분군의 분포와 주요 발굴 고분

중위에 해당하는 곳에도 5세기 초부터 전반까지 32~35호분이 한데 모여 축
조된 점으로 보건대 북군에 관한 두 번째 정형성으로는 고분군 형성 초기인 5
세기 전반까지는 30호분, 73·74호분, 75호분이 보여 주듯이 가지 능선별로

그 말단부에, 혹은 35호분 등이 보여 주듯이 때로는 중위의 한 지점에 일정한 군집들을 이루면서 축조되었을 가능성이 크다는 점을 들 수 있다.

만약 이 두 가지 정형성을 인정한다면 북군에 관한 세 번째 정형성으로는 5세기 중반 이후 축조된 고분 가운데 적어도 중형분과 대형분은 32~35호분 군집보다 북쪽이면서 고령 읍내에 가까운 가지 구릉들에 축조되었을 가능성이 크다는 점을 꼽을 수 있다. 네 번째 정형성은 역시 앞의 정형성들을 전제로 하는 것이지만 구릉 척릉부에는 가장 늦은 단계, 아마도 6세기 초 이후에 대형분들이 일렬로 축조되었으리라는 것이다.

이상을 전제로 하면서 정형성을 좀 더 찾아보기로 하자. 單封墳으로 지름 15m 이상인 대형분(36기)의 분포를 보면 〈그림 4〉와 같다. 그리고 대형분 가운데 지름 20m 이상인 것들(18기)의 분포는 〈그림 5〉와 같다.

이 그림들에서 첫째, 대형분이 북군에 집중적으로 조영된 점을 명확히 알 수 있다. 둘째, 남군 전체가 거의 중소형분으로만 이루어진 점 또한 드러난다. 셋째, 남군에서는 대형분이 덕곡재 바로 남쪽 북단 구릉부에 3기가 몰려 있는 점을 제외하고는 그 남쪽에 있는 작은 가지 구릉들 각각의 대략 頂部에 한 기씩 조영되어 있는 점이 두드러진다. 넷째, 지름 20m 이상으로 확실하게 대형인 고분들은 모두 북군에만 조영되어 있는 점을 주목할 수 있다.

다섯째, 이 지름 20m급 이상의 대형분 가운데 32~35호 소군집보다 북쪽 혹은 구릉 상부에 있는 고분들이 만약 5세기 중반 이후나 조금 넓게 잡아 중엽부터 조영된 것들이라면 이것들은 거의 모두 현 고령 읍내의 중심부를 명실상부하게 내려다보는 위치에 자리 잡고 있을 뿐 아니라 그러면서도 특히 현재의 못산골(그림 5의 A)을 향한 듯한 형국인 점이 주목된다. 여섯째, 몇 기의 중대형분이 일정 지점에 서로 인접해 군집을 이룬 예들이 눈에 띈다. 예를 들면 32~35호분 군집, 73·74호 및 인접 고분 군집 그리고 73호분과 75호분이 자리 잡은 가지 구릉들이 위로 올라가면서 하나로 합쳐진 구릉의 정선부에 연이어 조영된 대중소형분 군집(258~268호)을 들 수 있다.

물론 고분들을 이렇게 크기에 따라 5m 혹은 10m 단위로 분급하고 지름

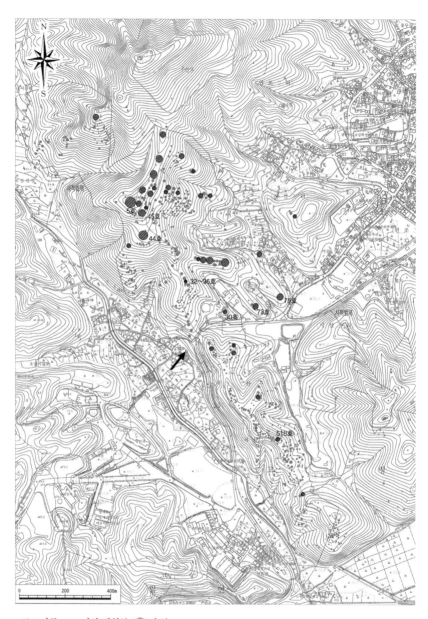

그림 4 지름 15m 이상 대형분 (◉)의 분포

15m 이상을 대형으로 한다든지 지름 15~10m급을 중형으로 하는 관행에는 자의적 면이 없지 않다. 그러면서도 영남 지방 각지의 고분군에 대한 오랜 기간의 관찰 경험이 그에 스며들어 있어서 주관적이면서도 나름대로 객관적인

측면도 있다고 하겠다. 단순화해서 말하면 일단 대형·중형·소형분이라는 각 분급 사이에 어떤 식으로든 위차가 있음은, 즉 그 피장자들 사이에 수직적 위계가 있음은 분명하다.

다만, 동일한 크기의 고분, 이를테면 지름 20~15m급 고분들이라 해도 축조시기에 따라, 즉 5세기 초의 것이냐 6세기 초의 것이냐에 따라 그 피장자의 사회적 위상에는 상당한 차이가 있을 수 있음을 염두에 두면 이런 분급이 절대적 기준은 될 수 없다는 점은 지적할 수 있다. 한편 남군의 북단 구릉부에 조영된 고분들은 그 가운데 3기가 지름 20~15m급의 대형분인 점을 고려하면 어쩌면 북군 가운데 바로 마주보는 곳에 축조된 비슷한 크기의 30호분처럼 이른 시기에 축조된 것들인지도 모르겠다.

이제 앞에서 든 정형성들을 바탕으로 조영 집단에 관한 몇 가지 해석을 해 보기로 한다. 이상의 정형성들은 무엇보다도 북군과 남군이 크게 보아 상호 구분되는 집단의 소산일 가능성이 아주 크다는 사실을 분명하게 보여 준다. 축조 개시 시점을 알 수 없는 남군이 만약 4세기 말 5세기 초에 북군과 함께 축조되기 시작했다고 본다면 처음부터 대형분은 거의 축조되지 않고 중소형분만으로 군을 이룬 셈이어서 그런 추론을 할 수 있다. 이렇지 않고 기왕의 연구에서 추정한 대로 5세기 말[43]이나 6세기 초 이후[44] 혹은 5세기 후반부터 축조되었다고 보면 북군과는 축조 개시 시점이 다른 점이 중소형분 군집이라는 현상에 더해지니 더욱 그렇다.

둘째로, 대형분이 북군에 집중 축조되고 특히 지름 20m 이상인 대형분은 북군에만 몰려 있는 점은 북군 조영 집단과 남군 조영 집단 가운데 전자가 우세한 집단이었음을 명확히 말해 준다. 사실 북군 389기 가운데 62기가 중형분이고 남군 315기 가운데 25기가 중형분이라서 중형분의 숫자에서도 현격한 차이가 있다. 더욱이 남군 가운데 제일 북단에 있는 구릉의 군집을 북군

....

43 木村光一, 2012, 앞의 논문.
44 朴天秀, 2009, 앞의 논문.

쪽으로 포함시킨다면 전체 대형분 36기 가운데 북군에는 33기가 분포하는 반면 남군에는 단 3기에 그치는 셈이고 중형분은 64기 대 23기이다.

셋째로, 남군 내에서 일정 간격을 두고 비슷한 입지에 자리 잡은 지름 20~15m급 대형분 몇 기는 거의 같은 시기에 축조된 것들일 수도 있고 그렇지 않고 시기를 달리하면서 연이어 축조된 것일 수도 있는데, 만약 전자라면 이는 남군 조영 집단 전체가 다시 상호 구분되는 작은 집단들로 나뉘어 있었을 가능성을 시사한다고 해석할 수 있다. 남군 전체를 6세기 초 이후 축조된 것으로 추정한 견해[45]대로라면 그 가운데 한 대형분인 518호분의 축조 연대가 5세기 말에서 6세기 초라는 점은 전자일 가능성이 큼을 뒷받침하는 셈이 되겠다.

다만, 이렇게 볼 경우 그런 대형분들의 축조를 기점으로 해서 남군이 형성되기 시작하되 대체로 구릉의 정부에서 아래로 내려가면서 고분들이 축조되었다고 보아야 하는데, 그러면 지금까지 알려진 북군 전체의 형성 과정이나 통상의 가야 고분군 형성 과정과는 반대 방향인 점이 걸린다. 그래서 남군 전체가 6세기 초보다 다소 이른 5세기 후반경부터 소구릉별로 낮은 지점에서 축조되기 시작해 점차 높은 곳으로 올라가 6세기 초에 각 정부에 도달한 다음 6세기 전, 중반 동안 척릉부를 중심으로 조영된 것은 아닌지 추측해 볼 수도 있다. 518호 이외에 발굴조사가 이루어지지 않았으므로 현재로서는 추측의 차원에 머물 뿐이지만 어떻든 남군 전체의 분포가 몇 기의 대형분을 중심으로 상호 구분되는 소군들을 이룬 느낌을 주는 것은 사실이다.

여기서 남군의 성격을 구체적으로 살핌으로써 북군과 남군으로 대별되는 조영 집단의 관계를 추론해 보기 위해 기왕의 견해[46]를 약간 검토하기로 한다. 이 견해에서는 표현상 다소 모호한 점이 있기는 하지만 남군 전체를 5세기 말 이후 조영된 것으로 추정하고 그것들이 거의 대부분 소형분이라는

....

45 朴天秀, 2009, 위의 논문.
46 木村光一, 2012, 앞의 논문.

점에 착안해 지배층 내의 여러 (계층이라고 했지만 좀 더 적확하게 말하면) 계서(rank) 가운데 상대적으로 아주 낮은 한 계서 집단의 소산으로 해석하였다. 즉 지산동고분군 전체를 고분 규모 등에 따라 수직적으로 구분되는 여러 계서 집단들에 의해 조영된 것으로 해석한 것인데 구체적으로 다음과 같이 풀이하였다.

6세기에 들어 왕·왕족의 묘는 주산성 가까운 북쪽 척릉 쪽으로 조영된 반면 규모가 작은 고총의 피장자 집단은 그 반대 방향인 남쪽(남군)으로 조영을 하였다. 이는 왕·왕족으로의 권력 집중(일원화)이 생겨나면서 계서 사이의 골이 깊어지는 계서 간 격리 현상이 강해졌음을 나타낸다. 이 시점에서 대가야 왕을 정점으로 하는 지배 집단은 ① 대형분(지름 20m 이상)에 묻힌 왕·왕족, ② 중형분(지름 20~10m)에 묻힌 왕족 혹은 상위 계층, ③ 30호분이라는 왕족묘를 포함한 중형분의 주변에 그것과 강한 관계성을 지니고서 조영된 석곽묘의 피장자, ④ 아마도 남군에 조영되게 된 소형분의 피장자, ⑤ 중대형분 봉분 밑 석곽묘의 피장자라는 계서 구조를 갖추었다는 것이다.

이는 대형분과 중형분의 분류에서 본고의 분급과는 다소 다른 기준(지름 20m)을 적용한 점은 있지만 어떻든 그것과 여타 요소들을 근거로 해서 지산동고분군 피장자 집단 전체를 다섯 개의 단층으로 이루어진 수직적 관계로 나누면서 남군을 그 가운데 제4급으로 이해한 것이라 할 수 있다. 물론 각 고분 분급의 피장자들은 크게 보아 상호간에 수직적 계서 관계에 있었다고 할 수는 있다. 하지만, 그런 해석만으로는 고분군 전체가 각 분급에 따라 군집하지 않은 점, 즉 대형분은 대형분끼리, 중형분은 중형분끼리 등으로 지점을 달리해 축조되지 않은 점은 설명해 내기 어렵다. 즉 지산동고분군 조영 집단 전체가 하나의 위계 구조 속에서 엄격한 계서들로 나뉘어 있었다면 고분들이 당연히 그 계서별로 조영이 되었을 법한데도 기실은 그렇지 못하다는 것이다. 또 문제가 되는 점은 중소형분이 북군에도 적지 않게 분포한다는 사실이다.

그러므로 지산동고분군 가운데 남군 전체를 한 계서 집단의 소산으로 볼 것이 아니라 기본적으로 북군 조영 집단과 수평적으로 구분되는 집단의 공동묘지로 볼 필요가 있다. 이처럼 고분군에서 수평적으로 상호 구분되는 조영 집단의 존재를 인지해 내는 문제를 쉽게 이해하기 위해 아주 잘 알려진 사례를 들어 보면 경산 지역 임당유적의 고총군 분포가 있다. 임당유적은 전체적으로는 하나의 유적이지만 임당동고총군과 소영동고총군이 지점을 달리해 거의 같은 시기 동안 나란히 축조되었음이 발굴을 통해 밝혀졌으며 또 하나의 별개 군집인 부적동고총군도 그럴 가능성이 크다고 여겨진다. 여기서 임당고총군과 조영고총군의 조영 집단은 출토 유물과 고분 크기 및 숫자 등으로 볼 때 서로 비슷한 세력을 지녔던 지배층 내 별개 집단으로 추정되는 것이다.[47]

이런 사례로 볼 때 우리가 무덤 자료로써 옛 사회 집단의 총체적 구조를 제대로 이해하려 한다면 이 장의 첫머리에서 언급하였듯이 흔히 주목하는 사회의 종적 구성뿐만 아니라 횡적 구성 또한 반드시 염두에 둔 관점[48]이 아주 긴요함을 알 수 있다. 그런 횡적 사회 구성을 말해 주는 좋은 예는 바로 신라의 6부이다. 이 6부는 마립간기 동안 상호간에 우열의 차가 작지 않았지만 기본적으로는 병렬적 관계 속에서 회의체를 구성해 신라 국가의 주요 국사를 결정하는 식의 이른바 부체제 국가 운영의 주축들이었다. 이런 신라 중앙 지배층의 구조는 고총군의 분포에도 반영되어 있으니 금척리고분군이 잠탁부(모량부)의 소산임이 분명한 것이다. 이는 문헌 기록으로 볼 때 잠탁부가 그 방면에 위치하는 것으로 추정됨[49]과 더불어 그 주변 산지에 그와 대응하는 중고기 이후 고분군인 방내리고분군이 존재하는 점이 근거가 된다. 또 최근에 일대에서 확인된 도시 구획 흔적[50] 역시 그러하다. 다만, 경주 시내 중심부의 고총군에 대해서는 아직 이런 부별 분포를 염두에 두고 구체적으로 분석한

....

47 이희준, 2007, 앞의 책, pp. 275~286.

48 R. Chapman, and Klavs Ransborg, 1981, "Approaches to the archaeology of death", *The Archaeology of Death*, eds., Robert Chapman, Ian Kinnes and Klavs Ransborg, Cambridge, p. 12.

49 全德在, 1998, 「新羅 6部 名稱의 語義와 그 位置」, 『慶州文化研究』, 創刊號, p. 62.

50 정민, 2014, 「경주 모량리 도시유적을 통해 본 신라 방제의 범위와 시행 시기」, 『新羅文化』 44, 東國大學校 新羅文化研究所, pp. 63~94.

연구가 이루어지지는 않았다.

　이제 대가야 역시 문헌 기록과 고고학적 증거를 근거로 해서 5세기 후반 이후 신라나 백제와 같은 부체제 국가로 돌입했다고 봄이 대세이다. 그런 인식이 자리 잡는 데 중요한 역할을 한 문헌 기록으로 앞에서 든『일본서기』의 축성 기사 등이 있지만 고고학적 자료로 고령양식 토기에 '下部'라는 명문이 새겨진 예와 '大王'명 토기 또한 그에 못지않은 큰 역할을 하였다. 물론 대가야 토기 양식의 확산 및 그와 관련된 정형성들 역시 그 근간이 되는 고고학적 증거이다. 그래서 이런 부체제 국가 단계에 도달한 대가야의 중심고분군으로서 축조된 지산동고분군의 공간 분포에 지배층의 그런 다원적 횡적 구성이 반영되어 있을 것으로 충분히 예기할 수 있다. 이때 가장 손쉽게 떠올릴 수 있는 분포 양상은 고분군 전체가 횡적 구성 집단에 따라 몇 군으로 나뉘는 경우이다.

　지산동고분군 안에서 임당유적처럼 같은 시간대에 걸쳐 형성되되 상호 구분되는 대형 고총 군집들은 현재로서는 발굴 자료의 제약으로 알기 어렵다. 다만, 그런 가운데서도 북군과 남군이라는 상호 구분되는 군집들은 각각의 조영 집단이 종적이 아니라 횡적으로 달랐음을 뜻한다고 해석함이 좋을 것이다. 그래서 그 집단들이 각기 신라의 부와 같은 성격을 지녔던 것은 아닌가 조심스럽게 추정해 본다.

　지산동고분군을 이렇게 남군과 북군으로 나누어 볼 때 남군이 북군보다 나중에, 이르다 해도 북군에서 구릉 중위에 대형분이 조영되기 시작했을 것으로 추정되는 시점, 즉 5세기 중기 즈음 이후에 조영되기 시작했다고 한다면, 그 이유는 무엇일까? 이는 두 가지 정도로 나누어 볼 수 있을 듯하다. 먼저, 남군이 북군 조영 집단으로부터 분화한 집단의 공동묘지로서 축조되기 시작한 때문으로 볼 수 있다. 신라 6부의 경우 처음부터 6부로 출발한 것이 아니라 3부였다가 나중에 그것이 점차 분화해 6부가 되었다고 본 견해[51]가 있

....

51　朱甫暾, 1992,「三國時代 貴族과 身分制―新羅를 中心으로―」,『韓國社會發展史論』, 翰林科學院叢書 8

으므로 대가야의 경우도 지배층의 그런 수평적 분화를 충분히 상정해 볼 수 있는 것이다.

그렇지 않다면 만약 그 시점이 5세기 후반 초 즈음일 경우 그때는 우연치 않게도 대가야가 상하 관계 연맹으로부터 영역국가로 전환되던 시기여서 혹시 이제 대가야의 지방이 되면서 간접지배를 받기 시작한 지역들의 지배층이 고령으로 이주한 결과로 형성되기 시작한 것은 아닌가 추정해 볼 수 있다. 만약 5세기 말 6세기 초일 경우는 대가야가 그 직전 479년에 남제에 사신을 파견해 국제무대에 등장하는 등 전성기를 맞이하면서 왕도로 이주한 지방 세력에 해당할 수 있을 것이다.

앞에서 신라의 지방 지배 관련 문헌 기록들을 근거로 나눈 간접지배의 여러 유형 가운데 세 번째 유형, 즉 영천 지역이 신라의 지방이 되면서 그곳 골벌국의 阿音夫를 경주 지역으로 이주시키고 그 지역을 재편해 지배한 방식[52]에 따라 대가야 왕도로 이주한 지방 지배 집단의 묘지로서 남군이 북군과 따로 조영이 된 것은 아닌가 하는 것이다. 다만, 현재로서는 위의 두 가지, 즉 중앙 지배층 자체의 분화와 지방 세력의 이주 가운데 어느 쪽에 의한 것인지 알 길이 없는 형편이다.

이 대목에서 앞 절에 잠깐 언급한 본관리고분군·쾌빈리고분군의 존재를 같이 거론해야 할 듯하다. 이 고분군들까지 포함하는 지구가 왕도의 중심부라는 전제가 옳다고 하면 이는 결국 왕경 지구 지배층을 구성한 집단이 단일하지 않은 복수의 집단이었음을 명확하게 말해 주는 증거로 여겨진다. 지산동고분군과 일정한 거리를 두고 조영된 이 본관리고분군·쾌빈리고분군은 마치 경주 시내 월성북고총군과 다소 떨어져 조영된 금척리고총군을 방불케 하는 현상이기 때문이다. 여기에다 지산동고분군과 동일한 산지를 이용하되 그 동쪽 척릉 북쪽 사면에 조영된 연조리고분군에 대해서도 마찬가지 해석

....

韓國史의 爭點 제2책, pp. 10~22.
52 朱甫暾, 1996a, 앞의 논문.

을 해 볼 수 있다. 그리하여 적어도 이 고분군들의 존재만으로도 대가야 지배 층이 수평적으로 구분되는 부와 같은 여러 집단으로 구성되었음을 추정할 수 있다.

이 가운데서 지산동고분군 북군 조영 집단은 아무래도 대가야 지배층 가 운데 마치 신라의 탁부와 같은 핵심 집단이었을 터이다. 이에 지름 20m 이상 되는 대형분이 집중 분포한 사실이 그 점을 잘 말해 준다. 또 지금까지의 발 굴이 제한된 때문에 어쩔 수 없이 시간 요소를 고려하지 못한 논의라서 일정 한 한계가 있기는 하지만 북군은 남군에 비해 더 많은 수의 크기 분급을 보이 므로 그 조영 집단을 구성한 계서의 숫자도 더 많았던 것으로 추정해 볼 수도 있다.

이외에 앞의 대형 고총 분포 정형 가운데 한 가지로서 지적한 대로 특히 5세기 중반 이후나 조금 넓게 잡아 중엽부터 조영된 지름 20m 이상의 것들 이 거의 모두 고령 읍내, 특히 못산골(그림 5의 A)이 잘 내려다보이는 척릉과 지릉의 능선부에 자리 잡은 점이 주목된다. 지산동고분군이 전체적으로 당시 도읍지를 내려다보는 입지에 조영된 특징을 가지고 있다는 점에 대해서는 이 미 지적한 바 있지만[53] 가장 큰 대형분들이 유독 그런 입지를 취한 점은 우연 이 아니라 무언가 의미가 있는 것으로 여겨진다. 혹시 그 못산골이 왕궁이 자 리 잡은 곳이었기 때문은 아닐까?

대가야 왕궁지는 그동안 연조리의 옛 고령유물전시관 위쪽 연조공원과 향교가 자리 잡은 작은 구릉의 평탄부(그림 5의 B)로 지목되어 왔다. 그런데 그에 대한 발굴 결과 구릉 정부의 평탄부에 접속되었으되 그보다 2.5m 정도 낮은 주변 지점에서 벽주건물지 같은 유구가 확인된 점[54]은 오히려 그 정부 평탄부에 왕궁 같은 것이 존재하기 어려움을 말해 주는 증거로 여겨진다. 그 곳은 둘레에 궁장을 높이 쌓지 않는 이상 왕궁으로서 반드시 필요한 외부로

....

53   李熙濬, 2014a, 앞의 논문.
54   박천수·박경예·이인숙·정주희, 2006, 『傳 大伽耶宮城址』, 慶北大學校博物館.

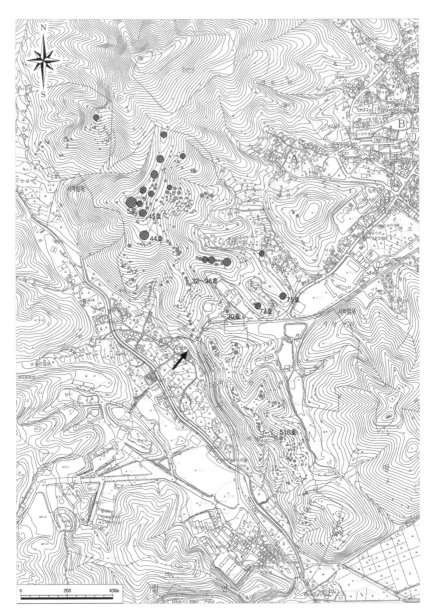

그림 5 지름 20m 이상 대형분 (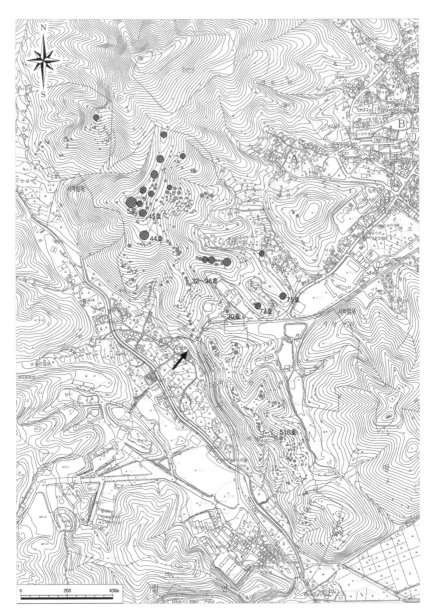)의 분포

부터의 프라이버시가 확보되지 않고 방호도 어려운데, 만약 궁장이 존재했다면 발굴 유구가 그 안에 들어 있었다 해도 자연스럽지 못하고 그 바로 바깥에위치한다 해도 어색하기 때문이다. 또 그 평탄지는 왕궁이 자리 잡기에는 면

적이 다소 협소하다.

이에 비해 주산에서 동남으로 뻗은 가지 구릉 둘과 속칭 개구리산으로 둘러싸인 못산골은 면적이 비교적 넓고 그 동쪽으로만 트여 있어서 만약 그곳에 왕궁이 있었다면 일반 거주민으로부터 프라이버시가 자연스레 확보되고 방호도 쉽다. 더욱이 당시 신성 구역이었을 지산동고분군에 바로 접근할 수 있는 위치이다. 이처럼 못산골은 대가야 왕궁지 후보로서는 가장 좋은 조건을 갖추고 있다고 여겨진다. 그리하여 앞에서 말한 입지의 북군 대형분들은 왕릉과 왕족묘를 포함하는 고분들일 터라 그것들을 조영한 후손들은 계세 사상에 따라 그 피장자들이 생전에 거주했던 못산골의 왕궁을 내려다보면서 자기들을 보호해 주는 듯이 여겼을 것이라 추측해 본다.

한편 32~35호분 군집, 73·74호분 및 인접 고분 군집 그리고 258~268호분 군집은 5세기에 들어 지배층 안에서 가계 분화가 진행되었음을 말하는 증거일 수 있다고 본다. 특히 적지 않은 수의 대형분과 중소형분이 연이어 축조된 258~268호분 군집 가운데 대형분 1~2기는 지산동고분군이 크게 보아 구릉 말단부에서 위로 올라가면서 축조된 경향성을 고려하면 73·75호분에 이어 축조된 왕릉급 고분일 터인데 그로 보면 이 군집은 이른바 부내부 집단[55] 하나의 상층에 속한 이들의 소산일 수 있다.

다만, 32~35호분의 예에서 보듯이 그런 군집의 축조가 5세기 초부터 중엽까지의 일정 기간으로 끝나기도 하고 또 73·74호분 및 그 인접 군집처럼 신라에 멸망한 이후까지 이어지기도 해서[56] 집단의 구성이 상당히 다원적인 데다가 그 집단들의 부침이 적지 않았음을 말해 준다. 후자의 경우 왕릉급인 73호분의 후속 고분인 74호분 이후로 급격하게 쇠락한 모습을 보이는 점은 지배 집단 내의 경쟁이 치열했음을 말하는 증거일 수가 있다.

마지막으로, 척릉부의 대형분들이 지닌 의미에 대해 잠깐 언급하기로 한

....

55 　盧泰敦, 1974, 「三國時代 「部」에 關한 硏究—成立과 構造를 중심으로—」, 『韓國史論』 2, 서울大學校 國史學科, pp. 1~79.
56 　이희준, 2014b, 앞의 논문.

다. 이들은 일렬로 늘어선 점이 주목되는데 일단 그 가운데 5호분이 6세기 초의 고분으로서 가장 먼저 조영되었다면 아마도 시간이 흐름에 따라 대체로 주산을 향해 올라가면서 조영되었을 것으로 볼 수 있겠다. 신라의 경우 경주 서악동 무열왕릉 뒤에 일렬로 늘어선 고분들이 유사한 배치를 보인다. 그것들은 중고기의 법흥왕에서 진흥왕 이후로 이어지는 왕들의 능으로 추정되니 신라가 대왕의 시대에 들어서 축조된 것들이다.

이에 비추어 본다면 지산동고분군에서 6세기 초 이후 가장 탁월한 입지를 차지하고 축조된 척릉의 고분들 또한 '대왕'명 장경호가 시사하듯이 대가야에서 대왕이 등장한 시점을 전후해 축조된 왕릉급 고분들일 수 있다. 그즈음에 합천댐 수몰지구 내의 중대형고총군인 반계제고분군이 급격히 쇠퇴하기에 대가야가 그 지역에 대한 통치를 기왕의 간접지배에서 직접지배로 전환하였다고 추론되는 점[57]도 그와 정합을 이룬다고 하겠다.

V. 소결

지산동고분군은 고령 지역 가라국이 본격적으로 국가 형성기에 들어선 4세기 말 5세기 초부터 영역국가로 진입한 5세기 후반을 거쳐 멸망에 이르는 6세기 중엽까지 조영된 고분군이다. 좀 더 구체적으로 말하면 가라국이 늦어도 5세기 초에 멀리 장수 지역까지를 포괄하는 대가야연맹의 맹주가 된 이후 5세기 전반 말에 그 연맹 구성국들을 휘하에 상하 관계로 거느리는 연맹을 이루었다가 곧 영역국가로 변모해 발전을 거듭하던 시절[58]에 오늘날 우리가 보는 모습의 지산동고분군이 조영된 것이다. 이런 역사적 배경을 갖고 있기에 단지 고령 지역의 중심 고분군에 그치는 것이 아니라 호남 동부까지 세력

....

57   李熙濬, 2003, 「합천댐 수몰지구 고분 자료에 의한 대가야 국가론」, 『가야고고학의 새로운 조명』, 혜안, pp. 199~235([補註] 본서 제4장).
58   이희준, 2014b, 앞의 논문.

을 떨치고 가야 지역의 태반을 넘는 북부 및 서부를 호령한 '대'가라 국가를 대표하는 고분군으로서 성격 규정을 할 수 있다.

지산동고분군이 대가야국가를 배경으로 조영된 점은 그에서 출토되는 고령산 토기와 대가야식 금제 귀걸이가 그 영역 내 지방 각지의 고총군에서 또한 출토되는 사실을 근거로 해서 추론할 수 있다. 그런 귀걸이는 왕도 고령의 지배층이 지방 각지 수장층의 생전에 그 지위를 인정하는 표시로서, 토기는 그들의 장례에 즈음해 부의물품으로서 보낸 선물의 성격을 띤 것이다. 이런 유물들이 선물이었다는 점은 그것들에 대한 답례의 형식으로 막대한 양의 공납물이 고령 지역에 보내졌음을 뜻한다. 그러하기에 고령 지역의 중심 고분군인 지산동고분군은 궁극적으로는 영역 내 각지의 물적 자원을 기반으로 조영된 셈이다.

고령 역내의 지형과 고총군 분포로 볼 때 대가야 왕도였던 이곳은 모두 다섯 개 지구로 나뉘었던 것으로 추정된다. 그 가운데 가야 최대의 규모를 자랑하는 지산동고분군이 위치한 고령읍 지구는 쾌빈리·본관리고분군까지 포괄하니 압도적 숫자와 규모의 고총군이 축조된 중심 지구로서 다른 지구들을 직할하였던 것으로 추정된다. 지산동고분군이 왕도 안에서 차지했던 중심적 위상은 대규모 왕릉급 고총인 지산동 73호 및 75호가 4세기 말 5세기 초에 돌연히 축조됨과 더불어 고분군이 형성되기 시작한 점이 또한 말해 준다. 그 이전에 이곳을 중심으로 강력한 역내 통합과 재편이 이루어졌음을 무언으로 웅변하기 때문이다.

지산동고분군 자체의 시공적 구조를 분석해 보면 북군과 남군이 별개의 조영 집단에 의해 조영된 사실을 추론할 수 있다. 이 두 집단은 북군을 상위로 하는 수직적 상하 관계에 있었던 것이 아니라 상호간에 우열의 차이는 컸으나 기본적으로는 수평적 관계에 있었다고 해석이 되며 그 성격은 신라의 부와 유사하였을 것으로 추정된다. 이들과 더불어 대가야 왕도의 중앙 지배층을 구성한 또 다른 집단으로는 지산동고분군에서 멀지 않은 곳에 자리 잡은 별개의 대고분군인 쾌빈리·본관리고분군을 남긴 축조 집단을 꼽을 수 있다. 이처럼 지산동고분군의 시공적 구조는 대가야가 부체제로 운영된 국가였다는 이해를 뒷받침한다고 하겠다.

출전: 이희준, 2015, 「지산동고분군과 대가야」, 『고령 지산동 대가야고분군』, 대가야박물관, pp. 287~308.

찾아보기